技能型紧缺人才培养培训教材

全国卫生职业院校规划教材

供高职(五年制)护理、涉外护理、助产、检验、药学、药剂、卫生保健、康复、口腔医学、口腔工艺技术、社区医学、眼视光、中医、中西医结合、影像技术等专业使用

数　学

（第二版）

潘传中　主编

科学出版社

北　京

内 容 简 介

本教材是技能型紧缺人才培养培训教材和全国卫生职业院校规划教材之一。第一版自2003 年出版以来,对培养高职高专院校护理专业人才起到了积极的作用。此次再版除对第一版全书进行全面修改外,重点在各章节补充了相关知识在医药学中的应用,还充实了各章节的练习和习题。力求以执业准入为标准,从岗位的实际出发,内容与九年制初中数学相衔接,充分注意了学生的年龄和数学基础等特点,尽量做到由浅入深、由易到难、由具体到抽象、循序渐进。

教材内容设置分为初等数学模块、高等数学模块和选学模块 3 个模块。初等数学模块和高等数学模块是必学内容,选学模块的内容由各校根据实际情况选择使用,并加注"＊"符号以示区别。全书分上、下两篇,共 10 章。上篇内容包括集合与逻辑运算、函数、三角函数、排列、组合与二项式定理、数列、平面解析几何;下篇内容包括概率初步、极限与连续、一元函数微分学、一元函数积分学。总学时 180 学时,其中,必学模块 144 学时,选学模块 30 学时,机动 6 学时。章前确立学习目标;在相关的正文中插入"链接"、"练习"与"习题";章后有小结及目标检测;书后附常用对数表、反对数表、三角函数表、简易积分表、教学基本要求以及习题与目标检测参考答案。

本教材可供初中毕业起点五年制高职护理、涉外护理、助产、检验、药学、药剂、卫生保健、康复、口腔医学、口腔工艺技术、社区医学、眼视光、中医、中西医结合、影像技术等专业学生使用。

图书在版编目(CIP)数据

数学 / 潘传中主编. —2 版. --北京:科学出版社,2007. 12
技能型紧缺人才培养培训教材·全国卫生职业院校规划教材
ISBN 978-7-03-020228-4

Ⅰ. 数… Ⅱ. 潘… Ⅲ. 高等数学 – 高等学校:技术学校 – 教材 Ⅳ.013

中国版本图书馆 CIP 数据核字(2008)第 000017 号

责任编辑:李　婷　李　君/责任校对:刘小梅
责任印制:赵　博/封面设计:黄　超

科 学 出 版 社 出版
北京东黄城根北街 16 号
邮政编码:100717
http://www.sciencep.com

新科印刷有限公司 印刷

科学出版社发行　各地新华书店经销
＊

2003年8月第　一　版　开本:850×1168 1/16
2008年6月第　二　版　印张:19
2016年8月第二十二次印刷　字数:514 000

定价:35.00 元
(如有印装质量问题,我社负责调换)

技能型紧缺人才培养培训教材
全国卫生职业院校规划教材
五年制高职教材建设指导委员会委员名单

主任委员 刘 晨

委 员(按姓氏汉语拼音排序)

曹海威	山西医科大学晋中学院	綦旭良	聊城职业技术学院
陈锦治	无锡卫生高等职业技术学校	邱大石	潍坊卫生学校
程 伟	信阳职业技术学院	任传忠	信阳职业技术学院
池金凤	聊城职业技术学院	申惠鹏	遵义医药高等专科学校
戴 琳	安顺职业技术学院	孙 菁	聊城职业技术学院
丁 玲	沧州医学高等专科学校	田桂莲	聊城职业技术学院
范志刚	临汾职业技术学院	田锁臣	聊城职业技术学院
方 勤	黄山市卫生学校	王 懿	酒泉卫生学校
冯建疆	石河子卫生学校	王静颖	聊城职业技术学院
傅一明	玉林市卫生学校	王品琪	遵义医药高等专科学校
顾承麟	无锡卫生高等职业技术学校	王秀虎	邵阳医学高等专科学校
桂 勤	惠州卫生学校	文润玲	宁夏医学院高等职业技术学院
郭家林	遵义医学高等专科学校	吴世芬	广西医科大学护理学院
郭素侠	廊坊市卫生学校	肖守仁	潍坊卫生学校
何从军	陕西能源职业技术学院	谢 玲	遵义医药高等专科学校
姜妹娟	淄博科技职业学院	徐正田	潍坊卫生学校
李 峰	信阳职业技术学院	严鹏霄	无锡卫生高等职业技术学校
李 召	武威卫生学校	阳 晓	永州职业技术学院
李惠兰	贵阳市卫生学校	杨明武	安康职业技术学院
李胜利	沧州医学高等专科学校	杨如虹	大连大学医学院
李新春	开封市卫生学校	苑 迅	大连大学医学院
梁爱华	吕梁市卫生学校	张瑞兰	沧州医学高等专科学校
刘海波	潍坊卫生学校	张少云	廊坊市卫生学校
刘宗生	井冈山大学医学院	张新平	柳州市卫生学校
马小允	沧州医学高等专科学校	钟一萍	贵阳护理职业学院
马占林	大同市第二卫生学校	周进祝	上海职工医学院
孟章书	聊城职业技术学院	周梅芳	无锡卫生高等职业技术学校
潘传中	达州职业技术学院	周亚林	无锡卫生高等职业技术学校
齐贵胜	聊城职业技术学院	朱建宁	山西医科大学晋中学院

《数学(第二版)》编者名单

主　编　潘传中
副主编　方　宜　赵　雁
编　者(按姓氏汉语拼音排序)

陈建丽(四川省卫生学校)
方　宜(三峡大学护理学院)
李　芳(山东医学高等专科学校)
李　岚(深圳职业技术学院)
李水芳(井冈山大学医学院)
刘宗平(廊坊市卫生学校)
吕忠田(陕西医学高等专科学校)
潘传中(达州职业技术学院)
沈　波(达州职业技术学院)
姚汗青(华油职业技术学院)
赵　雁(乐山职业技术学院)
周红兵(营口市卫生学校)
周　英(达州职业技术学院)
朱飞雪(聊城职业技术学院)

第二版前言

本教材第二版是根据全国卫生职业教学新模式研究课题组的要求,结合编者近几年教学实践,在第一版的基础上修改、补充而成的,除对全书进行全面修改外,重点在各章节补充了相关知识在医药学中的应用.此外,还充实了各章节的练习、习题和参考答案.

本书是技能型紧缺人才培养培训教材及全国卫生职业院校规划教材之一,是 5 年制高职高专各专业的公共课程教材之一,是学生提高文化素质和学习有关专业知识的重要基础教材.本书的编写以卫生高职高专教育的培养目标为根本依据,遵循"贴近学生、贴近社会、贴近岗位、贴近医学"的基本原则,保证教材的科学性、思想性、先进性,同时体现实用性、可读性、启发性和创新性.内容与九年制初中数学相衔接,充分注意了学生的年龄和数学基础等特点,尽量由浅入深、由易到难、由具体到抽象、通俗直观、循序渐进,做到易学、易懂、实用.

本教材的宗旨是提供教学内容的公共平台性模块,供卫生类高职高专各专业共同使用.教材内容的设置分为 3 个模块:初等数学模块、高等数学模块和选学模块.初等数学模块和高等数学模块是必学内容,选学模块的内容由各学校根据专业、学时、学分等实际情况选择使用.对选学模块内容,教材目录中加注"*"号以示区别和选择.

全书分上、下两篇,共 10 章.上篇内容包括集合与简易逻辑、函数、三角函数、排列、组合与二项式定理、数列、平面解析几何,下篇内容包括概率初步、极限与连续、一元函数微分学、一元函数积分学.总学时为 180 学时,其中,必学模块 144 学时,选学模块 30 学时,机动 6 学时.

本版教材力求体现以目标教学为主的教学模式,融入知识、技能、态度 3 项目标,在每章的内容之前列出相应的学习目标,便于学生目标明确、重点突出.围绕学习目标,设计了内容精致的链接插入到相关正文中,介绍有关的人物和日常生活中与本专业相关的知识,拓展和深化有关的专业知识与能力.这部分内容仅供学生阅读,不属于考核内容.在各章内容后设有目标检测,有助于学生自己及时测评,也可供老师考核时参照.

书末附有习题参考答案、常用对数表、反对数表、三角函数表、简易积分表、数学教学基本要求和学时分配建议、习题与目标检测参考答案.根据专业学时的不同,本门课程建议定为 8 ~ 10 学分,其中必修课 8 学分,选修课 2 学分.

本书编写得到了达州职业技术学院、陕西医学高等专科学校、井冈山大学医学院、聊城职业技术学院、乐山职业技术学院、三峡大学护理学院、深圳职业技术学院、山东医学高等专科学校、华油职业技术学院、四川省卫生学校、廊坊市卫生学校、营口市卫生学校以及科学出版社的大力支持,在此深表谢意.

由于编者水平有限,加之时间紧迫,本书可能存在许多不足和不当之处,真诚欢迎广大师生批评指正,以便今后改进.

潘传中

2007 年 6 月

第一版前言

　　本教材是面向 21 世纪全国卫生职业教育系列教改教材之一，是 5 年制高职高专各专业的一门公共课程，是学生提高文化素质和学习有关专业知识的重要基础。本教材的编写以卫生高等职业教育的培养目标为根本依据，遵循"贴近学生、贴近社会、贴近岗位、贴近医学"的基本原则，保证教材的科学性、思想性、先进性，同时体现实用性、可读性、启发性和创新性。内容与九年义务教育三年制初中数学相衔接，充分注意了学生的年龄和数学基础等特点，尽量做到由浅入深、由易到难、由具体到抽象、通俗直观、循序渐进，做到易学、易懂、实用。

　　本教材的宗旨是提供教学内容的公共平台性模块，供卫生类高职高专各专业共同使用。教材内容的设置分为 3 个模块：初等数学模块、高等数学模块和选学模块。初等数学模块和高等数学模块是必学内容，选学模块的内容由各校根据专业、学时、学分等实际情况选择使用。对选学模块内容，教材目录中加注"＊"符号以示区别和选择。

　　全书分上下两篇，共 10 章。上篇内容包括集合与简易逻辑、函数、三角函数、排列、组合与二项式定理、数列、平面解析几何、概率初步，下篇内容包括极限与连续、一元函数微分学、一元函数积分学。总学时为 180 学时，其中，必学模块 142 学时，选学模块 30 学时，机动 8 学时。

　　教材力求体现以目标教学为主的教学模式，融入知识、技能、态度 3 项目标，在每章的内容之前列出相应的学习目标，便于学生目标明确，重点突出。围绕学习目标，设计了内容精致的超级"链接"插入到相关正文中，通过"链接"等介绍有关的人物和在日常生活中与本专业相关的知识，拓展和深化有关的专业知识与能力。这部分内容仅供学生阅读，不属于考核内容。在学习内容后设有目标检测，有助于学生自己及时测评，也可供教师考核时参照。

　　教材后附有常用对数表、反对数表、三角函数表、简易积分表、数学教学基本要求和学时分配建议。根据专业学时的不同，本门课程建议定为 8～10 学分，其中必修课 8 学分、选修课 2 学分。

　　教材编写是在全国卫生职业教学新模式研究课题组指导下进行的，得到了陕西医学高等专科学校、江西省井冈山医学高等专科学校、四川省达州职业技术学院、山东省聊城职业技术学院、四川省乐山职业技术学院、湖北省三峡大学护理学院、四川省卫生学校、深圳职业技术学院、陕西省安康卫生学校、河北省华油职业技术学院、河北省廊坊卫生学校的大力支持，并得到北京护士学校刘晨主任亲自指导以及科学出版社的热情帮助，在此深表谢意。

　　由于编者水平有限，加上时间紧迫，书中必存在许多不足和不当之处，真诚欢迎广大师生批评指正、提出意见，以便今后改进。

编　者

2003 年 5 月

目　录

上　篇

第 1 章　集合与简易逻辑

同学们上体育课、参加活动等都要集合,它是大家经常使用的概念.集合论起源于 19 世纪后期,是现代数学的一个分支,它的基本思想、方法和符号已被运用到数学的各个领域.逻辑学是一门研究人类思维规律的学科,具有十分广泛的应用.如学校先举办了一次田径运动会,某班有 8 名同学参赛,又举办了一次球类运动会,这个班有 12 名同学参赛,那么两次运动会这个班共有多少名同学参赛? 描述、解决上述问题,就涉及本章里我们将要学习的集合与简易逻辑的知识.

学习目标

1. 解释集合的概念,并能正确地运用集合的两种表示法表示集合,说出元素与集合的隶属关系.

2. 说出两个集合的相等与包含的关系,正确使用有关的术语和符号.

3. 正确使用区间,能解含绝对值的不等式,能解一元二次不等式以及 $\dfrac{ax+b}{cx+d}>0$ (或 <0)($c\neq0$)型不等式.

4. 说出命题与逻辑联结词的含义,简述 4 种命题及其关系.

5. 理解充要条件的含义,并能正确地判断充要条件.

第 1 节　集　合

一、集合及其表示法

1. 集合的概念

实例:

(1) 某班的所有学生;

(2) 所有的直角三角形;

(3) 方程 $x^2-1=0$ 的所有实根;

(4) 所有的正偶数;

(5) 组成 APC 药物的药物成分.

上面的例子都是一些对象的全体.

定义 1　我们把这些确定的、彼此不同的对象的全体叫做集合,简称集.集合里的每一个对象叫做这个集合的元素.

上面例子中:(1)是由该班的所有学生组成的集合,每一个学生都是该集合的元素;(2)是由所有直角三角形组成的集合,每一个具体的直角三角形都是集合的元素;(3)是由实数 1 和

1

-1 组成的集合,其中 1 和 -1 都是集合的元素;(4)是由所有的正偶数构成的集合,每一个正偶数都是集合的元素;(5)是由阿司匹林、非那西汀、咖啡因组成的集合. 上述三种药物都是集合的元素。可以看出,有的集合的元素个数是有限的,有的集合的元素的个数是无限的. 如果集合只含有有限个元素,这样的集合就叫有限集. 如果集合含有无限多个元素,这样的集合就叫做无限集.

元素与集合的关系

元素和它所在的集合是从属关系,即集合含有它的每一个元素,它的每一个元素都属于这个集合.

集合通常用大写的拉丁字母 $A,B,C,\cdots$ 表示,集合的元素用小写的拉丁字母 $a,b,c,\cdots$ 表示. 如果元素 a 是集合 A 的元素,就说 a 属于 A,记做 $a \in A$;如果 a 不是 A 的元素,就说 a 不属于 A,记做 $a \notin A$.

例设 A 为正偶数集,则 $6 \in A, 1 \notin A$.

集合具有以下 3 个性质:

(1) 确定性. 对于一个给定的集合,哪些对象是它的元素,哪些对象不是它的元素,就随之确定了. 对于不能确定的对象,就不能构成集合. 例如"胖子"、"高个子"等就不能构成集合.

(2) 互异性. 对于同一集合的元素不能重复出现,相同的元素归入集合时只能算作一个元素.

(3) 无序性. 元素一样,仅仅是排列顺序不一样的集合,是相同的集合.

下面介绍几种特殊的集合.

单元素集:只含有一个元素的集合叫做单元素集. 例如方程 $x + 1 = 0$ 的解集,就是单元素集.

空集:不含有任何元素的集合叫做空集. 如方程 $x^2 + 1 = 0$ 的实数解集,就是空集,记做 $\varnothing$.

为叙述方便,把至少含有一个元素的集合叫做非空集.

全体自然数组成的集合叫做自然数集,记做 **N**.

$\varnothing$ 与 $\{0\}$ 的区别

空集 $\varnothing$ 与集合 $\{0\}$ 是不同的,前者是不含有任何元素,后者是由一个元素构成的.

全体整数组成的集合叫做整数集,记做 **Z**.

全体有理数组成的集合叫做有理数集,记做 **Q**.

全体实数组成的集合叫做实数集,记做 **R**.

为了方便起见,我们还用 $\mathbf{Z}^+$、$\mathbf{Z}^-$ 表示正、负整数集,$\mathbf{R}^-$ 表示负实数集等.

2. 集合的表示法 把一个具体的集合表示出来,一般有以下两种方法.

(1) 列举法

定义 2 把集合中的元素一一列举出来,写在大括号内(每个元素只写一次,不考虑元素的顺序),这种表示集合的方法叫做列举法.

例如,由数 2,4,6,8,10 组成的集合,可以表示成 $\{2,4,6,8,10\}$ 或 $\{4,6,8,10,2\}$ 但不能写成 $\{2,2,4,6,8,8,10\}$ 等形式.

当集合的元素有规律,不需要也不可能一一列出时,也可以只写出几个元素,其他的用省略号表示,例如小于 1000 的自然数集可以表示成 $\{0,1,2,3,\cdots,999\}$,正奇数集 $\{1,3,5,7,9,11,\cdots,2n+1,\cdots\}$.

(2) 描述法

定义 3 把集合中元素的共同特征描述出来,写在大括号内表示集合的方法叫做描述法.

例如,某班的全体学生组成的集合,可表示为 $\{$某班的学生$\}$.

满足不等式 $x < 5$ 的所有实数组成的集合,可表示为 $\{x \mid x < 5\}$ 或 $\{x : x < 5\}$.

二元一次方程 $5x + 7y + 10 = 0$ 的所有解的集合可表示为

$$\{(x,y) \mid 5x + 7y + 10 = 0\} \text{ 或 } \{(x,y) : 5x + 7y + 10 = 0\}$$

括号内"|"或":"的左方表示集合所包含元素的一般形式,右方表示集合的元素所具有的

笔记栏

特定性质.

列举法和描述法是两种不同的表示集合的方法,使用时可以相互转化,但究竟用哪种方法,要看具体问题而定.

有些集合两种表示法都可以使用,有些集合只能适用其中一种方法. 例如$\{1,2,4\}$就不宜用描述法表示,而$\{x|x>2\}$就不能用列举法表示.

例1　用适当的方法表示下列集合.

（1）一年中所有的月份；

（2）$x+y-2=0$的所有实数解；

（3）所有正方形；

（4）正偶数；

（5）能被2整除并小于20的正整数.

解　（1）列举法表示为$A=\{1,2,3,\cdots,12\}$.

（2）描述法表示为$B=\{(x,y)|x+y-2=0\}$.

（3）描述法表示为$C=\{$正方形$\}$.

（4）描述法表示为$D=\{$正偶数$\}$或$D=\{x|x=2n,n\in\mathbf{Z}^+\}$,或用列举法表示为$D=\{2,4,6,8,\cdots,2n,\cdots\}$.

（5）列举法表示为$E=\{2,4,6,8,\cdots,18\}$.

为了形象地表示集合,通常用圆(或其他封闭曲线)所围成的图形表示集合,用图形内的点表示该集合的元素,这种表示集合的图形叫做韦氏图,如图1-1所示.

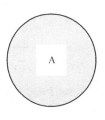

图 1-1

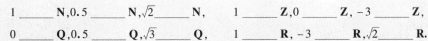

练　习

1. (口答)说出下面集合中的元素.

(1) $\{$大于3小于11的偶数$\}$；　　　　(2) $\{$平方等于1的数$\}$；

(3) $\{15$的正约数$\}$.

2. 用符号$\in$或$\notin$填空.

$1\underline{\quad}\mathbf{N},0.5\underline{\quad}\mathbf{N},\sqrt{2}\underline{\quad}\mathbf{N},\quad 1\underline{\quad}\mathbf{Z},0\underline{\quad}\mathbf{Z},-3\underline{\quad}\mathbf{Z},$

$0\underline{\quad}\mathbf{Q},0.5\underline{\quad}\mathbf{Q},\sqrt{3}\underline{\quad}\mathbf{Q},\quad 1\underline{\quad}\mathbf{R},-3\underline{\quad}\mathbf{R},\sqrt{2}\underline{\quad}\mathbf{R}.$

3. 用适当的方法表示下列集合,然后说出它们是有限集还是无限集.

(1) 由大于10的所有自然数组成的集合；　(2) 方程$x^2-4=0$的解的集合；

(3) 由小于10的所有质数组成的集合.

二、集合的关系

集合与集合之间有以下几种关系.

1. 子集

定义4　设有两个集合A和B,如果A的每一个元素都是B的元素,那么集合A叫做集合B的子集,记做$A\subseteq B$或$B\supseteq A$,读做"A包含于B"或"B包含A".

例如,$A=\{2,3\}$,$B=\{2,3,5\}$,则A中的每一个元素都是B中的元素,因此A是B的子集,可记做$A\subseteq B$或$\{2,3\}\subseteq\{2,3,5\}$,也可记做$B\supseteq A$或$\{2,3,5\}\supseteq\{2,3\}$.

又如$A=\{a,b,c\}$,$B=\{b,c\}$,$C=\{c\}$,显然有$A\supseteq B\supseteq C$或$C\subseteq B\subseteq A$.

当集合A不是B的子集时,可记做$A\nsubseteq B$(或$B\nsupseteq A$)读做"A不包含于B"或"B不包含A".

由数集的定义很容易知:$\mathbf{R}\supseteq\mathbf{Q}\supseteq\mathbf{Z}\supseteq\mathbf{N}$或$\mathbf{N}\subseteq\mathbf{Z}\subseteq\mathbf{Q}\subseteq\mathbf{R}$.

对于任何一个非空集合A,因为它的任何一个元素都属于集合A本身,所以$A\subseteq A$,就是任意一个集合是它自身的子集.

对于空集是不含有任何元素的集合，所以空集可以看成任何一个集合 A 的子集，即 $\varnothing \subseteq A$，例如：$\varnothing \subseteq \{0\}$，$\varnothing \subseteq \{a,b,c\}$，$\varnothing \subseteq \{2,3\}$.

2. 真子集

定义 5 如果集合 A 是集合 B 的子集，并且集合 B 中至少有一个元素不属于集合 A. 那么集合 A 叫做集合 B 的真子集，记做 $A \subset B$ 或 $B \supset A$，读做："A 真包含于 B" 或 "B 真包含 A"，例如 $\{2,3\}$ 不但是 $\{2,3,5\}$ 的子集，而且还是它的真子集，即 $\{2,3\} \subset \{2,3,5\}$.

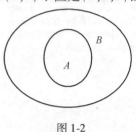

图 1-2

另外，数集有 $\mathbf{R} \supseteq \mathbf{Q} \supseteq \mathbf{Z} \supseteq \mathbf{N}$ 的关系，也有 $\mathbf{R} \supset \mathbf{Q} \supset \mathbf{Z} \supset \mathbf{N}$ 的关系.

空集 $\varnothing$ 是任意一个非空集合的真子集. $\varnothing \subset A$（A 为非空集合），用韦氏图表示真子集的关系如图 1-2 所示.

例 2 写出集合 $A = \{0,1,2\}$ 的所有子集和真子集.

解 集合 $A = \{0,1,2\}$ 的所有子集：$\varnothing$，$\{0\}$，$\{1\}$，$\{2\}$，$\{0,1\}$，$\{1,2\}$，$\{0,2\}$，$\{0,1,2\}$.

真子集：除开 $\{0,1,2\}$ 外，其余均为真子集.

例 3 集合 $A = \{a,b,d\}$，$B = \{a,b,d,e\}$，$C = \{a,d\}$，求 A,B,C 之间的关系.

解 A,B,C 的关系为 $C \subset A \subset B$.

集合的相等

对于两个集合 A 和 B，若 $A \subseteq B$ 且 $B \supseteq A$，则称集合 A 与集合 B 相等. 记做 $A = B$，读做 "A 等于 B". 例如 $A = \{x \mid |x| < 1\}$，$B = \{x \mid -1 < x < 1\}$，可以验证 $A \subseteq B$ 且 $B \supseteq A$，所以 $A = B$.

练 习

1. 写出集合 $\{a,b,c\}$ 的所有子集，并指出其中哪些是它的真子集.

2. 用适当的符号（$\in$，$\notin$，$=$，$\subset$，$\supset$）填空.

(1) a _____ $\{a\}$;　　　　　　　　(2) a _____ $\{a,b,c\}$;

(3) d _____ $\{a,b,c\}$;　　　　　　(4) $\{a\}$ _____ $\{a,b,c\}$;

(5) $\{3,5\}$ _____ $\{1,3,5,7\}$;　　(6) $\varnothing$ _____ $\{1,2,3\}$;

(7) $\{a,b\}$ _____ $\{b,a\}$;　　　　(8) $\{2,4,6,8\}$ _____ $\{2,8\}$.

3. 解不等式 $3x + 2 < 4x + 1$，并把结果用集合表示.

三、集合的运算

1. 交集 设 $A = \{1,2\}$，$B = \{1,2,3\}$，$C = \{1,2,5\}$，很显然集合 A 的元素是集合 B 与 C 的所有公共元素.

定义 6 设有两个集合 A,B，由所有属于集合 A 且属于集合 B 的元素组成的集合，叫做 A 与 B 的交集，记做 $A \cap B$ 读做 "A 交 B"，即

$$A \cap B = \{x \mid x \in A \text{ 且 } x \in B\}$$

由定义 6 知，上面的集合 A 就是 B 与 C 的交集，即 $A = B \cap C$.

韦氏图如图 1-3 所示：

由交集的定义容易推出，对于任意集合 A,B 有

$$A \cap A = A, A \cap \varnothing = \varnothing, A \cap B = B \cap A.$$

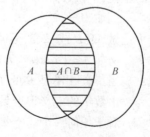

图 1-3

笔记栏

例 4 设 $A = \{x \mid x < 5\}$，$B = \{x \mid x \geq 0\}$，求 $A \cap B$.

解 $A \cap B = \{x \mid x < 5\} \cap \{x \mid x \geq 0\} = \{x \mid 0 \leq x < 5\}$.

例5 已知 A 为奇数集，B 为偶数集，$\mathbf{Z}$ 为整数集，求 $A\cap B$，$A\cap \mathbf{Z}$，$B\cap \mathbf{Z}$.

解 $A\cap B = \varnothing$，$A\cap \mathbf{Z} = A$，$B\cap \mathbf{Z} = B$.

2. 并集 已知方程 $x^2 - 1 = 0$ 的解集为 $A = \{1, -1\}$.

方程 $x - 2 = 0$ 的解集为 $B = \{2\}$.

那么方程 $(x^2 - 1)(x - 2) = 0$ 的解集为 $C = \{1, -1, 2\}$.

容易看出，集合 C 是由所有属于 A 或属于 B 的元素组成的.

定义7 由所有属于集合 A 或属于集合 B 的元素所组成的集合，叫做 A 与 B 的并集，记做 $A\cup B$，读做"A 并 B"，即

$$A\cup B = \{x \mid x\in A \text{ 或 } x\in B\}$$

韦氏图如图 1-4 所示：

由此可知，上面 $\{1, -1, 2\} = \{1, -1\}\cup\{2\}$.

注意：由集合元素的互异性可知，在求两个集合的并集时，两个集合的公共元素在并集中只能出现一次. 例如 $A = \{1, 2, 3\}$，$B = \{2, 3, 4\}$，则 $A\cup B = \{1, 2, 3, 4\}$. 由并集定义容易知道，对于任意集合 A，B 有

$$A\cup A = A, \quad A\cup\varnothing = A, \quad A\cup B = B\cup A.$$

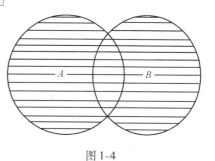

图 1-4

例6 设 $A = \{1, 2, 3, 4\}$，$B = \{3, 4, 5, 6\}$，求 $A\cup B$.

解 $A\cup B = \{1, 2, 3, 4\}\cup\{3, 4, 5, 6\} = \{1, 2, 3, 4, 5, 6\}$.

例7 设 $A = \{x \mid 1 < x < 3\}$，$B = \{x \mid 2 < x < 5\}$，求 $A\cup B$.

解 $A\cup B = \{x \mid 1 < x < 3\}\cup\{x \mid 2 < x < 5\} = \{x \mid 1 < x < 5\}$.

3. 全集和补集

看一个例子：设集合 S 是全班同学的集合，集合 A 是全班女生的集合，而 B 是全班男生的集合，那么三个集合有什么关系呢？ 显然 B 是 S 中除去 A 之后余下的元素组成的集合.

如果集合含有我们所要研究的各个集合的全部元素，就可以把这个集合看做一个全集，通常用 U 表示.

定义8 设全集为 U，A 是 U 的一个子集（即 $A\subseteq U$），由 U 中所有不属于 A 的元素组成的集合，叫做 U 中子集 A 的补集，记做 $\complement_U A$，即

$$\complement_U A = \{x \mid x\in U \text{ 且 } x\notin A\}$$

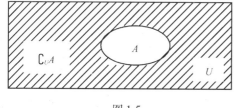

图 1-5

韦氏图如图 1-5 所示.

例如：$U = \{1, 2, 3, 4, 5\}$，$A = \{1, 2, 3\}$，则 $\complement_U A = \{4, 5\}$.

注：在实数范围内讨论问题时，通常把实数集 $\mathbf{R}$ 看做全集 U，如有理数集 $\mathbf{Q}$ 的补集 $\complement_U \mathbf{Q}$ 是全体无理数的集合.

由韦氏图可看出

$$A\cup U = U, \quad A\cap U = A,$$
$$A\cup \complement_U A = U, \quad A\cap \complement_U A = \varnothing.$$

我们把求补集的运算叫做补运算.

例8 设 $U = \mathbf{R}$，$A = \{x \mid -1 < x < 1\}$，求 $\complement_U A$.

解 由定义知：

$$\complement_U A = \{x \mid x\leqslant -1 \text{ 或 } x\geqslant 1\}$$

例9 设 $U = \{1, 2, 3, 4, 5\}$，$A = \{1, 2\}$，求 $\complement_U(\complement_U A)$.

解 由补集的定义知：$\complement_U A = \{3, 4, 5\}$.

笔记栏

再由定义知：$\complement_U(\complement_U A) = \{1,2\} = A$.

一般地，$\complement_U(\complement_U A) = A$.

最后，给出两个重要的关系式：

$$\complement_U(A \cap B) = \complement_U A \cup \complement_U B$$
$$\complement_U(A \cup B) = \complement_U A \cap \complement_U B$$

练 习

1. 设 $A = \{3,5,6,8\}$，$B = \{4,5,7,8\}$，求 $A \cap B, A \cup B$.
2. 设 $A = \{x \mid x \leqslant 5\}$，$B = \{x \mid x > 1\}$，求 $A \cap B, A \cup B$.
3. 如果全等 $U = \mathbf{Z}$，求 $\complement_U \mathbf{N}$.

四、集合在疾病诊断中的应用

大家知道，疾病与征候（症状、体征及各种检查结果的统称）之间的关系，征候是复杂的、很难判断. 下述例子说明集合论的概念有助于分清这种关系.

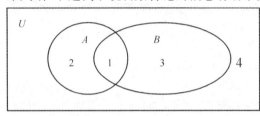

图 1-6　心前区疼痛（A）与心肌梗死（B）之间关系的韦氏图

心前区疼痛是心肌梗死的一大重要症状，但并非所有心肌梗死患者都有心前区疼痛，也并非任何有心前区疼痛的病人都是心肌梗死患者，两者之间的关系可用韦氏图清晰地表示出来，用 A 表示所有心前区疼痛症状的病人的集合，用 B 表示所有心肌梗死患者的集合，表示两者关系的韦氏图如图 1-6 所示.

这里，全集 U 表示所有各种病人的集合.

在图中，由于代表集合 A 和 B 的两个图相交，代表全集 U 的长方形被分成四部分，分别表示 U 的四个子集，其中子集"1"是 A 与 B 的交集 $A \cap B$，表示有心前区疼痛症状的所有心肌梗死患者的集合；子集"2"是 A 与 B 的补集 $\complement_U B$ 的交集 $A \cap \complement_U B$，表示有心前区疼痛症状，但不是患心肌梗死的所有病人的集合；子集"3"是 B 与 A 的补集 $\complement_U A$ 的交集 $B \cap \complement_U A$，表示没有心前区疼痛症状的所有心肌梗死患者的集合；子集"4"是 $\complement_U A \cap \complement_U B$，表示既无心前区疼痛又不是患心肌梗死的所有病人的集合.

下面对 94 例主诉心前区疼痛的病人作血清谷草转氨酶检验，借以评价此项临床检验对鉴别心肌梗死的价值，检验值以血清转氨酶浓度 100U/L 为标准，不小于此值者为阳性，小于此值者为阴性，94 例检验结果见表 1-1.

表 1-1　血清转氨酶与心肌梗死的联系

检验结果	心肌梗死	非心肌梗死	合计
阳性	25	4	29
阴性	23	42	65
合计	48	46	94

根据表中的资料，就可以对血清谷草转氨酶检验关于心肌梗死的诊断价值作出评价，这里，我们用全集 U 表示被检的 94 例心前区疼痛病人，用 T 表示检验结果阳性的病人集合，用 M 表示心肌梗死患者的集合，表示 T 与 M 之间关系的韦氏图如图 1-7 所示.

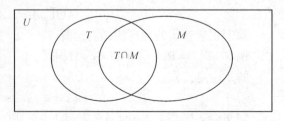

图 1-7　血清转氨酶检验阳性（T）与心肌梗死（M）之间关系的韦氏图

我们用 $n(U)$ 表示全集 U 所含元素的个数（即病例总数），用 $n(T)$ 表示检验阳性的例数，余类推.

由表 1-1 可得

$n(U) = 94$，　$n(T) = 29$，　$n(M) = 48$，

$n(T \cap M) = 25$，　$n(\complement_U T) = 65$，$n(\complement_U M) = 46$，

$n(\complement_U T \cap M) = 23$，　$n(T \cap \complement_U M) = 4$

$n(\complement_U T \cap \complement_U M) = 42$

于是，检验的真阳性率，即检验的灵敏度为

$$检验灵敏度 = \frac{n(T \cap M)}{n(M)} \times 100\% = \frac{25}{48} \times 100\% = 52.1\%$$

而检验的真阴性率，即检验的特异度为

$$检验的特异度 = \frac{n(\complement_U T \cap \complement_U M)}{n(\complement_U M)} \times 100\% = \frac{42}{46} \times 100\% = 91.3\%$$

一项临床检验关于某种疾病的灵敏度（真阳性率）高，表示对于该病患者，检验结果为阳性的可能性大，为阴性的可能性小，说明检验的识别能力强. 而检验的特异度（真阴性率）高，表示对于非该病患者，检验结果为阴性的可能性大，为阳性的可能性小，说明检验的鉴别本领大. 显然，灵敏度和特异度两者都高的检验是诊断中理想的检验. 上面依表 1-1 的资料，算出血清转氨酶检验对心肌梗死的灵敏度并不高，仅为 52.1%，但特异度达 91.3%，是相当高的. 因此，这种检验有一定的诊断价值，但不是理想的检验.

用这种方法对临床诊断价值作出评价，有利于医师和患者作出正确的选择，采取好的临床诊断方法，作出正确的诊断，从而对症下药，提高疗效.

习题 1-1

1. 用适当的方法表示下列集合，并说出它们是有限集还是无限集.
   (1) 大于 0 且小于 20 的奇数；　　(2) 24 与 36 的所有公约数；
   (3) 方程 $x + 5 = 0$ 的解；　　(4) 直线 $x + y + 1 = 0$ 上的点；
   (5) 一年中的季节.

2. 填空题（填上符号 $\in$，$\notin$，$\subseteq$ 或 $\subset$）.
   (1) $\varnothing$ ___ $\{0\}$；　　(2) 0 ___ $\{0\}$；
   (3) 0 ___ $\varnothing$；　　(4) a ___ $\{a, b\}$；
   (5) $\sqrt{2}$ ___ $\mathbf{Q}$；　　(6) π ___ $\mathbf{R}$；
   (7) $A \cup B$ ___ A；　　(8) $A \cap B$ ___ A.

3. 已知 $A = \{x \mid x \leq 10\}$，判断下列各式是否正确，并说明理由.
   (1) $2 \subseteq A$；　　(2) $2 \in A$；
   (3) $\{2\} \in A$；　　(4) $\varnothing \in A$.

4. 学校开运动会，设 $A = \{x \mid x$ 是参加百米赛跑的同学$\}$，$B = \{x \mid x$ 是参加跳高比赛的同学$\}$，求 $A \cap B$.

5. 设 $A = \{x \mid -3 \leq x \leq 3\}$，$B = \{x \mid -2 < x < 4\}$，求 $A \cup B$，$A \cap B$.

6. 设 $A = \{1, 2, 3, 4\}$，$B = \{2, 3, 4, 5\}$，$C = \{0, 1, 3, 5\}$.
   验证：(1) $(A \cup B) \cup C = A \cup (B \cup C)$；(2) $(A \cap B) \cap C = A \cap (B \cap C)$

7. 设 $A = \{x \mid x^2 - 2x - 3 = 0\}$，$B = \{x \mid ax - 1 = 0\}$，若 $B \subset A$，求 a 的值.

8. 设 $U = \mathbf{Z}$，$A = \{x \mid x = 2k, k \in \mathbf{Z}\}$，$B = \{x \mid x = 2k + 1, k \in \mathbf{Z}\}$ 求 $\complement_U A$，$\complement_U B$.

第2节　几种不等式的解法

在初中，我们已经学习了不等式的概念和基本性质，并学习了一元一次不等式组的解法. 下面，我们将在此基础上继续学习几种不等式的解法.

在表示不等式的解集时，时常用到区间，下面先介绍区间的概念.

一、区　　间

定义 1　设 a, b 是两个实数，且 $a < b$，把满足 $a \leq x \leq b$ 的一切实数 x 的集合叫做闭区间，记

为 $[a,b]$;把满足 $a<x<b$ 的一切实数 x 的集合叫做开区间,记为 (a,b);把满足 $a\leqslant x<b$ 或 $a<x\leqslant b$ 的一切实数 x 的集合叫做半开半闭区间,分别记为 $[a,b)$ 或 $(a,b]$.这里的实数 a 和 b 都叫做相应区间的端点,a,b 间的距离叫做区间长,这里的区间长都是有限的,故这些区间都是有限区间,用数轴表示为如图1-8 所示.

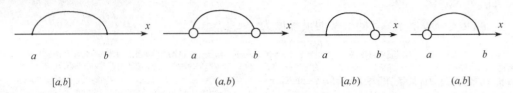

图 1-8

有限区间与无限区间

有限区间与无限区间是指区间的长度,不是区间中所含实数的个数,因为他们都包含有无限个实数.

实数集 **R** 也可用区间表示为 $(-\infty,+\infty)$,符号"∞"读作"无穷大","$+\infty$"读作"正无穷大","$-\infty$"读作"负无穷大".

满足不等式 $x\geqslant a,x>a,x\leqslant b,x<b$ 的一切实数用区间表示分别为 $[a,+\infty),(a,+\infty),(-\infty,b],(-\infty,b)$.这些区间长都是无限的,故这些区间又都是无限区间.

这样,我们就学习了三种表示实数集的方法:集合表示法 **R**,不等式表示法 $-\infty<x<+\infty$,区间表示法 $(-\infty,+\infty)$.

练 习

用区间表示下列实数集:

(1) $1\leqslant x\leqslant 3$;   (2) $0<x<5$;   (3) $2\leqslant x$;   (4) $x\leqslant 6$;

(5) $x<3$;   (6) $2<x$;   (7) $0\leqslant x<10$;   (8) $3<x\leqslant 6$.

二、含绝对值的不等式的解法

在初中,我们学习过绝对值的概念,下面讨论两种最基本的绝对值的不等式的解法.

1. $|x|<a(a>0)$ 的解法

先看一个例子:$|x|=2$.由绝对值意义可知,方程的解是 $x=2$ 或 $x=-2$,在数轴上表示为如图1-9(1)所示.

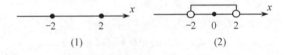

图 1-9

由绝对值意义,再看相应的不等式 $|x|<2$,结合数轴表示如图 1-9(1)可知,不等式 $|x|<2$ 就表示数轴上到原点的距离小于 2 的点的集合,在数轴上表示为如图 1-9(2)所示.

因而不等式 $|x|<2$ 的解集是 $\{x\mid -2<x<2\}$.

推广到一般情况,有不等式 $|x|<a(a>0)$ 的解集是

$$\{x\mid -a<x<a\}$$

2. $|x|>a(a>0)$ 的解法   类似上面的讨论,$|x|>a(a>0)$ 表示数轴上到原点的距离大于 a 的点的集合,在数轴上表示为如图 1-10 所示:

笔记栏

图 1-10

则不等式 $|x|>a(a>0)$ 的解集是

$$\{x \mid x>a \text{ 或 } x<-a\}$$

例1 解不等式 $|2x+3|<5$.

解 由原不等式可得 $-5<2x+3<5$
在不等式的各端同时减去 3 得 $-8<2x<2$
再同时除以 2,得 $-4<x<1$.
所以,原不等式的解集是 $\{x \mid -4<x<1\}$.

例2 解不等式 $|2-x| \geq 3$.

解 由原不等式可得 $2-x \geq 3$ 或 $2-x \leq -3$.
整理得 $x \leq -1$ 或 $x \geq 5$.
所以,原不等式的解集是 $\{x \mid x \leq -1$ 或 $x \geq 5\}$.

口诀

大于在两边,小于在中间. 例如:$|x|>2$ 的解集为 $\{x \mid x>2$ 或 $x<-2\}$;$|x|<2$ 的解集为 $\{x \mid -2<x<2\}$

练 习

1. 解下列不等式:

(1) $|x|<5$; (2) $|x|>8$; (3) $2|x| \leq 9$;

(4) $5|x| \geq 7$; (5) $|3x|<15$; (6) $|4x|>14$.

2. 解下列不等式:

(1) $|x+4|>9$; (2) $\left|\dfrac{1}{4}+x\right| \leq \dfrac{1}{2}$;

(3) $|5x-4|<6$; (4) $\left|\dfrac{1}{2}x+1\right| \geq 2$.

三、一元二次不等式的解法

定义2 含有一个未知数,且未知数的最高次数是 2 的不等式叫做一元二次不等式,它的一般形式有以下两种:

$$ax^2+bx+c>0, \quad ax^2+bx+c<0 \ (a \neq 0)$$

下面我们将举例来讨论利用二次函数的图像解一元二次不等式的方法.

例3 解不等式 $x^2-3x+2>0$.

解 先看二次函数 $y=x^2-3x+2$,令 $y=0$,得 $x^2-3x+2=0$,$\Delta>0$ 方程有两个不相等实根,$X_1=1$,$X_2=2$.

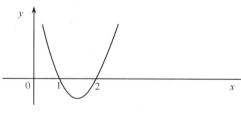

图 1-11

因为二次项系数为 1,所以抛物线开口向上,做出其图像如图 1-11 所示.

从图上可以看到,抛物线将 x 轴分成三段 $(-\infty,1)$,$(1,2)$,$(2,+\infty)$.

在 $(-\infty,1)$,$(2,+\infty)$ 上 $y>0$,$(1,2)$ 上 $y<0$,所以,不等式 $x^2-3x+2>0$ 的解集是 $\{x \mid x<1$ 或 $x>2\}$.

另外,若解不等式 $x^2-3x+2<0$,从图像上可看出,解集为 $\{x \mid 1<x<2\}$.

对于一元二次方程 $ax^2+bx+c=0(a>0)$,$\Delta=b^2-4ac$,它的解按照 $\Delta>0$,$\Delta=0$,$\Delta<0$ 分三种情况,相应的抛物线与 x 轴的位置关系也分三种情况如图 1-12 所示,因此,一元二次不等式

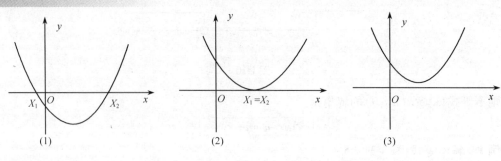

图 1-12

的解集也分三种情况讨论.

(1) 当 $\Delta > 0$ 时,抛物线 $y = ax^2 + bx + c$ 与 x 轴有两个交点,如图 1-12(1)所示.即方程 $ax^2 + bx + c = 0$ 有两个不相等的实数根 X_1, X_2 ($X_1 < X_2$),那么,不等式 $ax^2 + bx + c > 0$ 的解集是 $\{x | x < X_1$ 或 $x > X_2\}$.

不等式 $ax^2 + bx + c < 0$ 的解集是 $\{x | X_1 < x < X_2\}$.

(2) 当 $\Delta = 0$ 时,抛物线 $y = ax^2 + bx + c$ 与 x 轴只有一个交点,如图 1-12(2)所示,即方程 $ax^2 + bx + c = 0$ 有两个相等实数根, $X_1 = X_2 = -\dfrac{b}{2a}$,那么不等式 $ax^2 + bx + c > 0$ 的解集是 $\{x | x \neq -\dfrac{b}{2a}\}$.

不等式 $ax^2 + bx + c < 0$ 的解集是 $\varnothing$.

(3) 当 $\Delta < 0$ 时,抛物线 $y = ax^2 + bx + c$ 与 x 轴无交点,如图 1-12(3)所示,即方程 $ax^2 + bx + c = 0$ 无实数根,那么不等式 $ax^2 + bx + c > 0$ 的解集是 $\mathbf{R}$,

不等式 $ax^2 + bx + c < 0$ 的解集是 $\varnothing$.

对于二次项系数是负数(即 $a < 0$)的不等式,可以先把二次项系数化成正数,再求解.

例 4 解不等式 $x^2 - 4x - 5 < 0$.

解 因为 $a = 1 > 0, \Delta > 0$,方程 $x^2 - 4x - 5 = 0$ 的解是 $X_1 = -1, X_2 = 5$.

所以,不等式的解集是 $\{x | -1 < x < 5\}$.

例 5 解不等式 $4x^2 - 4x + 1 > 0$.

解 因为 $a = 4 > 1, \Delta = 0$,方程 $4x^2 - 4x + 1 = 0$ 的解是 $X_1 = X_2 = \dfrac{1}{2}$.

所以,不等式的解集是 $\{x | x \neq \dfrac{1}{2}\}$.

例 6 解不等式 $-x^2 + 2x - 3 < 0$.

解 因为 $a = -1 < 0$,不等式两边乘以 -1,化为 $x^2 - 2x + 3 > 0$.

又因为 $\Delta < 0$,所以 $x^2 - 2x + 3 = 0$ 无实根,

所以 $x^2 - 2x + 3 > 0$ 的解集是 $\mathbf{R}$,原不等式的解集也是 $\mathbf{R}$.

四、$\dfrac{ax + b}{cx + d} > 0$(或 < 0)($c \neq 0$)型不等式的解法

我们先讨论 $(x - 1)(x - 2) > 0$ 的解法.

将不等式化为下列不等式组:

$$(1) \begin{cases} x - 1 > 0 \\ x - 2 > 0 \end{cases} \quad (2) \begin{cases} x - 1 < 0 \\ x - 2 < 0 \end{cases}$$

解不等式组(1),得解集 $\{x | x > 1\} \cap \{x | x > 2\} = \{x | x > 2\}$.

解不等式组(2),得解集 $\{x | x < 1\} \cap \{x | x < 2\} = \{x | x < 1\}$.

所以,原不等式的解集是上面两个解集的并集,即
$$\{x \mid x > 2 \text{ 或 } x < 1\}$$

用类似的方法,可以解像 $\dfrac{ax + b}{cx + d} > 0(\text{或} < 0)(c \neq 0)$ 的分式不等式.

例7　解不等式 $\dfrac{2x - 1}{x + 4} > 0.$

解　原不等式的解集是不等式组(1) $\begin{cases} 2x - 1 > 0 \\ x + 4 > 0 \end{cases}$ 与(2) $\begin{cases} 2x - 1 < 0 \\ x + 4 < 0 \end{cases}$ 的解集的并集.

不等式组(1)的解集是 $\left\{ x \mid x > \dfrac{1}{2} \right\}.$

不等式组(2)的解集是 $\{x \mid x < -4\}.$

所以,原不等式的解集是
$$\left\{ x \mid x > \dfrac{1}{2} \right\} \cup \{x \mid x < -4\} = \left\{ x \mid x > \dfrac{1}{2} \text{ 或 } x < -4 \right\}$$

例8　解不等式 $\dfrac{2x + 3}{x - 4} < 1.$

解　移项得 $\dfrac{2x + 3}{x - 4} - 1 < 0$, 整理得: $\dfrac{x + 7}{x - 4} < 0.$

化为不等式组:　　(1) $\begin{cases} x + 7 > 0 \\ x - 4 < 0 \end{cases}$　(2) $\begin{cases} x + 7 < 0 \\ x - 4 > 0 \end{cases}$

不等式组(1)的解集是 $\{x \mid -7 < x < 4\}.$

不等式组(2)的解集是 $\varnothing.$

所以,原不等式的解集是 $\{x \mid -7 < x < 4\}.$

练　习

1. x 是什么实数时,函数 $y = x^2 - 4x + 3$ 的值:

(1) 等于0? (2) 是正数? (3) 是负数?

2. 解下列不等式:

(1) $4x^2 + 4x + 1 > 0$;　　(2) $x^2 - 3x + 5 > 0$;　　(3) $\dfrac{x + 5}{x - 8} < 0$;

(4) $\dfrac{2x - 1}{x + 4} > 0$;　　(5) $(x + 2)(x - 3) > 0$;　　(6) $x(x - 2) < 0.$

习题 1-2

1. 解下列不等式:

(1) $|2x + 5| < 6$;　　(2) $|4x - 1| \geqslant 9$;　　(3) $|3x - 8| < 13$;

(4) $\left| \dfrac{3}{4}x - 2 \right| \geqslant 1$;　　(5) $\left| \dfrac{1}{2}x + 2 \right| > \dfrac{1}{3}$;　　(6) $\left| 2x + \dfrac{1}{5} \right| \leqslant \dfrac{1}{2}.$

2. 解下列不等式:

(1) $4x^2 - 4x > 15$;　　(2) $-6x^2 - x + 2 \leqslant 0$;　　(3) $3x^2 - 7x + 2 < 0$;

(4) $4x^2 + 4x + 1 < 0$;　　(5) $-x^2 - x + 8 > 0$;　　(6) $14 - 4x^2 \geqslant x.$

3. 解下列不等式:

(1) $(x + 5)(3 - x) > 0$;　　(2) $2(x^2 - 6) > 5x$;　　(3) $(3x + 2)(2x - 1) < 0$;

(4) $\left(\dfrac{1}{2}x - 1 \right)(5x + 3) \geqslant 0$;　　(5) $(5 - x)(x + 4) < 0$;　　(6) $(x + 7)(2 - x) > 0.$

4. 解下列不等式:

(1) $\dfrac{x + 5}{3 - x} < 0$;　　(2) $\dfrac{x - 1}{2x + 1} > 0$;　　(3) $\dfrac{3x + 1}{x - 3} - 3 \geqslant 0$;

(4) $\dfrac{2x+3}{x-4} < 1$;　　　　(5) $\dfrac{3x-4}{2x+5} > 0$;　　　　(6) $\dfrac{2x-15}{5x+2} \leqslant 0$.

5. 已知方程 $ax^2 + bx + c = 0 (a < 0)$ 的根为 3 和 4，求 $ax^2 + bx + c \leqslant 0$ 的解集.

第3节　简易逻辑

一、命题与逻辑联结词

1. 命题　在数学中，往往把研究的结果用命题的形式表达出来，因此，命题是数学学习中最基本的内容之一.

定义1　表达判断的语言就是命题，即命题是能区分真假的陈述语句.

例如下面的语句：

① 3 是 15 的约数；

② $\sqrt{2}$ 是无理数 ；

③ 0.2 是整数；

④ $3 + 5 = 8$.

这些语句都是命题，其中①、②、④是真的，叫真命题，③是假的，叫做假命题. 我们规定"真"和"假"是命题所具有的两个值，分别用"T"和"F"（有时也用"1"或"0"）表示，统称为真值，任何命题均在集合 $\{T,F\}$ 中取值，①、②、④取值为 T，③取值为 F.

有些语句不是命题，例如下面的语句 ：

$X < 3$　　　　　　　　（不能判断真假）

3 是 15 的约数吗？　　（不涉及真假）

请把门关上！　　　　　（不涉及真假）

命题通常用大写字母 $A, B, C, \cdots$ 表示.

例1　写出下列命题的真值：

(1) $\sqrt{3} \geqslant 1.7$；

(2) 小数就是有理数；

(3) $\sqrt{x^2} = x$；

(4) π 是实数.

解　(1) T；(2) F；(3) F；(4) T.

数学逻辑的产生与发展

逻辑是研究人们思维形式和思维规律的科学，它告诉我们正确的思维所应该具有的形式和必须遵循的规律. 逻辑早在我国古代就已萌芽，它是作为一种进行论战和谈话所必须遵循的特殊方式出现的. 在古希腊罗马哲学中，亚里士多德是形式逻辑的创造者，从莱布尼兹开始，不少科学家和哲学家，特别是布尔和罗素，把数学方法用于逻辑的研究，于是出现了一门逻辑与数学相互渗透的新学科——数理逻辑. 到 20 世纪三四十年代，数理逻辑开始用于电路开关设计，20 世纪 50 年代，它已成为电子计算机科学的基础理论之一. 近年来，数理逻辑的大量方法开始应用于计算机软件的理论研究中，使得数学、逻辑、计算机科学之间的关系越来越密切.

2. 逻辑联结词　前面所举 ①、②、③、④四个命题比较简单，由简单的命题可以组合成新的比较复杂的命题，看下面的例子：

⑤ 12 可以被 3 或 4 整除；

⑥ 平行四边形的对边平行且相等 ；

⑦ 0.2 非整数；

⑧ 对于集合 A 与 B，如果 $x \in A$，那么 $x \in A \cup B$.

"或"、"且"、"非"、"如果……，那么……"这些词叫做逻辑联结词.

不含任何逻辑联结词的命题叫做简单命题，如①、②、③、④. 将两个或两个以上简单命题用逻辑联结词联结而成的命题叫做复合命题，如⑤、⑥、⑦、⑧为复合命题.

利用逻辑联结词将简单命题复合成新的命题，就是命题的演算. 逻辑联结词主要有合取、折取、否定、蕴含等.

（1）或："或"是折取词，相当的词有"或者"、"也许……，也许"、"可能……，也可能……"等.

利用折取词可以将两个命题 A 与 B 联结成新命题"A 或 B"称为选言命题，记做 $A \vee B$. 例如：命题 $A:x > 3$，命题 $B:x < -2$，

则选言命题 $A \vee B:x > 3$ 或 $x < -2$.

当 A,B 至少有一个为真时 $A \vee B$ 为真，真值表如下：

A	B	A∨B
T	T	T
T	F	T
F	T	T
F	F	F

（2）且："且"是合取词，相当的词有"和"、"并且"、"以及"、"即……又……"等.

利用合取词可以将两个命题 A 与 B 联结成新命题"A 且 B"称为联言命题，记做 $A \wedge B$. 例如：命题 A：正方形是菱形，命题 B：正方形是矩形，

则联言命题 $A \wedge B$：正方形即是菱形又是矩形.

当 A,B 中至少有一个为假时，$A \wedge B$ 为假，真值表如下：

A	B	A∧B
T	T	T
T	F	F
F	T	F
F	F	F

（3）非："非"是否定词，相当的词有"并非"、"无"、"不成立"等.

利用否定词可将命题 A 变成新命题"非 A"称为负命题，记作 $\overline{A}$.

例如：命题 A：2 是 10 的约数，则负命题 $\overline{A}$：2 不是 10 的约数.

当 A 为真时，$\overline{A}$ 为假；当 A 为假时 $\overline{A}$ 为真，反之亦然. 真值表如下：

A	A̅
T	F
F	T

（4）如果……，那么……："如果……，那么……"是蕴含词，相当的词有"若……，则……"，"只要……，就……"等.

利用蕴含词可以将命题 A,B 联成新命题.

"如果 A，那么 B"称为假言命题，记为 $A \rightarrow B$.

例如：命题 $A:a$ 为负数，命题 $B:a^2$ 为正数. 则假言命题 $A \rightarrow B$：若 a 为负数，则 a^2 为正数.

在假言命题"$A \rightarrow B$"中，A 叫做前件，B 叫做后件，当前件为真后件为假时，假言命题的真值为假，其余情况为真. 真值表如下：

A	B	A→B
T	T	T
T	F	F
F	T	T
F	F	T

注意:有些复合命题隐含着联结词,如"△ABC 为等腰直角三角形"可改写为"△ABC 即是等腰三角形又是直角三角形". 又如:"两直线平行,同位角相等"可改写为"如果两直线平行,则同位角相等".

例 2 设命题 A:△ABC 有两条边相等,B:△ABC 有一个内角是一直角,写出下列命题:

(1) $\bar{A}$, (2) $A \lor B$, (3) $A \land B$, (4) $A→B$

解 (1) $\bar{A}$:△ABC 三条边不等;

(2) $A \lor B$:△ABC 是等腰三角形,或者是直角三角形;

(3) $A \land B$:△ABC 是等腰直角三角形;

(4) $A→B$:如果△ABC 是等腰三角形,那么△ABC 是直角三角形.

例 3 写出由下列各组命题构成的"$A \lor B$","$A \land B$","$\bar{A}$","$A→B$"形式的复合命题的真假:

(1) A:$\varnothing \subset \{0\}$,$B$:$\varnothing = \{0\}$;

(2) A:$2 \in \{1,3\}$,B:$3 \in \{1,3\}$;

(3) A:$\{矩形\} \not\supset \{正方形\}$,$B$:$\{圆内接四边形\} \not\supset \{矩形\}$.

解 (1) 因为 A 真,B 假,所以 $A \lor B$ 真,$A \land B$ 假,$\bar{A}$ 假,$A→B$ 假.

(2) 因为 A 假,B 真,所以 $A \lor B$ 真,$A \land B$ 假,$\bar{A}$ 真,$A→B$ 真.

(3) 因为 A 假,B 假,所以 $A \lor B$ 假,$A \land B$ 假,$\bar{A}$ 真,$A→B$ 真.

如果在例 2 中,已知 A 的真值为 T,B 的真值为 F,则题中各命题真值如何? 请思考.

练 习

1. 分别写出由下列各组命题构成的"$A \lor B$","$A \land B$","$\bar{A}$","$A→B$"形式的复合命题,并求其真值.

(1) A:2 是偶数,B:2 不是质数; (2) A:$\mathbf{N} \subseteq \mathbf{Z}$,$B$:$\mathbf{N} \cap \mathbf{Z} = \mathbf{N}$;

(3) A:5 是 10 的约数,B:5 是 15 的约数.

2. 指出下列复合命题的形式:

(1) 6 是 36 与 12 的公约数; (2) 方程 $x^2 + 1 = 0$ 没有实数根;

(3) 两边相等且平行的四边形是平行四边形.

二、假言命题的四种形式

假言命题中的前件又叫"条件",后件又叫"结论",假言命题通常有四种形式:

(1) 原命题:假言命题 $A→B$,一般称为原命题.

(2) 逆命题:$B→A$,它是将原命题中的条件和结论换位后得到的命题.

(3) 否命题:$\bar{A}→\bar{B}$,它是将原命题中的条件和结论分别否定后得到的命题.

(4) 逆否命题:$\bar{B}→\bar{A}$,它是将原命题中的条件和结论换位并否定后得到的命题.

例 4 写出下列命题的逆命题,否命题,逆否命题,并求真值:

(1) 若 $a = 0$,则 $ab = 0$;

(2) 若 $x^2 = y^2$,则 $x = y$;

(3) 当 $c > 0$ 时,若 $a > b$,则 $ac > bc$.

解 (1) (原命题 $A→B$:若 $a = 0$,则 $ab = 0$,真值为 T.)

逆命题 $B→A$:若 $ab = 0$,则 $a = 0$,真值为 F;

否命题 $\bar{A}\to\bar{B}$：若 $a\ne0$，则 $ab\ne0$，真值为 F；.

逆否命题 $\bar{B}\to\bar{A}$：若 $ab\ne0$，则 $a\ne0$，真值为 T.

（2）（原命题 $A\to B$：若 $x^2=y^2$，则 $x=y$，真值为 F.）

逆命题 $B\to A$：若 $x=y$，则 $x^2=y^2$，真值为 T；

否命题 $\bar{A}\to\bar{B}$：若 $x^2\ne y^2$，则 $x\ne y$，真值为 T；

逆否命题 $\bar{B}\to\bar{A}$：若 $x\ne y$，则 $x^2\ne y^2$，真值为 F.

（3）（原命题 $A\to B$：当 $c>0$ 时，若 $a>b$，则 $ac>bc$，真值为 T.）

逆命题 $B\to A$：当 $c>0$ 时，若 $ac>bc$，则 $a>b$，真值为 T；

否命题 $\bar{A}\to\bar{B}$：当 $c>0$ 时，若 $a\le b$，则 $ac\le bc$，真值为 T；

逆否命题 $\bar{B}\to\bar{A}$：当 $c>0$ 时，若 $ac\le bc$，则 $a\le b$，真值为 T.

由例4可以看出：原命题的真值与逆命题，否命题的真值不一定相同，但与逆否命题的真值一定相同.互为逆否的命题是等价命题.原命题与逆否命题是等价命题，逆命题与否命题是等价命题.

四种命题之间的关系，如图1-13所示.

例5　写出下列命题的等价命题：

（1）若 $a>b>0$，那么 $\sqrt{a}>\sqrt{b}$；

（2）若 $x^2+y^2=0$，则 x,y 全为 0.

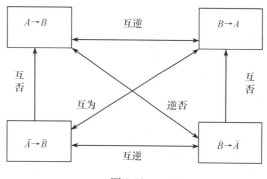

图 1-13

解　（1）若 $\sqrt{a}\le\sqrt{b}$，则 $0\le a\le b$；

（2）若 x,y 不全为 0，则 $x^2+y^2\ne0$.

练　习

1. 写出下列命题的逆命题、否命题、逆否命题.

（1）全等三角形一定是相似三角形；　　（2）若 $x^2-x-6<0$，则 $x<3$；

（3）负数的平方是正数.

2. 写出下列命题的等价命题，并判断其真假.

（1）末位是 0 的整数，可以被 5 整除；　　（2）不是实数，就不是有理数；

（3）$\angle C=90^\circ$ 时，$\triangle ABC$ 是直角三角形.

三、充分条件与必要条件

1. 充分条件　"若 A 则 B"形式的命题中，其中有的命题为真，有的命题为假."若 A 则 B"为真，指由 A 真经过推理可以得出 B 真，记做 $A\Rightarrow B$.

例如，命题 A：$a=b$，命题 B：$a^2=b^2$，显然 $A\Rightarrow B$.

又如，命题 A：两个三角形全等，命题 B：两个三角形面积相等，显然，$A\Rightarrow B$.

上面的例子都是由命题 A 的正确性，一定能推出命题 B 的正确性.

定义2　设 A,B 是两个命题，如果由 A 真，一定能推出 B 真，则称 A 是 B 的充分条件.

以上两例中 A 均是 B 的充分条件，即要使 B 成立，具备条件 A 就足够了.

例6　设命题 A：甲住在上海，命题 B：甲住在中国，讨论 A 与 B 的逻辑关系.

解　由 $A\Rightarrow B$，即甲住在上海，则甲住在中国.

反之，$B\not\Rightarrow A$，所以 A 是 B 的充分条件.

2. 必要条件　在例6中，假如命题 B 假，则命题 A 就一定不成立，可见，要使命题 A 真，命题 B 必须真.

笔记栏

同样,若 $a^2 \neq b^2$,则 $a = b$ 不可能成立;若两个三角形面积不相等,则两个三角形不可能全等.

我们知道原命题和它的逆否命题等价,如果把"$A \Rightarrow B$"当做原命题,则其逆否命题就是"$\bar{B} \Rightarrow \bar{A}$".即如果命题 B 假,则 A 必假.可见,此时对于 A 而言,条件 B 是必不可少的.

定义 3　设 A,B 是两个命题,如果 A 是 B 的充分条件,那么 B 就是 A 的必要条件.

例 7　设命题 $A: x \in \mathbf{R}$,命题 $B: x \in \mathbf{Q}$,讨论 A 与 B 的逻辑关系.

解　由 $B \Rightarrow A$,但 $A \not\Rightarrow B$,

所以 B 是 A 的充分条件,A 是 B 的必要条件.

3. 充分必要条件

例 8　命题 A:三角形三条边相等,命题 B:三角形三内角相等,讨论 A 与 B 的逻辑关系.

解　因为 $A \Rightarrow B$,所以 A 是 B 的充分条件,B 是 A 的必要条件.

又因为 $B \Rightarrow A$,所以 B 也是 A 的充分条件,A 也是 B 的必要条件,因此,A 既是 B 的充分条件又是必要条件.

定义 4　设 A,B 是两个命题,如果 A 既是 B 的充分条件,又是 B 的必要条件,则称 A 是 B 的充分必要条件,简称充要条件.

显然,当 A 是 B 的充要条件时,B 也一定是 A 的充要条件.因此,A 和 B 互为充要条件,记做:$A \Leftrightarrow B$.

例 9　指出下列各组命题中,A 是 B 的什么条件?

(1) $A: \sqrt{x^2} = \sqrt{y^2}$,　$B: |x| = |y|$;

(2) $A: P \subseteq Q$,　$B: P = Q$;

(3) A:两三角形全等;B:两个三角形相似;

(4) A:四边形对角线相等;B:四边形是平行四边形.

解　(1) 因为 $A \Rightarrow B$ 即 $\sqrt{x^2} = \sqrt{y^2} \Rightarrow |x| = |y|$.

又由 $B \Rightarrow A$,即 $|x| = |y| \Rightarrow \sqrt{x^2} = \sqrt{y^2}$.

所以 $A \Leftrightarrow B$,即 A 和 B 互为充要条件.

(2) 因为 $B \Rightarrow A$,即 $P = Q \Rightarrow P \subseteq Q$.

而 $A \not\Rightarrow B$,即 $P \subseteq Q \not\Rightarrow P = Q$.

所以 A 是 B 的必要而不充分的条件.

(3) 因为 $A \Rightarrow B$,即两三角形全等 $\Rightarrow$ 两个三角形相似.

而 $B \not\Rightarrow A$,即两个三角形相似 $\not\Rightarrow$ 两个三角形全等.

所以 A 是 B 的充分而不必要的条件.

(4) 因为 $A \not\Rightarrow B$,即四边形的对角线相等 $\not\Rightarrow$ 四边形是平行四边形.

而 $B \not\Rightarrow A$ 即四边形是平行四边形 $\not\Rightarrow$ 四边形的对角线相等.

所以 A 是 B 的既不充分也不必要的条件.

练　习

指出下列各组命题中,A 是 B 的什么条件?

(1) $A: (x+1)(x-2) = 0$,　$B: x - 2 = 0$;　　(2) $A: x$ 是 10 的倍数,　$B: x$ 是 5 的倍数;

(3) A:内错角相等,　B:两直线平行;　　(4) $A: \{x \mid x^2 - x - 6 \leqslant 0\}$,　$B: \{x \mid x \in \mathbf{N}, 且 x \leqslant 3\}$;

(5) $A: a^3 = b^3$,　$B: a = b$.

习题 1-3

笔记栏　1. 下列语句中是命题的是(　　):

A. 生物与解剖;　　　B. $\sin 90° = 1$;　　　C. $3a + 2b$;　　　D. $|x| \leqslant 1$.

2. 若 P,Q 是两个集合,则下列命题中真命题是(　　):

  A. 若 $P \cap Q = Q$,则 $P \subseteq Q$;   B. 若 $P \subseteq Q$,则 $P \cap Q = Q$;

  C. 若 $P \subseteq Q$,则 $P \cup Q = Q$;   D. 若 $P \cup Q = Q$,则 $Q \subseteq P$.

3. 分别写出由下列各组命题构成的" $A \vee B$ "," $A \wedge B$ "," $\overline{A}$ "形式的复合命题,并求真值:

  (1) $A : 3+3=5, B : 5 > 2$;   (2) $A : 8$ 是质数, $B : 8$ 是 12 的约数;

  (3) $A : \varnothing \subset \{0\}, B : \varnothing = \{0\}$; (4) $A : 1 \in \{1,2\}, B : \{1\} \subset \{1,2\}$.

4. 将下列命题改写成"若 A 则 B "的形式:

  (1) 负数的立方是负数;   (2) 等边三角形的三个内角相等.

5. 写出下列命题的逆命题、否命题与逆否命题:

  (1) 若 $m > 0$,则 $x^2 + x - m = 0$ 有实数根; (2) 矩形的两对角线相等.

6. 写出下列命题的等价命题:

  (1) 内接于圆的四边形内对角互补; (2) 若 $a > b$,则 $a + c > b + c$.

7. 指出下列各组命题中, A 是 B 的什么条件? B 是 A 的什么条件?

  (1) A :同位角相等, B :两直线平行; (2) $A : a \in \mathbf{Q}, B : a \in \mathbf{R}$;

  (3) $A : x$ 是 2 的倍数, $B : x$ 是 6 的倍数; (4) $A : a = b, B : ac = bc$.

8. 判断下列命题的真假:

  (1) " $a > b$ "是" $a^2 > b^2$ "的充分条件; (2) " $a > b$ "是" $a^2 > b^2$ "的必要条件;

  (3) " $a > b$ "是" $ac^2 > bc^2$ "的充分必要条件;(4) " $a > b$ "是" $a + c > b + c$ "的充分条件.

---

  1. 具有某种属性的对象的全体组成一个集合,集合中的每个对象叫做这个集合的元素,元素与集合之间的关系只能用" $\in$ "或" $\notin$ "表示,集合中的元素具有确定性、互异性、无序性,集合的表示方法通常有列举法、描述法,有时用图示法.

  2. 如果集合 A 的任何一个元素都是集合 B 的元素,则 A 叫做 B 的子集,记做 $A \subseteq B$ (或 $B \supseteq A$),如果 $A \subseteq B$,且 B 中至少有一个元素不属于 A ,则 A 叫做 B 的真子集,记做 $A \subset B$ (或 $B \supset A$),互为子集的两个集合相等.

  要注意符号 $\in$ 、 $\notin$ (或 $\bar{\in}$)只能用于元素与集合之间的关系,而符号 $\subset$, $\supset$, $\subseteq$, $\supseteq$ 只能用于集合与集合之间的关系。

  3. 集合的运算:

  交集: $A \cap B = \{x \mid x \in A$ 且 $x \in B\}$;

  并集: $A \cup B = \{x \mid x \in A$ 或 $x \in B\}$;

  补集: $\complement_U A = \{x \mid x \in U$ 且 $x \notin A\}$.

  4. 绝对值不等式解的情况有以下两种基本类型:

类型 $(a > 0)$	$|x| < a (|x| \leqslant a)$	$|x| > a (|x| \geqslant a)$
解	$-a < x < a (-a \leqslant x \leqslant a)$	$x < -a$ 或 $x > a (x \leqslant -a$ 或 $x \geqslant a)$

  5. 一元二次不等式解的情况:

判别式 $\Delta = b^2 - 4ac$	$\Delta > 0$	$\Delta = 0$	$\Delta < 0$
二次函数 $y = ax^2 + bx + c$ $(a > 0)$ 的图像			
一元二次方程 $ax^2 + bx + c = 0$ $(a > 0)$ 的根	有两相异实根 $x_1 < x_2$	有两相等实根 $x_1 = x_2 = -\dfrac{b}{2a}$	没有实根
$ax^2 + bx + c > 0$ $(a > 0)$ 的解	$\{x \mid x < x_1,$ 或 $x > x_2\}$	$\left\{x \mid x \neq -\dfrac{b}{2a}\right\}$	$\mathbf{R}$
$ax^2 + bx + c < 0$ $(a > 0)$ 的解	$\{x \mid x_1 < x < x_2\}$	$\varnothing$	$\varnothing$

小结

 笔记栏

18 数 学

6. 命题是表达判断的陈述语句,命题分简单命题、复合命题. 真命题取值 T,假命题取值 F.

7. 逻辑联结词:"或"、"且"、"非"、"如果……,那么……"为逻辑联结词. 由逻辑联结词可以构造选言命题、联言命题、负命题以及假言命题.

8. 假言命题有 4 种形式:原命题、逆命题、否命题和逆否命题,原命题和逆否命题是等价命题,逆命题和否命题是等价命题.

9. 如果由命题 A 真可推出命题 B 真,那么 A 叫做 B 的充分条件,而 B 叫做 A 的必要条件,记做 $A \Rightarrow B$(注意必要条件与充分条件是一同定义的),如果 A 既是 B 的充分条件,又是 B 的必要条件,那么 A 就是 B 的充分必要条件(充要条件),记做 $A \Leftrightarrow B$.

小 结

1. 判断题

(1) 充分接近 π 的实数的全体构成一个集合. （　　）

(2) 命题"方程 $x^2 - 4x + 4 = 0$ 的解集为 $\{2, 2\}$"是真命题. （　　）

(3) "$a > b$"是"$a^2 > b^2$"的必要条件. （　　）

(4) 集合 A 和 B 的交集是空集,则 A 和 B 中至少有一个是空集. （　　）

(5) $|x| \geq 3$ 的解集是 $\{x | x > 3$ 或 $x < -3\}$. （　　）

2. 填空题

(1) 已知集合 $A = \{x | x^2 - x - 2 = 0\}$,$B = \{x | ax - 1 = 0\}$,且 $B \subset A$,则 a 的值为_____.

(2) 命题"若 $\triangle ABC$ 不是等腰三角形,则它的任何两个内角不相等"的逆命题是_____;否命题是_____;逆否命题是_____.

(3) 命题 $A:0$ 不是自然数,命题 $B:\sqrt{2}$ 是无理数,则在命题"$A \wedge B$","$A \vee B$","$\bar{A}$","$\bar{B}$"中,假命题有_____. 真命题有_____.

(4) "相切两圆的连心线经过切点"的命题形式是_____,逻辑联结词为_____.

(5) $A = \{1, 3, 5\}$,$B = \{1, 3, 6\}$,则 $A \cap B =$ _____.

3. 选择题

(1) 如果 $P = \{x | x > -1\}$,那么（　　）.

　　A. $0 \subseteq P$ 　　　B. $\{0\} \in P$ 　　　C. $\varnothing \in P$ 　　　D. $\{0\} \subseteq P$

(2) 满足关系 $\{a, b\} \subseteq M \subseteq \{a, b, c, d, e\}$ 的集合 M 的个数是（　　）.

　　A. 2 　　　B. 4 　　　C. 6 　　　D. 8

(3) "$x^2 - 1 = 0$"是"$x + 1 = 0$"的（　　）条件?

　　A. 充分而不必要条件　　B. 必要而不充分条件　　C. 充要条件　　　D. 既不充分也不必要条件

(4) 如果一个命题的逆命题是真命题,则它的否命题（　　）.

　　A. 一定不是真命题　　B. 一定不是假命题　　C. 不一定是真命题　　D. 不一定是假命题

(5) 如果 $X = \{x | x^2 - x = 0\}$,$Y = \{x | x^2 + x = 0\}$,则 $X \cap Y$ 等于（　　）.

　　A. 0 　　　B. $\{0\}$ 　　　C. $\varnothing$ 　　　D. $\{-1, 0, 1\}$

(6) $|x - 1| \geq 1$ 的解集是（　　）.

　　A. $\{x | x \geq 2$ 或 $x \leq 0\}$ 　　　　　B. $\{x | x \geq 1$ 或 $x \leq -1\}$

　　C. $\{x | -1 < x < 1\}$ 　　　　　D. $\{x | x > 2$ 或 $x < 0\}$

4. 求下列不等式的解集:

(1) $\left| \frac{3}{4}x - 2 \right| \geq 1$; 　　　　　　(2) $4x^2 + 1 > 4x$;

(3) $|4x - 3| < 21$; 　　　　　　(4) $(2x + 1)(4x + 3) \leq 0$.

5. 设 $A = \{x | x^2 - 2x - 3 < 0\}$,$B = \{x | x - 1 | \geq 1\}$,$U = \mathbf{R}$. 求 $A \cup B$,$A \cap B$,$\complement_U A$,$\complement_U B$.

笔记栏

6. 写出下列命题的逆命题、否命题与逆否命题,并求它们的真值:

(1) 若 $a + 5$ 是无理数,则 a 是无理数; 　　　(2) 全等三角形一定是相似三角形;

第 2 章 函　数

　　函数是数学中最重要的概念之一. 函数论是高等数学的重要组成部分,是近代数学不可缺少的工具. 本章将系统学习函数概念和函数性质,以及幂函数、指数函数、对数函数 3 种基本初等函数等知识. 运用它们解决一些实际问题,例如人口增长率、药物衰减规律、细胞分裂问题、pH 计算等,同时它们又是高等数学的重要基础知识. 函数的思想方法是学习高等数学的基本方法,所以掌握一些初步的函数知识将有利于高等数学的学习.

学习目标

1. 叙述映射、函数、反函数的概念.
2. 会求简单函数的定义域.
3. 能够根据函数的奇偶性、单调性定义及函数图像判断函数的性质.
4. 能熟练地进行对数运算.
5. 简述指数函数、对数函数的定义.
6. 说出幂函数、指数函数、对数函数的主要性质,并能解决相关问题.

第 1 节 函　数

一、映　射

　　在初中阶段,我们已学过对应法则的例子及函数的概念,为了更深刻地理解函数,在集合概念的基础上再介绍一种特殊的对应——映射.

1. 映射

先看几个实例:

　　(1) A 集合表示护士一班的全体同学,B 是由每一个同学的学号所组成的集合,对应法则是 A 中的每个同学对应于它自己的学号,这样集合 A 中的每一个元素在集合 B 中都有惟一的元素与之对应.

　　(2) A 集合表示护士一班的全体同学,B 是由在某次数学测验中每个同学的分数所组成的集合,对应法则是集合 A 中的每个同学对应于他自己的数学考试成绩. 则集合 A 中的每一个元素在集合 B 中都有惟一的元素与之对应.

　　(3) 专科门诊,如图 2-1 所示.

　　(4) 开平方,如图 2-2 所示.

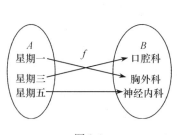

图 2-1

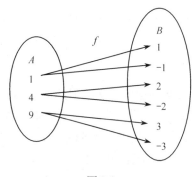

图 2-2

19

以上(1)、(2)、(3)例都有一个共同特征:存在某种对应法则,对于 A 中任一个元素 a 在集合 B 中都能找到惟一的元素 b 与之对应.

定义1　设 A,B 为两个集合,如果对于 A 的每一个元素 a,按照某种对应法则 f,在 B 中都有惟一确定的元素 b 与之对应,则称 f 是集 A 到集 B 的映射,记作: $f:A \rightarrow B$, b 称为 a 在 f 下的像, a 称为 b 的原像.

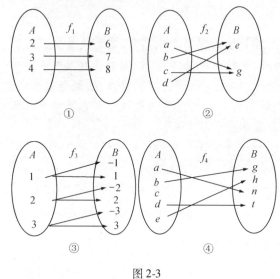

图2-3

例1　如图 2-3 给出的对应,哪些是映射?

解　由定义可知: f_1, f_2 是 A 到 B 的映射, f_3, f_4 不是 A 到 B 的映射. 因为在①、②中的 A 中每个元素在 B 中都有惟一的像,而在③中, A 集合中的元素1,2,3 在 B 集合中都有两个元素与之对应,不满足惟一性. 而在④中 A 集合中元素 c 在集合 B 中无元素与之对应,所以, f_3, f_4 不是 A 到 B 的映射.

例2　设 $A = \mathbf{R}, B = \mathbf{R}^+$,对应法则 f 是取绝对值,试问 f 是不是 A 到 B 的映射?

解　因为 $0 \in \mathbf{R}$,但 $|0| = 0$,而 $0 \notin \mathbf{R}^+$,由映射定义知, f 不是 A 到 B 的映射.

例3　设集合 $A = \{2,3,4,5,\}$, $B = \{4,5,6,7,8\}$, A 中元素按对应关系 $f:x \rightarrow x+3$ 和 B 中元素相对应,问 f 是不是 A 到 B 的映射?

解　显然 A 中的任一个元素在 B 中有惟一的元素与之对应,根据映射的定义, f 是 A 到 B 的映射.

此例说明,在映射下,原像集合 A 中的每一个元素在 B 中都有惟一的像,而集 B 中的元素不一定都有原像.

2. 一一映射

定义2　设 f 是集合 A 到集合 B 的映射,如果 A 中任意两个不同的元素在 B 中的像也不同;且 B 中的每一个元素在 A 中都有原像,那么这种映射称为 A 到 B 的一一映射.

如前面实例中的(1)、(3)都是一一映射.

> **映射的要素**
>
> 从上面的例子可以看到,构成映射的要素有两个,一是 A 中的每一个元素必须有像,二是 A 中每个元素的像必须是惟一的.

练　习

画图表示下列各题中集合 A 到集合 B 的对应(集合 A,B 各取四个元素),指出哪些对应是 A 到 B 的映射,哪些是 A 到 B 的一一映射?

(1) $A = \{1,2,3,4\}, B = \{2,4,6,8\}$,对应法则是"乘以2";

(2) $A = \{x|x>0,$ 且 $x \in \mathbf{R}\}, B = \{y|y \in \mathbf{R}\}$,对应法则是"求算术平方根";

(3) $A = \{\angle\alpha|0° < \angle\alpha < 90°\}, B = \{x|x \leq 1,$ 且 $x \in \mathbf{R}\}$,对应法则是"求正弦".

二、函数的概念

1. 函数的概念　从映射的定义知,函数实际上是一种映射.

定义3　如果集合 A 和 B 是非空的数集,那么 A 到 B 的映射 $f:A \rightarrow B$ 就叫做 A 到 B 的函数,记做: $y = f(x)$,其中, $x \in A, y \in B$, f 是对应法则,原像的集合 A 叫做函数的定义域,像的集合 $C(C \subseteq B)$ 叫做函数的值域.

笔记栏

函数概念的产生

1692 年,德国哲学家、数学家莱布尼兹(G. W. Leibniz,1646—1716)在一篇论文中首先使用函数(function)一词,他最初用函数表示幂$(x, x^2, x^3, \cdots)$,其后他还用函数表示曲线上的点的横坐标、纵坐标、切线长等与曲线上的点有关的某些几何量.

瑞士数学家雅各布·伯努利(Jakob. Bernoulli,1654—1705)几乎与莱布尼兹同时也使用了函数这一术语,后来,他的弟弟约翰·伯努利(Johan. Bernoulli,1667—1748)在 1698 年给出了一个关于函数的新定义:"由任一变量和常量的任意形式所构成的量."在这里第一次出现"变量"一词.

函数现已成为数学中最重要的几个概念之一.

2. 函数与函数值的符号表示　函数通常记做 $y = f(x)$,称做 y 是 x 的函数. 例如 $y = 2x^2 + 3x + 1$ 可记为 $f(x) = 2x^2 + 3x + 1$, $x \in (-\infty, +\infty)$,当 $x = 2$ 时,可求得对应的函数值为 $f(2) = 2 \times 2^2 + 3 \times 2 + 1 = 15$.

一般地,函数 $y = f(x)$,当 x 在定义域内取得一个值 a 时,对应的函数值记作 $f(a)$.

> **函数定义**
>
> 在初中我们学过函数的定义:设在某个变化过程中有两个变量 x, y,并且对于 x 在某个范围内的每一个确定的值,按照某种对应法则 f, y 都有惟一确定的值和 x 对应,那么 y 是 x 的函数,记为 $y = f(x)$, x 叫自变量, x 的取值范围叫函数的定义域,与 x 值对应的 y 值叫函数值,函数值 y 的取值范围叫值域.

例 4　已知 $f(x) = \dfrac{1}{\sqrt{4 - x^2}}$,求 $f(x)$ 的定义域及 $f(0), f(1)$.

解　因为只有 $4 - x^2 > 0$ 时,函数才有意义,

解不等式 $4 - x^2 > 0$ 得, $-2 < x < 2$.

所以函数的定义域为 $(-2, 2)$.

$$f(0) = \frac{1}{\sqrt{4 - 0^2}} = \frac{1}{2}, f(1) = \frac{1}{\sqrt{4 - 1^2}} = \frac{\sqrt{3}}{3}$$

例 5　已知 $f(x) = x^2 - 3$, $x \in \{0, 1, 2, 3, 4\}$,求 $f(0), f(3)$ 及值域.

解　$f(0) = 0^2 - 3 = -3$, $f(3) = 3^2 - 3 = 6$.

又 $f(1) = 1^2 - 3 = -2$, $f(2) = 2^2 - 3 = 1$, $f(4) = 4^2 - 3 = 13$.

故函数的值域为 $\{-3, -2, 1, 6, 13\}$.

练　习

1. (口答)已知函数 $y = x^2$,求:

　(1) 函数的定义域、值域;　　　　　(2) 与 $x = -2$ 对应的像;

　(3) $y = 9$ 与什么原像对应.

2. 已知函数 $f(x) = 2x - 3$, $x \in \{0, 1, 2, 3, 5\}$,求 $f(0), f(1), f(5)$ 以及函数的定义域和值域.

3. 求下列函数的定义域.

　(1) $f(x) = \dfrac{1}{4x + 5}$;

　(2) $f(x) = \sqrt{1 - x} + \sqrt{x + 3} + 3$.

三、函数的表示法及其在医药上的应用

函数常用的表示方法有解析法、列表法、图像法 3 种. 函数的表示法在医疗卫生工作和医学科学研究方面的应用非常广泛. 为反映医药上的一些事物数量的变化特征,需要用函数表示法来分

析事物间的客观规律,从而得到正确的结论,如分析发病规律、解释致病原因、研究细胞分裂、细菌繁殖、药物的药理作用、疾病的防治措施、卫生统计、人体血液 pH 与血液氢离子浓度的关系等.

1. 解析法(又称公式法)　用一个表达式来表示函数的方法叫解析法. 函数的解析法在医学上应用十分广泛.

(1) 婴儿的月龄与体重:7～12 个月的婴儿体重 $y(\mathrm{kg})$ 与月龄 x(月)的关系可近似表示为 $y=0.5x+3$.

(2) 肿瘤生长:关于肿瘤生长动力学的研究表明,在早期阶段,大多数肿瘤都呈现指数生长,可用下列指数函数描述,$V=V_0\mathrm{e}^{kt}$ 其中 V 表示在时刻 t 时肿瘤的大小,V_0 表示初始观察值($t=0$)时肿瘤的大小,k 称为生长速率(为常数),而能够比较好地描述肿瘤生长全过程(而不是早期阶段)的一个函数是 $V=V_0\mathrm{e}^{\frac{k_0}{a}(1-\mathrm{e}^{-at})}$,其中 k_0,a 为常数($K=K_0\mathrm{e}^{-at}$),其余同上. 这个函数称为(Gompetz)高姆拍茨函数.

(3) 细菌繁殖:如果细菌繁殖率为 k,那么 A 个细菌经过 x 次繁殖的细菌总数为 $y=A(1+k)^x$.

(4) 药物的衰变规律:药物在人体内的吸收、代谢过程或在常温下放置的衰减规律为 $M=M_0\mathrm{e}^{-kt}$(M_0 为最高浓度,k 为衰减常数,t 为时间),该公式在医药学上称为药代动力学一级反应公式.

人体血液的 pH:溶液的酸碱性是由氢离子和氢氧根离子的相对浓度决定的,在医学上,常用 pH 表示溶液的酸碱性,pH <7 时,溶液呈酸性,pH >7 时,溶液呈碱性,pH $=7$ 时,溶液呈中性,溶液的酸碱性对生命极为重要,人体血液正常的 pH 为 7.35～7.45,若 pH <7.35,则称为酸中毒,若 pH >7.45,则称为碱中毒,而人血液的 pH 与人的血液氢离子浓度的关系式为 pH $=-\lg[\mathrm{H}^+]$.

2. 列表法　列出表格表示一个变量是另一个变量的函数的方法叫列表法. 例如一护士记录某一入院病人 5 天内的体温情况如下表:

时间(天)	1	2	3	4	5
体温(℃)	39	37	39.2	36.8	40

医生根据病人的体温是间歇发热的情况并结合其他症状,考虑病人可能患间日疟. 再进一步作血液检查进行诊断.

3. 图像法　用图形表示函数的方法叫图像法.

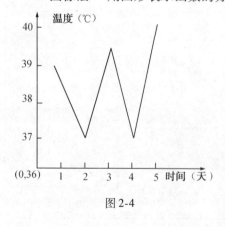

图 2-4

(1) 若知道函数的解析式,要作出其图像,一般分为列表、描点、连线三步骤,但在医学上,由于很少遇到负值,所以采取特殊的坐标结构,即只取直角坐标系下的第一象限,根据需要横轴、纵轴可以取不同的单位长度,并取合适的起点,标明横轴、纵轴所表示的变量名称及单位. 如上例病人入院后的时间与体温的函数关系可以用图 2-4 表示. 在医药工作中是要经常使用图像法的,如放射、CT、B 超、彩超、心电图、脑电图等等都用到了函数的图像法. 又如,护理人员每天必须测量住院病人的体温、脉搏、呼吸、血压等,并将测得的数据作为点的坐标,描到医院的"体温表"中,最后把有关点连成曲线(实际上是折线),如图 2-5 所示.

(2) 有的函数解析式不方便表示或者不能用解析式表示时,用图像更为直观. 如图2-5 所示,表示病人的体温、脉搏、呼吸等随时间变化的函数关系.

体 温 表

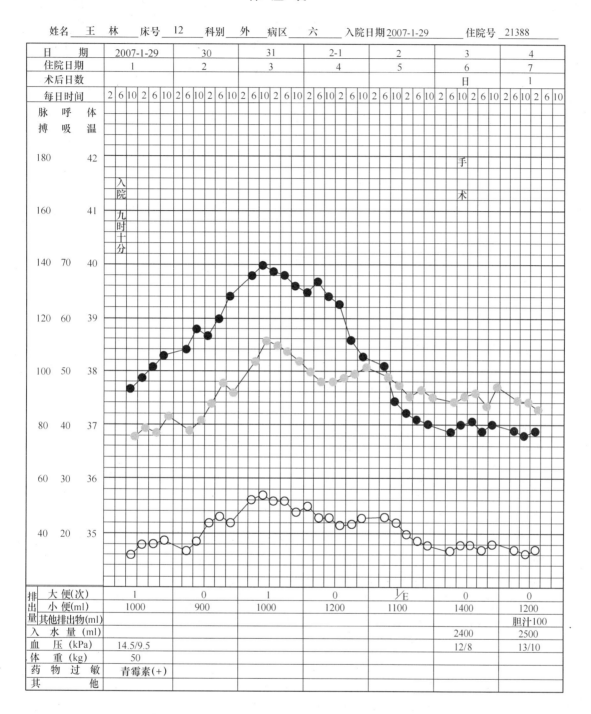

姓名　王　林　　床号　12　　科别　外　　病区　六　　入院日期 2007-1-29　　住院号　21388

● 体温；　○ 呼吸(用蓝铅笔描记)；　◐ 脉搏（用红笔描记）

图 2-5

四、函数的性质

1. 函数的单调性　观察函数 $f(x)=x^2$ 的图像（如图 2-6）知：在 $(-\infty,0)$ 上，函数值 y 随 x 的增大而减小，而在 $(0,+\infty)$ 上，函数值 y 随 x 的增大而增大．

定义 4　对于给定区间上的函数 $f(x)$：

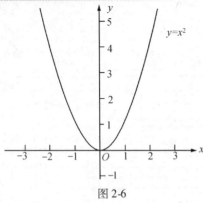

图 2-6

（1）如果对于属于该区间的任意两个自变量 x_1,x_2，当 $x_1 < x_2$ 时，都有 $f(x_1) < f(x_2)$ 成立，则称函数 $y = f(x)$ 在这个区间上是单调增加的（或单调增函数，简称增函数），如图 2-7 所示.

（2）如果对于属于该区间的任意两个自变量 x_1,x_2，当 $x_1 < x_2$ 时，都有 $f(x_1) > f(x_2)$ 成立，则称函数 $y = f(x)$ 在这个区间上是单调减少的（或单调减函数，简称减函数），如图 2-8 所示.

在某个区间上单调增加或单调减少的函数，叫做这个区间上的单调函数，该区间叫该函数的单调区间.

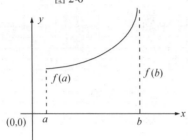

图 2-7

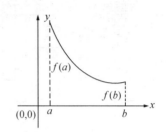

图 2-8

由定义可知：$f(x) = x^2$ 在 $(0, +\infty)$ 上是单调增函数，则 $(0, +\infty)$ 为单调增区间. 在 $(-\infty, 0)$ 上是减函数，$(-\infty, 0)$ 是单调减区间.

例 6 证明函数 $f(x) = -x^2 + 1$ 在 $(0, +\infty)$ 上是减函数.

证明 任取 $x_1, x_2 \in (0, +\infty)$，设 $x_1 < x_2$，

因为 $x_1, x_2 \in (0, +\infty)$，所以 $x_1 > 0, x_2 > 0$，所以 $x_1 + x_2 > 0$.

又因为 $x_1 < x_2$，所以 $x_2 - x_1 > 0$.

所以 $f(x_1) - f(x_2) = (-x_1^2 + 1) - (-x_2^2 + 1) = x_2^2 - x_1^2 = (x_2 + x_1) \cdot (x_2 - x_1)$，

所以 $f(x_1) - f(x_2) > 0$.

因此推出 $f(x_1) > f(x_2)$，所以 $f(x) = -x^2 + 1$ 在 $(0, +\infty)$ 上是减函数.

例 7 已知 $y = f(x)$ 在 $[-2, 2]$ 上的图像如图 2-9 所示，试判断其单调性.

解 观察图像知，函数的单调性如下：

在 $[-2, -1)$ 上是单调减函数；

在 $[-1, 1)$ 上是单调增函数；

在 $[1, 2]$ 上是单调减函数.

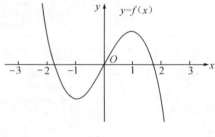

图 2-9

2. 函数的奇偶性 观察函数 $f(x) = x$ 与 $f(x) = x^2 + 1$ 的图像，如图 2-10 所示，可以看到 $f(x) = x$ 的图像对称于原点，而 $f(x) = x^2 + 1$ 的图像关于 y 轴对称.

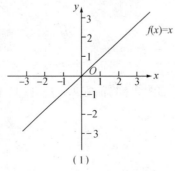

（1）

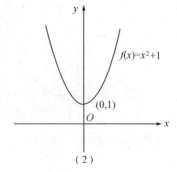

（2）

图 2-10

又对于 $f(x)=x$,有 $f(-x)=-x=-f(x)$,即 $f(-x)=-f(x)$.而对于 $f(x)=x^2+1$,有 $f(-x)=(-x)^2+1=x^2+1=f(x)$,即 $f(-x)=f(x)$.

定义 5 设函数 $y=f(x)$ 的定义域是关于原点对称的数集.

(1) 如果对于定义域内的任意 x,都有 $f(-x)=-f(x)$ 成立,则称 $y=f(x)$ 为奇函数;

(2) 如果对于定义域内的任意 x,都有 $f(-x)=f(x)$ 成立,则称 $y=f(x)$ 为偶函数.

注意:奇函数的图像关于原点对称;偶函数的图像关于 y 轴对称,反之亦成立.

例 8 判断下列函数的奇偶性.

(1) $f(x)=x^{-2}$;　　　　(2) $f(x)=3x^{\frac{5}{3}}$;　　　　(3) $f(x)=5x+2$;　　　　(4) $f(x)=0$.

解 (1) 因为 $f(-x)=(-x)^{-2}=\dfrac{1}{(-x)^2}=\dfrac{1}{x^2}=x^{-2}=f(x)$,

所以 $f(-x)=f(x)$,

所以 $f(x)=x^{-2}$ 为偶函数.

(2) 因为 $f(-x)=3(-x)^{\frac{5}{3}}=-3x^{\frac{5}{3}}=-f(x)$,

所以 $f(-x)=-f(x)$,

所以 $f(x)=3x^{\frac{5}{3}}$ 为奇函数.

(3) 因为 $f(-x)=5\cdot(-x)+2=-5x+2$,显然 $f(-x)\neq f(x)$ 且 $f(-x)\neq -f(x)$,

所以 $f(x)=5x+2$ 既不是奇函数,也不是偶函数.

(4) 因为 $f(-x)=0$,所以 $f(-x)=f(x)$,且 $f(-x)=-f(x)$,所以 $f(x)=0$ 既是奇函数又是偶函数.

练 习

1. 证明函数 $f(x)=-2x+1$ 在 $(-\infty,+\infty)$ 上是减函数.

2. 判断下列函数的奇偶性.

(1) $f(x)=2x+\sqrt[3]{x}$;　　　(2) $f(x)=x+\dfrac{1}{x}$;　　　(3) $f(x)=x^2+1$;　　　(4) $f(x)=x^2+2x+1$.

五、反 函 数

1. 概念 设 $y=30x$ 表示速度为 30 千米/小时的匀速直线运动中路程 y 与时间 x(小时)的关系,当 x 取定某个值时,y 都有惟一确定的值和它对应,如 $x=2$ 可得 $y=60$,反之,若已知 $y=120$,可由 $y=30x$ 求得 $x=4$.即对每一个 y 值,总可以找到惟一的一个 x 值和它对应.

定义 6 设函数 $y=f(x)$,其定义域为 D,值域为 C,如果对于值域 C 中的任意一个 y 值,都能由 $y=f(x)$ 确定 D 中惟一的 x 值与它对应,由此得到以 y 为自变量的函数叫做 $y=f(x)$ 的反函数,记作 $x=f^{-1}(y),y\in C$.

求反函数的步骤

(1) 由 $y=f(x)$ 反解出 $x=f^{-1}(y)$;(2) 判断 $x=f^{-1}(y)$ 是否是 x 关于 y 的函数,若不是,则 $y=f(x)$ 无反函数;(3) 将 x 写成 y,y 写成 x,得到 $y=f^{-1}(x)$;(4) 写出反函数的定义域.

在习惯上,自变量用 x 表示,函数用 y 表示,所以又将它改写为 $y=f^{-1}(x),x\in C$.

例 9 求下列函数的反函数.

(1) $y=2x\ (x\in \mathbf{R})$;

(2) $y=x^{\frac{3}{5}}-2(x\in \mathbf{R})$;

(3) $y=\sqrt{1+x}\quad x\in[-1,\infty)$.

解　（1）由 $y = 2x$ 解出 $x = \dfrac{y}{2}$，故 $y = 2x$ 的反函数为 $y = \dfrac{x}{2}(x \in \mathbf{R})$.

（2）由 $y = x^{\frac{3}{5}} - 2$ 解出 $x = (y + 2)^{\frac{5}{3}}$，故 $y = x^{\frac{3}{5}} - 2$ 的反函数为 $y = (x + 2)^{\frac{5}{3}}(x \in \mathbf{R})$.

（3）由 $y = \sqrt{1 + x}$ 解出 $x = y^2 - 1$，故 $y = \sqrt{1 + x}$ 的反函数为 $y = x^2 - 1$，$x \in [\,0, +\infty)$.

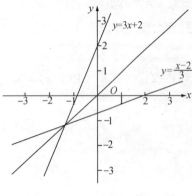

图 2-11

例 10　求函数 $y = 3x + 2(x \in \mathbf{R})$ 的反函数，并作出原函数与其反函数的图像如图 2-11 所示.

解　由 $y = 3x + 2$ 解得 $x = \dfrac{y - 2}{3}$，

故 $y = 3x + 2$ 的反函数为 $y = \dfrac{x - 2}{3}(x \in \mathbf{R})$.

观察例 10 中的图像可知：$y = 3x + 2$ 与 $y = \dfrac{x - 2}{3}$ 是关于直线 $y = x$ 对称的.

2. 性质

（1）并不是所有的函数都有反函数，如：$y = x^2$（$x \in \mathbf{R}$），解出 $x = \pm\sqrt{y}$，显然 x 不是 y 的函数. 故 $y = x^2$ 没有反函数. 但如果将定义域改为 $x \in (0, +\infty)$ 时，$y = x^2$ 就有反函数 $y = \sqrt{x}$，$x \in (0, +\infty)$. 可见，一个函数有无反函数，与它的解析式和定义域有关.

（2）由定义可知，函数 $y = f(x)$ 的定义域和值域分别是其反函数 $y = f^{-1}(x)$ 的值域和定义域.

（3）一般地，函数 $y = f(x)$ 与其反函数 $y = f^{-1}(x)$ 的图像是关于直线 $y = x$ 对称的. 反之亦成立.

练　习

求下列函数的反函数.

（1）$y = -2x + 3$　$(x \in \mathbf{R})$；　　　　　（2）$y = -\dfrac{2}{x}$　$(x \in \mathbf{R}$ 且 $x \neq 0)$；

（3）$y = \dfrac{x}{3x + 5}$　$(x \in \mathbf{R}$，且 $x \neq -\dfrac{5}{3})$.

习题 2-1

1. 判断下列各题中的对应法则是不是 A 到 B 的映射：

（1）$A = \{x \mid x \in \mathbf{N}\}$，$B = \{-1, +1\}$，$f: x \to y = (-1)^x$；

（2）$A = \mathbf{R}$，$B = \mathbf{R}$，对应法则："除以 3"；

（3）$A = \mathbf{R}$，$B = \mathbf{R}^+$，$f: x \to y = |x| + 1$.

2. 已知函数 $f(x) = 5x + 1$，求 $f(0)$，$f(3)$ 及值域.

3. 求下列函数的定义域：

（1）$f(x) = \sqrt{1 - x} + \sqrt{x - 1}$；　　　　　（2）$f(x) = \dfrac{\sqrt{x + 1}}{x}$；

（3）$f(x) = \dfrac{5x}{x^2 - 3x + 2}$.

4. 一根长 10 cm 的弹簧，挂的重物每增加 1 kg 就拉长 0.5 cm，求弹簧的长度 y（cm）与所挂重物的重量 x（kg）的函数关系.

5. 求函数 $y = -x^2 + 1$ 的单调区间，并证明该函数在 $(-\infty, 0)$ 上是增函数.

笔记栏

6. 判断下列函数的奇偶性.

(1) $f(x) = 2x^2 + 1$；　　　　　(2) $f(x) = x^3 + \sqrt[3]{x}$；

(3) $f(x) = x^{\frac{2}{3}} + 1$；　　　　　(4) $f(x) = 3x^3 + 2$.

7. 如图:已知偶函数 $f(x)$ 在 y 轴右边的部分图像(如图),试画出 $f(x)$ 在 y 轴左边的图像.

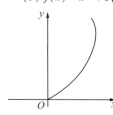

第7题图

8. 求下列函数的反函数:

(1) $f(x) = 3x - 2 \quad (x \in \mathbf{R})$；

(2) $f(x) = \dfrac{3}{x} - 20\,(x \neq 0)$.

9. 如果点 $(1,2)$ 既在 $y = \sqrt{ax + b}$ 的图像上,又在其反函数的图像上,求 a, b 的值.

第2节 幂 函 数

一、分数指数幂

在初中,我们学过幂指数的运算法则,其中有一条运算法则:

$$(a^m)^n = a^{mn}\,(m, n \in \mathbf{Z}^+),$$

当 $a, b > 0$ 时,有

$$\sqrt{a^8} = \sqrt{(a^4)^2} = a^4 = a^{\frac{8}{2}}$$

$$\sqrt[4]{b^{12}} = \sqrt[4]{(b^3)^4} = b^3 = b^{\frac{12}{4}}$$

即把根式 $\sqrt{a^8}$, $\sqrt[4]{b^{12}}$ 变成了分数指数幂的形式.

规定:

> **初中所学的幂指数运算法则**
>
> ① $(ab)^m = a^m \cdot b^m\,(m \in \mathbf{Z}^+)$；
>
> ② $(a)^{m+n} = a^m \cdot a^n\,(m, n \in \mathbf{Z}^+)$；
>
> ③ $(a)^{m-n} = \dfrac{a^m}{a^n}\,(m, n \in \mathbf{Z}^+)$；
>
> ④ $(a^m)^n = a^{mn}\,(m, n \in \mathbf{Z}^+)$.

接链

$$
\begin{aligned}
&(1)\ a^{\frac{m}{n}} = \sqrt[n]{a^m}\ (m, n \in \mathbf{N}^+)；\\
&(2)\ a^{-\frac{m}{n}} = \dfrac{1}{\sqrt[n]{a^m}}\ (m, n \in \mathbf{N}^+)；\\
&(3)\ 0^a = 0, 0^{-a}\ \text{无意义(其中}\ a \in \mathbf{R}^+\text{)}.
\end{aligned}
$$

实际上,整数指数幂的运算法则对分数指数幂同样实用. 这里就不详述了.

例1 用分数指数幂表示下列各式.

$(1)\ x^{\frac{2}{3}} \cdot \sqrt{\sqrt{x}}$；　$(2)\ \sqrt[3]{x^5} \cdot \sqrt[4]{x^3} \div \sqrt[5]{x^2}$.

解 $(1)\ x^{\frac{2}{3}} \cdot \sqrt{\sqrt{x}} = x^{\frac{2}{3}} \cdot x^{\frac{1}{4}} = x^{\frac{2}{3} + \frac{1}{4}} = x^{\frac{11}{12}}$.

$(2)\ \sqrt[3]{x^5} \cdot \sqrt[4]{x^3} \div \sqrt[5]{x^2} = x^{\frac{5}{3}} \cdot x^{\frac{3}{4}} \div x^{\frac{2}{5}} = x^{\frac{5}{3} + \frac{3}{4}} \cdot x^{-\frac{2}{5}} = x^{\frac{29}{12} - \frac{2}{5}} = x^{\frac{121}{60}}$.

例2 求下列各式的值.

$(1)\ 81^{\frac{3}{2}}$；　$(2)\ \left(\dfrac{64}{27}\right)^{-\frac{2}{3}}$.

解 $(1)\ 81^{\frac{3}{2}} = (\sqrt{81})^3 = 9^3 = 729$.

$(2)\ \left(\dfrac{64}{27}\right)^{-\frac{2}{3}} = \dfrac{1}{\left(\dfrac{64}{27}\right)^{\frac{2}{3}}} = \dfrac{1}{\left(\sqrt[3]{\dfrac{64}{27}}\right)^2} = \dfrac{1}{\left(\dfrac{4}{3}\right)^2} = \dfrac{9}{16}$.

笔记栏

练 习

1. 用根式的形式表示下列各式 $(a > 0)$.

(1) $a^{\frac{1}{5}}$；　(2) $a^{\frac{3}{4}}$；　(3) $a^{-\frac{3}{5}}$.

2. 求下列各式的值.

(1) $25^{\frac{3}{2}}$；　(2) $\left(\dfrac{36}{49}\right)^{\frac{3}{2}}$；　(3) $\left(\dfrac{25}{4}\right)^{-\frac{3}{2}}$.

3. 化简下列各式.

(1) $a^{\frac{1}{2}} a^{\frac{1}{4}} a^{-\frac{3}{8}}$；　(2) $2x^{-\frac{1}{3}}\left(\dfrac{1}{2}x^{\frac{1}{3}} - 2x^{-\frac{2}{3}}\right)$.

二、幂 函 数

（一）幂函数的概念

函数 $y = x^1$，$y = x^{-1}$，$y = x^{\frac{1}{2}}$，$y = x^3$ 都是我们初中比较常见的函数，它们的共同点：函数表达式是一个幂的形式，以底数为自变量，指数为常数的函数.

定义　形如 $y = x^\alpha$ 的函数，叫做幂函数，其中 $\alpha \in \mathbf{R}$ 是常数（这里仅研究 α 是有理数的情况）.

例3　求下列函数的定义域.

(1) $y = x^{\frac{1}{2}}$；　　(2) $y = x^{\frac{5}{3}}$；

(3) $y = x^{-\frac{2}{3}}$；　　(4) $y = x^{-\frac{1}{2}}$.

解　(1) 因为 $y = x^{\frac{1}{2}} = \sqrt{x}$，所以 $x \geq 0$，

故 $y = x^{\frac{1}{2}}$ 的定义域为 $[0, +\infty)$.

(2) 因为 $y = x^{\frac{5}{3}} = \sqrt[3]{x^5}$，所以 $x \in (-\infty, +\infty)$，

故 $y = x^{\frac{5}{3}}$ 的定义域为 $x \in (-\infty, +\infty)$.

(3) 因为 $y = x^{-\frac{2}{3}} = \dfrac{1}{\sqrt[3]{x^2}}$，所以 $x \neq 0$，

故 $y = x^{-\frac{2}{3}}$ 的定义域为 $(-\infty, 0) \cup (0, +\infty)$.

(4) 因为 $y = x^{-\frac{1}{2}} = \dfrac{1}{\sqrt{x}}$，所以 $x > 0$，

故 $y = x^{-\frac{1}{2}}$ 的定义域为 $(0, +\infty)$.

从例3可以看出，幂函数的定义域与指数 α 有关.

（二）图像与性质

1. $\alpha > 0$ 时　首先看函数 $y = x$［如图 2-10(1)］与函数 $y = x^2$（如图 2-6）的图像.

再用列表、描点、连线的方法画函数 $y = x^3$ 与函数 $y = x^{\frac{1}{2}}$ 的图像，如图 2-12、图 2-13 所示.

$y = x^3$

x	$\cdots$	-2	-1.5	-1	-0.5	0	0.5	1	1.5	$\cdots$
$y = x^3$	$\cdots$	-8	-3.38	-1	-0.13	0	0.13	1	3.38	$\cdots$

笔记栏

$y = x^{\frac{1}{2}}$

x	0	0.5	1	2	3	4	5	6	$\cdots$
$y = x^{\frac{1}{2}}$	0	0.71	1	1.4	1.73	2	2.24	2.45	$\cdots$

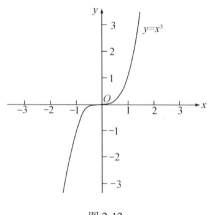

图 2-12

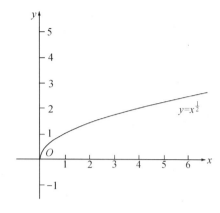

图 2-13

可以看出,当 $\alpha > 0$ 时,幂函数 $y = x^{\alpha}$ 有下列性质:

(1) 图像都通过 $(0,0)$,$(1,1)$ 点;

(2) 在区间 $(0, +\infty)$ 上,函数是增函数.

2. $\alpha < 0$ 时　再用列表、描点、连线的方法画 $y = x^{-2}$,$y = x^{-\frac{1}{2}}$ 的图像,如图 2-14、2-15 所示.

$y = x^{-2}$

x	$\cdots$	-3	-2	-1	$-\frac{1}{2}$	$\frac{1}{2}$	1	2	3	$\cdots$
$y = x^{-2}$	$\cdots$	$\frac{1}{9}$	$\frac{1}{4}$	1	4	4	1	$\frac{1}{4}$	$\frac{1}{9}$	$\cdots$

$y = x^{-\frac{1}{2}}$

x	$\cdots$	$\frac{1}{16}$	$\frac{1}{9}$	$\frac{1}{4}$	1	4	$\cdots$
$y = x^{-\frac{1}{2}}$	$\cdots$	4	3	2	1	$\frac{1}{2}$	$\cdots$

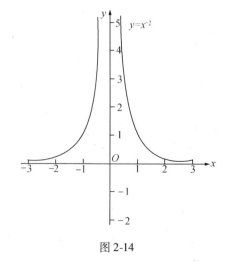

图 2-14

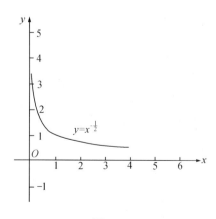

图 2-15

可以看出,当 $\alpha < 0$ 时,幂函数 $y = x^{\alpha}$ 有下列性质:

(1) 图像都通过 $(1,1)$ 点;

（2）在区间 $(0, +\infty)$ 上，函数是减函数；

（3）在 $(0, +\infty)$ 上，图像向上与 y 轴无限地接近，向右与 x 轴无限地接近.

例 4 比较下列各题中两个值的大小：

（1）$2.3^{\frac{3}{4}}, 2.5^{\frac{3}{4}}$；　　（2）$0.99^{-\frac{1}{2}}, 0.9^{-\frac{1}{2}}$.

解（1）设函数 $y = x^{\frac{3}{4}}$，

因为 $\alpha = \frac{3}{4} > 0$，所以 $y = x^{\frac{3}{4}}$ 在 $(0, +\infty)$ 上是增函数.

又因为 $2.3 < 2.5$，所以 $2.3^{\frac{3}{4}} < 2.5^{\frac{3}{4}}$.

（2）设函数 $y = x^{-\frac{1}{2}}$，

因为 $\alpha = -\frac{1}{2} < 0$，所以 $y = x^{-\frac{1}{2}}$ 在 $(0, +\infty)$ 上是减函数.

又因为 $0.99 > 0.9$. 所以 $0.99^{-\frac{1}{2}} < 0.9^{-\frac{1}{2}}$.

习题 2-2

1. 计算下列各式的值：

（1）$27^{\frac{2}{3}}$；　（2）$\left(\frac{1}{16}\right)^{-\frac{3}{4}}$；　（3）$\left(\frac{8}{27}\right)^{-\frac{4}{3}}$.

2. 化简：

（1）$\left(\frac{1}{2}x^{\frac{2}{3}}y^{\frac{1}{3}}\right)\left(-4x^{\frac{3}{2}}y^{-\frac{1}{2}}\right) \div \left(-3x^{\frac{13}{6}}y^{\frac{5}{6}}\right)$；　　　　（2）$\left(a^{\frac{1}{2}} + b^{\frac{1}{2}}\right)\left(a^{\frac{1}{2}} - b^{\frac{1}{2}}\right)$.

3. 比较下列各题中两个值的大小：

（1）$3.5^{\frac{3}{4}}, 5.2^{\frac{3}{4}}$；　　　　　　　　　　　（2）$0.43^{2.5}, 0.27^{2.5}$；

（3）$3.2^{-3.2}, 2.1^{-3.2}$；　　　　　　　　　　（4）$0.25^{-1.2}, 0.43^{-1.2}$.

4. 求下列函数的定义域：

（1）$y = x^{\frac{3}{4}} + (2x - 1)^{-1}$；　　　　　　　（2）$y = (3 - 2x)^{-\frac{1}{3}}$；

（3）$y = (3x + 1)^{\frac{1}{3}} \div (5x - 2)^{\frac{1}{2}}$；　　　　　（4）$y = (x^2 - 2x - 3)^{-\frac{1}{4}}$.

第 3 节　指 数 函 数

一、概　　念

先看两个例子：

（1）某种细胞分裂时，由 1 个分裂成 2 个，2 个分裂成 4 个，4 个分裂成 8 个，……，则一个细胞经过 x 次分裂后，则可得细胞个数为 $y = 2^x$ 个.

（2）一种放射性物质不断变化为其他物质，每经过 1 年剩留的质量是原来的 84%，问经过 x 年后，剩留的质量是多少？

设原质量为 1，则经过 1 年后剩余质量为 $y = 0.84$.

经过 2 年后剩余质量为 $y = 0.84 \times 0.84 = 0.84^2$.

经过 3 年后剩余质量为 $y = 0.84^2 \times 0.84 = 0.84^3$.

……

经过 x 年后剩余质量为 $y = 0.84^x$.

以上两例中函数的共同特征：自变量作为指数，底数是一个大于 0 且不等于 1 的常量.

定义　函数 $y = a^x\,(a > 0,\ \text{且}\ a \neq 1)$ 叫做指数函数. 定义域为：$\{x \mid x \in \mathbf{R}\}$.

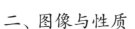

二、图像与性质

采取列表、描点、连线的方法画出指数函数 $y=2^x$，$y=10^x$，$y=\left(\dfrac{1}{2}\right)^x$ 的图像.
如图 2-16 所示.

$y=2^x$

x	$\cdots$	-3	-2	-1	0	1	2	3	$\cdots$
$y=2^x$	$\cdots$	$\dfrac{1}{8}$	$\dfrac{1}{4}$	$\dfrac{1}{2}$	1	2	4	8	$\cdots$

$y=\left(\dfrac{1}{2}\right)^x$

x	$\cdots$	-3	-2	-1	0	1	2	3	$\cdots$
$y=\left(\dfrac{1}{2}\right)^x$	$\cdots$	8	4	2	1	$\dfrac{1}{2}$	$\dfrac{1}{4}$	$\dfrac{1}{8}$	$\cdots$

$y=10^x$

x	$\cdots$	-1	$-\dfrac{1}{2}$	0	$\dfrac{1}{2}$	1	$\cdots$
$y=10^x$	$\cdots$	0.1	-0.32	1	3.16	10	$\cdots$

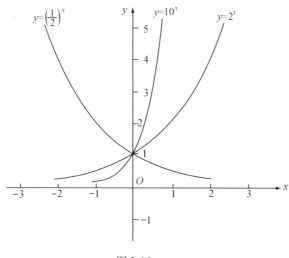

图 2-16

从上面 3 个图像可以看出，指数函数 $y=a^x$ 在其底数 $a>1$ 及 $0<a<1$ 时，各具特点，其图像与性质列表如下：

	$a>1$	$0<a<1$
图像		

续表

	(1) $y>0$;	(1) $y>0$;
性	(2) 当 $x=0$ 时, $y=1$;	(2) 当 $x=0$ 时, $y=1$;
质	(3) 当 $x>0$ 时, $y>1$, 当 $x<0$ 时, $0<y<1$;	(3) 当 $x>0$ 时, $0<y<1$, 当 $x<0$ 时, $y>1$;
	(4) 在 $(-\infty, +\infty)$ 上是增函数.	(4) 在 $(-\infty, +\infty)$ 上是减函数.

例1 不求值, 比较下列两个值的大小:

(1) $1.03^{0.3}$, $1.03^{1.3}$;

(2) $\left(\dfrac{3}{4}\right)^{-0.8}$, $\left(\dfrac{3}{4}\right)^{0.8}$;

(3) $0.97^{-2.2}$, 1.

解 (1) 设函数为 $y=1.03^x$,

因为 $a=1.03>1$, 所以 $y=1.03^x$ 是增函数.

又因为 $0.3<1.3$, 所以 $1.03^{0.3}<1.03^{1.3}$.

(2) 设函数为 $y=\left(\dfrac{3}{4}\right)^x$,

因为 $0<a=\dfrac{3}{4}<1$, 所以 $y=\left(\dfrac{3}{4}\right)^x$ 是减函数.

又因为 $-0.8<0.8$, 所以 $\left(\dfrac{3}{4}\right)^{-0.8}>\left(\dfrac{3}{4}\right)^{0.8}$.

(3) 设函数为 $y=0.97^x$,

因为 $0<a=0.97<1$, 又因为 $x=-2.2<0$,

由性质 (3) 知: $0.97^{-2.2}>1$.

例2 判定 x 值的正负:

(1) $9.9^x=9$; 　　(2) $\left(\dfrac{1}{6}\right)^x=3^{-1}$.

解 (1) 设函数 $y=9.9^x$,

因为 $a=9.9>1$, $y=9>1$, 所以由性质 (3) 知: $x>0$.

(2) 设函数 $y=\left(\dfrac{1}{6}\right)^x$,

因为 $0<a=\dfrac{1}{6}<1$, $y=3^{-1}<1$, 所以由性质 (3) 知: $x>0$.

例3 比较下列各式中 x_1 和 x_2 的大小:

(1) $8.5^{x_1}>8.5^{x_2}$; (2) $\left(\dfrac{3}{4}\right)^{x_1}>\left(\dfrac{3}{4}\right)^{x_2}$.

解 (1) 设函数 $y=8.5^x$,

因为 $a=8.5>1$, 所以 $y=8.5^x$ 是增函数.

又因为 $8.5^{x_1}>8.5^{x_2}$, 所以 $x_1>x_2$.

(2) 设函数 $y=\left(\dfrac{3}{4}\right)^x$,

因为 $0<a=\dfrac{3}{4}<1$, 所以 $y=\left(\dfrac{3}{4}\right)^x$ 是减函数.

又因为 $\left(\dfrac{3}{4}\right)^{x_1}>\left(\dfrac{3}{4}\right)^{x_2}$, 所以 $x_1<x_2$.

 笔记栏

例4 确定底数 a 的范围:

(1) $a^{-\frac{3}{2}} > a^{-3}$; (2) $a^{\frac{3}{5}} < a^{\frac{1}{4}}$.

解 (1) 设函数 $y = a^x$,

因为 $a^{-\frac{3}{2}} > a^{-3}$,又因为 $-\frac{3}{2} > -3$,

所以 $y = a^x$ 是增函数,所以 $a > 1$.

(2) 设函数 $y = a^x$,

因为 $a^{\frac{3}{5}} < a^{\frac{1}{4}}$,又因为 $\frac{3}{5} > \frac{1}{4}$,

所以 $y = a^x$ 是减函数,所以 $0 < a < 1$.

练　习

求下列函数的定义域:

(1) $y = 3^{\frac{1}{x}}$; (2) $y = 5^{\sqrt{x-1}}$.

习题 2-3

1. 比较下列两个值的大小:

(1) $\left(\frac{5}{4}\right)^{\frac{2}{3}}, 1$; 　(2) $3^{2.4}, 3^{-0.4}$;

(3) $\left(\frac{1}{3}\right)^{0.4}, \left(\frac{1}{3}\right)^{2.4}$; 　(4) $0.12^{-0.3}, 1$.

2. 判定 x 值的正负:

(1) $3.1^x = 1.47$; 　(2) $\left(\frac{5}{4}\right)^x = 0.6$.

3. 比较下列各式中 m, n 的大小:

(1) $1.9^m < 1.9^n$; 　(2) $\left(\frac{5}{7}\right)^m < \left(\frac{5}{7}\right)^n$.

4. 求下列函数的定义域:

(1) $y = 3^{\frac{1}{x-1}}$; 　(2) $y = \sqrt{5^{x+2}}$;

(3) $y = \sqrt{2^x - 1}$; 　(4) $y = \dfrac{1}{\sqrt{\frac{1}{8} - 2^x}}$.

第4节 对 数

一、对数的概念

1. 概念 先看一个例子:活酵母细胞在适宜的条件下,每小时可增加原细胞的 1.5 倍,问 10 个细胞约经过多少小时后,可繁殖成 15 250 个?

解 设约经过 t 小时后,可繁殖成 15 250 个,则可得式子: $10 \times 1.5^t = 15250$,即: $1.5^t = 1525$.

用我们所学的知识目前是无法计算出 t 的值,因此需引入新的计算工具——对数.

定义1 若 $a^b = N (a > 0$ 且 $a \neq 1)$,则数 b 叫做以 a 为底 N 的对数,记做 $b = \log_a N$,其中 a 叫底数,N 叫真数.

把 $b = \log_a N$ 代入 $a^b = N$ 得 $\boxed{a^{\log_a N} = N}$

把 $N = a^b$ 代入 $\log_a N = b$ 得 $\boxed{\log_a a^b = b}$

以上两式称为对数恒等式.

例1 将下列指数式写成对数式,对数式写成指数式.

(1) $2^3 = 8$;　(2) $9^{\frac{1}{2}} = 3$;　(3) $\log_{16}4 = \frac{1}{2}$;　(4) $\log_{10}10000 = 4$.

解 (1) $\log_2 8 = 3$;　(2) $\log_9 3 = \frac{1}{2}$;　(3) $16^{\frac{1}{2}} = 4$;　(4) $10^4 = 10000$.

例2 求下列各式的值:

(1) $\log_a 1$;　(2) $\log_a a$.

解 (1) 因为 $a^0 = 1$,所以 $\log_a 1 = 0$.

(2) 因为 $a^1 = a$,所以 $\log_a a = 1$.

2. 对数的性质 由例2我们得到

$$\boxed{\log_a 1 = 0 \quad (a > 0 \text{ 且 } a \neq 1)}$$

$$\boxed{\log_a a = 1 \quad (a > 0 \text{ 且 } a \neq 1)}$$

根据对数的定义我们得到对数的三条性质:

(1) 1 的对数为零;

(2) 底数的对数为1;

(3) 零和负数没有对数,即真数必须大于零.

例3 求下列各式的值:

(1) $\log_{0.3} 1$;　(2) $\log_2 2$;

(3) $0.2^{\log_{0.2} 3}$;　(4) $2^{1 + \log_2 5}$.

解 (1) $\log_{0.3} 1 = 0$;　(2) $\log_2 2 = 1$;

(3) $0.2^{\log_{0.2} 3} = 3$;　(4) $2^{1 + \log_2 5} = 2^1 \times 2^{\log_2 5} = 2 \times 5 = 10$.

练　习

1. 把下列指数式写成对数式,对数式写成指数式:

(1) $2^5 = 32$;　　　　　　　　(2) $2^{-1} = \frac{1}{2}$;

(3) $27^{-\frac{1}{3}} = \frac{1}{3}$;　　　　　(4) $\log_3 9 = 2$;

(5) $\log_2 \frac{1}{4} = -2$;　　　　(6) $\log_5 125 = 3$.

2. 求下列各式的值:

(1) $\log_5 25$;　　　　　　　(2) $\log_2 \frac{1}{16}$;

(3) $3^{\log_3 0.3}$;　　　　　　(4) $\log_{0.4} 1$.

二、对数的运算法则

$$(1)\ \log_a MN = \log_a M + \log_a N; \qquad (2)\ \log_a \frac{M}{N} = \log_a M - \log_a N;$$

$$(3)\ \log_a M^n = n\log_a M; \qquad (4)\ \log_a M^{\frac{1}{n}} = \frac{1}{n}\log_a M.$$

$$\text{其中 } a > 0 \text{ 且 } a \neq 1, M > 0, N > 0, n \in \mathbf{R}.$$

笔记栏

证明 (1) 设 $\log_a M = p, \log_a N = q$,则

$a^p = M, a^q = N$. 将 M, N 代入到运算法则(1)的左端,即

$\log_a MN = \log_a a^p \cdot a^q = \log_a a^{p+q} = p+q = \log_a M + \log_a N$

故 $\log_a MN = \log_a M + \log_a N$ 成立.

(2),(3),(4)证明从略,同学们可自行证明.

例 4 用 $\log_a x,\log_a y,\log_a z$ 表示下列各式:

(1) $\log_a xyz$; (2) $\log_a \dfrac{xy}{z}$; (3) $\log_a x^2 \cdot y^{\frac{1}{2}}$.

解 (1) $\log_a xyz = \log_a xy + \log_a z = \log_a x + \log_a y + \log_a z$.

(2) $\log_a \dfrac{xy}{z} = \log_a xy - \log_a z = \log_a x + \log_a y - \log_a z$.

(3) $\log_a x^2 \cdot y^{\frac{1}{2}} = \log_a x^2 + \log_a y^{\frac{1}{2}} = 2\log_a x + \dfrac{1}{2}\log_a y$.

例 5 计算:

(1) $\log_2 4^2 \cdot 2^3$; (2) $\log_3 \dfrac{1}{3} + \log_3 81$; (3) $\log_3 \sqrt[5]{27}$.

解 (1) $\log_2 4^2 \cdot 2^3 = \log_2 4^2 + \log_2 2^3 = 2\log_2 4 + 3\log_2 2 = 2\log_2 2^2 + 3 = 2 \cdot 2\log_2 2 + 3 = 4 + 3 = 7$.

(2) $\log_3 \dfrac{1}{3} + \log_3 81 = \log_3 3^{-1} + \log_3 3^4 = -1 \cdot \log_3 3 + 4\log_3 3 = -1 + 4 = 3$.

(3) $\log_3 \sqrt[5]{27} = \dfrac{1}{5}\log_3 27 = \dfrac{1}{5}\log_3 3^3 = \dfrac{3}{5}\log_3 3 = \dfrac{3}{5}$.

练 习

1. 用 $\log_a x,\log_a y,\log_a z$ 表示下列各式:

(1) $\log_a \dfrac{xy^2}{2}$; (2) $\log_a \dfrac{xy^2}{\sqrt{z}}$.

2. 求下列各式的值:

(1) $\log_2 6 - \log_2 3$; (2) $\log_{10} 5 + \log_{10} 2$;

(3) $\log_5 3 + \log_5 \dfrac{1}{3}$; (4) $\log_3 5 - \log_3 15$.

三、常 用 对 数

定义 2 以 10 为底的对数 $\log_{10} N$ 叫做常用对数,记做:$\lg N$.

例如:$\log_{10} 3$ 可记做 $\lg 3$.

如果不作特殊说明,今后所指的对数即是常用对数.

1. 常用对数的性质

(1) 10 的整数次幂的对数是一个整数.

如:$\lg 0.01 = -2,\lg 0.1 = -1,\lg 1 = 0,\lg 10 = 1,\lg 100 = 2$.

(2) 若真数不是 10 的整数次幂,则其对数是一个小数.

如:$10 < 81 < 100$,则 $1 < \lg 81 < 2$.

(3) 对数的首数与尾数:

① 当 $1 < N < 10$ 时,$0 < \lg N < 1$,则 $\lg N$ 是一个正的纯小数.

② 当 N 为任意正数时,可用科学计数法表示为 $N = a \times 10^n (1 < a < 10, n \in \mathbf{Z})$,故 $\lg N = \lg a \times 10^n = n + \lg a$.

已知 $\lg 1.234 = 0.0913$,则

$\lg 1234 = \lg 1.234 \times 10^3 = 3 + \lg 1.234 = 3 + 0.0913 = 3.0913$

$\lg 0.01234 = \lg 1.234 \times 10^{-2} = -2 + \lg 1.234 = -2 + 0.0913 = -1.9087$

对数值的写法

（1）当对数的首数为正整数或零时，可以将首数与尾数相加，写成小数形式.如 $\lg 1234 = 3 + 0.0913 = 3.0913$.

（2）当对数的首数是负数时，常把"－"号写在整数上方.如 $\lg 0.01234 = -2 + 0.0913 = \bar{2}.0913 = -1.9087$.

即：任何一个正数的对数，都可表示成一个整数与一个正的纯小数的和，这个整数称为对数的首数；正的纯小数称为对数的尾数.从以上例子还可知：小数点位置不同的几个真数，它们的对数尾数相同，只是首数不同而已.

2. 常用对数的计算　如何求普通的常用对数？从以上可以看出，当真数是 10 的整数次方时，可以直接求出其答案，那么当真数不是 10 的整数次方时，如何求其常用对数值呢？参考附表《常用对数表》与《反对数表》.

四、换底公式

1. 自然对数　在科学技术中常使用以无理数 $e = 2.71828\cdots$ 为底的对数.

定义 3　以无理数 $e = 2.71828\cdots$ 为底的对数 $\log_e N$ 叫做自然对数，记做：$\ln N$，即 $\log_e N = \ln N$.

由对数的基本性质和对数恒等式，可得

$$\ln 1 = 0, \ln e = 1, \ln e^x = x, e^{\ln x} = x.$$

2. 换底公式

$$\boxed{\log_a N = \frac{\log_b N}{\log_b a}}$$

证明　设 $\log_a N = x$，则 $a^x = N$.

两边同时取以 b 为底的对数得：$\log_b a^x = \log_b N$.

即 $x = \dfrac{\log_b N}{\log_b a}$，又 $\log_a N = x$，

故 $\log_a N = \dfrac{\log_b N}{\log_b a}$ 成立.

有了换底公式，则自然对数与常用对数可以互化

$$\ln N = \frac{\lg N}{\lg e} = \frac{\lg N}{\lg 2.718} = \frac{\lg N}{0.4343} = 2.303 \lg N$$

即

$$\boxed{\ln N = 2.303 \lg N}$$

$$\boxed{\lg N = 0.4343 \ln N}$$

例 6　计算下列各式的值：

（1）$\lg 50 + \lg 20$；　　　（2）$\ln e^{\frac{1}{2}} + e^{\ln 5}$.

解　（1）$\lg 50 + \lg 20 = \lg 50 \times 20 = \lg 100 = \lg 10^2 = 2$.

（2）$\ln e^{\frac{1}{2}} + e^{\ln 5} = \frac{1}{2}\ln e + 5 = \frac{1}{2} + 5 = 5\frac{1}{2}$.

例 7　求 $\ln 100, \ln 4567$.

解　$\ln 100 = \ln 10^2 = 2\ln 10 = 2 \times 2.303 \lg 10 = 4.606$.

$\ln 4567 = \ln 4.567 \times 10^3 = 2.303 \times (3 + \lg 4.567) = 2.303 \times 3.6597 = 8.4283$.

例 8　计算 $\log_8 9 \cdot \log_{27} 16$.

解　$\log_8 9 \cdot \log_{27} 16 = \dfrac{\lg 9}{\lg 8} \cdot \dfrac{\lg 16}{\lg 27} = \dfrac{\lg 3^2 \cdot \lg 2^4}{\lg 2^3 \cdot \lg 3^3} = \dfrac{8 \cdot \lg 3 \cdot \lg 2}{9 \cdot \lg 2 \cdot \lg 3} = \dfrac{8}{9}$.

习题 2-4

笔记栏

1. 将下列指数式写成对数式，对数式写成指数式：

（1）$6^2 = 36$　　　　（2）$2^{-5} = \dfrac{1}{32}$；　　　　（3）$3.7^1 = 3.7$；

(4) $5.5^0 = 1$;   (5) $\log_8 16 = \dfrac{4}{3}$;   (6) $\log_2 \dfrac{1}{8} = -3$;

(7) $\log_{\frac{4}{3}} \dfrac{27}{64} = -3$;   (8) $y = \lg x$.

2. 求下列各式的值:

(1) $\lg 1$;   (2) $9^{\frac{1}{2} \cdot \log_3 7}$;   (3) $\ln e^2$;

(4) $\ln \dfrac{1}{e^3}$;   (5) $3^{\log_3 0.2}$;   (6) $\log_{0.5} 0.125$;

(7) $\log_{27} 9$;   (8) $\log_4 \dfrac{1}{16}$.

3. 求下列各式的值:

(1) $\log_a 27 - \log_a 3 + 2\log_a \dfrac{1}{3}$;   (2) $\log_3 18 - \log_3 2$;

(3) $2\log_5 25 - 8\log_5 1 - \log_5 5$;   (4) $\lg \dfrac{1}{\sqrt{0.01}} - \lg \sqrt{1000}$.

第 5 节 对 数 函 数

一、概 念

先求 $y = 3^x$ 的反函数.

解 因为 $y = 3^x$, 所以 $x = \log_3 y$.

又因为 $y = 3^x$ 在 $(-\infty, +\infty)$ 上是单调增函数,

所以函数 $y = 3^x$ 的反函数存在, 且为 $y = \log_3 x$.

一般地, 指数函数 $y = a^x (a > 0$ 且 $a \neq 1)$ 的反函数为 $y = \log_a x$, 即 $y = \log_a x$ 与 $y = a^x (a > 0$ 且 $a \neq 1)$ 互为反函数.

定义 函数 $y = \log_a x (a > 0$ 且 $a \neq 1)$ 叫做对数函数, 其定义域为 $(0, +\infty)$.

如 $y = \log_3 x$, $y = \lg x$, $y = \ln x$ 等都是对数函数.

二、图像与性质

采用列表、描点、连线作函数 $y = \log_2 x$、$y = \log_{\frac{1}{2}} x$ 的图像如图 2-17 所示.

$y = \log_2 x$

x	$\cdots$	$\dfrac{1}{8}$	$\dfrac{1}{4}$	$\dfrac{1}{2}$	1	2	4	8	$\cdots$
$y = \log_2 x$	$\cdots$	-3	-2	-1	0	1	2	3	$\cdots$

$y = \log_{\frac{1}{2}} x$

x	$\cdots$	$\dfrac{1}{8}$	$\dfrac{1}{4}$	$\dfrac{1}{2}$	1	2	4	8	$\cdots$
$y = \log_{\frac{1}{2}} x$	$\cdots$	3	2	1	0	-1	-2	-3	$\cdots$

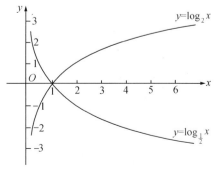

图 2-17

由于 $y = \log_a x$ 与 $y = a^x (a > 0$ 且 $a \neq 1)$ 互为反函数,因此它们的图像关于直线 $y = x$ 对称. 故由 $y = a^x$ 的图像可以画出 $y = \log_a x$ 的图像,如图 2-18、图 2-19 所示.

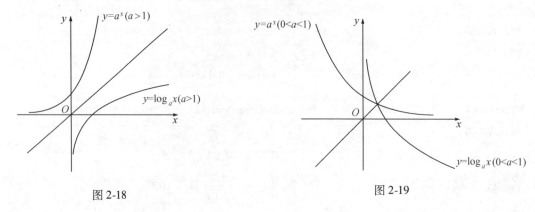

图 2-18   图 2-19

从上面的图像可以看出,对数函数 $y = \log_a x$ 当 $0 < a < 1$ 和 $a > 1$ 时有下表所列性质:

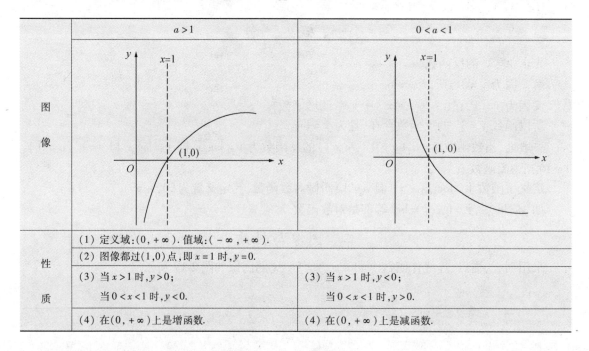

	$a > 1$	$0 < a < 1$
图像		
性质	(1) 定义域:$(0, +\infty)$. 值域:$(-\infty, +\infty)$.	
	(2) 图像都过 $(1,0)$ 点,即 $x = 1$ 时,$y = 0$.	
	(3) 当 $x > 1$ 时,$y > 0$; 当 $0 < x < 1$ 时,$y < 0$.	(3) 当 $x > 1$ 时,$y < 0$; 当 $0 < x < 1$ 时,$y > 0$.
	(4) 在 $(0, +\infty)$ 上是增函数.	(4) 在 $(0, +\infty)$ 上是减函数.

例 1 比较下列各式中两个值的大小:

(1) $\log_3 5$,$\log_3 7$;   (2) $\log_{0.2} 5$,$\log_{0.2} 2$.

解 (1) 设函数为 $y = \log_3 x$,

因为 $a = 3 > 1$,所以 $y = \log_3 x$ 是增函数.

又因为 $5 < 7$,所以 $\log_3 5 < \log_3 7$.

(2) 设函数为 $y = \log_{0.2} x$,

因为 $0 < a = 0.2 < 1$,所以 $y = \log_{0.2} x$ 是减函数.

又因为 $5 > 2$,所以 $\log_{0.2} 5 < \log_{0.2} 2$.

例 2 比较下列各式与零的大小:

(1) $\lg 2.3$;   (2) $\log_{0.2} \dfrac{1}{2}$.

解 (1) 设函数为 $y = \lg x$,

因为 $a = 10 > 1$,又因为 $2.3 > 1$,所以 $\lg 2.3 > 0$.

笔记栏

（2）设函数为 $y = \log_{0.2} \dfrac{1}{2}$，

因为 $0 < a = 0.2 < 1$，又因为 $\dfrac{1}{2} < 1$，所以 $\log_{0.2} \dfrac{1}{2} > 0$.

例3 求下列函数的定义域：

（1）$y = \log_2 (-x)^2$；　　　　　　（2）$y = \lg_{x+1}(x-1)$.

解 （1）因为 $(-x)^2 > 0$，所以 $x \neq 0$.

故 $y = \log_2(-x)^2$ 的定义域为 $\{x \mid x \neq 0, x \in \mathbf{R}\}$.

（2）因为 $\begin{cases} x+1 > 0 \\ x+1 \neq 1 \\ x-1 > 0 \end{cases}$，即 $\begin{cases} x > -1 \\ x \neq 0 \\ x > 1 \end{cases}$，所以 $x > 1$.

故 $y = \log_{x+1}(x-1)$ 的定义域为 $\{x \mid x > 1, x \in \mathbf{R}\}$.

练 习

1. 比较下列各题中两个值的大小：

（1）$\lg 6, \lg 8$；　　　　　　　　　　（2）$\log_{0.5} 6, \log_{0.5} 4$；

（3）$\log_{\frac{2}{3}} 0.3, \log_{\frac{2}{3}} 0.5$；　　　　　（4）$\log_{1.5} 1.7, \log_{1.5} 1.6$.

2. 求下列函数的定义域：

（1）$y = \log_5(1-x)$；　　　　　　　（2）$y = \dfrac{1}{\log_3 x}$；

（3）$y = \log_6 \dfrac{1}{1-3x}$；　　　　　　（4）$y = \sqrt{\log_3 x}$.

三、指数函数、对数函数在医药上的应用

指数函数和对数函数在医药上有着广泛的应用，如研究细胞分裂、细菌繁殖、药物的药理作用、卫生统计、pH 与氢离子浓度的关系等，都要用到指数函数与对数函数的知识.

例4 某种细菌每小时的繁殖率是 50%，现有这种细菌 10 个，计划培养 500 个，问需要多少时间？

解 设培养 500 个细菌需要 x 小时，那么 $10(1+0.5)^x = 500$

即 $1.5^x = 50$

两边同时取常用对数得 $x = \dfrac{1 + \lg 5}{\lg 1.5} = 9.6479 \approx 10$

所以约需 10 小时可繁殖细菌 500 个.

例5 某地区人口呈指数增长，1980 年的人口数为 40（百万），1990 年的人口为 56（百万），试预测该地区到 2010 年时，人口将达到多少？

解 设每年人口增长系数为 k，则 $40(1+k)^{10} = 56$

即 $(1+k)^{10} = 1.4$

两边同时取常用对数得 $\lg(1+k) = \dfrac{\lg 1.4}{10} = 0.01461$

查反对数表得 $1 + k = 1.034$. 所以 $k = 0.034$.

设该地区到 2010 年时，人口数将达到 y（百万），则 $y = 40(1+0.034)^{30}$

两边同时取常用对数得 $\lg y = \lg 40 + 30\lg 1.034 = 2.0371$

查反对数表得 $y = 108.9$.

答：该地区到 2010 年时，人口数预计达到 108.9 百万.

例 6　肌肉注射链霉素,它被完全吸收后的最高血药浓度 $M_0 = 85\mu g/ml$,衰减常数 $k = 0.4/h$,求从最高血药浓度经过 5 小时后的血药浓度.

解　设 5 小时后血药浓度为 $M ug/ml$,

因为 $M = M_0 e^{-kt}$

所以 $M = 85 e^{-0.4 \times 5}$

两边同时取常用对数得 $\lg M = \lg 85 - 2\lg e = 1.0608$

查反对数表得 $M = 11.5$.

答:经过 5 小时后血药浓度为 $11.5 ug/ml$.

人体血液正常的 pH

溶液的酸碱性是由氢离子和氢氧根离子的相对浓度决定的,常用 pH 表示溶液的酸碱性,$pH = -\lg[H^+]$.溶液的酸碱性对生命极为重要,人体血液正常的 pH 为 7.35 ~ 7.45,若 pH < 7.35,则称为酸中毒,若 pH > 7.45,则称为碱中毒.

例 7　已知甲、乙、丙三位病人的氢离子浓度分别为:甲 $[H^+] = 3.75 \times 10^{-8}$;乙 $[H^+] = 4.47 \times 10^{-8}$;丙 $[H^+] = 3.35 \times 10^{-8}$.试检查有无酸、碱中毒的病人.

解　因为 $pH = -\lg[H^+]$,人体血液正常的 pH 为 7.35 ~ 7.45.

所以甲病人:$pH = -\lg[H^+] = -\lg 3.75 \times 10^{-8} = 8 - \lg 3.75 = 7.426$

乙病人:$pH = -\lg[H^+] = -\lg 4.47 \times 10^{-8} = 8 - \lg 4.47 = 7.3497$

丙病人:$pH = -\lg[H^+] = -\lg 3.35 \times 10^{-8} = 8 - \lg 3.35 = 7.475$

故甲病人属正常,乙病人属酸中毒,丙病人属碱中毒.

习题 2-5

1. 比较下列各式值的大小:

(1) $\log_3 2.7, \log_3 0.8, 0$;　　　(2) $\log_3 0.4, \log_3 0.5$;

(3) $\log_{\frac{1}{5}} 2.7, \log_{\frac{1}{5}} 0.8, 0$;　　　(4) $\log_{0.3} 0.4, \log_{0.3} 0.5$.

2. 确定底数 a 的范围:

(1) $\log_a 3.4 > \log_a 3.3$;　　　(2) $\log_a 0.4 < \log_a 0.35$.

3. 求下列函数的定义域:

(1) $y = \log_2 (2 + x)$;　　　(2) $y = \lg x^2$;

(3) $y = \log_3 \dfrac{1}{1 - 2x}$;　　　(4) $y = \sqrt{\log_5 x}$.

4. 给某肺炎病人静脉滴注适量的盐酸林可霉素,测得血药浓度初值 $Q_0 = 18\mu g/ml$,消除常数 $k = 0.154/h$.试推算:(1) 3 小时后的血药浓度;(2) 该药物的半衰期 $T_{\frac{1}{2}}$(即血药浓度下降至一半所需的时间).

5. 已知:(1) pH = 3,(2) pH = 0.24,求溶液的氢离子浓度.

6. 已知某溶液氢离子浓度为 2.5×10^{-6},求其 pH.

本章主要讲述了以下内容:

1. 映射与函数.一个映射就是一个函数,一个函数就给出了一个映射,两者是等价的.

2. 函数的性质.单调性、奇偶性,是函数的两个重要性质.

3. 反函数及其求法.并不是任何函数都有反函数.

4. 分数指数幂的运算法则.

5. 对数的运算,指数式与对数式的互化($a^b = N \Leftrightarrow b = \log_a N, a > 0$ 且 $a \neq 1$),对数运算法则,常用对数的计算,换底公式.

6. 幂函数、指数函数、对数函数的图像与性质.

7. 函数的表示法、指数函数、对数函数在医药上的应用,如分析发病规律、解释致病原因、研究药物的衰减和肿瘤的生长规律、计算人体血液的 pH 和人口增长率等.

小　结

笔记栏

目·标·检·测

1. 判断题:

(1) $f(x) = x^{\frac{3}{5}}$ 是 **R** 到 **R** 的映射. 　　　　　　　　　　　　　　　　(　)

(2) 函数 $f(x) = x^2$ 在定义域内没有反函数. 　　　　　　　　　　　(　)

(3) $\dfrac{\sqrt{a}}{\sqrt[3]{a}} = \dfrac{1}{\sqrt[6]{a}}$. 　　　　　　　　　　　　　　　　　　　　　(　)

(4) 已知函数 $f(x) = \ln|x|$,则 $f(-1) = 0$. 　　　　　　　　　　(　)

2. 填空题:

(1) 函数 $f(x) = \begin{cases} x+3, & -1 \leqslant x < 1 \\ x-2, & 1 \leqslant x \leqslant 5 \end{cases}$ 的定义域是_____ , $f(0) = $ _____.

(2) 函数 $f(x) = \sqrt{x} + 5 \quad (x \geqslant 0)$ 的反函数是____.

(3) 函数 $f(x) = x^2 + 1$ 的图像关于_____对称.

(4) 函数 $f(x) = x^{-\frac{1}{5}}$ 的定义域是_____ ,它是_____(奇或偶)函数.

(5) 函数 $f(x) = \sqrt{\lg x - 2}$ 的定义域是_____.

(6) 已知函数 $f(x) = \dfrac{e^x - e^{-x}}{2}$, $g(x) = \dfrac{e^x + e^{-x}}{2}$,则 $f(-x) = $ _____ , $g(-x) = $ _____ , $[g(x)]^2 - [f(x)]^2$ 的值是_____.

3. 选择题:

(1) 函数 $f(x) = -\sqrt{x+1} \quad (x \geqslant -1)$ 的反函数是(　).

    A. $f(x) = x^2 - 1 \ (x \in \mathbf{R})$ 　　　　　B. $f(x) = x^2 - 1 \ (x > 0)$

    C. $f(x) = x^2 - 1 \ (x \leqslant 0)$ 　　　　　D. $f(x) = x^2 - 1 \ (x < 0)$

(2) 函数 $y = f(x)$ 与其反函数 $y = f^{-1}(x)$ 的图像(　).

    A. 关于 x 轴对称 　　　　　　　　　B. 关于 y 轴对称

    C. 关于原点对称 　　　　　　　　　D. 关于直线 $y = x$ 对称

(3) 如果 $a^{\frac{1}{3}} = b \ (a > 0, a \neq 1)$,则下列各式正确的是(　).

    A. $\log_a \dfrac{1}{3} = b$ 　　　　　　　　　B. $3\log_a b = 1$

    C. $\log_{\frac{1}{3}} a = b$ 　　　　　　　　　D. $\log_{\frac{1}{3}} b = a$

(4) 设 $M, N > 0$,则下列各式中正确的是(　).

    A. $\log_a MN = \log_a M \cdot \log_a N$ 　　　　B. $\log_a(M - N) = \log_a M - \log_a N$

    C. $\log_a M^3 N = 3\log_a M \cdot N$ 　　　　　D. $-\dfrac{1}{3}\log_a M = \log_a \dfrac{1}{\sqrt[3]{M}}$

4. 求下列函数的定义域:

(1) $y = \log_5(x+1)$; 　　　　　　　(2) $y = \log_3 \dfrac{1}{1 - 0.3^x}$;

(3) $y = x^{-\frac{2}{3}}$; 　　　　　　　　　(4) $y = \dfrac{1}{\sqrt{3^x - 1}}$.

5. 判断下列函数的奇偶性

(1) $f(x) = 2x^3 + x$; 　　　　　　　(2) $f(x) = \log_3 x^2 + 1$;

(3) $f(x) = x^3 - x + 2$; 　　　　　　(4) $f(x) = 2^x + 2^{-x}$.

6. 比较下列各题中两个值的大小:

(1) $1.3^{\frac{3}{4}}, 1.5^{\frac{3}{4}}$; 　　　　　　　(2) $0.6^{-\frac{2}{3}}, 0.8^{-\frac{2}{3}}$;

(3) $1.7^2, 1.7^{2.5}$; 　　　　　　　　(4) $0.01^{\frac{2}{3}}, 0.01^{\frac{3}{4}}$;

(5) $\ln \dfrac{1}{2}, \ln \dfrac{1}{3}$; 　　　　　　　(6) $\log_3 3, \log_4 4$.

笔记栏

7. 确定下列各式中 x 的正负：

    (1) $3^x = 1.2$；

    (2) $\left(\dfrac{1}{2}\right)^x = 1.5$；

    (3) $x = \log_2 3$；

    (4) $x = \log_{0.2} 4$.

8. x 取何值时，下列各式成立：

    (1) $2^{x+3} < 2^{4x}$；

    (2) $\left(\dfrac{1}{2}\right)^{2x-1} > \left(\dfrac{1}{2}\right)^{x+2}$；

    (3) $\log_3 x > 1$；

    (4) $\lg(2x+1) < \lg(5-x)$.

9. 不查表，计算下列各式：

    (1) $\log_2 25 \cdot \log_3 8 \cdot \log_5 9$；

    (2) 已知 $\lg 2 = 0.3010$，$\lg 3 = 0.4771$，求 $\lg 45$.

10. 已知青霉素钠盐的血药浓度为 $M = M_0 e^{-kt}$，其中 $k = 0.8/$天。问 80 万 U 的青霉素钠（$M_0 = 80$）注射半天后含量是多少？

11. 已知成人胃液的 pH 为 1.4，求成人胃液的氢离子的浓度？

第③章 三角函数

在客观世界中有很多现象都具有周期性,例如交流电、某些振动过程、人的基础代谢、一些天体的运行、潮涨潮落等,这些现象的规律都可以用三角函数来描述.三角函数既是进一步学习数学的基础,又是解决科学技术和生产实际中某些问题的工具.下面就让我们一起来学习三角函数.

学习目标

1. 说出任意角、角的弧度制、反三角函数的概念,掌握两角和与差的正弦和余弦、半角、诱导公式,能运用它们解决相关的问题.

2. 解释任意角的三角函数、同角三角函数的基本关系式、倍角公式,会运用它们解题.

3. 简述正弦函数的图像和性质、三角函数的积化和差、和差化积,能用五点作图法作三角函数的简图.

第①节 任意角的三角函数

一、角的概念的推广

一个角可以看成是由一条射线绕着它的端点旋转而成的.射线的端点叫做角的顶点.旋转开始时的射线叫做角的始边,旋转终止时的射线叫做角的终边.如图 3-1 所示,射线 OA 绕着它的端点 O 按逆时针方向旋转到另一位置 OB,就形成 $\angle AOB$,OA 是始边,OB 是终边,O 是顶点.

过去我们所研究的角都是 $0°$ 至 $360°$ 的角.但是,在日常生活、生产和科学实验中,我们还会遇到大于 $360°$ 的角.例如机械转柄如图 3-2 所示,绕着轴按逆时针方向旋转了一周的过程中,形成了 $0°\sim360°$ 的所有的角;在转柄继续旋转第 2 周的过程中,又形成了 $360°\sim720°$ 的所有的角,这样下去,可以形成更大的角.

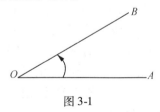

图 3-1

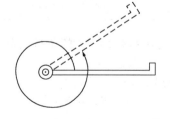

图 3-2

既然角是由射线绕其端点旋转而成的,那么角的形成可以按照两种相反的方向旋转,即逆时针方向和顺时针方向.

规定:射线按逆时针方向旋转所成的角叫做正角;按顺时针方向旋转形成的角叫做负角.

如图 3-3 中,以 OA 为始边的角 $\alpha = 240°$,$\beta = -120°$,$\gamma = -680°$,特别地,当一条射线没有做任何旋转时,我们认为这时也形成了一个角,并把这个角叫做零角.角的概念经过这样推广以后,它包括任意大小的正角、负角和零角.

我们常在直角坐标系内讨论角,使角的顶点与坐标原点重合,

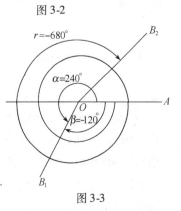

图 3-3

角的始边和 x 轴的正半轴重合,角的终边在第几象限,就说这个角是第几象限的角,如图 3-4(1) 中的 $60°,420°,-300°$ 的角都是第一象限的角;如图 3-4(2) 中的 $330°,-30°$ 的角都是第四象限的角;$575°$ 的角是第三象限的角,如果角的终边在坐标轴上就认为这个角不属于任何象限,称为特殊角.

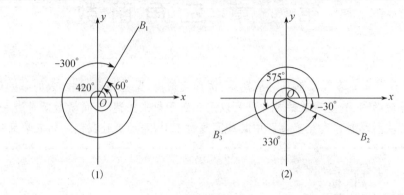

图 3-4

从图 3-4(1) 中看到 $420°,-300°$ 的角都与 $60°$ 的角终边相同,可以写成:

$$1 \times 360° + 60° = 420°$$
$$(-1) \times 360° + 60° = -300°$$

还可以看出,除了 $420°$ 与 $-300°$ 这两个角以外,与 $60°$ 的终边相同的角还有 $780°$,$-660°$,可以写成:

$$2 \times 360° + 60° = 780°$$
$$(-2) \times 360° + 60° = -660°$$

由此可知,与 $60°$ 角的终边相同的角,它们的大小彼此相差 $360°$ 的整数倍. 显然,和 $60°$ 角始边、终边相同的角,除上面这 4 个角外,还有

$$3 \times 360° + 60°$$
$$(-3) \times 360° + 60°$$
$$\cdots\cdots$$

所有与 $60°$ 的角终边相同的角,连同 $60°$ 的角在内,可以写成

$$k \cdot 360 + 60° \quad (k \in \mathbf{Z})$$

当 $k = 0$ 时,它表示 $60°$ 的角;$k = 1$ 时,它表示 $420°$ 的角;$k = -1$ 时,它就表示 $-300°$ 的角等.

始边和终边都相同的角有无数个

由于角的概念推广到任意角,这就出现了终边相同的角,但不一定相等的情形,终边相同的角有无穷多个,它们彼此相差 $360°$ 的整数倍.

一般地,所有与角 α 终边相同的角,连同角 α 在内,可以用式子 $k \cdot 360° + \alpha (k \in \mathbf{Z})$ 来表示. 由此可见,对于给定的顶点、始边和终边,确定了一个由无限个角组成的集合. 与角 α 终边相同的角的集合可记做:

$$\{\beta \mid \beta = k \cdot 360° + \alpha, k \in \mathbf{Z}\}$$

例 1 把下列各角化成 $k \cdot 360° + \alpha$ 的形式($k \in \mathbf{Z}, 0 \leq \alpha < 360°$),并判定它们是哪个象限的角.

(1) $1563°$; (2) $-54°$; (3) $-992°12'$.

解 (1) 因为 $1563° = 4 \times 360° + 123°$,

所以 $1563°$ 的角与 $123°$ 的角终边相同,它是第二象限的角.

(2) 因为 $-54° = (-1) \times 360° + 306°$,

所以 $-54°$ 的角与 $306°$ 的角终边相同,它是第四象限的角.

(3) 因为 $-992°12' = (-3) \times 360° + 87°48'$,

所以 $-992°12'$ 的角与 $87°48'$ 的角终边相同,它是第一象限的角.

例 2　写出下列各角终边相同的角的集合 S,并把 S 中在 $-360°\sim720°$ 间的角写出来:
(1) $45°$;　(2) $-30°$;　(3) $363°14'$.

解　(1) $S=\{\beta\mid\beta=k\cdot360°+45°,k\in\mathbf{Z}\}$.

S 中在 $-360°$ 到 $720°$ 间的角是

$(-1)\times360°+45°=-315°$

$0\times360°+45°=45°$

$1\times360°+45°=405°$

(2) $S=\{\beta\mid\beta=k\cdot360°-30°,k\in\mathbf{Z}\}$.

S 中在 $-360°$ 到 $720°$ 间的角是

$0\times360°-30°=-30°$

$1\times360°-30°=330°$

$2\times360°-30°=690°$

(3) $S=\{\beta\mid\beta=k\cdot360°+363°14',k\in\mathbf{Z}\}$.

S 中在 $-360°$ 到 $720°$ 间的角是

$(-2)\times360°+363°14'=-356°46'$

$(-1)\times360°+363°14'=3°14'$

$0\times360°+363°14'=363°14'$

练　习

1.(口答)锐角是第几象限的角? 第一象限的角一定是锐角吗? 再分别就直角和钝角来回答这两个问题.

2.写出与下列各角终边相同的角的集合,并把集合中适合不等式 $-720°\leqslant\beta<360°$ 的元素 β 写出来:
(1) $-45°$;　　(2) $30°$;　　(3) $1303°18'$;　　(4) $-225°$.

二、弧　度　制

在平面几何中,我们已经知道一个周角的 $\dfrac{1}{360}$ 叫做 1 度的角,这种以度做单位来度量角的制度叫做角度制($1°=60',1'=60''$).

在生产实际、科学研究及其他学科中,还常用到另一种度量角的制度——弧度制.

我们把等于半径长的圆弧所对的圆心角叫做 1 弧度的角. 弧度单位符号是 rad. 用"弧度"做单位来度量角的制度叫做弧度制.

如图 3-5 中,弧 AB 的长等于半径 R,AB 所对的圆心角 $\angle AOB$ 就是 1rad 的角. 在图 3-6 中,圆心角 $\angle AOC$ 所对的弧 AC 的长 $l=2R$,那么 $\angle AOC$ 的弧度数是 $\dfrac{l}{R}=\dfrac{2R}{R}=2$.

图 3-5

图 3-6

如果圆心角表示一个负角,且它所对的弧的长 $l=4\pi R$,那么这个角的弧度数的绝对值是 $\dfrac{L}{R}=\dfrac{4\pi R}{R}=4\pi$,即这个角的弧度数是 -4π.

我们规定:正角的弧度数为正数,负角的弧度数为负数,零角的弧度数为零,任一已知角 α

的弧度数的绝对值等于它所对的弧长比上圆的半径,即

$$|\alpha| = \frac{l}{R}$$

角的弧度制与度制的关系

弧度制与度制是度量角的两种不同的单位制,应注意弄清二者之间的关系.用弧度对角进行度量,很方便地在角的集合与实数集之间建立了一一对应关系,即角与它的弧度数对应.正角对应正实数,零角对应0,负角对应负实数.

其中 l 为以角 α 作为圆心角时所对的圆弧的长,R 为圆的半径. 很明显,圆弧的长等于圆弧所对圆心角的弧度数的绝对值与半径的积,即 $l = |\alpha| \cdot R$,这个弧长公式比采用角度制时的弧长公式 $l = \frac{n\pi R}{180}$ 要简单些.

因为圆的周长等于半径的 2π 倍,所以整个圆所对的圆心角是 $2\pi \text{rad}$,也就是一个周角等于 $2\pi \text{rad}$,因此

$$360° = 2\pi\text{rad}, 180° = \pi\text{rad}$$

由此得出度与弧度的单位换算的关系式:

$$1° = \frac{\pi}{180}\text{rad} \approx 0.01745\text{rad},$$

$$1\text{rad} = \left(\frac{180}{\pi}\right)° \approx 57.3° = 57°18'$$

我们列出一些特殊的角度数与弧度数的对应表:

度	0°	30°	45°	60°	90°	180°	270°	360°
弧度	0	$\frac{\pi}{6}$	$\frac{\pi}{4}$	$\frac{\pi}{3}$	$\frac{\pi}{2}$	π	$\frac{3\pi}{2}$	2π

在用弧度制表示角的时候,"弧度"两字通常可以省略不写. 如 $\angle AOC = 2\text{rad}$,可以写成 $\angle AOC = 2$.

例3 把 $112°30'$ 化成弧度.

解 因为 $112°30' = \left(112\frac{1}{2}\right)°$

所以 $112°30' = \frac{\pi}{180} \times 112\frac{1}{2} = \frac{5\pi}{8}$

例4 把 $\frac{2\pi}{5}\text{rad}$ 化成度.

解 $\frac{2\pi}{5} = \frac{2\pi}{5} \cdot \frac{180°}{\pi} = 72°$.

例5 直径是 20cm 的滑轮,每秒钟旋转 45rad,求轮周上一点经过 5 秒钟所转过的弧长.

解 因为 $l = |\alpha| \cdot R, R = 10, \alpha = 45$.

所以轮周上一点每秒钟所转过的弧长为 $l = 45 \times 10 = 450(\text{cm})$,

所以经过 5 秒钟所转过的弧长为 $5L = 5 \times 450 = 2250(\text{cm})$

答:轮周上一点经过 5 秒钟所转过的弧长为 2250cm.

练　习

1. 把下列各角从度化成弧度:
   (1) $12°$;　　(2) $75°$;　　(3) $-210°$;　　(4) $135°$;　　(5) $22°30'$;　　(6) $1200°$.

2. 把下列各角从弧度化成度:
   (1) $-\frac{4}{3}\pi$;　　(2) $\frac{3}{10}\pi$;　　(3) $\frac{7}{6}\pi$;　　(4) -12π;　　(5) $\frac{5}{6}\pi$;　　(6) 3.

三、任意角的三角函数

1. 任意角三角函数的定义 在初中,我们已经学过了三角函数的定义,讨论了角 α 是锐角、直角和钝角的情形,事实上,这个定义可以推广到任意角,设 α 是一个从 OX 到 OP 的任意大小的角,在角 α 的终边上任取一点 $P(x,y)$,它与原点的距离是 $r(r=\sqrt{x^2+y^2})$,如图3-7所示,那么角 α 的正弦、余弦、正切、余切、正割、余割分别是

$$\sin\alpha=\frac{y}{r},\cos\alpha=\frac{x}{r}$$
$$\tan\alpha=\frac{y}{x},\cot\alpha=\frac{x}{y}$$
$$\sec\alpha=\frac{r}{x},\csc\alpha=\frac{r}{y}$$

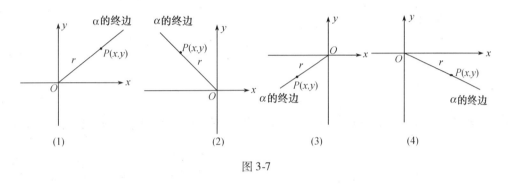

图3-7

三角函数的定义域

当自变量是用弧度制来度量角所得到的实数 α 时,三角函数的定义域如下表:

三角函数	定义域
$\sin\alpha$	$\{\alpha\,|\,\alpha\in\mathbf{R}\}$
$\cos\alpha$	$\{\alpha\,|\,\alpha\in\mathbf{R}\}$
$\tan\alpha$	$\{\alpha\,|\,\alpha\in\mathbf{R},\alpha\neq k\pi+\frac{\pi}{2},k\in\mathbf{Z}\}$
$\cot\alpha$	$\{\alpha\,|\,\alpha\in\mathbf{R},\alpha\neq k\pi,k\in\mathbf{Z}\}$
$\sec\alpha$	$\{\alpha\,|\,\alpha\in\mathbf{R},\alpha\neq k\pi+\frac{\pi}{2},k\in\mathbf{Z}\}$
$\csc\alpha$	$\{\alpha\,|\,\alpha\in\mathbf{R},\alpha\neq k\pi,k\in\mathbf{Z}\}$

当角 α 的终边落在 x 轴上时,$\alpha=k\pi,k\in\mathbf{Z}$,因为 $y=0$,$\cot\alpha=\frac{x}{y}$,$\csc\alpha=\frac{r}{y}$ 无意义;当角 α 的终边落在 y 轴上时,$\alpha=k\pi+\frac{\pi}{2},k\in\mathbf{Z}$,因为 $x=0$,$\tan\alpha=\frac{y}{x}$,$\sec\alpha=\frac{r}{x}$ 无意义,此外,对于角 α 的每一个确定的值,不管点 P 在终边上的位置怎样,上面6个比值都是一个确定的实数,这就是说,正弦、余弦、正切、余切、正割、余割建立了一个从角 α 集合到一个比值的集合的单值对应,它们都是以角为自变量,以比值(实数)为函数的函数,这些函数都叫做三角函数.

在弧度制下,角的集合与实数对应,所以三角函数可以看成以实数为自变量的函数,即实数→角(其弧度数等于这个实数)→三角函数值(实数).

例6　已知角 α 终边上一点 $P(-4,3)$,求角 α 的各三角函数值.

解　如图 3-8 所示,

因为 $x=-4$, $y=3$,

所以 $r=\sqrt{x^2+y^2}=\sqrt{(-4)^2+3^2}=5$

所以 $\sin\alpha=\dfrac{y}{r}=\dfrac{3}{5}$

$\cos\alpha=\dfrac{x}{r}=\dfrac{-4}{5}=-\dfrac{4}{5}$

$\tan\alpha=\dfrac{y}{x}=\dfrac{3}{-4}=-\dfrac{3}{4}$

$\cot\alpha=\dfrac{x}{y}=\dfrac{-4}{3}=-\dfrac{4}{3}$

$\sec\alpha=\dfrac{r}{x}=-\dfrac{5}{4}$

$\csc\alpha=\dfrac{r}{y}=\dfrac{5}{3}$

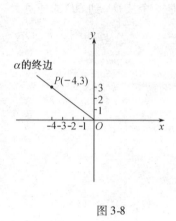

图 3-8

例7　求角 $\dfrac{7\pi}{4}$ 的各三角函数值.

解　因为 $\dfrac{7\pi}{4}=2\pi-\dfrac{\pi}{4}$,所以它是第四象限的角(如图 3-9 所示),在角 $\dfrac{7\pi}{4}$ 的终边上取一点 $P(1,-1)$.

因为 $x=1$, $y=-1$,

所以 $r=\sqrt{1^2+(-1)^2}=\sqrt{2}$

所以 $\sin\alpha=\dfrac{y}{r}=-\dfrac{1}{\sqrt{2}}=-\dfrac{\sqrt{2}}{2}$

$\cos\alpha=\dfrac{x}{r}=\dfrac{1}{\sqrt{2}}=\dfrac{\sqrt{2}}{2}$

$\tan\alpha=\dfrac{y}{x}=-1$

$\cot\alpha=\dfrac{x}{y}=-1$

$\sec\alpha=\dfrac{r}{x}=\sqrt{2}$

$\csc\alpha=\dfrac{r}{y}=-\sqrt{2}$

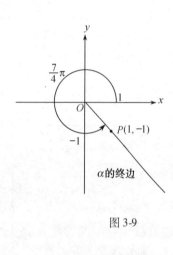

图 3-9

2. 任意角三角函数值的符号　因为角 α 的终边上一点到原点的距离 r 总是正的,根据三角函数的定义,角 α 的各三角函数值的符号取决于它终边上一点的坐标的符号,容易得出,正弦值 $\left(\dfrac{y}{r}\right)$ 和余割值 $\left(\dfrac{r}{y}\right)$ 对于第一、二象限的角是正的 $(y>0,r>0)$,而对于第三、四象限的角是负的 $(y<0,r>0)$.

余弦值 $\left(\dfrac{x}{r}\right)$ 和正割值 $\left(\dfrac{r}{x}\right)$ 对于第一、四象限的角是正的 $(x>0,r>0)$,而对于第二、三象限的角是负的 $(x<0,r>0)$.

正切值 $\left(\dfrac{y}{x}\right)$ 和余切值 $\left(\dfrac{x}{y}\right)$ 对于第一、三象限的角是正的 $(x,y$ 同号),而对于第二、四象限的角是负的 $(x,y$ 异号).

为了便于记忆,将各三角函数值在各象限的符号用图 3-10 表示.

从任意角的三角函数定义知道,终边相同的角的同一三角函数的值相等. 就是说,对于任意角 α (只要是允许的)和任意整数 k ,都有(公式 1):

笔记栏

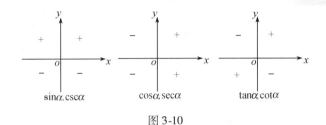

图 3-10

$$\begin{array}{l} \sin(k\cdot 360°+\alpha)=\sin\alpha \\ \cos(k\cdot 360°+\alpha)=\cos\alpha \\ \tan(k\cdot 360°+\alpha)=\tan\alpha \\ \cot(k\cdot 360°+\alpha)=\cot\alpha \end{array}$$

利用公式 1 可以把求任意角的三角函数值的问题,转化为求 $0°\sim360°(0\sim2\pi)$ 间角的三角函数值的问题.

例 8 确定下列各三角函数值的符号:

（1）$\sin850°$；　　　　（2）$\cos(-45°)$；

（3）$\tan(-634°32')$；　（4）$\cot\dfrac{13}{5}\pi$.

解　（1）因为 $\sin850°=\sin(2\times360°+130°)=\sin130°$

而 $130°$ 是第二象限的角,所以 $\sin850°>0$.

（2）因为 $-45°$ 是第四象限的角,所以 $\cos(-45°)>0$.

特殊角的三角函数值

当角 α 的终边在坐标轴上时,则 $y=0$ 或 $x=0$,这样的特殊角的三角函数值可由定义直接求得,现列表如下:

α 函数	0	$\dfrac{\pi}{2}$	π	$\dfrac{3\pi}{2}$	2π
$\sin\alpha$	0	1	0	-1	0
$\cos\alpha$	1	0	-1	0	1
$\tan\alpha$	0	不存在	0	不存在	0
$\cot\alpha$	不存在	0	不存在	0	不存在

（3）因为 $\tan(-634°32')=\tan(-2\times360°+85°28')=\tan85°28'$

而 $85°28'$ 是第一象限的角,所以 $\tan(-634°32')>0$.

（4）因为 $\cot\dfrac{13}{5}\pi=\cot(2\pi+\dfrac{3}{5}\pi)=\cot\dfrac{3}{5}\pi$,

而 $\dfrac{3}{5}\pi$ 是第二象限的角,所以 $\cot\dfrac{13}{5}\pi<0$.

例 9 根据下列条件确定 θ 是第几象限的角:

$\sec\theta<0$ 且 $\cot\theta<0$.

解　因为 $\sec\theta<0$,所以 θ 在第二或第三象限.

因为 $\cot\theta<0$,所以 θ 在第二或第四象限.所以符合 $\sec\theta<0$,且 $\cot\theta<0$ 的 θ 角在第二象限.

例 10 求下列三角函数的值:

（1）$\sin390°$；　　　（2）$\cos(-\dfrac{7}{4}\pi)$；　　　（3）$\tan1476°12'$.

解　（1）$\sin390°=\sin(360°+30°)=\sin30°=\dfrac{1}{2}$.

（2）$\cos(-\dfrac{7}{4}\pi)=\cos(-2\pi+\dfrac{\pi}{4})=\cos\dfrac{\pi}{4}=\dfrac{\sqrt{2}}{2}$.

（3）$\tan1476°12'=\tan(4\times360°+36°12')=\tan36°12'=0.7319$.

例 11 化简:$2\cos0°+3\sin90°-4\cos180°+\sin270°-6\cos360°$.

解　$2\cos0°+3\sin90°-4\cos180°+\sin270°-6\cos360°$

$=2\times1+3\times1-4\times(-1)+(-1)-6\times1=2+3+4-1-6=2$

练 习

1. 已知角 α 的终边经过点 $P(-4,-3)$, 求 α 的六个三角函数值.

2. (口答)设 α 是三角形的一个内角, 在 $\sin\alpha, \cos\alpha, \tan\alpha, \cot\alpha, \cos\dfrac{\alpha}{2}$ 中, 哪些有可能取负值?

3. 求下列三角函数值:

(1) $\cos 1109°$;   (2) $\tan\dfrac{19}{3}\pi$;   (3) $\sin(-1050°)$;   (4) $\cot(-\dfrac{31}{4}\pi)$.

四、同角三角函数的基本关系式

根据三角函数的定义, 可以得到下列同角三角函数间的 8 个基本关系式:

(1) 倒数关系

$$
\begin{aligned}
\sin\alpha \cdot \csc\alpha &= 1 \\
\cos\alpha \cdot \sec\alpha &= 1 \\
\tan\alpha \cdot \cot\alpha &= 1
\end{aligned}
$$

(2) 商数关系

$$
\begin{aligned}
\tan\alpha &= \frac{\sin\alpha}{\cos\alpha} \\
\cot\alpha &= \frac{\cos\alpha}{\sin\alpha}
\end{aligned}
$$

(3) 平方关系

$$
\begin{aligned}
\sin^2\alpha + \cos^2\alpha &= 1 \\
1 + \tan^2\alpha &= \sec^2\alpha \\
1 + \cot^2\alpha &= \csc^2\alpha
\end{aligned}
$$

下面仅给出第一式和第七式的证明, 其他等式的证明从略.

证明 $\sin\alpha \cdot \csc\alpha = \dfrac{y}{r} \cdot \dfrac{r}{y} = 1$

$1 + \tan^2\alpha = 1 + (\dfrac{y}{x})^2 = \dfrac{x^2 + y^2}{x^2} = \dfrac{r^2}{x^2} = \sec^2\alpha$

上述关系式, 只有当 α 的值使关系式两边的三角函数都有意义时才成立. 利用这些关系式, 可以根据角的某一个三角函数值, 求出这个角的其他三角函数值, 还可以化简三角函数式, 证明其他一些三角恒等式等.

例 12   已知 $\sin\alpha = \dfrac{15}{17}$, 求角 α 的其他三角函数值.

解   因为 $\sin\alpha = \dfrac{15}{17} > 0$, 所以 α 是第一或第二象限的角.

(1) 如果 α 是第一象限的角, 可以得到

$\cos\alpha = \sqrt{1 - \sin^2\alpha} = \sqrt{1 - (\dfrac{15}{17})^2} = \dfrac{8}{17}$

$\tan\alpha = \dfrac{\sin\alpha}{\cos\alpha} = \dfrac{15}{8}$

$\cot\alpha = \dfrac{1}{\tan\alpha} = \dfrac{8}{15}$

$\sec\alpha = \dfrac{1}{\cos\alpha} = \dfrac{17}{8}$

笔记栏

$$\csc\alpha = \frac{1}{\sin\alpha} = \frac{17}{15}$$

（2）如果 α 是第二象限的角，可以得到

$$\cos\alpha = -\sqrt{1 - \sin^2\alpha} = -\sqrt{1 - \left(\frac{15}{17}\right)^2} = -\frac{8}{17}$$

$$\tan\alpha = \frac{\sin\alpha}{\cos\alpha} = -\frac{15}{8}$$

$$\cot\alpha = \frac{1}{\tan\alpha} = -\frac{8}{15}$$

$$\sec\alpha = \frac{1}{\cos\alpha} = -\frac{17}{8}$$

$$\csc\alpha = \frac{1}{\sin\alpha} = \frac{17}{15}$$

一般地，在已知角 α 的任一三角函数值，求其他三角函数值时，当未指定角 α 的终边所在象限时，要根据角 α 的终边可能在的两个象限分别求其他三角函数值.

例 13 化简：

（1）$(1 - \cos^2\alpha) \div (1 - \sin^2\alpha) + \cos\alpha \cdot \sec\alpha$；

（2）$\sqrt{\csc^2\theta - 1} + \cot\theta$.

解 （1）$(1 - \cos^2\alpha) \div (1 - \sin^2\alpha) + \cos\alpha \cdot \sec\alpha = \frac{\sin^2\alpha}{\cos^2\alpha} + 1 = \tan^2\alpha + 1 = \sec^2\alpha$.

（2）$\sqrt{\csc^2\theta - 1} + \cot\theta = \sqrt{\cot^2\theta} + \cot\theta = |\cot\theta| + \cot\theta$

$$= \begin{cases} 2\cot\theta, & \text{当 } \theta \text{ 在第一、三象限时,} \\ 0, & \text{当 } \theta \text{ 在第二、四象限或 } k\pi + \frac{\pi}{2}, k\in\mathbf{Z} \text{ 时.} \end{cases}$$

例 14 求证：$(1 - \sin^2 A)(\sec^2 A - 1) = \sin^2 A(\csc^2 A - \cot^2 A)$.

证明 左边 $= (1 - \sin^2 A)(\sec^2 A - 1) = \cos^2 A \cdot \tan^2 A = \cos^2 A \cdot \frac{\sin^2 A}{\cos^2 A} = \sin^2 A$

右边 $= \sin^2 A \cdot (\csc^2 A - \cot^2 A) = \sin^2 A \cdot 1 = \sin^2 A$,

所以原式成立.

在证明恒等式时,如例14,是采用左边、右边都化为同一个第3式的办法,除此之外,也可以采用左边证到右边,或右边证到左边等办法. 一般是按由繁到简的原则,要在熟练掌握各基本公式的基础上灵活地运用各种证法.

练 习

1. 已知 $\sin\alpha = \frac{1}{2}$, 且 α 为第一象限的角, 求 $\cos\alpha, \tan\alpha, \cot\alpha$ 的值.

2. 化简：

（1）$\cot\theta \cdot \tan\theta$；　　（2）$\frac{2\cos^2\alpha - 1}{1 - 2\sin^2\alpha}$.

五、诱 导 公 式

$0° \sim 90°$ 的角的三角函数值,我们可以通过查表求得,另外,利用 $k \cdot 360° + \alpha (k\in\mathbf{Z})$ 的三角函数值分别等于 α 的同一三角函数值,可以把求任意角的三角函数值转化为求 $0° \sim 360°$ 的角的三角函数值,因此只要解决了 $90° \sim 360°$ 间的角的三角函数值的求法,那么就能求任意角的三角函数值了.

1. 化负角的三角函数为正角的三角函数 在直角坐标系中,以原点 O 为圆心,等于单位长的线段为半径所作的圆叫做单位圆,如图 3-11 所示.已知任意角 α 的终边与单位圆相交于点 $P(x,y)$,角 $-\alpha$ 的终边与单位圆相交于点 P',则点 P' 的坐标为 $(x,-y)$.因为角 α 与 $-\alpha$ 是由射线从 x 轴的正半轴开始,按相反的方向绕原点旋转相同大小的角而成的,所以这两个角的终边关于 x 轴对称.

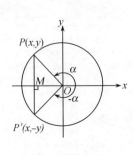

图 3-11

由于 $OP = OP' = r = 1$,
故

$$\sin(-\alpha) = \frac{-y}{1} = -\frac{y}{1} = -\sin\alpha$$

$$\cos(-\alpha) = \frac{x}{1} = \cos\alpha$$

$$\tan(-\alpha) = \frac{\sin(-\alpha)}{\cos(-\alpha)} = -\frac{\sin\alpha}{\cos\alpha} = -\tan\alpha$$

$$\cot(-\alpha) = \frac{1}{\tan(-\alpha)} = \frac{1}{-\tan\alpha} = -\cot\alpha$$

于是得到(公式 2):

$$
\begin{array}{|l|}
\hline
\sin(-\alpha) = -\sin\alpha \\
\cos(-\alpha) = \cos\alpha \\
\tan(-\alpha) = -\tan\alpha \\
\cot(-\alpha) = -\cot\alpha \\
\hline
\end{array}
$$

2. 化任意正角的三角函数为锐角三角函数 在初中,我们已经知道,当 α 为锐角时,$180° - \alpha$ 和 α 的三角函数值之间的关系有(公式 3):

$$
\begin{array}{|l|}
\hline
\sin(180° - \alpha) = \sin\alpha \\
\cos(180° - \alpha) = -\cos\alpha \\
\tan(180° - \alpha) = -\tan\alpha \\
\cot(180° - \alpha) = -\cot\alpha \\
\hline
\end{array}
$$

事实上,α 为任意角时,上述公式仍然成立,如图 3-12 所示,任意角 α 的终边与单位圆交于点 $P(x,y)$,角 $180° - \alpha$ 的终边与单位圆交于点 P',则点 P' 的坐标为 $(-x,y)$,这两个角的终边关于 y 轴对称.

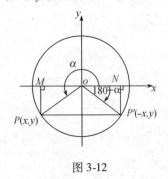

图 3-12

由于 $r = 1$,
故

$$\sin(180° - \alpha) = \frac{y}{1} = \sin\alpha$$

$$\cos(180° - \alpha) = \frac{-x}{1} = -\frac{x}{1} = -\cos\alpha$$

$$\tan(180° - \alpha) = \frac{\sin(180° - \alpha)}{\cos(180° - \alpha)} = \frac{\sin\alpha}{-\cos\alpha} = -\tan\alpha$$

$$\cot(180° - \alpha) = \frac{\cos(180° - \alpha)}{\sin(180° - \alpha)} = \frac{-\cos\alpha}{\sin\alpha} = -\cot\alpha$$

于是当 α 为任意角时公式 3 成立.

我们利用公式 2 和公式 3,可以推出 $180° + \alpha$ 和 α 的三角函数值之间的关系:

$$\sin(180° + \alpha) = \sin[180° - (-\alpha)] = \sin(-\alpha) = -\sin\alpha$$

$$\cos(180° + \alpha) = \cos[180° - (-\alpha)] = -\cos(-\alpha) = -\cos\alpha$$

$$\tan(180° + \alpha) = \tan[180° - (-\alpha)] = -\tan(-\alpha) = \tan\alpha$$

$$\cot(180° + \alpha) = \cot[180° - (-\alpha)] = -\cot(-\alpha) = \cot\alpha$$

笔记栏

于是得到(公式4):

$$\sin(180° + \alpha) = -\sin\alpha$$
$$\cos(180° + \alpha) = -\cos\alpha$$
$$\tan(180° + \alpha) = \tan\alpha$$
$$\cot(180° + \alpha) = \cot\alpha$$

同样,利用公式1和公式2,可以推出 $360° - \alpha$ 和 α 的三角函数值之间的关系:

$$\sin(360° - \alpha) = \sin[360° + (-\alpha)] = \sin(-\alpha) = -\sin\alpha$$
$$\cos(360° - \alpha) = \cos[360° + (-\alpha)] = \cos(-\alpha) = \cos\alpha$$
$$\tan(360° - \alpha) = \tan[360° + (-\alpha)] = \tan(-\alpha) = -\tan\alpha$$
$$\cot(360° - \alpha) = \cot[360° + (-\alpha)] = \cot(-\alpha) = -\cot\alpha$$

于是得到(公式5):

$$\sin(360° - \alpha) = -\sin\alpha$$
$$\cos(360° - \alpha) = \cos\alpha$$
$$\tan(360° - \alpha) = -\tan\alpha$$
$$\cot(360° - \alpha) = -\cot\alpha$$

公式1~公式5都叫做诱导公式.利用诱导公式,可以求任意角的三角函数值,化简三角函数式,证明三角恒等式.

例15 求 $\cot(-600°)$ 的值.

解 $\cot(-600°) = -\cot 600° =$
$-\cot(360° + 240°)$

$\quad = -\cot 240° = -\cot(180° + 60°)$

$\quad = -\cot 60° = -\dfrac{\sqrt{3}}{3}$

> **记忆口诀**
>
> $k \cdot 360° + \alpha (k \in \mathbf{Z}), -\alpha, 180° \pm \alpha, 360° - \alpha$ 的三角函数值等于 α 的同名函数值,前面加上一个把 α 看成锐角时原函数值的符号.口诀如下:
>
> 函数名不变,符号看象限,α 当锐角看.

利用诱导公式,求任意角的三角函数值的一般步骤如下:

(1) 将负角的三角函数化为正角的三角函数;

(2) 将大于 $360°$ 的角的三角函数化为 $0°\sim 360°$ 间的角的三角函数;

(3) 将 $90°\sim 360°$ 间的角的三角函数化为锐角三角函数,然后按锐角三角函数求值.

这样,任意角的三角函数都可以化为锐角(或特殊角)的三角函数.

例16 求下列各三角函数值:

(1) $\sin 670°39'$; (2) $\cos\left(-\dfrac{65}{6}\pi\right)$; (3) $\tan(-1596°)$; (4) $\cot\dfrac{7}{4}\pi$.

解 (1) $\sin 670°39' = \sin(360° + 310°39') = \sin 310°39'$

$\qquad\qquad = \sin(360° - 49°21')$

$\qquad\qquad = -\sin 49°21'$

$\qquad\qquad = -0.7587$

(2) $\cos\left(-\dfrac{65}{6}\pi\right) = \cos\dfrac{65\pi}{6} = \cos\left(5 \times 2\pi + \dfrac{5}{6}\pi\right) = \cos\dfrac{5}{6}\pi$

$\qquad\qquad = \cos\left(\pi - \dfrac{\pi}{6}\right) = -\cos\dfrac{\pi}{6} = -\dfrac{\sqrt{3}}{2}$

(3) $\tan(-1596°) = -\tan 1596° = -\tan(4 \times 360° + 156°)$

$\qquad\qquad = -\tan 156° = -\tan(180° - 24°)$

$\qquad\qquad = \tan 24° = 0.4452$

(4) $\cot\dfrac{7}{4}\pi = \cot\left(2\pi - \dfrac{\pi}{4}\right) = -\cot\dfrac{\pi}{4} = -1$

笔记栏

例17 化简 $\dfrac{\sin(180°+\alpha)\cdot\cos(360°+\alpha)}{\cot(-\alpha-180°)\cdot\sin(-180°-\alpha)}$

解 因为 $\cot(-\alpha-180°)=\cot[-(180°+\alpha)]=-\cot(180°+\alpha)=-\cot\alpha$

$\sin(-180°-\alpha)=\sin[-(180°+\alpha)]=-\sin(180°+\alpha)=\sin\alpha$

所以　原式 $=\dfrac{(-\sin\alpha)\cdot\cos\alpha}{-\cot\alpha\cdot\sin\alpha}=\dfrac{\cos\alpha}{\cot\alpha}=\sin\alpha$

例18 求证：$\dfrac{\cot(-\alpha-\pi)\cdot\sin(\pi+\alpha)}{\cos(-\alpha)\cdot\tan(2\pi+\alpha)}=\cot\alpha$

证明 左边 $=\dfrac{(-\cot\alpha)\cdot(-\sin\alpha)}{\cos(\alpha)\cdot\tan\alpha}=\dfrac{\dfrac{\cos\alpha}{\sin\alpha}\sin\alpha}{\cos\alpha\cdot\dfrac{\sin\alpha}{\cos\alpha}}=\dfrac{\cos\alpha}{\sin\alpha}=\cot\alpha=$ 右边

所以原式成立.

例19 已知 $\sin\alpha=0.5$，且 $0\le\alpha<2\pi$，求角 α.

解 因为 $\sin\alpha=0.5>0$，且 $0\le\alpha<2\pi$，所以 α 是第一、二象限的角，由

$$\sin\frac{\pi}{6}=0.5$$

知道，符合条件的第一象限的角是 $\dfrac{\pi}{6}$，

又由 $\sin\left(\pi-\dfrac{\pi}{6}\right)=\sin\dfrac{\pi}{6}=0.5$

知道，符合条件的第二象限的角是 $\pi-\dfrac{\pi}{6}$，即 $\dfrac{5\pi}{6}$，于是所求的 α 是 $\dfrac{\pi}{6}$ 或 $\dfrac{5\pi}{6}$.

也可以说，所求的 α 的集合是 $\left\{\dfrac{\pi}{6},\dfrac{5\pi}{6}\right\}$.

例20 已知 $\cos x=\dfrac{\sqrt{2}}{2}$，求 x 的集合.

解 因为 $\cos x=\dfrac{\sqrt{2}}{2}>0$，所以 x 是第一、四象限的角.

先求符合 $\cos x=\dfrac{\sqrt{2}}{2}$ 的锐角 x，得 $x=45°$，

又由于 $\cos(360°-45°)=\cos45°=\dfrac{\sqrt{2}}{2}$

因此，所求 x 是 $k\cdot2\pi+\dfrac{\pi}{4}$ 或 $k\cdot2\pi+\left(2\pi-\dfrac{\pi}{4}\right)=(k+1)\cdot2\pi-\dfrac{\pi}{4}(k\in\mathbf{Z})$，

所以所求 $x=2n\pi\pm\dfrac{\pi}{4}(n\in\mathbf{Z})$，因此所求的 x 的集合是 $\left\{x\mid x=2n\pi\pm\dfrac{\pi}{4},n\in\mathbf{Z}\right\}$.

练　习

1. 求下列三角函数值：

(1) $\sin\left(-\dfrac{\pi}{6}\right)$；　(2) $\cos(-420°)$；　(3) $\tan600°21'$；　(4) $\cot\left(-\dfrac{31}{4}\pi\right)$；　(5) $\sin679°39'$.

2. 化简：

(1) $\dfrac{\cos(\alpha-\pi)}{\sin(\pi-\alpha)}\sin(\alpha-2\pi)\cos(2\pi-\alpha)$；　(2) $\sin^3(-\alpha)\cos(2\pi+\alpha)\tan(-\alpha-\pi)$.

习题 3-1

1. 在 $0° \sim 360°$ 间找出与下列各角终边相同的角,并指出它们是哪个象限的角:

    (1) $-54°18'$;   (2) $395°8'$;   (3) $-1190°30'$;   (4) $1943°$.

2. 写出与下列各角终边相同的角的集合 S,并把集合中在 $-360° \sim 360°$ 间的角写出来:

    (1) $60°$;   (2) $-75°$;   (3) $-824°30'$;   (4) $0°$.

3. 写出终边在 y 轴上的角的集合.

4. 分别写出第一象限、第二象限、第三象限、第四象限的角的集合.

5. 把下列各度化成弧度(写成多少 π 的形式):

    (1) $18°$;   (2) $-120°$;   (3) $-12.5°$;   (4) $19°48'$;

    (5) $900°$;   (6) $-9°20'$;   (7) $1080°$;   (8) $315°$.

6. 把下列各弧度化成度:

    (1) $\dfrac{\pi}{12}$;   (2) $-\dfrac{3}{4}\pi$;   (3) $-\dfrac{7\pi}{6}$;   (4) $\dfrac{\pi}{15}$;   (5) -5;   (6) 1.4.

7. 把下列各角化成 $2k\pi + \alpha\,(0 \leq \alpha < 2\pi, k \in \mathbf{Z})$ 的形式:

    (1) $-\dfrac{25\pi}{6}$;   (2) -5π;   (3) $-75°$;   (4) $570°$.

8. 圆的半径等于 $240\mathrm{mm}$,求这个圆上长 $500\mathrm{mm}$ 的弧所对圆心角的弧度数和角度数.

9. 某种蒸汽机上的飞轮直径为 $1.2\mathrm{m}$,每分钟按逆时针方向旋转 300 转,求:

    (1) 飞轮每秒钟转过的弧度数;(2) 轮周上的一点每秒钟经过的弧长.

10. 要在半径 OA 等于 $100\mathrm{cm}$ 的圆形金属板上,截取一块 $\overset{\frown}{AB}$ 的长为 $112\mathrm{cm}$ 的扇形板,应截取的圆心角 $\angle AOB$ 的度数是多少(精确到 $1°$)?

11. 已知角 α 的终边分别经过:(1) $P_1(-3,-1)$,(2) $P_2(\sqrt{3},-1)$,求角 α 的 6 个三角函数值.

12. 确定下列各三角函数值的符号:

    (1) $\cos 505°$;   (2) $\csc 236°$;   (3) $\sin\left(-\dfrac{4}{3}\pi\right)$;   (4) $\cot\left(-\dfrac{17}{8}\pi\right)$;   (5) $\sec 940°$;   (6) $\tan 8.2\pi$.

13. 根据下列条件确定 θ 是第几象限的角:

    (1) $\sin\theta < 0$ 且 $\cos\theta > 0$;   (2) $\sin\theta > 0$ 且 $\tan\theta < 0$;   (3) $\sin\theta \cdot \cos\theta < 0$;   (4) $\dfrac{\sin\theta}{\cot\theta} > 0$.

14. 求下列各三角函数值:

    (1) $\sin 840°$;   (2) $\tan(-1366°15')$;   (3) $\cos\left(-\dfrac{11}{3}\pi\right)$;   (4) $\cot\dfrac{47}{10}\pi$.

15. 计算:

    (1) $5\sin 90° + 2\cos 0° - 3\sin 270° + 10\cos 180°$;

    (2) $\cos\dfrac{\pi}{3} - \tan\dfrac{\pi}{4} + \dfrac{3}{4}\tan^2\dfrac{\pi}{6} + \cos^2\dfrac{\pi}{6} + \sin\dfrac{3\pi}{2}$.

16. 已知 $\cos\alpha = -0.8$,且 α 为第三象限的角,求角 α 的其他三角函数值.

17. 已知 $\cot w = -\dfrac{\sqrt{3}}{3}$,求 w 的其他三角函数值.

18. 化简:

    (1) $\sqrt{\dfrac{1+\sin\alpha}{1-\sin\alpha}} - \sqrt{\dfrac{1-\sin\alpha}{1+\sin\alpha}}$(其中 α 为第二象限的角);

    (2) $(\tan\beta + \cot\beta)^2 - (\tan\beta - \cot\beta)^2$.

19. 证明下列恒等式:

    (1) $\sec^2\alpha + \csc^2\alpha = \sec^2\alpha \cdot \csc^2\alpha$;   (2) $\sin^4\theta - \cos^4\theta = 2\sin^2\theta - 1$.

20. 求下列各三角函数值:

    (1) $\sin(-1574°)$;   (2) $\tan 10$;   (3) $\cos(-1751°36')$;   (4) $\cot\dfrac{55}{12}\pi$.

21. 化简:

    (1) $\cos(-989°) \cdot \sin 449° - \sin(-539°) \cdot \cos(-1439°)$;

笔记栏

(2) $1+2\sin(\alpha-2\pi)\cdot\sin(\pi+\alpha)-\tan(\pi-\alpha)\cdot\cot(\alpha-\pi)-2\cos^2(-\alpha)$.

22. 求证:

(1) $\dfrac{\sin(2\pi-\alpha)\tan(\pi+\alpha)\cot(-\alpha-\pi)}{\cos(\pi-\alpha)\tan(3\pi-\alpha)}=1$;

(2) $\dfrac{\sin(540°-\alpha)\cot(-\alpha-270°)\cos(720°-\alpha)}{\tan(\alpha-180°)\tan(90°+\alpha)\sin(-\alpha-360°)}=\sin\alpha$.

23. 根据下列条件,求角 $\alpha(0°<\alpha<360°)$:

(1) $\cos\alpha=0.1897$;　　　　　　　(2) $\tan\alpha=8$.

24. 求适合下列条件的 x:

(1) $\cos x=0$;　　　　　　　　　　(2) $\cot x+1=0$.

第2节　正弦函数的图像和性质

一、函数 $y=\sin x$ 的图像

我们用描点法作出正弦函数 $y=\sin x$ 的图像. 在 $0\sim2\pi$ 的范围内,任意选取自变量 x 的一些值,求出对应的函数值,列表如下:

x	0	$\dfrac{\pi}{6}$	$\dfrac{\pi}{3}$	$\dfrac{\pi}{2}$	$\dfrac{2\pi}{3}$	$\dfrac{5\pi}{6}$	π	$\dfrac{7\pi}{6}$	$\dfrac{4\pi}{3}$	$\dfrac{3\pi}{2}$	$\dfrac{5\pi}{3}$	$\dfrac{11\pi}{6}$	2π
$y=\sin x$	0	$\dfrac{1}{2}$	$\dfrac{\sqrt3}{2}$	1	$\dfrac{\sqrt3}{2}$	$\dfrac{1}{2}$	0	$-\dfrac{1}{2}$	$-\dfrac{\sqrt3}{2}$	-1	$-\dfrac{\sqrt3}{2}$	$-\dfrac{1}{2}$	0

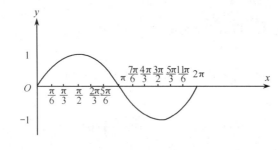

再以各组对应值为点的坐标,在直角坐标系中作出对应的点,然后依次将各点用光滑曲线连结起来,就得到 $y=\sin x,x\in[0,2\pi]$ 的图像,如图 3-13 所示.

因为终边相同的角的三角函数值相等,所以正弦函数 $y=\sin x$,在 $x\in[-2\pi,0]$,$x\in[2\pi,4\pi]$,$x\in[4\pi,6\pi]$,…时的图像和 $x\in[0,2\pi]$ 时的图像的形状完全一样,只是位置不同,我们把

图 3-13

$y=\sin x$ 在 $x\in[0,2\pi]$ 时的图像向左和向右平行移动 $2\pi,4\pi,\cdots$,就可以得到 $y=\sin x(x\in\mathbf{R})$ 的图像,如图 3-14 所示.

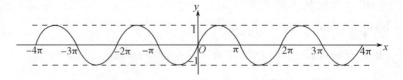

图 3-14

正弦函数 $y=\sin x(x\in\mathbf{R})$ 的图像叫做正弦曲线.

从图 3-13 可以看出正弦函数 $y=\sin x(x\in[0,2\pi])$ 的图像,只要把 $(0,0)$,$\left(\dfrac{\pi}{2},1\right)$,$(\pi,0)$,$\left(\dfrac{3\pi}{2},-1\right)$,$(2\pi,0)$ 这 5 个起关键作用的点描出后,就基本确定了. 因此在精确度要求不太高时,我们只要先描出这 5 个点,然后用光滑曲线将它们连接起来,就得到 $x\in[0,2\pi]$ 的正弦函数的简图.

要作余弦函数 $y=\cos x$ 的简图,也可以先找出在确定图像形状时起着关键作用的 5 个点,然后描点作出图来.

笔记栏

例1 作出函数 $y = \cos x, x \in \left[-\dfrac{\pi}{2}, \dfrac{3\pi}{2} \right]$ 的简图.

解 列表:

x	$-\dfrac{\pi}{2}$	0	$\dfrac{\pi}{2}$	π	$\dfrac{3\pi}{2}$
$y = \cos x$	0	1	0	-1	0

描点作图,如图 3-15 所示.

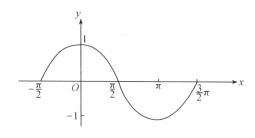

图 3-15

二、正弦函数的主要性质

从图 3-14 可以清楚地看出正弦函数有下列性质:

1. 定义域 函数 $y = \sin x$ 的定义域是 $(-\infty, +\infty)$.

2. 值域 函数 $y = \sin x$ 的值域是 $[-1, 1]$.

显然,函数 $y = \sin x$ 在 $x = \dfrac{\pi}{2} + 2k\pi (k \in \mathbf{Z})$ 时取最大值 $y = 1$;在 $x = -\dfrac{\pi}{2} + 2k\pi (k \in \mathbf{Z})$ 时取最小值 $y = -1$.

3. 周期性 由诱导公式 $\sin(x + 2k\pi) = \sin x (k \in \mathbf{Z})$ 看出,当 x 增加或减少 2π 的整数倍时,它的正弦值重复出现.

一般地,对于函数 $y = f(x)$,如果存在一个不为零的常数 T,使得当 x 取定义域内的每个值时 $f(x + T) = f(x)$ 都成立,则函数 $y = f(x)$ 叫做周期函数,不为零的常数 T 叫做这个函数的周期.

由上述定义知道 $2\pi, 4\pi, \cdots, -2\pi, -4\pi, \cdots$ 都是正弦函数 $y = \sin x (x \in \mathbf{R})$ 的周期. 对于一个周期函数来说,如果在所有的周期中存在着一个最小的正数,就把这个最小的正数叫做最小正周期.

显然,正弦函数 $y = \sin x (x \in \mathbf{R})$ 是周期函数,$2k\pi (k \in \mathbf{Z}$,且 $k \neq 0)$ 都是它的周期,它的最小正周期是 2π.

今后我们谈到三角函数的周期时,一般指的是三角函数的最小正周期.

容易知道余弦函数 $y = \cos x$ 也是周期函数,它的最小正周期是 2π,由诱导公式 $\tan(\pi + \alpha) = \tan\alpha, \cot(\pi + \alpha) = \cot\alpha$ 可得正切、余切函数也是周期函数,它们的最小正周期是 π.

4. 奇偶性 由诱导公式 $\sin(-x) = -\sin x$ 可知,正弦函数 $y = \sin x (x \in \mathbf{R})$ 是奇函数,反映在图像上,正弦曲线关于原点 O 对称.

5. 单调性 由正弦曲线看出,当 x 由 $-\dfrac{\pi}{2}$ 增大到 $\dfrac{\pi}{2}$ 时,曲线逐渐上升,$\sin x$ 由 -1 增大到 1;当 x 由 $\dfrac{\pi}{2}$ 增大到 $\dfrac{3\pi}{2}$ 时,曲线逐渐下降,$\sin x$ 由 1 减小到 -1,由此可以说,函数 $y = \sin x$ 在闭区间 $\left[-\dfrac{\pi}{2}, \dfrac{\pi}{2} \right]$ 上是增函数,在闭区间 $\left[\dfrac{\pi}{2}, \dfrac{3\pi}{2} \right]$ 上是减函数,由正弦函数的周期性进而得到正弦函数在每一个闭区间 $\left[-\dfrac{\pi}{2} + 2k\pi, \dfrac{\pi}{2} + 2k\pi \right] (k \in \mathbf{Z})$ 上,都从 -1 增大到 1,是增函数;在每一个闭

笔记栏

区间 $\left[\dfrac{\pi}{2}+2k\pi,\dfrac{3\pi}{2}+2k\pi\right]$($k\in\mathbf{Z}$)上,都从 1 减小到 -1,是减函数.

例2 求下列函数的周期:

(1)$y=\sin 2x$;   (2)$y=\sqrt{3}\sin\left(\dfrac{x}{2}-\dfrac{\pi}{4}\right)$.

解 (1)把 $2x$ 看成一个新的变量 z,那么 $\sin z$ 的最小正周期是 2π,就是说当 z 增加到 $z+2\pi$ 且必须增加到 $z+2\pi$ 时,函数 $\sin z$ 的值重复出现,而 $z+2\pi=2x+2\pi=2(x+\pi)$,所以当自变量 x 增加到 $x+\pi$ 且必须增加到 $x+\pi$ 时,函数值重复出现,因此 $y=\sin 2x$ 的周期是 π.

(2)把 $\dfrac{x}{2}-\dfrac{\pi}{4}$ 看成一个新的变量 z,那么 $\sqrt{3}\sin z$ 的周期是 2π,由于

$$z+2\pi=\left(\dfrac{x}{2}-\dfrac{\pi}{4}\right)+2\pi=\dfrac{1}{2}(x+4\pi)-\dfrac{\pi}{4},$$

所以当自变量 x 增加到 $x+4\pi$ 且必须增加到 $x+4\pi$ 时,函数值重复出现,因此

$y=\sqrt{3}\sin\left(\dfrac{x}{2}-\dfrac{\pi}{4}\right)$ 的周期是 4π.

周期性是三角函数的重要性质

应注意掌握研究周期函数性质的方法,对三角函数的某种性质进行研究时,通常是首先研究一个长度 等于函数的周期的区间上的情形,然后进行扩展,得出结果.

链 接

由上例我们知道,周期的变化只与自变量 x 的系数有关,一般地,函数 $y=A\sin(\omega x+\varphi)$(其中 A,ω,φ 是常数,且 $A\neq 0,\omega>0,x\in\mathbf{R}$)的周期 $T=\dfrac{2\pi}{\omega}$.如要求 $y=2\sin\dfrac{x}{3}$ 的周期,可直接写出它的周期 $T=\dfrac{2\pi}{\dfrac{1}{3}}=6\pi$.

例3 不通过求值,指出下式大于零还是小于零:

$\sin\left(-\dfrac{\pi}{18}\right)-\sin\left(-\dfrac{\pi}{10}\right)$.

解 因为 $-\dfrac{\pi}{2}<-\dfrac{\pi}{10}<-\dfrac{\pi}{18}<\dfrac{\pi}{2}$,且正弦函数 $y=\sin x$ 当 $-\dfrac{\pi}{2}\leqslant x\leqslant\dfrac{\pi}{2}$ 时是增函数,

所以 $\sin\left(-\dfrac{\pi}{10}\right)<\sin\left(-\dfrac{\pi}{18}\right)$

即 $\sin\left(-\dfrac{\pi}{18}\right)-\sin\left(-\dfrac{\pi}{10}\right)>0$

例4 求使得 $y=2\sin 2x$ 取最小值的 x 的集合,并说出最小值是多少.

解 令 $\theta=2x$,则使得函数 $y=2\sin\theta$ 取得最小值的 θ 的集合是 $\left\{\theta\mid\theta=-\dfrac{\pi}{2}+2k\pi,k\in\mathbf{Z}\right\}$,由 $2x=\theta=-\dfrac{\pi}{2}+2k\pi$,得 $x=-\dfrac{\pi}{4}+k\pi$,即使得 $y=2\sin 2x$ 取得最小值的 x 的集合是 $\left\{x\mid x=-\dfrac{\pi}{4}+k\pi,k\in\mathbf{Z}\right\}$,所以函数 $y=2\sin 2x$ 的最小值是 $2\times(-1)=-2$.

练 习

1. 下列各等式是否成立?为什么?

  (1)$2\sin x=3$;   (2)$\cos^2 x=0.5$.

2. 画出下列函数的简图:

  (1)$y=-\sin x$, $x\in[0,2\pi]$;   (2)$y=1+\cos x$, $x\in[0,2\pi]$.

3. 不求值,比较下列各组中两个三角函数值的大小:

  (1)$\sin 250°$ 与 $\sin 260°$;   (2)$\cos\dfrac{15\pi}{8}$ 与 $\cos\dfrac{14\pi}{8}$.

笔记栏

三、函数 $y = A\sin(\omega x + \varphi)$ 的图像

在物理学、电工学、工程技术的许多问题中,经常要研究形如 $y = A\sin(\omega x + \varphi)$ 的函数(其中 φ, A, ω 是常数).

下面讨论这类函数的简图的作法.

1. 函数 $y = A\sin x$ 的图像

例 5 作函数 $y = 3\sin x$ 及 $y = \frac{1}{2}\sin x$ 的简图.

解 函数 $y = 3\sin x$ 及 $y = \frac{1}{2}\sin x$ 的周期 $T = 2\pi$,作 $x \in [0, 2\pi]$ 时函数的简图.

列表:

x	0	$\frac{\pi}{2}$	π	$\frac{3\pi}{2}$	2π
$\sin x$	0	1	0	-1	0
$3\sin x$	0	3	0	-3	0
$\frac{1}{2}\sin x$	0	0.5	0	-0.5	0

描点作图如图 3-16 所示.

利用函数的周期性,把上面的简图向左、右扩展,便可得出 $y = 3\sin x (x \in \mathbf{R})$ 及 $y = \frac{1}{2}\sin x (x \in \mathbf{R})$ 的简图(从略).

从图上看出,对于横坐标相同的点,函数 $y = 3\sin x$ 图像上点的纵坐标是函数 $y = \sin x$ 图像上点的纵坐标的 3 倍,从而 $y = 3\sin x (x \in \mathbf{R})$ 的值域是 $[-3, 3]$,最大值是 3,最小值是 -3,函数 $y = \frac{1}{2}\sin x$ 图

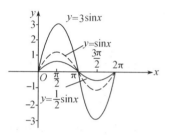

图 3-16

像上点的纵坐标是函数 $y = \sin x$ 图像上点的纵坐标的 $\frac{1}{2}$ 倍,从而 $y = \frac{1}{2}\sin x (x \in \mathbf{R})$ 的值域是 $\left[-\frac{1}{2}, \frac{1}{2}\right]$,最大值是 $\frac{1}{2}$,最小值是 $-\frac{1}{2}$.

一般地,函数 $y = A\sin x (A > 0,$ 且 $A \neq 1)$ 的图像可以看做是把 $y = \sin x$ 的图像上所有的点的纵坐标伸长(当 $A > 1$ 时)或缩短(当 $0 < A < 1$ 时)到原来的 A 倍(横坐标不变)而得到的. $y = A\sin x (x \in \mathbf{R})$ 的值域是 $[-A, A]$,最大值是 A,最小值是 $-A$.

2. 函数 $y = \sin\omega x$ 的图像

例 6 作函数 $y = \sin 2x$ 及 $y = \sin\frac{1}{2}x$ 的简图.

解 函数 $y = \sin 2x$ 的周期 $T = \frac{2\pi}{2} = \pi$,我们作 $x \in [0, \pi]$ 时的函数的简图.

列表:

x	0	$\frac{\pi}{4}$	$\frac{\pi}{2}$	$\frac{3\pi}{4}$	π
$2x$	0	$\frac{\pi}{2}$	π	$\frac{3\pi}{2}$	2π
$\sin 2x$	0	1	0	-1	0

函数 $y = \sin\frac{1}{2}x$ 的周期 $T = \frac{2\pi}{\frac{1}{2}} = 4\pi$,作 $x \in [0, 4\pi]$ 时的函数的简图.

笔记栏

列表：

x	0	π	2π	3π	4π
$\frac{1}{2}x$	0	$\frac{\pi}{2}$	π	$\frac{3\pi}{2}$	2π
$\sin\frac{1}{2}x$	0	1	0	-1	0

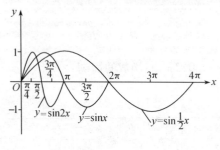

图 3-17

描点作图如图 3-17 所示.

利用函数的周期性,把上面的简图向左、右扩展便可得出 $y=\sin 2x(x\in\mathbf{R})$ 及 $y=\sin\frac{1}{2}x(x\in\mathbf{R})$ 的简图(从略).

从图上看出,对于纵坐标相同的点,函数 $y=\sin 2x$ 图像上的横坐标是函数 $y=\sin x$ 图像上点的横坐标的 $\frac{1}{2}$ 倍;

函数 $y=\sin\frac{1}{2}x$ 图像上点的横坐标是函数 $y=\sin x$ 图像上点的横坐标的 2 倍,即 $y=\sin 2x$ 的周期是 $y=\sin x$ 的周期的 $\frac{1}{2}$ 倍, $y=\sin\frac{1}{2}x$ 的周期是 $y=\sin x$ 的周期的 2 倍.

一般地,函数 $y=\sin\omega x(\omega>0,$ 且 $\omega\neq 1)$ 的图像,可以看做把 $y=\sin x$ 的图像上所有的点的横坐标缩短(当 $\omega>1$ 时)或伸长(当 $0<\omega<1$ 时)到原来的 $\frac{1}{\omega}$ 倍(纵坐标不变)而得到的.

3. 函数 $y=\sin(x+\varphi)$ 的图像

例 7　作函数 $y=\sin\left(x+\frac{\pi}{3}\right)$ 和 $y=\sin\left(x-\frac{\pi}{4}\right)$ 的简图.

解　函数 $y=\sin\left(x+\frac{\pi}{3}\right)$ 和 $y=\sin\left(x-\frac{\pi}{4}\right)$ 的周期 $T=2\pi$,作这两个函数在长度为一个周期的闭区间上的简图.

设 $x+\frac{\pi}{3}=z$,则 $\sin\left(x+\frac{\pi}{3}\right)=\sin z\left(x=z-\frac{\pi}{3}\right)$.

当 z 取 $0,\frac{\pi}{2},\pi,\frac{3\pi}{2},2\pi$ 时,x 取 $\frac{-\pi}{3},\frac{\pi}{6},\frac{2\pi}{3},\frac{7\pi}{6},\frac{5\pi}{3}$.

所对应的 5 个点是函数 $y=\sin\left(x+\frac{\pi}{3}\right)\left(x\in\left[\frac{-\pi}{3},\frac{5\pi}{3}\right]\right)$ 图像上起关键作用的点.

列表：

x	$\frac{-\pi}{3}$	$\frac{\pi}{6}$	$\frac{2\pi}{3}$	$\frac{7\pi}{6}$	$\frac{5\pi}{3}$
$x+\frac{\pi}{3}$	0	$\frac{\pi}{2}$	π	$\frac{3\pi}{2}$	2π
$\sin\left(x+\frac{\pi}{3}\right)$	0	1	0	-1	0

类似地,对于函数 $y=\sin\left(x-\frac{\pi}{4}\right)$,列表：

x	$\frac{\pi}{4}$	$\frac{3\pi}{4}$	$\frac{5\pi}{4}$	$\frac{7\pi}{4}$	$\frac{9\pi}{4}$
$x-\frac{\pi}{4}$	0	$\frac{\pi}{2}$	π	$\frac{3\pi}{2}$	2π
$\sin\left(x-\frac{\pi}{4}\right)$	0	1	0	-1	0

笔记栏

描点作图如图 3-18 所示.

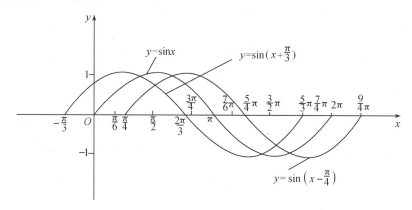

图 3-18

利用函数的周期性,把上面的简图向左、右扩展,便可得出 $y = \sin\left(x + \dfrac{\pi}{3}\right)(x \in \mathbf{R})$ 和 $y = \sin\left(x - \dfrac{\pi}{4}\right)(x \in \mathbf{R})$ 的简图(从略).

从图 3-18 看出,$y = \sin\left(x + \dfrac{\pi}{3}\right)$ 的图像可以看做把 $y = \sin x$ 的图像上所有的点向左平行移动 $\dfrac{\pi}{3}$ 单位而得到的;$y = \sin\left(x - \dfrac{\pi}{4}\right)$ 的图像可以看做把 $y = \sin x$ 图像上所有的点向右平行移动 $\dfrac{\pi}{4}$ 单位而得到的.

一般地,函数 $y = \sin(x + \varphi)(\varphi \neq 0)$ 的图像,可以看做把 $y = \sin x$ 的图像上所有的点向左(当 $\varphi > 0$ 时)或向右(当 $\varphi < 0$ 时)平行移动 $|\varphi|$ 个单位而得到的.

4. 函数 $y = A\sin(\omega x + \varphi)$ 的图像

例 8 作函数 $y = 2\sin\left(2x + \dfrac{\pi}{3}\right)$ 的简图.

解 函数 $y = 2\sin\left(2x + \dfrac{\pi}{3}\right)$ 的周期 $T = \dfrac{2\pi}{2} = \pi$.

作这个函数在长度为一个周期的闭区间上的简图.

当 $2x + \dfrac{\pi}{3}$ 取 $0, \dfrac{\pi}{2}, \pi, \dfrac{3\pi}{2}, 2\pi$ 时,x 取 $-\dfrac{\pi}{6}, \dfrac{\pi}{12}, \dfrac{\pi}{3}, \dfrac{7\pi}{12}, \dfrac{5\pi}{6}$.

列表:

x	$-\dfrac{\pi}{6}$	$\dfrac{\pi}{12}$	$\dfrac{\pi}{3}$	$\dfrac{7\pi}{12}$	$\dfrac{5\pi}{6}$
$2x + \dfrac{\pi}{3}$	0	$\dfrac{\pi}{2}$	π	$\dfrac{3\pi}{2}$	2π
$2\sin\left(2x + \dfrac{\pi}{3}\right)$	0	2	0	-2	0

描点作图如图 3-19 所示.

利用函数的周期性,把上面的简图向左、右扩展,便可得出 $y = 2\sin\left(2x + \dfrac{\pi}{3}\right)(x \in \mathbf{R})$ 的简图(从略).

函数 $y = 2\sin\left(2x + \dfrac{\pi}{3}\right)$ 的图像可以看做用下面的方法得到的:先把 $y = \sin x$ 的图像上的所有的点向左平行移动 $\dfrac{\pi}{3}$ 个单位,得到 $y = \sin\left(x + \dfrac{\pi}{3}\right)$ 的图像;再把 $y = \sin\left(x + \dfrac{\pi}{3}\right)$ 的图像

上所有的点的横坐标缩短到原来的 $\dfrac{1}{2}$ 倍（纵坐标不变），得到 $y=\sin\left(2x+\dfrac{\pi}{3}\right)$ 的图像；再把 $y=\sin\left(2x+\dfrac{\pi}{3}\right)$ 的图像上所有的点的纵坐标伸长到原来的 2 倍（横坐标不变），从而得到 $y=2\sin\left(2x+\dfrac{\pi}{3}\right)$ 的图像，如图 3-20 所示.

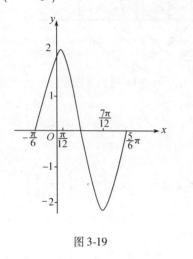

图 3-19

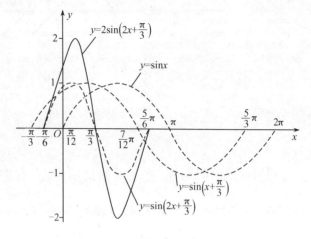

图 3-20

一般地，函数 $y=A\sin(\omega x+\varphi)(A>0,\omega>0,x\in\mathbf{R})$ 的图像可以看做用下面的方法得到：先把 $y=\sin x$ 的图像上所有的点向左（$\varphi>0$）或向右（$\varphi<0$）平行移动 $|\varphi|$ 个单位，再把所得到各点的横坐标缩短（$\omega>1$）或伸长（$0<\omega<1$）到原来的 $\dfrac{1}{\omega}$ 倍（纵坐标不变），再把所得各点的纵坐标伸长（$A>1$）或缩短（$0<A<1$）到原来的 A 倍（横坐标不变），从而得到 $y=A\sin(\omega x+\varphi)$ 的图像.

当函数 $y=A\sin(\omega x+\varphi)(A>0,\omega>0,x\in[0,+\infty])$ 表示一个振动量时，A 就表示这个量振动时离开平衡位置的最大距离，通常把它叫做这个振动的**振幅**；往复振动一次所需的时间 $T=\dfrac{2\pi}{\omega}$ 叫做振动的**周期**；单位时间内往复振动的次数 $f=\dfrac{1}{T}=\dfrac{\omega}{2\pi}$ 叫做振动的**频率**；$\omega x+\varphi$ 叫做**相位**，φ 叫做**初相**（即当 $x=0$ 时的相位）.

练 习

1. 求下列函数的周期：

    $(1)\,y=\sin 3x$； $(2)\,y=\cos\dfrac{x}{3}$； $(3)\,y=3\sin\dfrac{x}{4}$； $(4)\,y=\sin\left(x+\dfrac{\pi}{10}\right)$； $(5)\,y=\sqrt{3}\sin\left(\dfrac{1}{2}x-\dfrac{1}{4}\pi\right)$.

2. 作出函数 $y=2\sin\left(\dfrac{x}{2}+\dfrac{\pi}{6}\right)$ 在长度为一个周期的闭区间上的简图.

习题 3-2

1. 作出 $y=\cos x(-2\pi\leqslant x\leqslant 4\pi)$ 的图像，并写出余弦函数的主要性质.

2. 求下列函数的最大值、最小值及使得函数取这些值的 x 的集合：

    $(1)\,y=-5\sin x$； $(2)\,y=3\sin\left(2x+\dfrac{\pi}{3}\right)$.

3. 求下列各函数的周期：

    $(1)\,y=\sin\dfrac{3x}{4}$； $(2)\,y=\cos 4x$； $(3)\,y=\sin 5x$； $(4)\,y=3\sin\left(\dfrac{x}{2}+\dfrac{\pi}{3}\right)$.

笔记栏

4. 不通过求值,比较下列各组中的两个三角函数值的大小:

(1) $\sin 103°15'$ 与 $\sin 164°30'$;　　　　(2) $\sin\left(-\dfrac{54\pi}{7}\right)$ 与 $\sin\left(-\dfrac{63\pi}{8}\right)$;

(3) $\sin 508°$ 与 $\sin 145°$;　　　　　　　(4) $\cos 760°$ 与 $\cos(-770°)$.

5. 确定下列各函数的定义域:

(1) $y=\dfrac{1}{1+\sin x}$;　　　　　　　　(2) $y=\sqrt{-2\sin x}$.

6. 作出下列函数在长度为一个周期的闭区间上的简图:

(1) $y=3\sin\left(2x-\dfrac{\pi}{6}\right)$;　　　　　　(2) $y=\dfrac{1}{2}\cos 3x$.

7. 不画图,写出下列各函数的振幅、周期、初相,并说明这些函数的图像可由正弦曲线 $y=\sin x$ 经过怎样的变化得出:

(1) $y=\sin\left(5x+\dfrac{\pi}{6}\right)$;　　　　　　(2) $y=2\sin\dfrac{x}{6}$.

第 3 节　两角和与差的正弦和余弦

一、两角和与差的余弦公式

我们先给出两角和的余弦公式:

$$\cos(\alpha+\beta)=\cos\alpha\cos\beta-\sin\alpha\sin\beta.$$

下面来证明此公式.

证明　在直角坐标系 xOy 内,作单位圆 O,并作 α,β 和 $-\beta$ 角;使得 α 角的始边为 Ox,交圆 O 于 P_1,终边交圆 O 于 P_2;β 角的始边为 OP_2,终边交圆 O 于 P_3;$-\beta$ 角的始边为 OP_1,终边交圆 O 于 P_4(如图 3-21 所示),这时 P_1,P_2,P_3,P_4 的坐标分别是:
$P_1(1,0)$,$P_2(\cos\alpha,\sin\alpha)$,$P_3(\cos(\alpha+\beta),\sin(\alpha+\beta))$,$P_4(\cos(-\beta)$, $\sin(-\beta))$,由于同圆中相等的圆心角所对的弦相等,故 $|P_1P_3|=$ $|P_2P_4|$,又由两点间距离公式,得

$$\left[\cos(\alpha+\beta)-1\right]^2+\sin^2(\alpha+\beta)$$
$$=\left[\cos(-\beta)-\cos\alpha\right]^2+\left[\sin(-\beta)-\sin\alpha\right]^2$$

展开,整理得

$$2-2\cos(\alpha+\beta)=2-2(\cos\alpha\cos\beta-\sin\alpha\sin\beta)$$

所以

$$\cos(\alpha+\beta)=\cos\alpha\cos\beta-\sin\alpha\sin\beta.$$

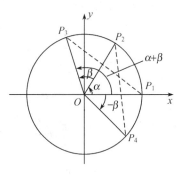

图 3-21

上面的公式,对于任意的角 α 和 β 都成立. 在两角和的余弦公式中用 $-\beta$ 代替 β,我们就得到两角差的余弦公式

$$\cos(\alpha-\beta)=\cos\alpha\cos\beta+\sin\alpha\sin\beta$$

二、两角和与差的正弦公式

因为　　　　$\sin(\alpha+\beta)=\cos\left[\dfrac{\pi}{2}-(\alpha+\beta)\right]=\cos\left[\left(\dfrac{\pi}{2}-\alpha\right)-\beta\right]$

$$=\cos\left(\dfrac{\pi}{2}-\alpha\right)\cos\beta+\sin\left(\dfrac{\pi}{2}-\alpha\right)\sin\beta$$

$$=\sin\alpha\cos\beta+\cos\alpha\sin\beta$$

所以两角和的正弦公式为

$$\sin(\alpha+\beta)=\sin\alpha\cos\beta+\cos\alpha\sin\beta$$

在两角和的正弦公式中用 $-\beta$ 代替 β,就得到两角差的正弦公式

$$\boxed{\sin(\alpha-\beta)=\sin\alpha\cos\beta-\cos\alpha\sin\beta}$$

例1 不查表,求$\sin15°$和$\cos105°$的值.

解 $\sin15°=\sin(45°-30°)$

$\qquad\qquad=\sin45°\cos30°-\cos45°\sin30°$

$$=\frac{\sqrt{2}}{2}\times\frac{\sqrt{3}}{2}-\frac{\sqrt{2}}{2}\times\frac{1}{2}=\frac{\sqrt{6}-\sqrt{2}}{4}$$

$\cos105°=\cos(60°+45°)$

$\qquad\qquad=\cos60°\cos45°-\sin60°\sin45°$

$$=\frac{1}{2}\times\frac{\sqrt{2}}{2}-\frac{\sqrt{3}}{2}\times\frac{\sqrt{2}}{2}$$

$$=\frac{\sqrt{2}-\sqrt{6}}{4}$$

例2 已知$\cos\theta=-\dfrac{3}{5}$,$\theta\in\left(\dfrac{\pi}{2},\pi\right)$,求$\sin\left(\theta+\dfrac{\pi}{3}\right)$的值.

解 因为 $\cos\theta=-\dfrac{3}{5}$,$\theta\in\left(\dfrac{\pi}{2},\pi\right)$

所以 $\sin\theta=\sqrt{1-\left(-\dfrac{3}{5}\right)^2}=\dfrac{4}{5}$

所以 $\sin\left(\theta+\dfrac{\pi}{3}\right)=\sin\theta\cos\dfrac{\pi}{3}+\cos\theta\sin\dfrac{\pi}{3}$

$$=\frac{4}{5}\times\frac{1}{2}+\left(-\frac{3}{5}\right)\times\frac{\sqrt{3}}{2}=\frac{4-3\sqrt{3}}{10}$$

例3 化简:

(1) $\cos\left(\dfrac{\pi}{4}+\theta\right)-\cos\left(\dfrac{\pi}{4}-\theta\right)$;

(2) $\sin21°\cos81°-\sin69°\cos9°$.

解 (1) $\cos\left(\dfrac{\pi}{4}+\theta\right)-\cos\left(\dfrac{\pi}{4}-\theta\right)$

$$=\left(\cos\frac{\pi}{4}\cos\theta-\sin\frac{\pi}{4}\sin\theta\right)-\left(\cos\frac{\pi}{4}\cos\theta+\sin\frac{\pi}{4}\sin\theta\right)$$

$$=-2\sin\frac{\pi}{4}\sin\theta=-\sqrt{2}\sin\theta$$

(2) $\sin21°\cos81°-\sin69°\cos9°$

$\quad=\sin21°\cos81°-\sin(90°-21°)\cos(90°-81°)$

$\quad=\sin21°\cos81°-\cos21°\sin81°=\sin(21°-81°)$

$$=-\sin60°=-\frac{\sqrt{3}}{2}$$

例4 求证$\cos\alpha+\sqrt{3}\sin\alpha=2\sin\left(\dfrac{\pi}{6}+\alpha\right)$.

证明 左边$=2\left(\dfrac{1}{2}\cos\alpha+\dfrac{\sqrt{3}}{2}\sin\alpha\right)$

$$=2\left(\sin\frac{\pi}{6}\cos\alpha+\cos\frac{\pi}{6}\sin\alpha\right)$$

$$=2\sin\left(\frac{\pi}{6}+\alpha\right)=右边$$

笔记栏

所以原式成立.

三、二倍角公式

在两角和的正弦、余弦公式中，当 $\alpha=\beta$ 时，就得到二倍角的正弦、余弦公式：

$$\begin{aligned}\sin2\alpha &= 2\sin\alpha\cos\alpha\\ \cos2\alpha &= \cos^2\alpha-\sin^2\alpha\\ &= 2\cos^2\alpha-1\\ &= 1-2\sin^2\alpha\end{aligned}$$

有了二倍角的正弦、余弦公式，就可以用单角的正弦、余弦函数来表示二倍角的正弦、余弦函数.

两角和与差的正切

$$\tan(\alpha+\beta)=\dfrac{\tan\alpha+\tan\beta}{1-\tan\alpha\tan\beta}\qquad \tan(\alpha-\beta)=\dfrac{\tan\alpha-\tan\beta}{1+\tan\alpha\tan\beta}\qquad \tan2\alpha=\dfrac{2\tan\alpha}{1-\tan^2\alpha}$$

例如：

$$\dfrac{2\tan150°}{1-\tan^2150°}=\tan(2\times150°)=\tan300°=\tan(360°-60°)=-\tan60°=-\sqrt{3}$$

例5 已知 $\sin\alpha=0.8, \alpha\in\left(0,\dfrac{\pi}{2}\right)$，

求 $\sin2\alpha$ 和 $\cos2\alpha$ 的值.

解 因为 $\sin\alpha=0.8, \alpha\in\left(0,\dfrac{\pi}{2}\right)$，

所以 $\cos\alpha=\sqrt{1-0.8^2}=0.6$，

所以 $\sin2\alpha=2\sin\alpha\cos\alpha=2\times0.8\times0.6=0.96$

$\cos2\alpha=1-2\sin^2\alpha=1-2\times0.8^2=-0.28$

例6 求证 $\sin\alpha(1+\cos2\alpha)=\sin2\alpha\cos\alpha$.

证明 因为右边 $=\sin2\alpha\cos\alpha$

$=2\sin\alpha\cos\alpha\cdot\cos\alpha$

$=\sin\alpha\cdot2\cos^2\alpha$

$=\sin\alpha(1+\cos2\alpha)=\underline{左边}$

所以原等式成立.

四、半角公式

一个角的一半叫做它的半角,由倍角的余弦公式可以推出半角的正弦、余弦公式.

由 $\cos\alpha = \cos\left(2 \times \dfrac{\alpha}{2}\right) = 1 - 2\sin^2\dfrac{\alpha}{2} = 2\cos^2\dfrac{\alpha}{2} - 1$

得

$$\sin^2\dfrac{\alpha}{2} = \dfrac{1 - \cos\alpha}{2}$$

$$\cos^2\dfrac{\alpha}{2} = \dfrac{1 + \cos\alpha}{2}$$

两边开平方即得半角的正弦、余弦公式:

$$\sin\dfrac{\alpha}{2} = \pm\sqrt{\dfrac{1 - \cos\alpha}{2}}$$

$$\cos\dfrac{\alpha}{2} = \pm\sqrt{\dfrac{1 + \cos\alpha}{2}}$$

公式中根号前的符号由 $\dfrac{\alpha}{2}$ 所在的象限的三角函数的符号来确定,如果没有给出限定符号的条件,根号前面应保持正负两个符号.

有了半角的正弦、余弦公式,就可以用单角的正弦、余弦函数来表示半角的正弦、余弦函数.

例 7　已知 $\cos\alpha = -\dfrac{15}{17}, \alpha \in \left(\pi, \dfrac{3\pi}{2}\right)$. 求 $\sin\dfrac{\alpha}{2}, \cos\dfrac{\alpha}{2}$ 的值.

解　因为 $\pi < \alpha < \dfrac{3\pi}{2}$,所以 $\dfrac{\pi}{2} < \dfrac{\alpha}{2} < \dfrac{3\pi}{4}$,即 $\dfrac{\alpha}{2}$ 是第二象限的角.

所以　　　　　$\sin\dfrac{\alpha}{2} = \sqrt{\dfrac{1 - \cos\alpha}{2}} = \sqrt{\dfrac{1 - \left(-\dfrac{15}{17}\right)}{2}} = \dfrac{4}{17}\sqrt{17}$

$$\cos\dfrac{\alpha}{2} = -\sqrt{\dfrac{1 + \cos\alpha}{2}} = -\sqrt{\dfrac{1 + \left(-\dfrac{15}{17}\right)}{2}} = -\dfrac{\sqrt{17}}{17}$$

练　习

1. (口答)半角公式中的正、负号如何确定?
2. 写出半角的正切公式.

五、三角函数的积化和差

由两角和与差的正弦、余弦公式:

$$\sin(\alpha + \beta) = \sin\alpha\cos\beta + \cos\alpha\sin\beta \tag{3-1}$$

$$\sin(\alpha - \beta) = \sin\alpha\cos\beta - \cos\alpha\sin\beta \tag{3-2}$$

$$\cos(\alpha + \beta) = \cos\alpha\cos\beta - \sin\alpha\sin\beta \tag{3-3}$$

$$\cos(\alpha - \beta) = \cos\alpha\cos\beta + \sin\alpha\sin\beta \tag{3-4}$$

(3-1)式 + (3-2)式,得

$$\sin(\alpha + \beta) + \sin(\alpha - \beta) = 2\sin\alpha\cos\beta \tag{3-5}$$

(3-1)式 − (3-2)式,得

$$\sin(\alpha + \beta) - \sin(\alpha - \beta) = 2\cos\alpha\sin\beta \tag{3-6}$$

(3-3)式 + (3-4)式,得

$$\cos(\alpha + \beta) + \cos(\alpha - \beta) = 2\cos\alpha\cos\beta \tag{3-7}$$

笔记栏

(3-3)式 - (3-4)式,得

$$\cos(\alpha+\beta) - \cos(\alpha-\beta) = -2\sin\alpha\sin\beta \qquad (3\text{-}8)$$

将(3-5)~(3-8)式各式两边同除以 2,可得

$$\sin\alpha\cos\beta = \frac{1}{2}\left[\sin(\alpha+\beta) + \sin(\alpha-\beta)\right]$$

$$\cos\alpha\sin\beta = \frac{1}{2}\left[\sin(\alpha+\beta) - \sin(\alpha-\beta)\right]$$

$$\cos\alpha\cos\beta = \frac{1}{2}\left[\cos(\alpha+\beta) + \cos(\alpha-\beta)\right]$$

$$\sin\alpha\sin\beta = -\frac{1}{2}\left[\cos(\alpha+\beta) - \cos(\alpha-\beta)\right]$$

以上 4 个公式叫做积化和差公式。

例 8 不查表,求 $\sin105°\cos75°$ 的值.

解法 1
$$\sin105°\cos75° = \frac{1}{2}\left[\sin(105° + 75°) + \sin(105° - 75°)\right]$$
$$= \frac{1}{2}(\sin180° + \sin30°)$$
$$= \frac{1}{2}\left(0 + \frac{1}{2}\right) = \frac{1}{4}$$

解法 2
$$\sin105°\cos75° = \sin75°\cos75°$$
$$= \frac{1}{2}\sin150° = \frac{1}{2}\sin30° = \frac{1}{4}$$

例 9 求 $\sin20° \cdot \sin40° \cdot \sin80°$.

解
$$\sin20° \cdot \sin40° \cdot \sin80°$$
$$= -\frac{1}{2}(\cos60° - \cos20°)\sin80°$$
$$= -\frac{1}{2}\left(\frac{1}{2}\sin80° - \sin80°\cos20°\right)$$
$$= -\frac{1}{2}\left[\frac{1}{2}\sin80° - \frac{1}{2}(\sin100° + \sin60°)\right]$$
$$= -\frac{1}{2}\left(\frac{1}{2}\sin80° - \frac{1}{2}\sin80° - \frac{\sqrt{3}}{4}\right) = \frac{\sqrt{3}}{8}$$

例 10 求证 $\cos4x\cos2x - \cos^2 3x = -\sin^2 x$.

证明 左边 $= \frac{1}{2}(\cos6x + \cos2x) - \frac{1 + \cos6x}{2}$
$$= \frac{1}{2}(\cos2x - 1) = \frac{1}{2}(1 - 2\sin^2 x - 1)$$
$$= -\sin^2 x = 右边$$

所以原等式成立.

练　习

不查表,求下列各式的值:

(1) $\cos75°\sin15°$; (2) $\sin105°\sin75°$.

六、三角函数的和差化积

在(3-5)~(3-8)式中,令 $\alpha+\beta=\theta,\ \alpha-\beta=\varphi$,则 $\alpha = \frac{\theta+\varphi}{2}$,　$\beta = \frac{\theta-\varphi}{2}$.

把 α,β 代入上述各式中,便得到三角函数的和差化积公式:

$$\sin\theta + \sin\varphi = 2\sin\frac{\theta+\varphi}{2}\cos\frac{\theta-\varphi}{2}$$

$$\sin\theta - \sin\varphi = 2\cos\frac{\theta+\varphi}{2}\sin\frac{\theta-\varphi}{2}$$

$$\cos\theta + \cos\varphi = 2\cos\frac{\theta+\varphi}{2}\cos\frac{\theta-\varphi}{2}$$

$$\cos\theta - \cos\varphi = -2\sin\frac{\theta+\varphi}{2}\sin\frac{\theta-\varphi}{2}$$

例 11　把下列各式化为积的形式:

（1）$\sin77° - \sin17°$；　（2）$\sin x + \cos x$.

解　（1）$\sin77° - \sin17° = 2\cos\dfrac{77°+17°}{2}\sin\dfrac{77°-17°}{2}$

$$= 2\cos47° \cdot \sin30° = \cos47°$$

（2）$\sin x + \cos x = \sin x + \sin(90°-x) = 2\sin45°\cos(x-45°)$

$$= \sqrt{2}\cos(x-45°)$$

或

$$\sin x + \cos x = \cos(90°-x) + \cos x = 2\cos45°\cos(45°-x)$$

$$= \sqrt{2}\cos(45°-x)$$

这两种结果形式虽异,但由于 $\sqrt{2}\cos(45°-x) = \sqrt{2}\cos[-(x-45°)] = \sqrt{2}\cos(x-45°)$,
所以两种解法的结果实际上是一致的.

例 12　求 $\sin20° + \sin40° - \sin80°$ 的值.

解　$\sin20° + \sin40° - \sin80°$

$$= 2\sin30°\cos10° - \sin80°$$

$$= \cos10° - \sin80°$$

$$= \sin80° - \sin80° = 0$$

例 13　化 $\sqrt{3}\cos\theta - \sin\theta$ 为一个角的三角函数的形式.

解　$\sqrt{3}\cos\theta - \sin\theta$

$$= 2\left(\frac{\sqrt{3}}{2}\cos\theta - \frac{1}{2}\sin\theta\right)$$

$$= 2\left(\sin\frac{\pi}{3}\cos\theta - \cos\frac{\pi}{3}\sin\theta\right)$$

$$= 2\sin\left(\frac{\pi}{3} - \theta\right)$$

我们已经学习了两角和与差的正弦、余弦公式,倍角和半角的正弦、余弦公式以及三角函数的积化和差与和差化积公式. 这些公式主要用于三角函数式的计算以及公式的推导和化简,它们在高等数学、电工学、力学、机械设计与制造等方面都有广泛的应用,要熟练地掌握.

习题 3-3

1. 不查表,求下列各式的值:

（1）$\cos165°$；　　　　　　　　　　　　　　　　（2）$\sin\left(-\dfrac{5\pi}{12}\right)$；

（3）$\cos20° + \cos100° + \cos140°$；　　　　　　（4）$\sin70°\cos25° - \sin20°\sin25°$.

笔记栏

2. 化简:

（1）$\cos(\alpha+\beta)\cos\beta + \sin(\alpha+\beta)\sin\beta$；

(2) $\sin(70° + \alpha)\cos(10° + \alpha) - \cos(70° + \alpha)\sin(170° - \alpha)$.

3. 求证:$\cos\theta - \sin\theta = \sqrt{2}\cos\left(\dfrac{\pi}{4} + \theta\right)$.

4. 不查表,求下列各式的值:

    (1) $2\sin67°30'\cos67°30'$;   (2) $1 - 2\sin^2 750°$.

5. 已知 $\cos\alpha = -\dfrac{12}{13}, \alpha \in \left(\dfrac{\pi}{2}, \pi\right)$,求 $\cos 2\alpha$ 和 $\sin 2\alpha$ 的值.

6. 已知 $\cos\theta = \dfrac{1}{3}$,且 $270° < \theta < 360°$,求 $\sin\dfrac{\theta}{2}$ 和 $\cos\dfrac{\theta}{2}$ 的值.

7. 证明下列恒等式:

    (1) $\cos^4\dfrac{x}{2} - \sin^4\dfrac{x}{2} = \cos x$;   (2) $\cos(\alpha + \beta)\cos(\alpha - \beta) = \cos^2\alpha - \sin^2\beta$.

8. 不查表,求下列各式的值:

    (1) $\sin\dfrac{5\pi}{12}\cos\dfrac{\pi}{12}$;   (2) $2\cos37.5°\cos22.5°$;   (3) $2\cos\dfrac{9\pi}{13}\cos\dfrac{\pi}{13} + \cos\dfrac{5\pi}{13} + \cos\dfrac{3\pi}{13}$.

9. 求下列各式的值:

    (1) $\cos10°\cos30°\cos50°\cos70°$;   (2) $\sin15°\sin30°\sin75°$.

10. 求 $\sin10°\sin50° - \sin50°\sin70° - \sin70°\sin10°$ 的值.

11. 证明下列恒等式:

    (1) $2\sin(60° + \alpha)\cos(60° - \alpha) = \dfrac{\sqrt{3}}{2} + \sin 2\alpha$;

    (2) $\cos 2\alpha\cos\alpha - \sin 5\alpha\sin 2\alpha = \cos 4\alpha\cos 3\alpha$.

12. 已知 $\triangle ABC$ 中,$\sin B\sin C = \cos^2\dfrac{A}{2}$,求证这个三角形是等腰三角形.

13. 将下列各式化为积的形式:

    (1) $\sqrt{2}\cos\alpha - \sqrt{2}\sin\alpha$;   (2) $\sin^2\alpha - \sin^2\beta$.

*第④节　反三角函数

本节来讨论反正弦、反余弦、反正切函数.

一、反正弦函数

正弦函数 $y = \sin x$ 的定义域是 $(-\infty, +\infty)$,值域是 $[-1, 1]$,从它的图像可以看出,对于 y 在 $[-1, 1]$ 上的任何一个值,x 在 $(-\infty, +\infty)$ 上都有无穷多个值与它对应,根据反函数的定义可知,函数 $y = \sin x$ 在 $(-\infty, +\infty)$ 上没有反函数.

我们知道,$\left[-\dfrac{\pi}{2}, \dfrac{\pi}{2}\right]$ 是函数 $y = \sin x$ 的一个单调区间,对于 x 在区间 $\left[-\dfrac{\pi}{2}, \dfrac{\pi}{2}\right]$ 的每一个值,y 在 $[-1, 1]$ 上都有惟一的值与它对应,反之,对于 y 在 $[-1, 1]$ 上的每一个值,x 在 $\left[-\dfrac{\pi}{2}, \dfrac{\pi}{2}\right]$ 上也都有一个惟一的值与它对应,这说明函数 $y = \sin x\left(x \in \left[-\dfrac{\pi}{2}, \dfrac{\pi}{2}\right]\right)$ 有反函数.

定义 1　函数 $y = \sin x\left(x \in \left[-\dfrac{\pi}{2}, \dfrac{\pi}{2}\right]\right)$ 的反函数叫做反正弦函数,记做 $x = \arcsin y$.

习惯上,用字母 x 表示自变量,y 表示函数,这样,反正弦函数就写成

$$y = \arcsin x$$

其定义域是 $[-1, 1]$,值域是 $\left[-\dfrac{\pi}{2}, \dfrac{\pi}{2}\right]$.

arcsin$x$ 表示一个角

当 $x \in [-1,1]$ 时,记号 arcsin$x$ 表示 $\left[-\dfrac{\pi}{2},\dfrac{\pi}{2}\right]$ 上的惟一确定的角(弧度数),并且这个角的正弦等于 x.

例如,当 $x = \dfrac{\sqrt{2}}{2}$ 时,arcsin $\dfrac{\sqrt{2}}{2}$ 就表示 $\left[-\dfrac{\pi}{2},\dfrac{\pi}{2}\right]$ 上的惟一确定的角,由于它的正弦函数值等于 $\dfrac{\sqrt{2}}{2}$,所以这个

角是 $\dfrac{\pi}{4}$,即 arcsin $\dfrac{\sqrt{2}}{2} = \dfrac{\pi}{4}$. 又如,当 $x = 1$ 时,arcsin1 就表示 $\left[-\dfrac{\pi}{2},\dfrac{\pi}{2}\right]$ 上的惟一确定的角,由于它的正弦函

数值等于 1,所以这个角是 $\dfrac{\pi}{2}$,即 arcsin1 $= \dfrac{\pi}{2}$.

链　接

例1 求下列各式的值:

(1) arcsin $\dfrac{\sqrt{3}}{2}$;　　　(2) arcsin(-1);　　　(3) arcsin$\left(\sin\dfrac{\pi}{3}\right)$;　　　(4) sin$\left(\text{arcsin}\dfrac{\sqrt{2}}{2}\right)$.

解 (1) 因为在 $\left[-\dfrac{\pi}{2},\dfrac{\pi}{2}\right]$ 上,sin $\dfrac{\pi}{3} = \dfrac{\sqrt{3}}{2}$,所以 arcsin $\dfrac{\sqrt{3}}{2} = \dfrac{\pi}{3}$.

(2) 因为在 $\left[-\dfrac{\pi}{2},\dfrac{\pi}{2}\right]$ 上,sin$\left(-\dfrac{\pi}{2}\right) = -1$,所以 arcsin$(-1) = -\dfrac{\pi}{2}$.

(3) arcsin$\left(\sin\dfrac{\pi}{3}\right) = $ arcsin $\dfrac{\sqrt{3}}{2}$,由(1)的结果知 arcsin$\left(\sin\dfrac{\pi}{3}\right) = \dfrac{\pi}{3}$.

(4) 因为 $\dfrac{\sqrt{2}}{2} \in [-1,1]$,由 arcsin $\dfrac{\sqrt{2}}{2} = \dfrac{\pi}{4}$,可知 sin$\left(\text{arcsin}\dfrac{\sqrt{2}}{2}\right) = \sin\dfrac{\pi}{4} = \dfrac{\sqrt{2}}{2}$.

所以 sin$\left(\text{arcsin}\dfrac{\sqrt{2}}{2}\right) = \dfrac{\sqrt{2}}{2}$

一般地,如果 $x \in [-1,1]$,则

$$\sin(\text{arcsin}x) = x$$

例2 用反正弦函数值表示下列各角:

(1) $\dfrac{\pi}{6}$;　　　　　　(2) $-\dfrac{\pi}{4}$.

解 (1) 因为 $\dfrac{\pi}{6} \in \left[-\dfrac{\pi}{2},\dfrac{\pi}{2}\right]$,且 sin $\dfrac{\pi}{6} = \dfrac{1}{2}$,

所以 $\dfrac{\pi}{6} = $ arcsin $\dfrac{1}{2}$

(2) 因为 $-\dfrac{\pi}{4} \in \left[-\dfrac{\pi}{2},\dfrac{\pi}{2}\right]$,且 sin$\left(-\dfrac{\pi}{4}\right) = -\dfrac{\sqrt{2}}{2}$,

所以 $-\dfrac{\pi}{4} = $ arcsin$\left(-\dfrac{\sqrt{2}}{2}\right)$

作出函数 $y = \sin x$ $\left(x \in \left[-\dfrac{\pi}{2},\dfrac{\pi}{2}\right]\right)$ 的图像和直线 $y = x$,根据互为反函数的函数图像间的关系,利用对称性,就可以得到反正弦函数 $y = $ arcsin$x$ 的图像,如图 3-22 所示.

从图中可以看出,函数 $y = $ arcsin$x$ 有如下性质:

(1) 在定义域 $[-1,1]$ 上是单调增加函数;

(2) 是奇函数,即 arcsin$(-x) = -$arcsin$x$,$x \in [-1,1]$.

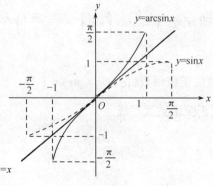

图 3-22

练　习

1. 说出正弦函数 $y = \sin x$ 在 $\left[-\dfrac{\pi}{2}, \pi\right]$ 上的单调性.

2. 填空：

在长度为 π 的闭区间 $\left[-\dfrac{\pi}{2}, \underline{\quad}\right]$ 上，适合关系式 $\sin x = -\dfrac{1}{2}$ 的角 x 有且只有 ___ 个，x 的值是 ___.

二、反余弦函数

与正弦函数一样，余弦函数 $y = \cos x$ 在其定义域 $(-\infty, +\infty)$ 上没有反函数，但在单调区间 $[0, \pi]$ 上，对于其中的每一个值 x，y 在 $[-1,1]$ 上都有惟一的值和它对应；反之，对于 y 在 $[-1,1]$ 上的每一个值，x 在 $[0, \pi]$ 上也都有惟一的值和它对应，所以函数 $y = \cos x (x \in [0, \pi])$ 有反函数.

定义 2　函数 $y = \cos x (x \in [0, \pi])$ 的反函数叫做反余弦函数，记做

$$y = \arccos x$$

它的定义域是 $[-1, 1]$，值域是 $[0, \pi]$.

一般地，如果 $x \in [-1, 1]$，那么

$$\cos(\arccos x) = x$$

例 3　求下列各式的值：

（1）$\arccos \dfrac{1}{2}$；　　（2）$\arccos\left(-\dfrac{\sqrt{3}}{2}\right)$；

（3）$\cos\left[\arccos\left(-\dfrac{4}{5}\right)\right]$.

解　（1）因为在 $[0, \pi]$ 上，$\cos \dfrac{\pi}{3} = \dfrac{1}{2}$，

所以 $\arccos \dfrac{1}{2} = \dfrac{\pi}{3}$

> **arccos$x$ 表示一个角**
>
> 当 $x \in [-1, 1]$ 时，记号 $\arccos x$ 就表示 $[0, \pi]$ 上惟一确定的角，并且这个角的余弦值等于 x. 例如，当 $x = 0$ 时，$\arccos 0$ 就表示 $[0, \pi]$ 上惟一确定的角，它的余弦值等于 0，所以这个角是 $\dfrac{\pi}{2}$ 即 $\arccos 0 = \dfrac{\pi}{2}$.

接 链

（2）因为在 $[0, \pi]$ 上，$\cos \dfrac{5\pi}{6} = -\dfrac{\sqrt{3}}{2}$，

所以 $\arccos\left(-\dfrac{\sqrt{3}}{2}\right) = \dfrac{5\pi}{6}$

（3）因为 $-\dfrac{4}{5} \in [-1, 1]$，

所以 $\cos\left[\arccos\left(-\dfrac{4}{5}\right)\right] = -\dfrac{4}{5}$

作出函数 $y = \cos x (x \in [0, \pi])$ 的图像和直线 $y = x$，根据互为反函数的函数图像间的关系，利用对称性就可以得出反余弦函数 $y = \arccos x$ 的图像，如图3-23 所示.

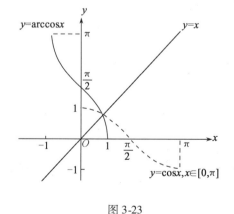

图 3-23

从图中可以看出，反余弦函数在其定义域 $[-1, 1]$ 上是单调减少函数；它的图像既不关于原点对称，也不关于 y 轴对称，所以反余弦函数既不是奇函数，也不是偶函数，但下面的等式成立：

$$\arccos(-x) = \pi - \arccos x, \in [-1, 1]$$

笔记栏

练　习

1. (口答)说出余弦函数 $y = \cos x$ 在 $\left[-\dfrac{\pi}{2}, \pi\right]$ 上的单调性.

2. 填空:

　　在闭区间 $[0, \pi]$ 上,适合关系式 $\cos x = \dfrac{\sqrt{3}}{2}$ 的角 x 有且只有____个; x 的值是____.

三、反正切函数

定义 3　函数 $y = \tan x \left(x \in \left(-\dfrac{\pi}{2}, \dfrac{\pi}{2}\right)\right)$ 的反函数叫做反正切函数,记做

$$y = \arctan x$$

它的定义域是 $(-\infty, +\infty)$,值域是 $\left(-\dfrac{\pi}{2}, \dfrac{\pi}{2}\right)$.

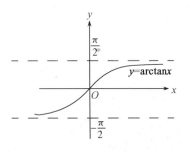

图 3-24

对于任意给定的实数 x,$\arctan x$ 表示 $\left(-\dfrac{\pi}{2}, \dfrac{\pi}{2}\right)$ 上惟一确定的角,并且这个角的正切函数值等于 x,即

$$\tan(\arctan x) = x, x \in \mathbf{R}$$

从反正切函数的图像(如图 3-24 所示)可以看出,反正切函数有如下性质:

(1) 在 $(-\infty, +\infty)$ 上是单调增加函数;

(2) 是奇函数,即对任意的实数 x,都有

$$\arctan(-x) = -\arctan x$$

反正弦函数、反余弦函数、反正切函数都叫做反三角函数.

例 4　求下列各式的值:

(1) $\arctan 1$;　(2) $\tan[\arctan(-1)]$.

解　(1) 因为在 $\left(-\dfrac{\pi}{2}, \dfrac{\pi}{2}\right)$ 上,$\tan\dfrac{\pi}{4} = 1$,

所以 $\arctan 1 = \dfrac{\pi}{4}$

(2) $\tan[\arctan(-1)] = -1$.

练　习

1. (口答)说出 $y = \tan x$ 在 $\left(-\dfrac{\pi}{2}, \dfrac{\pi}{2}\right)$ 的单调性.

2. 填空:

　　在长度为 π 的开区间 $\left(____, \dfrac{\pi}{2}\right)$ 内,适合关系式 $\tan x = 1$ 的角 x 有且只有____个,x 的值是____.

3. 根据下列条件,求 $(0, 2\pi)$ 内的角 x:

(1) $\sin x = -\dfrac{\sqrt{3}}{2}$;　　　(2) $\cos x = \dfrac{\sqrt{2}}{2}$;　　　(3) $\tan x = 1$.

习题 3-4

1. 求下列各式的值:

(1) $\arcsin\dfrac{1}{2}$;　　　　(2) $\arcsin\left(-\dfrac{\sqrt{3}}{2}\right)$;　　　　(3) $\arcsin 0.6990$;

$(4)\ \arccos\dfrac{\sqrt{2}}{2}$;　　　　$(5)\ \arccos\left(-\dfrac{\sqrt{2}}{2}\right)$;　　　　$(6)\ \arctan\left(-\dfrac{\sqrt{3}}{3}\right).$

2. 求下列各式的值：

$(1)\ \sin\left[\arcsin\left(-\dfrac{\sqrt{2}}{2}\right)\right]$;　　　$(2)\ \cos\left[\arccos\left(-\dfrac{1}{2}\right)\right]$;　　　$(3)\ \sin\left(\arcsin\dfrac{3}{4}\right)$;

$(4)\ \cos\left(\arccos\dfrac{3}{5}\right)$;　　　　$(5)\ \tan\left[\arctan(-\sqrt{3})\right]$;　　　$(6)\ \sin\left[2\arctan(-1)\right].$

3. 用反三角函数值表示下列各式中的角 x：

$(1)\ \cos x=\dfrac{2}{5},x\in[0,\pi]$;　　　$(2)\ \sin x=-\dfrac{4}{5},-\dfrac{\pi}{2}<x<\dfrac{\pi}{2}$;　　　$(3)\ \tan x=\sqrt{5},-\dfrac{\pi}{2}<x<\dfrac{\pi}{2}.$

---

1. 角的概念的推广，规定：

按顺时针方向旋转所成的角为负．

按反时针方向旋转所成的角为正．

一条射线不旋转所成的角为零．

2. 角的弧度制：

角的弧度数的绝对值等于它所对弧长除以圆的半径，即

$$|\alpha|=\dfrac{l}{R}$$

3. 任意角的三角函数：

$$\sin\alpha=\dfrac{y}{r},\cos\alpha=\dfrac{x}{r},\tan\alpha=\dfrac{y}{x},\cot\alpha=\dfrac{x}{y},\sec\alpha=\dfrac{r}{x},\csc\alpha=\dfrac{r}{y}$$

上面六个三角函数称为 α 的三角函数，其中 $\sin\alpha,\csc\alpha$ 在 Ⅰ、Ⅱ 象限为正，在 Ⅲ、Ⅳ 象限为负；$\cos\alpha$，$\sec\alpha$ 在 Ⅰ、Ⅳ 象限为正，在 Ⅱ、Ⅲ 象限为负；$\tan\alpha,\cot\alpha$ 在 Ⅰ、Ⅲ 象限为正，在 Ⅱ、Ⅳ 象限为负．

4. 同角三角函数的基本关系式：

$$\sin\alpha\csc\alpha=1\,;\cos\alpha\sec\alpha=1\,;\tan\alpha\cot\alpha=1\,;\tan\alpha=\dfrac{\sin\alpha}{\cos\alpha}\,;\cot\alpha=\dfrac{\cos\alpha}{\sin\alpha}\,;$$

$$\sin^2\alpha+\cos^2\alpha=1\,;\tan^2\alpha+1=\sec^2\alpha\,;1+\cot^2\alpha=\csc^2\alpha.$$

5. 诱导公式(共20个)

记忆口诀：函数名不变、符号看象限、α 当锐角看(α 不是锐角公式仍成立)．

6. 正弦函数和余弦函数的图像及性质：

它们的最大值为1，最小值为 -1，它们都是周期函数且周期都为 2π，正弦函数是奇函数，余弦函数是偶函数．

7. 两角和与差的正弦和余弦，倍角公式，半角公式：

$\sin(\alpha\pm\beta)=\sin\alpha\cos\beta\pm\cos\alpha\sin\beta$　　　　$\cos(\alpha\pm\beta)=\cos\alpha\cos\beta\mp\sin\alpha\sin\beta$

$\sin2\alpha=2\sin\alpha\cos\alpha$　　　　$\cos2\alpha=\cos^2\alpha-\sin^2\alpha=2\cos^2\alpha-1=1-2\sin^2\alpha$

$\sin\dfrac{\alpha}{2}=\pm\sqrt{\dfrac{1-\cos\alpha}{2}}$　　　　$\cos\dfrac{\alpha}{2}=\pm\sqrt{\dfrac{1+\cos\alpha}{2}}$

8. 三角函数的积化和差及和差化积：

$\sin\alpha\cos\beta=\dfrac{1}{2}\left[\sin(\alpha+\beta)+\sin(\alpha-\beta)\right]$　　　$\cos\alpha\sin\beta=\dfrac{1}{2}\left[\sin(\alpha+\beta)-\sin(\alpha-\beta)\right]$

$\cos\alpha\cos\beta=\dfrac{1}{2}\left[\cos(\alpha+\beta)+\cos(\alpha-\beta)\right]$　　　$\sin\alpha\sin\beta=-\dfrac{1}{2}\left[\cos(\alpha+\beta)-\cos(\alpha-\beta)\right]$

$\sin\theta+\sin\varphi=2\sin\dfrac{\theta+\varphi}{2}\cos\dfrac{\theta-\varphi}{2}$　　　$\sin\theta-\sin\varphi=2\cos\dfrac{\theta+\varphi}{2}\sin\dfrac{\theta-\varphi}{2}$

$\cos\theta+\cos\varphi=2\cos\dfrac{\theta+\varphi}{2}\cos\dfrac{\theta-\varphi}{2}$　　　$\cos\theta-\cos\varphi=-2\sin\dfrac{\theta+\varphi}{2}\sin\dfrac{\theta-\varphi}{2}$

9. 反三角函数：

(1) 反正弦函数 $y=\arcsin x$　　$x\in[-1,1]$　　$y\in\left[-\dfrac{\pi}{2},\dfrac{\pi}{2}\right]$

(2) 反余弦函数 $y=\arccos x$　　$x\in[-1,1]$　　$y\in[0,\pi]$

(3) 反正切函数 $y=\arctan x$　　$x\in\mathbf{R}$　　$y\in\left(-\dfrac{\pi}{2},\dfrac{\pi}{2}\right)$

小 结

笔记栏

1. 判断题:

(1) 如果 α 是第一象限的角,那么 2α 一定是第二象限的角. （　）

(2) 半径为 1 的圆中的圆心角是 $\dfrac{\pi}{2}$. 那么该圆心角所对的弧长是 π. （　）

(3) 如果 $\sin\alpha = \sin\beta$,那么 $\alpha = \beta$. （　）

(4) 如果 $\dfrac{\sin\theta}{\tan\theta} > 0$,那么 θ 是第一象限或第四象限的角. （　）

(5) 函数 $y = \sin x + \cos x$ 的最大值是 1,周期是 2π. （　）

(6) 已知 $\cos\left(-\dfrac{\pi}{4}\right) = \dfrac{\sqrt{2}}{2}$,那么 $-\dfrac{\pi}{4} = \arccos\left(\dfrac{\sqrt{2}}{2}\right)$. （　）

2. 填空题:

(1) 与角 $-112°$ 终边相同的角的集合是＿＿＿＿＿；其中在 $-360° \sim 360°$ 间的角是＿＿＿＿.

(2) 在下列各三角式后的横线上填上该式的符号:

$\sin1.2$:＿＿＿;$\sin(-3)\cos(-0.5)$:＿＿＿;

(3) 已知 $\sin\alpha = 2\cos\alpha$,那么角 α 的 6 个三角函数值分别是＿＿＿＿.

(4) 已知 $\sin(\pi + \alpha) = 0.5$,那么 $\cos\alpha$ 的值是＿＿＿,$\tan\alpha$ 的值是＿＿＿.

(5) 已知 $\cos2\theta = 0.6$,那么 $\sin^4\theta - \cos^4\theta$ 的值是＿＿＿.

(6) $\arccos(-1) + 3\arcsin(-0.5) - \arctan0$ 的值是＿＿＿.

3. 选择题:

(1) 已知 α 是第一象限的角,那么 $\dfrac{\alpha}{2}$ 是（　）.

A. 锐角　　B. 第一象限的角　　C. 第三象限的角　　D. 第一或第三象限的角

(2) 在下列各式中,使得 α 存在的只有（　）.

A. $\sin\alpha + \cos\alpha = 2$　B. $\sin\alpha = 0.2$ 且 $\cos\alpha = 0.8$　C. $\sin\alpha = 0.6$ 且 $\cos\alpha = -0.8$　D. $\sin\alpha = 2$

(3) $\dfrac{1}{\sin10°} - \dfrac{\sqrt{3}}{\cos10°}$ 的值是（　）.

A. 1　　B. 2　　C. 4　　D. 0.25

(4) 下列各式中正确的是（　）.

A. $\arctan\dfrac{\pi}{4} = 1$　　　　B. $\sin\left(\arcsin\dfrac{\pi}{3}\right) = \dfrac{\pi}{3}$

C. $\tan\left[2\arcsin\left(-\dfrac{1}{2}\right)\right] = -\sqrt{3}$　　D. $\sin\left[\arccos\left(-\dfrac{1}{2}\right)\right] = -\dfrac{\sqrt{3}}{2}$

(5) 函数 $y = \sin\left(\dfrac{2}{3}\pi + \dfrac{\pi}{6}\right)$ 的周期是（　）.

A. $\dfrac{\pi}{3}$　　B. $\dfrac{3}{2}\pi$　　C. 2π　　D. 3π

4. 求下列三角函数值:

(1) $\sin\left(-\dfrac{34\pi}{3}\right)$;　(2) $\cos\dfrac{29\pi}{6}$;　(3) $\tan\left(-\dfrac{27\pi}{4}\right)$;

(4) $\sin402°31'$;　(5) $\cos733°20'$;　(6) $\tan1208°$.

5. 用"五点法"作出下列函数在一个周期上的图像,并指出函数的最大值、最小值和周期:

(1) $y = 3 - 2\cos x$;

(2) $y = \sin2x - \sqrt{3}\cos2x$.

第 4 章 排列、组合与二项式定理

在日常的工作和学习中,我们经常会遇到以下的一些问题:将 8 个学生分到 3 个医院去实习,有多少种不同的方法;用 0、1、2、3、4 五个数字能组成多少个不同的四位数;安排 12 个班进行单循环篮球赛,共需要安排多少场比赛;诸如此类问题还可以提出很多,学过排列、组合知识以后,这些问题就会迎刃而解.

我们以上提到的排列、组合实际上是组合数学的基本课题,人们对组合现象的兴趣和研究可以追溯到数学的最初阶段. 据传,早在 4000 多年前,在《河图》《洛书》中我国人民就已对一些有趣的组合问题给出了正确的解答. 公元前 1100 多年,在我国已隐约产生了排列的概念. 近几十年来,由于受到许多新兴学科的刺激和推动,包括计算机科学、数字通信理论、规划论等,组合数学飞速发展,成果颇丰.

由于我们限于其他数学学科,如数论、代数、分析数学等知识的不足,本教程中我们不能全面系统地介绍组合数学的理论和方法,只涉及排列、组合、二项式定理的知识.

学 习 目 标

1. 说出加法原理和乘法原理的内容,并能对实际问题进行判断和计算.
2. 阐述排列和组合的含义,能够说出二者的区别和联系,并能对实际问题进行判断和计算.
3. 写出二项展开式及其通项公式,说出二项展开式的性质,并能运用公式和性质进行计算和简单证明.
4. 提高对事物的抽象能力和分析能力.

第 1 节 两个基本原理

一、加 法 原 理

在日常生活中常可以遇到这样的问题:

从甲地到乙地,可以乘火车,也可以乘汽车或飞机. 一天中,火车有 4 班,汽车有 3 班,飞机有 1 班. 问在一天中从甲地到乙地共有多少种不同的走法?

因为一天中乘火车有 4 种走法,乘汽车有 3 种走法,乘飞机有 1 种走法,每一种走法都可以从甲地到乙地. 因此,一天中从甲地到乙地共有

$$4 + 3 + 1 = 8$$

种不同的走法.

一般地,有如下原理:

加法原理:做一件事,完成它可以有 n 类办法,在第一类办法中有 m_1 种不同的方法,在第二类办法中有 m_2 种不同的方法,……,在第 n 类办法中有 m_n 种不同的方法. 那么完成这件事共有

$$N = m_1 + m_2 + \cdots + m_n$$

种不同的方法.

我们看用加法原理能不能解答下面的问题;

例1　某医院呼吸科病房有医生6名,护士9名,现从中任选1人参加社区健康咨询活动,问共有多少种不同的选法?

解　选取参加社区健康咨询活动的人有两类办法:一类是从医生中选取1人,有6种不同的选法,另一类是从护士中选取1人,有9种不同的选法.无论从医生中选,还是从护士中选,都能完成这项工作,根据加法原理,所有的选法种数为

$$N = 6 + 9 = 15 \text{（种）}$$

共有15种不同的选法.

练　习

一件工作可以用2种方法来完成,有5人会用第1种方法完成,另有4人会用第二种方法完成,从中选出1人来完成这件工作,不同的选法有多少种?

二、乘法原理

我们讨论下述问题:

学生从卫校出发,经过甲医院到达乙医院.如图4-1所示,卫校到甲医院有3条道路,甲医院到乙医院有2条道路,问从卫校经甲医院到乙医院共有多少种不同的走法?

图4-1

因为从卫校到甲医院有3种走法,从这3种走法中的每一种走法到达甲医院后,再从甲医院到乙医院又有2种走法,因此,从卫校经甲医院到乙医院共有

$$3 \times 2 = 6$$

种不同的走法.

一般地,有如下原理:

乘法原理:做一件事,完成它需要分成 n 个步骤,做第一步有 m_1 种不同的方法,做第二步有 m_2 种不同的方法,……,做第 n 步有 m_n 种不同的方法.那么完成这件事共有

$$\boxed{N = m_1 \times m_2 \times \cdots \times m_n}$$

种不同的方法.

我们看用乘法原理能不能解答下面的问题:

例2　某医院呼吸科病房有医生6名,护士9名,现从医生和护士中各选1人参加社区健康咨询活动,问共有多少种不同的选法?

解　此题和例1条件一样,但要求不同.从6名医生和9名护士中各选1人,可以分两个步骤完成:第一步从6名医生中选1人,有6种不同的选法,第二步从9名护士中选1人,有9种不同的选法,根据乘法原理,得到不同选法的种数是

$$N = 6 \times 9 = 54$$

从6名医生和9名护士中各选1人,有54种不同的选法.

例3　如图4-2所示,某人从甲到乙有2条路可走,乙到丙有3条路可走,甲到丙有2条路可走.问:(1)从甲经过乙到丙有几种不同的走法?(2)从甲到丙共有几种不同的走法?

解　(1)设从甲经过乙到丙的走法种数为 N_1.因为从甲经乙到丙可以分为两个步骤:第一个步骤为从甲到乙,有2种不同的走法,

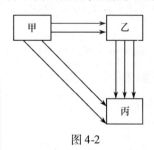

图4-2

第二个步骤为从乙到丙,有 3 种不同的走法. 所以,根据乘法原理,

$$N_1 = 2 \times 3 = 6$$

(2) 设从甲到丙有 N 种不同的走法. 因为从甲到丙可以分为两类办法:第一类为从甲经乙到丙,有 $N_1 = 6$ 种不同的走法. 第二类为从甲直接到丙已知有 2 种走法. 所以,根据加法原理,得

$$N = N_1 + 2 = 6 + 2 = 8$$

从甲经乙到丙有 6 种不同的走法,从甲到丙有 8 种不同的走法.

加法原理和乘法原理区别在于一个与分类有关,一个与分步有关,如果完成一件事有 n 类办法,这些办法彼此之间是互相独立的,无论哪一类办法中的哪一种方法都能单独完成这件事,求完成这件事的方法种数,就用加法原理;如果完成一件事需要分成几个步骤来完成,每个步骤缺一不可,需要完成所有步骤,才能完成这件事,而完成每一个步骤各有若干方法,求完成这件事的方法种数就要用乘法原理.

> **组合论**
>
> 我们本章要讲的排列组合实际上是组合论的最简单、最基本的课题,组合论又叫组合分析或组合数学,它主要研究的内容是计数和枚举,即计算具有某种特性的对象有多少,并进而把它完全列举出来. 加法原理和乘法原理则是求解计数问题的两条基本法则,是人们经过长期大量实践总结出来的,它们是学习排列组合知识的最基本最重要的工具,利用它们可以证明一系列组合公式.

上述两个基本原理,在排列、组合的计算中,有着广泛的应用.

练 习

现有医生 5 人,护士 6 人,药师 3 人.(1)从中任选一人参加科技、文化、卫生三下乡活动,有多少种不同的选法? (2)从医生、护士、药师中各选一人参加科技、文化、卫生三下乡活动有多少种不同的选法?

习题 4-1

1. 药品橱有两层,上层有 5 种药品,下层有 6 种药品,且它们的药理作用互不相同. 现从中任取一种药,共有多少种不同的选法?

2. 生产某种药品,我们可将原材料药物加工成固体剂型、液体剂型、半固体剂型 3 种类型. 其中固体剂型包括 3 种(片、丸、散),液体剂型包括 2 种(糖浆剂、溶液剂),半固体剂型包括 2 种(软膏剂、糊剂). 问生产这种药的成品能加工成几种剂型?

3. 现从 5 名外科医生、6 名内科医生和 8 名护士中各任选 1 人组成"120"紧急救护小组,共有多少种不同的选法?

4. 用字母 a, b, c, d, e 和 f 来组成长度为 3 的字母串,按下列不同的限制条件,分别求出符合要求的字母串的个数:

(1) 允许串中出现相同的字母.

(2) 不允许串中出现相同的字母.

(3) 允许串中出现相同的字母,但串中含有字母 a.

(4) 不允许串中出现相同的字母,但串中含有字母 a.

第 ② 节 排 列

一、排 列

我们看下面的问题.

问题 1 北京、上海、广州三个民航站之间的直达航线,需要准备多少种不同的飞

机票？

这个问题就是从北京、上海、广州三个民航站中，每次取出两个站，按照起点站在前、终点站在后的顺序排列，求一共有多少种不同的排法.

首先确定起点站，在三个站中，任选一个站为起点站，有 3 种方法；其次确定终点站，当选定起点站以后，终点站就只能在其余的两个站中去选，因此，有 2 种方法. 那么，根据乘法原理，在三个民航站中，每次取两个，按起点站在前、终点站在后的顺序排列的不同方法共有

$$3 \times 2 = 6$$

种，也就是说，需要准备如下 6 种不同的飞机票.

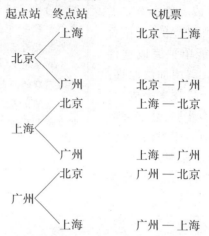

起点站	终点站	飞机票
	上海	北京 — 上海
北京		
	广州	北京 — 广州
	北京	上海 — 北京
上海		
	广州	上海 — 广州
	北京	广州 — 北京
广州		
	上海	广州 — 上海

问题 2 由数字 1,2,3,4 可以组成多少个没有重复数字的三位数？

这个问题就是从 1,2,3,4 这四个数字中，每次取出三个，按照百位、十位、个位的顺序排列起来，求一共有多少种不同的排法.

第一步，先确定百位上的数字，在 1,2,3,4 这四个数字中任取一个，有 4 种方法；

第二步，确定十位上的数字，当百位上的数字确定以后，十位上的数字只能从余下的三个数字中去取，有 3 种方法；

第三步，确定个位上的数字，当百位、十位上的数字都确定以后，个位上的数字只能从余下的两个数字中去取，有 2 种方法；

根据乘法原理，从四个不同的数字中，每次取出三个排成三位数的方法共有

$$4 \times 3 \times 2 = 24$$

种. 就是说，可以排成 24 个不同的三位数. 具体排法如图 4-3 所示.

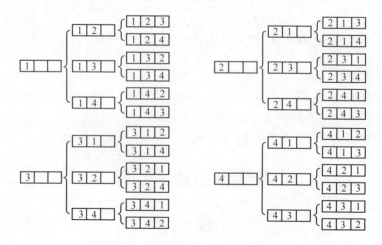

图 4-3

笔记栏

我们把被取的对象(如上面问题中的民航站、数字)叫做元素. 上面第一个问题, 就是从 3 个不同的元素中, 任取 2 个, 然后按一定的顺序排成一列, 求一共有多少种不同的排法; 第二个问题, 就是从 4 个不同的元素中, 任取 3 个, 然后按一定的顺序排成一列, 求一共有多少种不同的排法.

定义 1 从 n 个不同元素中, 任取 m ($m \leq n$) 个元素(本章只研究被取出的元素各不相同的情况), 按照一定的顺序排成一列, 叫做从 n 个不同元素中取出 m 个元素的一个排列.

从排列的定义知道, 如果两个排列相同, 不仅这两个排列的元素必须完全相同, 而且排列的顺序也必须完全相同. 如果所取的元素不完全相同, 例如问题 1 中飞机票"上海—北京"和"上海—广州", 它们就是两个不同的排列. 即使所取的元素完全相同, 但排列顺序不同, 也不是相同的排列. 如问题 2 中的三位数"213"和"231", 虽然它们的元素相同, 但排列顺序不同, 也是两个不同的排列.

> **重复排列**
>
> 当从 n 个不同元素中, 任取 m 个元素进行排列时, 若所取的元素一旦取过, 便不能重复取出, 这种排列即我们这章所讨论的情况; 若所取的元素允许重复选用, 如车辆牌照、电话号码等等, 像这样的排列叫做重复排列. 解决重复排列的问题主要是运用乘法原理, 其关键在于确定 n 和 m, 即判断出应以哪一个为主来考虑分配.

例 1 写出从字母 a, b, c, d 里, 任取两个字母的所有不同排列, 这样的排列有几个?

解 从 a, b, c, d 四个字母中任取 2 个的排列有 $ab, ac, ad, ba, bc, bd, ca, cb, cd, da, db, dc$. 所以, 这样的排列有 12 个.

练 习

写出: (1) 从 3 个元素 a, b, c 中选出三个元素的所有排列.

(2) 从 5 个元素 a, b, c, d, e 中任取 2 个元素的所有排列.

二、排列数公式

定义 2 从 n 个不同元素中取出 m ($m \leq n$) 个元素的所有排列的个数, 叫做从 n 个不同元素中取出 m 个元素的排列数, 用符号 P_n^m 表示(P 是英文排列 Permutation 的第一个字母).

例如, 从 8 个不同元素中取出 5 个元素的排列数表示为 P_8^5, 从 7 个不同元素中取出 6 个元素的排列数表示为 P_7^6.

现在我们研究计算排列数的公式.

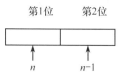
图 4-4

求排列数 P_n^2 可以这样考虑: 假定有排好顺序的 2 个空位如图 4-4 所示, 从 n 个不同元素 $a_1, a_2, \cdots, a_n$ 中任意取 2 个去填空, 一个空位填一个元素, 每一种填法就得到一个排列. 反过来, 任一个排列总可以由一种填法得到. 因此, 所有不同填法的种数就是排列数 P_n^2.

下面我们计算共有多少种不同的填法:

第一步, 先填第一个位置的元素, 可以从这 n 个元素中任选一个填上, 共有 n 种填法;

第二步, 再填第二个位置的元素, 只能从余下的 $n-1$ 个元素中任选一个填上, 共有 $n-1$ 种填法.

于是, 根据乘法原理, 共有 $n(n-1)$ 种填法, 得到的排列数为

$$P_n^2 = n(n-1)$$

求排列数 P_n^3 可以按依次填三个空位来考虑, 得到:

$$P_n^3 = n(n-1)(n-2)$$

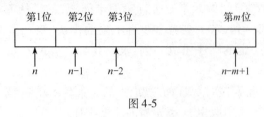

图 4-5

同样,求排列数 P_n^m 可以这样考虑:假定有排好顺序的 m 个空位如图 4-5 所示,从 n 个不同元素 $a_1, a_2, \cdots, a_n$ 中任意取 m 个去填空,一个空位填一个元素,每一种填法就得到一个排列;反过来,任一个排列总可以由一种填法得到.因此,所有不同填法的种数就是排列数 P_n^m.

下面我们计算共有多少种不同的填法:

第一步,第 1 位可以从这 n 个元素中任选一个填上,共有 n 种填法;

第二步,第 2 位只能从余下的 $n-1$ 个元素中任选一个填上,共有 $n-1$ 种填法;

第三步,第 3 位只能从余下的 $n-2$ 个元素中任选一个填上,共有 $n-2$ 种填法;

依此类推,当前面的 $m-1$ 个空位都填上后,第 m 位只能从余下的 $n-(m-1)$ 个元素中任选一个填上,共有 $n-m+1$ 种填法.

根据乘法原理,全部填满 m 个空位共有
$$n(n-1)(n-2)\cdots(n-m+1)$$
种填法.

所以得到公式

$$\boxed{P_n^m = n(n-1)(n-2)\cdots(n-m+1)}$$

这里 $n, m \in \mathbf{N}$,并且 $m \leq n$.这个公式叫做排列数公式.其中,公式右边的第一个因数是 n,后面的每个因数都比它前面一个因数少 1,最后一个因数为 $n-m+1$,共有 m 个因数相乘.

例如,$P_8^3 = 8 \times 7 \times 6 = 336$.

在排列中,n 个不同元素全部取出的一个排列,叫做 n 个不同元素的一个全排列.全排列的排列数为
$$P_n^n = n \cdot (n-1) \cdot (n-2) \cdot \cdots \cdot 3 \cdot 2 \cdot 1$$

自然数 1 到 n 的连乘积,叫做 n 的阶乘,用 $n!$ 表示.所以 n 个不同元素的全排列数公式可以写成

$$\boxed{P_n^n = n!}$$

排列数公式可作如下变形:
$$P_n^m = n(n-1)(n-2)\cdots(n-m+1)$$
$$= \frac{n(n-1)(n-2)\cdots(n-m+1) \cdot (n-m)\cdots 2 \cdot 1}{(n-m)!}$$
$$= \frac{n!}{(n-m)!}$$

因此,排列数公式还可写成

$$\boxed{P_n^m = \frac{n!}{(n-m)!}}$$

注意:为了使这个公式在 $m = n$ 时也能成立,我们规定
$$0! = 1$$

例 2　计算:

(1) P_8^3;(2) $P_8^4 - 2P_8^3$;(3) $\dfrac{P_{12}^7}{P_{12}^8}$.

解　(1) $P_8^3 = 8 \times 7 \times 6 = 336$.

(2) $P_8^4 - 2P_8^3 = 5P_8^3 - 2P_8^3 = 3P_8^3 = 3 \times 336 = 1008$.

(3) $\dfrac{P_{12}^7}{P_{12}^8} = \dfrac{\dfrac{12!}{(12-7)!}}{\dfrac{12!}{(12-8)!}} = \dfrac{4!}{5!} = \dfrac{4!}{5 \times 4!} = \dfrac{1}{5}$.

笔记栏

例3 求证：$P_n^m + mP_n^{m-1} = P_{n+1}^m$.

证明
$$P_n^m + mP_n^{m-1} = \frac{n!}{(n-m)!} + m \cdot \frac{n!}{[n-(m-1)]!}$$
$$= \frac{n!(n-m+1)}{(n-m+1)!} + \frac{m \cdot n!}{(n-m+1)!}$$
$$= \frac{n!(n-m+1+m)}{(n-m+1)!}$$
$$= \frac{(n+1)!}{[(n+1)-m]!}$$
$$= P_{n+1}^m$$

所以
$$P_n^m + mP_n^{m-1} = P_{n+1}^m.$$

例4 4 位护士按早班、中班、夜班、休息进行排班，有多少种不同的排法？

解 4 位护士按 4 种班次进行排班，每一种排法对应着四个护士的一个排列，因此其排法数等于从 4 个不同元素中每次取 4 个元素的排列数：
$$P_4^4 = 4! = 4 \times 3 \times 2 \times 1 = 24 \text{（种）}$$
有 24 种不同的排法.

例5 某信号兵用红、黄、蓝三面旗从上到下挂在竖直的旗杆上表示信号，每次可以任挂一面、二面、三面，并且不同的顺序表示不同的信号，一共可以表示多少种不同的信号？

解 如果把 3 面旗看成 3 个元素，则从 3 个元素里每次取出一个元素的一个排列对应着一个信号. 于是，只用 1 面旗表示的信号有 P_3^1 种.

同样，只用 2 面旗表示的信号有 P_3^2 种，用 3 面旗表示的信号有 P_3^3 种.

根据加法原理，所求信号的种数共有：
$$P_3^1 + P_3^2 + P_3^3 = 3 + 3 \times 2 + 3 \times 2 \times 1 = 15$$
一共可以表示 15 种不同的信号.

例6 用 0 到 9 这 10 个数字，可以组成多少个没有重复数字的三位数？

解法1 要组成没有重复数字的三位数，首先确定百位上的数字有几种选法，百位上的数字不能为 0，只能从 1 到 9 这九个数字中任选一个，有 P_9^1 种选法. 当百位上的数字确定以后，十位和个位上的数字，可以从余下的 9 个数字中任选两个，有 P_9^2 种选法如图 4-6 所示. 根据乘法原理，所求的三位数的个数是

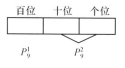

图 4-6

$$P_9^1 \times P_9^2 = 9 \times 9 \times 8 = 648$$

解法2 从 0 到 9 这 10 个数字中任取 3 个数字的排列数，减去其中以 0 为排头的排列数，就是用这 10 个数字组成的没有重复数字的三位数的个数. 从 0 到 9 这 10 个数字中任取 3 个数字的排列数为 P_{10}^3，其中以 0 为排头的排列数为 P_9^2，就得出所有没有重复数字的三位数的个数是
$$P_{10}^3 - P_9^2 = 10 \times 9 \times 8 - 9 \times 8 = 648$$

解法3 如图 4-7 所示，符合条件的三位数可以分为三类：

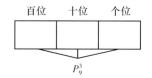 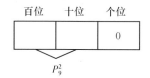 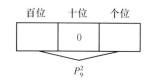

图 4-7

一题多解

对于同一个问题,由于思路不同,可以有不同的解法. 用不同的方法去解同一个问题,可以开拓思路,提高分析问题的能力,对培养我们的创造性思维也是大有裨益的,有时也能起到校对答案,避免差错的作用.

每一位数字都不是 0 的三位数有 P_9^3;个位数字是 0 的三位数有 P_9^2;十位数字是 0 的三位数有 P_9^2. 根据加法原理,符合条件的三位数的个数是

$$P_9^3 + P_9^2 + P_9^2 = 648$$

可以组成 648 个没有重复数字的三位数.

练 习

1. 计算:(1) P_{15}^4;(2) P_7^7.
2. 从参加乒乓球团体比赛的 5 名运动员中选出 3 名进行某一场比赛,并排定他们的出场顺序,有多少种不同的方法?

习题 4-2

1. 计算:

(1) P_6^3;　　　(2) $P_8^4 - 2P_8^2$;　　　(3) $\dfrac{P_{12}^8}{P_{12}^7}$;　　　(4) $\dfrac{P_7^4 - P_5^5}{P_5^2}$.

2. 已知 $\dfrac{p_n^7 - p_n^5}{p_n^5} = 89$,求 n.

3. 求证:$n! = \dfrac{(n+1)!}{n+1}$.

4. 从广州到深圳这段铁路线上有 8 个车站(广州、深圳两站包含在内),问这一段铁路共需要准备多少种不同的普通客票?

5. 6 种不同的药品排成一列,有多少种不同的排法? 如果其中某一种药品必须放在第一个位置上,有多少种不同的排法?

6. 有 7 位护校学生在 5 月 12 日护士节文艺晚会上排成一排表演小合唱,其中担任领唱的 1 位学生不站在排头,也不站在排尾. 问有多少种不同的站法? 如果担任领唱的学生必须站在中间,共有多少种不同的站法?

7. 由 1,2,3,4,5 这五个数字可以组成多少个没有重复数字的四位数? 其中多少个四位数是 5 的倍数?

第 3 节　组　合

一、组　合

我们看下面的问题:

北京、上海、广州三个民航站的直达航线,一共有几种不同的飞机票价?

这个问题与上节中计算飞机票种数的问题不同. 飞机票的种数和起点站、终点站有关,从北京到上海和从上海到北京的飞机票是不同的,也就是说,飞机票种数与顺序有关,但飞机票价只和两站间的距离有关,从北京到上海和从上海到北京的飞机票价是相同的,也就是说,飞机票价与顺序无关. 因此,在第 2 节中计算飞机票种数问题是从 3 个不同元素中任取 2 个,然后按照一定的顺序排列,求一共有多少种不同的排列方法,这是排列问题;而本节飞机票价问题是从 3 个不同元素中任取 2 个,不管怎样的顺序并成一组,求一共有多少个不同的组,这就是我们所要研究的组合问题.

定义 1　从 n 个不同的元素中,任取 m($m \leq n$)个元素,不管怎样的顺序并成一组,叫做从 n 个不同元素中取出 m 个元素的一个组合.

上面问题中要确定有几种不同的飞机票价,就是要求从 3 个不同的元素中取出 2 个元素的所有组合的个数,因为上海到广州和广州到上海的飞机票价是相同的,所以这两站间的飞机票价就相应于从北京、上海、广州这三个不同元素中取出上海、广州这两个元素的一个组合.

如果两个组合中的元素完全相同,那么不管元素的顺序如何,都是相同的组合;只有当两个组合中的元素不完全相同时,才是不同的组合. 例如,从 a,b,c 三个不同的元素中取出两个元素的所有组合有 3 个,它们分别是:

$$ab,ac,bc$$

组合 ab 与组合 ba 是相同的组合,而组合 ab 与组合 ac 才是不同的组合.

从排列和组合的定义可以知道,排列与元素的顺序有关,组合与顺序无关. 例如 ab 与 ba 是两个不同的排列,但它们却是同一个组合.

练　习

1. 甲、乙、丙、丁四支足球队举行单循环赛,列出所有各场比赛的双方.
2. 写出从 5 名护士 a,b,c,d,e 中任选 3 名进行节日值班的所有排班情况.

二、组合数公式

定义 2　从 n 个不同元素中取出 m $(m \leqslant n)$ 个元素的所有组合的个数,叫做从 n 个不同元素中取出 m 个元素的组合数,用符号 C_n^m 表示(C 是英文组合 Combination 的第一个字母).

例如,从 4 个不同元素中取出 3 个元素的组合数表示为 C_4^3,从 8 个不同元素中取出 5 个元素的组合数表示为 C_8^5.

现在我们从研究组合数 C_n^m 与排列数 P_n^m 的关系入手,求出组合数 C_n^m 的计算公式.

例如,从 4 个不同元素 a,b,c,d 中取出 3 个元素的排列与组合的关系如图 4-8 所示:

由图中可以看出,对于每一个组合都有 6 个不同的排列,因此,求从 4 个不同元素中取 3 个元素的排列数 P_4^3 时,可以按以下两步来考虑:

第一步:从 4 个不同元素中取出 3 个元素作组合,共有 $C_4^3(=4)$ 个;

第二步:对每一个组合中的 3 个不同元素作全排列,各有 $P_3^3(=6)$ 个.

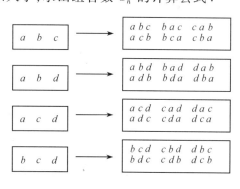

图 4-8

根据乘法原理,得

$$P_4^3 = C_4^3 \cdot P_3^3$$

因此,

$$C_4^3 = \frac{P_4^3}{P_3^3}$$

一般地,求从 n 个不同元素中取出 m 个元素的排列数 P_n^m,可以按以下两步考虑:

第一步,先求出从这 n 个不同元素中取出 m 个元素的组合数 C_n^m;

第二步,求每一个组合中 m 个元素的全排列数 P_m^m.

根据乘法原理,得到　　　　　$P_n^m = C_n^m \cdot P_m^m$

因此

$$C_n^m = \frac{P_n^m}{P_m^m} = \frac{n(n-1)\cdots(n-m+1)}{m!}$$

笔记栏

这里 $n, m \in \mathbf{N}$，并且 $m \leqslant n$. 这个公式叫做组合数公式.

由于

$$P_n^m = \frac{n!}{(n-m)!}$$

上面的组合数公式还可以写成：

$$\boxed{C_n^m = \frac{n!}{m!\ (n-m)!}}$$

这也是组合数的一个常用公式.

例1 计算：

(1) C_{15}^3；　　　(2) $C_{97}^2 C_3^2$.

解 (1) $C_{15}^3 = \frac{15 \times 14 \times 13}{3 \times 2 \times 1} = 455$.

(2) $C_{97}^2 C_3^2 = \frac{97 \times 96}{2 \times 1} \cdot \frac{3 \times 2}{2 \times 1} = 13\ 968$.

练　习

1. 计算：(1) C_6^2；　　(2) $3C_8^3 - 2C_5^2$.

2. 已知平面内 A, B, C, D 这 4 个点中任何 3 个点都不在一条直线上，写出由其中每三点为顶点的所有三角形.

三、组合数的两个性质

性质1

$$\boxed{C_n^m = C_n^{n-m}}$$

证明 因为

$$C_n^m = \frac{n!}{m!\ (n-m)!}$$

$$C_n^{n-m} = \frac{n!}{(n-m)!\ [n-(n-m)]!} = \frac{n!}{m!\ (n-m)!}$$

所以

$$C_n^m = C_n^{n-m}$$

当 $m > \frac{n}{2}$ 时，通常不直接计算 C_n^m，而是改为计算 C_n^{n-m}，这样可以简化计算.

注意 为了使这个公式在 $m = n$ 时也成立，我们规定　$C_n^0 = 1$

性质2

$$\boxed{C_{n+1}^m = C_n^m + C_n^{m-1}}$$

证明 因为

$$C_n^m + C_n^{m-1} = \frac{n!}{m!\ (n-m)!} + \frac{n!}{(m-1)!\ [n-(m-1)]!}$$

$$= \frac{n!\ (n-m+1) + n!\ m}{m!\ (n-m+1)!}$$

$$= \frac{(n-m+1+m)n!}{m!\ (n+1-m)!}$$

$$= \frac{(n+1)!}{m!\ [(n+1)-m]!}$$

$$= C_{n+1}^m$$

所以

$$C_{n+1}^m = C_n^m + C_n^{m-1}$$

笔记栏

例 2　计算：(1) C_{198}^{196};　　(2) $C_{10}^3 + C_{10}^2$.

解　(1) 由性质 1　$C_{198}^{196} = C_{198}^{198-2} = C_{198}^2 =$

$\dfrac{198 \times 197}{1 \times 2} = 19\,503$

(2) 由性质 2　$C_{10}^3 + C_{10}^2 = C_{11}^3 = \dfrac{11 \times 10 \times 9}{1 \times 2 \times 3}$

$= 165$

> **组合恒等式**
>
> 若干组合恒等式有着深刻的实际意义,目前已发现的组合恒等式就有上千个,这里我们只给出较简单的组合恒等式,在第三节中我们还将介绍几个组合恒等式.

例 3　某医院呼吸内科有 6 名医生,需要安排其中 2 人到发热门诊值班,共有多少种不同的安排方法?

解　要从 6 名医生中任取 2 人到发热门诊值班,取出的 2 人与顺序无关,因此这是个从 6 个元素中任取 2 个元素的组合问题.

$$C_6^2 = \frac{6 \times 5}{2 \times 1} = 15$$

共有 15 种不同的安排方法.

例 4　某卫生学校共有 9 个班组织参加学校的篮球比赛,比赛时先分成 A,B 两组,A 组 5 个队,B 组 4 个队.各组都进行单循环赛(即每队都要与本组的其他各队比赛一场),然后由各组的前两名共四个队进行单循环赛决定冠亚军,学校的篮球比赛共需要比赛多少场?

解　根据题意,A 组 5 个队,单循环赛需要 C_5^2 场;B 组 4 个队,单循环赛需要 C_4^2 场;各组的前两名共四个队再进行单循环赛,还需要 C_4^2 场.所以学校的篮球比赛共需要比赛的场数是

$$C_5^2 + C_4^2 + C_4^2 = 10 + 6 + 6 = 22$$

这次篮球比赛共需要比赛 22 场.

例 5　现有产品 20 件,其中一等品 12 件,二等品 5 件,次品 3 件,任取 5 件:

(1) 有多少种不同的取法?

(2) 其中恰好有 1 件次品,有多少种不同的取法?

(3) 其中恰好有一等品 2 件,二等品 2 件,次品 1 件,有多少种不同的取法?

(4) 其中至少有 1 件是次品,有多少种不同的取法?

解　(1) 所有不同取法,就是从 20 件产品中任取 5 件的组合数:

$$C_{20}^5 = \frac{20 \times 19 \times 18 \times 17 \times 16}{1 \times 2 \times 3 \times 4 \times 5} = 15\,504$$

(2) 3 件次品中任取 1 件,有 C_3^1 种取法,剩余的 4 件在 17 件正品(即一等品或二等品)中取有 C_{17}^4 种取法,因此根据乘法原理,从 20 件中任取 5 件,其中恰好有 1 件次品的取法共有:

$$C_3^1 \cdot C_{17}^4 = 7140$$

(3) 12 件一等品中任取 2 件,有 C_{12}^2 种;5 件二等品中任取 2 件,有 C_5^2 种;3 件次品中任取 1 件,有 C_3^1 种.因此,从 20 件产品中任取 5 件其中一等品、二等品、次品的件数分别为 2,2,1 的取法共有:

$$C_{12}^2 \cdot C_5^2 \cdot C_3^1 = 1980$$

(4) **解法 1**　20 件产品任取 5 件,其中至少有 1 件是次品可能有下列三种情况:

① 5 件产品中有次品 1 件正品 4 件,共有 $C_3^1 \cdot C_{17}^4$ 种取法;

② 5 件产品中有次品 2 件正品 3 件,共有 $C_3^2 \cdot C_{17}^3$ 种取法;

③ 5 件产品中有次品 3 件正品 2 件,共有 $C_3^3 \cdot C_{17}^2$ 种取法;

根据加法原理,5 件产品中至少有 1 件是次品的取法共有:

$$C_3^1 \cdot C_{17}^4 + C_3^2 \cdot C_{17}^3 + C_3^3 \cdot C_{17}^2 = 9316$$

解法 2　从 20 件产品中任取 5 件的取法有 C_{20}^5 种,其中包含 5 件都是正品的情况,必须把它去掉,而取出 5 件正品的取法有 C_{17}^5 种,因此取 5 件其中至少有 1 件次品的取法有:

$$C_{20}^5 - C_{17}^5 = 15\,504 - 6188 = 9316$$

习题 4-3

1. 写出从 a,b,c,d 中,任取两个元素的所有组合.
2. 计算：
   (1) $C_7^4 \cdot P_4^4$；　　(2) $4C_8^4 - 3C_5^3$；　　(3) C_{100}^{97}；　　(4) $C_4^1 + C_4^2 + C_5^3 + C_6^4$.
3. 解下列问题：
   (1) 10 个人相互通信一次,一共要写几封信?
   (2) 10 个人相互通一次电话,一共要通几次电话?
   (3) 10 个人中任选两个人担任两种不同的职务,有几种不同的选法?
   (4) 10 个人中任选两名作代表,有几种不同的选法?
   (5) 从 10 本不同的书中任选两本分给甲、乙二人,有几种不同的选法?
   (6) 一个人从 10 种不同的书中任选两本,有几种不同的选法?
4. 某科室有 6 名医生,9 名护士,现要从中抽取 2 名医生,3 名护士组成一个“120”急救小组,问有多少种不同的抽法?
5. 从 6 支一次性注射器中可任取 1 支、2 支、3 支、4 支、5 支、6 支,一共有多少种不同的取法?
6. 某药物研究所在科学研究中共研制了 4 种新抗生素和 3 种新生化药,现从中任取 3 种去展览,求:
   (1) 任取 3 种共有多少种不同的取法?
   (2) 所取 3 种新药恰有一种新抗生素,有多少种不同的取法?
   (3) 所取 3 种新药至少有一种新抗生素,有多少种不同的取法?

*第 4 节　二项式定理

一、二项式定理

我们已经知道：

$$(a+b)^1 = a+b$$
$$(a+b)^2 = a^2 + 2ab + b^2$$
$$(a+b)^3 = a^3 + 3a^2b + 3ab^2 + b^3$$

现在研究 $(a+b)^n$ 的展开式,这里 $n \in \mathbf{N}$.

先研究 $(a+b)^4$ 的展开式：

$$(a+b)^4 = (a+b)(a+b)(a+b)(a+b)$$

等式右边的积的展开式的每一项,是从四个括号 $(a+b)$ 中每个里任取一个字母的乘积,因而各项都是 4 次式,即展开式应有下面形式的各项：

$$a^4, a^3b, ab^3, a^2b^2, b^4$$

运用组合的知识,就可以得出展开式各项的系数规律：

a^4 是 4 个括号里 b 全不被取而得到的,而 4 个 b 中 1 个都不被取共有 C_4^0 种,所以 a^4 的系数是 C_4^0；

a^3b 是 4 个括号里恰有 1 个取 b 得到的,而 4 个 b 中恰有 1 个被取共有 C_4^1 种,所以 a^3b 的系

数是 C_4^1；

a^2b^2 是 4 个括号里恰有 2 个取 b 得到的，而 4 个 b 中恰有 2 个被取共有 C_4^2 种，所以 a^2b^2 的系数是 C_4^2；

ab^3 是 4 个括号里恰有 3 个取 b 得到的，而 4 个 b 中恰有 3 个被取共有 C_4^3 种，所以 ab^3 的系数是 C_4^3；

b^4 是 4 个括号里 4 个都取 b 得到的，而 4 个 b 都被取共有 C_4^4 种，所以 b^4 的系数是 C_4^4；

所以，

$$(a+b)^4 = C_4^0 a^4 + C_4^1 a^3 b + C_4^2 a^2 b^2 + C_4^3 ab^3 + C_4^4 b^4$$

一般地，有以下公式：

$$\boxed{(a+b)^n = C_n^0 a^n + C_n^1 a^{n-1}b + \cdots + C_n^r a^{n-r} b^r + \cdots + C_n^n b^n \quad (n \in \mathbf{N})}$$

这个公式叫做二项式定理，等式右边的式子叫做 $(a+b)^n$ 的二项展开式．式中的 $C_n^r a^{n-r} b^r$ 为展开式的第 $r+1$ 项，用 T_{r+1} 表示：

$$\boxed{T_{r+1} = C_n^r a^{n-r} b^r}$$

这个式子称为二项展开式的通项公式．

当 n 是较小的正整数时，二项展开式的系数，也可以直接用下表计算：

$(a+b)^0 \cdots \cdots \cdots \cdots \cdots \quad 1$
$(a+b)^1 \cdots \cdots \cdots \cdots \cdots 1 \quad 1$
$(a+b)^2 \cdots \cdots \cdots \cdots 1 \quad 2 \quad 1$
$(a+b)^3 \cdots \cdots \cdots 1 \quad 3 \quad 3 \quad 1$
$(a+b)^4 \cdots \cdots 1 \quad 4 \quad 6 \quad 4 \quad 1$
$(a+b)^5 \cdots \cdots 1 \quad 5 \quad 10 \quad 10 \quad 5 \quad 1$
$(a+b)^6 \cdots 1 \quad 6 \quad 15 \quad 20 \quad 15 \quad 6 \quad 1$

> **杨辉三角形**
>
> 　　类似这样的表，我国宋朝数学家杨辉公元 1261 年在所著的《详解九章算法》一书里就已经进行了表述，所以我们把它叫做"杨辉三角形"．杨辉指出这个方法引自《释锁算书》，并且说我国古代数学家贾宪已经用过．所以我国发现这个表不迟于 11 世纪．在欧洲这个表被认为是法国数学家帕斯卡(1623—1662)年首先发现的，也称"帕斯卡三角形"，其实我国要早发现 500 年左右．

由表中可看出，展开式首、末两项系数都是 1，而中间的各系数都等于它"肩"上两个数的和．

练　习

1. 写出 $(a+b)^5$ 的展开式．
2. 求 $(2a+3b)^6$ 的展开式的第三项．
3. 求 $(3b+2a)^6$ 的展开式的第三项．

二、二项展开式的性质

在上面的讨论中，我们知道 $(a+b)^n$ 的二项展开式各项的系数是：

$$C_n^0, C_n^1, C_n^2, \cdots, C_n^{n-1}, C_n^n$$

从二项展开式中，可以得到以下几个重要性质：

（1）如果二项式的指数为 n，那么展开式中共有 $n+1$ 项．

（2）展开式各项中 a 的指数从 n 起依次减少 1，直到 0 为止；b 的指数从 0 起依次增加 1，直到 n 为止．每一项里 a 和 b 的指数之和等于 n．

（3）展开式中，与首、末两端"等距离"的两项系数相等．

因为根据组合数性质 1，$C_n^m = C_n^{n-m}$，所以，$C_n^0 = C_n^n$，$C_n^1 = C_n^{n-1}$，$C_n^2 = C_n^{n-2} \cdots C_n^r = C_n^{n-r}$，$\cdots$

（4）如果二项式的指数是偶数，那么展开式中间一项的系数最大；如果二项式的指数是奇数,那么中间两项系数相同并且最大.

因为从上面的杨辉三角形中可以发现这样的规律:当 n 是偶数时,展开式共有 $n+1$ 项, $n+1$ 是奇数,所以展开式有中间一项即第 $\frac{n}{2}+1$ 项,并且该项系数最大. 当 n 是奇数时,展开式共有 $n+1$ 项, $n+1$ 是偶数,中间有两项即第 $\frac{n+1}{2}$ 项与第 $\frac{n+3}{2}$ 项,系数相同并且最大.

例 1　求 $(a-b)^n$ 展开式及通项公式.

解　因为 $(a-b)^n$ 可看成 $[a+(-b)]^n$,所以

$$(a-b)^n = [a+(-b)]^n$$
$$= C_n^0 a^n(-b)^0 + C_n^1 a^{n-1}(-b)^1 + C_n^2 a^{n-2}(-b)^2 + \cdots + C_n^n(-b)^n$$
$$= C_n^0 a^n b - C_n^1 a^{n-1} b + C_n^2 a^{n-2} b^2 - \cdots + (-1)^r C_n^r a^{n-r} b^r + \cdots + (-1)^n C_n^n b^n$$

它的通项公式是

$$T_{r+1} = C_n^r a^{n-r}(-b)^r = (-1)^r C_n^r a^{n-r} b^r$$

例 2　展开 $\left(1+\dfrac{1}{x}\right)^4$.

解　$\left(1+\dfrac{1}{x}\right)^4 = C_4^0 \cdot 1^4 \cdot \left(\dfrac{1}{x}\right)^0 + C_4^1 \cdot 1^{4-1} \cdot \left(\dfrac{1}{x}\right)^1 + C_4^2 \cdot 1^{4-2} \cdot \left(\dfrac{1}{x}\right)^2 + C_4^3 \cdot 1^{4-3} \cdot \left(\dfrac{1}{x}\right)^3$

$$+ C_4^4 \cdot 1^{4-4} \cdot \left(\dfrac{1}{x}\right)^4$$

$$= 1 + \dfrac{4}{x} + \dfrac{6}{x^2} + \dfrac{4}{x^3} + \dfrac{1}{x^4}.$$

例 3　求 $\left(2x-\dfrac{1}{\sqrt{x}}\right)^6$ 展开式中不含 x 的项.

解　设不含 x 的项是第 $r+1$ 项,由通项公式

$$T_{r+1} = C_6^r (2x)^{6-r} \cdot \left(-\dfrac{1}{\sqrt{x}}\right)^r$$
$$= (-1)^r \cdot C_6^r 2^{6-r} x^{6-r-\frac{r}{2}}$$
$$= (-1)^r \cdot C_6^r 2^{6-r} x^{6-\frac{3}{2}r}$$

由题意得　$6-\dfrac{3r}{2}=0$,所以　$r=4$.

因此,不含 x 的项是第 5 项,为　$(-1)^4 \cdot C_6^4 2^{6-4} = 60$

例 4　计算 $(1.002)^3$ 的近似值(精确到 0.001).

解　$(1.002)^3 = (1+0.002)^3 = 1 + 3 \times 0.002 + 3 \times 0.002^2 + \cdots$

根据题中精确度的要求,第三项后每项的绝对值都远小于 0.001,所以可以省略,因此

$$(1.002)^3 = (1+0.002)^3 \approx 1 + 3 \times 0.002$$
$$= 1.006$$

二项式定理的应用

由此可以看出,二项式定理在计算组合数和近似计算时的作用,而它还可运用于解决其他方面的问题. 如在整除问题上,我们可以把 $55^{55}+9$ 写成 $(56-1)^{55}+9$,然后由二项式定理可以推出它能被 8 整除;可以把 89^{10} 写成 $(88+1)^{10}$,然后利用二项式定理,可知它被 8 或 88 整除的余数为 1.

链接

例 5　求证 $C_n^0 + C_n^1 + C_n^2 + \cdots + C_n^r + \cdots + C_n^n = 2^n$.

证明　运用 $(a+b)^n$ 展开式,

$$(a+b)^n = C_n^0 a^n + C_n^1 a^{n-1} b + C_n^2 a^{n-2} b^2 + \cdots + C_n^r a^{n-r} b^r + \cdots + C_n^n b^n$$

令 $a=b=1$,得

$$2^n = C_n^0 + C_n^1 + C_n^2 + \cdots + C_n^r + \cdots + C_n^n.$$

笔记栏

练 习

1. 已知 $C_{15}^5 = a, C_{15}^9 = b$, 求 C_{16}^{10}.

2. $(a+b)^9$ 的展开式中系数最大的项是哪些项? 最大系数是多少?

习题 4-4

1. 求二项展开式:

    (1) $(p+q)^6$;   (2) $(\sqrt{2}x - \dfrac{1}{\sqrt{x}})^4$.

2. 求 $(\dfrac{\sqrt{x}}{3} + \dfrac{3}{\sqrt{x}})^8$ 的中间一项.

3. 求 $(\sqrt[3]{a} - \dfrac{1}{\sqrt{a}})^{15}$ 的展开式中不含 a 的项.

4. 计算 $(0.998)^3$ 的近似值(精确到 0.001).

5. 求证 $C_n^0 + C_n^2 + C_n^4 + \cdots + C_n^n = 2^{n-1}$ (n 是偶数).

---

    1. 本章的主要内容有:加法原理和乘法原理;排列的概念及排列数的计算公式;组合的概念及组合数的计算公式、性质;二项式定理. 重点是两个原理,排列和组合的概念及排列数和组合数的计算公式,二项式定理. 难点是识别和解决较复杂的排列和组合的实际问题.

    2. 加法原理和乘法原理是两个基本原理,它们不仅是推导排列数、组合数公式的基础,而且还常常能直接运用它们解决实际问题. 这两个原理的区别在于一个与分类有关,一个与分步有关.

    3. 排列与组合是研究从一些不同的元素中,任取几个元素进行排列或并组有多少种方法的问题. 本章研究的主要是不同元素且不允许重复的排列和组合. 排列与组合的区别在于问题是否与顺序有关,与顺序有关的就是排列问题,与顺序无关的就是组合问题. 在实际问题中计算排列数和组合数时要注意防止重复和遗漏. 而在本章推导出的排列和组合公式是我们进行排列组合计算的工具.

    4. 二项式定理是以公式的形式表示出二项式的幂展开在项数、系数、各项中的指数等方面的联系. 二项展开式的性质是我们解决二项式问题的依据.

小 结

目 标 检 测

1. 判断题:

    (1) 排列与顺序有关,组合与顺序无关.   ( )

    (2) 由 $P_4^0 = C_4^0, P_4^1 = C_4^1$, 可推出 $P_4^2 = C_4^2$.   ( )

    (3) $(a+b)^4$ 的展开式中,系数最大是第 4 项.   ( )

2. 填空题:

    (1) 一个口袋内装有 5 个小球,另一个口袋装有 4 个小球,所有这些小球的颜色各不相同. 从两个口袋中任取一个小球,有_____种不同的取法;从两个口袋内各取一个小球,有_____种不同的取法.

    (2) 10 个人互寄一次明信片,共寄_____张明信片;10 个人相互握一次手,共握_____次手.

    (3) $(2\sqrt[4]{x} + \dfrac{1}{2\sqrt[3]{x}})^{28}$ 的展开式里不含 x 的项为_____.

    (4) $(a+b)^n = $ _____.

3. 选择题:

    (1) 把三本不同的书发给 10 个学生中的 3 个,每人 1 本,不同的发法共有( ).

        A. 1000 种   B. 240 种   C. 720 种   D. 120 种

    (2) 壹角、伍角、壹圆硬币各一枚,一共可以组成的币值种数是( ).

  A. P_3^3 B. C_3^3 C. $P_3^1 + P_3^2 + P_3^3$ D. $C_3^1 + C_3^2 + C_3^3$

 (3) $(x+y)^n$ 展开式中第 k 项的系数是（   ）.

  A. C_n^k B. C_n^{k-1} C. C_n^{n-k+1} D. C_n^{k+1}

 (4) 若 $C_{20}^m = C_{20}^{m+8}$ 成立, 则 m 的值为（   ）.

  A. 7   B. 5   C. 6   D. 10

4. 计算:

 (1) $\dfrac{P_7^5 - P_6^6}{7! - 6!}$;   (2) $\dfrac{P_6^3 - C_5^3 + C_7^6}{4! - P_3^3}$;   (3) $C_{n+1}^n \cdot C_n^{n-2}$.

5. 求证:

 (1) $P_{n+1}^{n+1} - P_n^n = n^2 P_{n-1}^{n-1}$;

 (2) $C_{n+1}^m = C_n^{m-1} + C_{n-1}^m + C_{n-1}^{m-1}$.

6. 7 种试剂排成一排, 如果规定:

 (1) A 试剂必须放在中间, 一共有多少种不同的排法?

 (2) A, B 两试剂必须放在两端, 有多少种不同的排法?

 (3) A, B 两试剂必须放在一起, 有多少种不同的排法?

 (4) A, B 两试剂一定不能放在一起, 有多少种不同的排法?

7. (1) 由数字 1, 2, 3, 4, 5, 6 可以组成多少个没有重复数字的五位数?

 (2) 由数字 0, 1, 2, 3, 4, 5 可以组成多少个没有重复数字的五位数?

 (3) 由数字 1, 2, 3, 4, 5 可以组成多少个没有重复数字的自然数?

 (4) 由数字 1, 2, 3, 4, 5 可以组成多少个没有重复数字, 并且比 13000 大的自然数?

8. 一个集合由 5 个不同的元素组成, 这个集合共有多少个子集? 多少个真子集?

9. 平面上有 12 个点, 其中任意三点均不在一条直线上, 问:

 (1) 这些点可以确定多少条不同的直线?

 (2) 以这些点为顶点作三角形, 一共可以作出多少个不同的三角形?

 (3) 假若这 12 个点中, 有且只有 3 点在一条直线上, 问这些点可以确定多少条不同的直线?

10. 书架上有 4 本不同的数学书, 5 本不同的物理书, 3 本不同的化学书, 全部竖起排成一排, 如果不使同类的书分开, 一共有多少种排法?

11. 当 a 的绝对值与 1 相比很小时, $(1+a)^n$ 的近似值可以用公式 $(1+a)^n \approx 1 + na$ 来计算, 用这个近似公式计算:

 (1) $(1.005)^{15}$;   (2) $(0.9995)^7$.

12. 求二项展开式:

 (1) $(3a - 4b)^5$;   (2) $\left(9x - \dfrac{1}{3\sqrt{x}}\right)^n$.

13. 求证: $1 + 2C_n^1 + 4C_n^2 + \cdots + 2^{n-1}C_n^{n-1} + 2^n C_n^n = 3^n$.

笔记栏

第5章 数列

国际象棋棋盘上共有8行8列,构成了64个格子.国际象棋起源于古代印度,关于国际象棋有这样一个传说,国王要奖赏国际象棋的发明者,问他有什么要求,发明者说:"请在棋盘的第1个格子里放上1颗麦粒,在第2个格子里放上2颗麦粒,在第3个格子里放上4颗麦粒,在第4个格子里放上8颗麦粒,依此类推,每个格子里放的麦粒数都是前一个格子里放的麦粒数的2倍,直到第64个格子.请给我足够的粮食来实现上述要求".国王觉得这并不是很难办到的事,就欣然同意了他的要求.

你认为国王有能力满足发明者上述要求吗?学了本章知识,就会用公式计算出这个和,你会发现,这个数大得惊人,国王是无法满足发明者上述要求的.

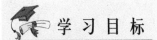 学习目标

1. 说出数列、等差数列、等比数列的概念.
2. 能写出简单数列的通项公式.
3. 能写出等差数列的通项公式、前 n 项和公式、中项公式,并会运用这些公式.
4. 能写出等比数列的通项公式、前 n 项和公式、中项公式,并会运用这些公式.
5. 会用数学归纳法.

本章介绍数列的概念、等差数列及等比数列,这些数列内容是学习极限、微积分等高等数学必备的基础知识,它在生产实践中也有着广泛的应用.

第1节 数列的概念

一、数列的定义

在日常生活和生产实际中,常存在着按某种顺序排成一列的数.如许多城市街道的门牌号一边按单数排列,另一边按双数排列:

$$1,3,5,\cdots,199 \tag{1}$$

$$2,4,6,\cdots,200 \tag{2}$$

如某种细胞分裂时,每分裂一次,1个分裂成2个,2个分裂成4个,$\cdots$,那么1个细胞连续分裂1次,2次,$\cdots$,n次,$\cdots$,各代细胞数依次排成一列数:

$$2,2^2,2^3,\cdots,2^n,\cdots \tag{3}$$

又如 $\sqrt{2}$ 精确到个位、十分位、百分位、$\cdots$ 的不足近似值排成一列数为

$$1,1.4,1.41,1.414,\cdots \tag{4}$$

定义1 按一定顺序排列的一列数叫做数列,它从第一个数开始,按顺序与正整数对应.例如,正整数的倒数排成一列:

$$1,\frac{1}{2},\frac{1}{3},\frac{1}{4},\cdots \tag{5}$$

-1 的 1 次幂、2 次幂、3 次幂、4 次幂 $\cdots$ 排成一列

$$-1,1,-1,1,-1,\cdots \tag{6}$$

91

自然数排成一列:

$$1,2,3,4,5,\cdots \qquad (7)$$

无穷多个 2 排成一列:

$$2,2,2,2,\cdots \qquad (8)$$

等都是数列.

在数列中的每一个数都叫做这个数列的项,各项依次叫做这个数列的第 1 项(或首项)、第 2 项…、第 n 项…. 在一个数列中,项数一经确定,这一项就惟一确定.

数列的一般形式可以写成:

$$a_1,a_2,a_3,\cdots,a_n,\cdots$$

整个数列可简记为 $\{a_n\}$,其中 a_n 叫做数列的通项. 例如,数列

$$\frac{1}{2},\frac{1}{4},\frac{1}{8},\frac{1}{16},\cdots,\frac{1}{2^n},\cdots$$

可记做 $\left\{\dfrac{1}{2^n}\right\}$

古典数学

古人说:"一尺之锤,日取其半,万世不竭". 意思是:"一尺长的杆子,每天取头一天剩下的一半,天天取下去,永远取不完".

定义 2 用项数 n 来表示该数列相应项的公式,叫做数列的通项公式. 例如,上面数列 (1) 的通项公式是 $a_n = 2n - 1 (1 \leqslant n \leqslant 100, n \in \mathbf{N}^+)$.

由数列通项公式的定义可知,数列的通项是以正整数集的子集为其定义域的函数.

如果已知一个数列的通项公式,那么依次用限定的正整数 $1,2,3,\cdots$ 去代替公式中的 n,就可以求出数列中对应的各项. 如果数列的通项的定义域是正整数集,定义域常省略不写.

例1 已知数列的通项公式 $a_n = (-1)^{n-1}\dfrac{n+1}{2n-1}$,求它的第 2 项和第 25 项.

解 $a_2 = (-1)^{2-1}\dfrac{2+1}{2\times 2-1} = -\dfrac{3}{3} = -1$

$a_{25} = (-1)^{25-1}\dfrac{25+1}{2\times 25-1} = \dfrac{26}{49}$

例2 观察下列数列的变化规律,写出它们的通项公式:

(1) $\dfrac{1}{2},\dfrac{1}{4},\dfrac{1}{8},\dfrac{1}{16},\cdots$

(2) $1,-\dfrac{1}{3},\dfrac{1}{5},-\dfrac{1}{7},\dfrac{1}{9},\cdots$

(3) $\dfrac{3}{2},\dfrac{8}{3},\dfrac{15}{4},\dfrac{24}{5},\cdots$

(4) $-\dfrac{1}{2},\dfrac{4}{5},-\dfrac{9}{10},\dfrac{16}{17},\cdots$

(5) $1,2,3,5,8,13,\cdots$

解 (1) 分母是以 2 为底的指数函数,即 $a_n = \dfrac{1}{2^n}$.

(2) 不变的因素是分子为 1,分母是按奇数变化,再考虑到正负号,得

$$a_n = (-1)^{n-1}\dfrac{1}{2n-1}$$

求通项公式的方法

求 a_n 需善于从数值 a_n 与项数 n 之间的对应关系中发现规律,首先,观察哪些因素(正负号、数字、字母、运算符号)与项数无关,即不变,哪些因素随项数在变化;其次,分析变化的因素如何随 n 的变化而变化的;第三步,试着写出通项 a_n,进行检验,如有不合适的再作修改.

笔记栏

（3）分母是从 2 开始的自然数，分子是 $(n+1)^2-1$，（常考虑的函数形式是 $2n, 3n, n^2, n^3$ 等，以及将它们 $+1, -1$ 等）得

$$a_n = \frac{(n+1)^2 - 1}{n+1}$$

（4）分子为 n^2，分母 n^2+1（可从分子、分母的比较中发现）得

$$a_n = (-1)^n \frac{n^2}{n^2+1}$$

（5）这是特殊的数列，需要以"递归"的形式给出通项规律：

$$a_1 = 1, a_2 = 2, a_3 = a_2 + a_1, a_4 = a_3 + a_2, \cdots, a_n = a_{n-1} + a_{n-2} (n \geq 3)$$

练 习

1. 根据下面数列 $\{a_n\}$ 的通项公式，写出它的前 5 项.

（1）$a_n = n^2$；　　（2）$a_n = 10n$；　　（3）$a_n = \frac{2n+1}{n^2-1}$；　　（4）$a_n = (-1)^n \cdot \frac{1}{2n+1}$.

2.（口答）说出下面数列的一个通项公式，使它的前 4 项分别是下列各数：

（1）$1, 3, 5, 7$；　　（2）$\frac{1}{5}, \frac{1}{10}, \frac{1}{15}, \frac{1}{20}$；　　（3）$1 - \frac{1}{2}, \frac{1}{2} - \frac{1}{3}, \frac{1}{3} - \frac{1}{4}, \frac{1}{4} - \frac{1}{5}$.

二、数列的分类

1. 按项数有限或无限来分类　　项数有限的数列叫做有穷数列，项数无限的数列，叫做无穷数列. 例如，前面的例子中，数列（1）、（2）是有穷数列，数列（3）～（8）都是无穷数列.

2. 按后项与前项数值的大小来分类　　如果一个数列从第二项起，每一项都大于它的前一项，即 $a_{n+1} > a_n$，那么这个数列叫做递增数列，如前面的数列（1）、（2）、（3）、（4）、（7）；如果一个数列从第二项起，每项都小于它的前一项，即 $a_{n+1} < a_n$，那么这个数列叫做递减数列，如前面的数列（5）；如果一个数列各项都相等，那么这个数列叫做常数列，如前面的数列（8）.

3. 按各项的绝对值变化范围分类　　如果一个数列任何一项的绝对值都小于某一正数 K，即 $|a_n| \leq K$，那么这个数列叫做有界数列，不存在这样的正数 K 的数列叫做无界数列. 如前面的数列（1）、（2）、（4）、（5）、（6）、（8）是有界数列，数列（3）、（7）是无界数列.

注意：有穷数列一定是有界的，但有界数列不一定是有穷数列，无穷数列可以是有界的，也可以是无界的.

习题 5-1

1. 根据下列数列 $\{a_n\}$ 的通项公式，写出它的前 5 项：

（1）$a_n = n^3$；　　（2）$a_n = 5(-1)^{n+1}$.

2. 根据下列数列 $\{a_n\}$ 的通项公式，写出它的第 7 项与第 10 项：

（1）$a_n = \frac{1}{n^2}$；　　（2）$a_n = n(n+2)$；　　（3）$a_n = \frac{(-1)^{n+1}}{n}$；　　（4）$a_n = -2^n + 3$.

3. 说出数列的一个通项公式，使它的前 4 项分别是下列各数：

（1）$2, 4, 6, 8$；　　（2）$-\frac{1}{2}, \frac{1}{4}, -\frac{1}{8}, \frac{1}{16}$.

4. 观察下面数列的特点，用适当的数填空，并对每一数列各写出一个通项公式：

（1）$2, 4, (\quad) 8, 10, (\quad), 14$；

（2）$2, 4, (\quad), 16, 32, (\quad), 128$；

（3）$(\quad), 4, 9, 16, 25, (\quad), 49$.

5. 写出下面数列 $\{a_n\}$ 的前 5 项：

(1) $a_1 = 1, a_{n+1} = a_n + 3$; 　　　　(2) $a_1 = 2, a_{n+1} = 2a_n$;

(3) $a_1 = 3, a_2 = 6, a_{n+2} = a_{n+1} - a_n$; 　　(4) $a_1 = 5, a_{n+1} = a_n + \dfrac{1}{a^n}$.

第 2 节　等　差　数　列

一、等差数列的定义

先看下面的数列：

(1) $3, 7, 11, 15, \cdots$

(2) $8, 3, -2, -7, \cdots$

(3) $5, 5, 5, 5, \cdots$

这三个数列有共同的特点：从第 2 项起，每一项减去它前面的一项所得的差都等于同一个常数. 在数列 (1) 中，这个常数是 $7 - 3 = 11 - 7 = \cdots = 4$；在数列 (2) 中，这个常数是 $3 - 8 = -2 - 3 = \cdots = -5$；在数列 (3) 中，这个常数是 $5 - 5 = 5 - 5 = \cdots = 0$，对于具有这样规律的数列，给出下面的定义：

定义 1　如果一个数列，从第 2 项起，每一项减去它前面的一项，所得的差都等于同一个常数，那么这个数列就叫做等差数列，这个常数叫做等差数列的公差，公差通常用字母 d 表示.

例如，数例 (1)、(2)、(3) 都是等差数列，(1) 中公差 $d = 4$；(2) 中公差 $d = -5$；(3) 中公差 $d = 0$.

在等差数列中，当公差 $d > 0$ 时，数列是递增的，如数列 (1)；$d < 0$ 时，数列是递减的，如数列 (2)；当 $d = 0$ 时，数列是常数列，如数列 (3).

二、等差数列的通项公式

抽象思维和概括

通过分析、综合、比较、抽象概括，获得概念形成判断，进行合乎逻辑的思维活动，又叫形式思维.

学生要掌握数学的概念、定理、公式和法则，必须具有一定的抽象思维能力.

概括是把对一类事物中的某些事物所具有的共同的本质属性的认识，推广到对整个这一类事物的认识方法. 人类的思想只有通过理论的概括，才能认识和发现事物的本质，以及事物存在和发展的规律. 概括方法在数列学习中经常应用.

如果一个数列

$$a_1, a_2, a_3, \cdots, a_n, \cdots$$

是等差数列，它的公差是 d，那么

$$a_2 = a_1 + d$$
$$a_3 = a_2 + d = a_1 + 2d$$
$$a_4 = a_3 + d = a_1 + 3d$$

这样依次类推得等差数列 $\{a_n\}$ 的通项公式是

$$\boxed{a_n = a_1 + (n-1)d}$$

等差数列的通项公式表示了等差数列的 a_1, d, n, a_n 四个量之间的关系，如果知道其中任何三个量，就可求出另外一个量.

例 1　求等差数列 $8, 5, 2, \cdots$ 的第 20 项.

解　因为 $a_1 = 8, d = 5 - 8 = -3, n = 20$，所以 $a_{20} = 8 + (20 - 1) \times (-3) = -49$.

例 2　等差数列 $-5, -9, -13, \cdots$ 的第几项是 -401？

解　$a_1 = -5, d = -9 - (-5) = -4, a_n = -401$，

因此，

$$-401 = -5 + (n-1) \times (-4),$$

解得

$$n = 100.$$

这个数列的第 100 项是 -401.

例 3 梯子的最高一级宽 33cm, 最低一级宽 110cm, 中间还有 10 级, 各级的宽度成等差数列. 计算中间各级的宽.

解 用 $\{a_n\}$ 表示题中的等差数列, 由已知条件, 有

$$a_1 = 33, a_{12} = 110, n = 12$$
$$a_{12} = a_1 + (12-1)d,$$

即

$$110 = 33 + 11d$$

解得

$$d = 7$$

因此,

$$a_2 = 33 + 7 = 40$$
$$a_3 = 40 + 7 = 47$$
$$\vdots$$
$$a_{11} = 96 + 7 = 103$$

梯子中间各级的宽从上到下依次是 40cm, 47 cm, 54 cm, 61 cm, 68 cm, 75 cm, 82cm, 89 cm, 96 cm, 103 cm.

练 习

1. 100 是不是等差数列 2, 9, 16, … 的项? 如果是, 是第几项? 如果不是, 说明理由.
2. 求数列 15, 25, 35, 45, … 的第 10 项与第 15 项.

三、等 差 中 项

定义 2 如果在数 a 与 b 中间插入一个数 A, 使 a, A, b 成等差数列, 那么 A 叫做 a 与 b 的**等差中项**.

如果 A 是 a, b 的等差中项, 则

$$A - a = b - A$$

解得

$$\boxed{A = \frac{a+b}{2}}$$

这就表明, 两个数的等差中项就是它们的算术平均值.

容易看出在等差数列 $a_1, a_2, a_3, \cdots, a_n, \cdots$ 中,

$$a_2 = \frac{a_1 + a_3}{2}$$

$$a_3 = \frac{a_2 + a_4}{2}$$

$$\vdots$$

$$a_n = \frac{a_{n-1} + a_{n+1}}{2}$$

$$\cdots$$

这就是说, 在一个等差数列中, 从第 2 项起, 每一项 (有穷等差数列的末项除外) 都是它的前一项与后一项的等差中项.

例 4 求 $\dfrac{\sqrt{5} + \sqrt{3}}{2}$ 与 $\dfrac{\sqrt{5} - \sqrt{3}}{2}$ 的等差中项.

解　$A = \dfrac{1}{2} \left(\dfrac{\sqrt{5}+\sqrt{3}}{2} + \dfrac{\sqrt{5}-\sqrt{3}}{2} \right) = \dfrac{\sqrt{5}}{2}$.

例 5　设数列 $\{a_n\}$ 是等差数列,求证 a_8 是 a_3 和 a_{13} 的等差中项.

证明　设 d 为等差数列 $\{a_n\}$ 的公差,则有

$$a_3 = a_1 + 2d, a_8 = a_1 + 7d, a_{13} = a_1 + 12d$$

因为

$$\dfrac{1}{2}(a_3 + a_{13}) = \dfrac{1}{2} \left[(a_1 + 2d) + (a_1 + 12d) \right]$$
$$= a_1 + 7d = a_8$$

所以　a_8 是 a_3 和 a_{13} 的等差中项.

注意　此题的结论说明,等差数列中任一项都是它前后“等距离”的两项的等差中项;其证明过程说明,解等差数列问题主要在于抓住基本公式和通项公式. 还要注意的是: a, A, b 成等差数列 $\Leftrightarrow A = \dfrac{a+b}{2}$.

例 6　已知:一个直角三角形的三条边的长度成等差数列. 求证:它们的比是 $3:4:5$.

分析　当已知三个数成等差数列时,可将这三个数表示为

$$a - d, a, a + d,$$

其中 d 是公差,由于这样表示具有对称性,运算时往往容易化简. 这样表示后,可根据勾股定理得出它们之间的关系.

证明　设这个直角三角形的三边长分别为

$$a - d, a, a + d,$$

根据勾股定理,得

$$(a - d)^2 + a^2 = (a + d)^2$$

解得 $a = 4d$,于是这个直角三角形的三边长是 $3d, 4d, 5d$,即这个直角三角形三条边长的比是 $3:4:5$.

练　习

1. 求下列各题中两个数的等差中项:
   (1) 100 与 180;　　(2) -2 与 6.
2. 由下列等差数列的通项公式,求首项和公差:
   (1) $a_n = 3n + 6$;　　(2) $a_n = -2n + 7$.

四、等差数列前 n 项的和

已知等差数列

$$a_1, a_2, a_3, \cdots, a_n, \cdots$$

它的前 n 项的和记作 S_n,即

$$S_n = a_1 + a_2 + a_3 + \cdots + a_n$$

如何求 S_n?

先看一个例子,大家知道少年高斯的故事,老师要求同学们计算下面的算式

$$1 + 2 + 3 + \cdots + 100$$

其他同学都在一个个数相加时,高斯已很快算出结果为 5050. 于是高斯发现有规律: $1 + 100 = 101, 2 + 99 = 101, 3 + 98 = 101, \cdots$ 共有 50 个 101,相乘即得结果.

类似可得

笔记栏

$$S_n = a_1 + a_2 + \cdots + a_{n-1} + a_n$$
$$+ \quad S_n = a_n + a_{n-1} + \cdots + a_2 + a_1$$
$$2S_n = (a_1 + a_n) + (a_2 + a_{n-1}) + \cdots + (a_{n-1} + a_2) + (a_n + a_1)$$
$$= (a_1 + a_n) + (a_1 + a_n) + \cdots + (a_1 + a_n) + (a_1 + a_n)$$
$$= n(a_1 + a_n)$$

所以
$$S_n = \frac{n(a_1 + a_n)}{2}$$

再由通项公式又有
$$S_n = na_1 + \frac{n(n-1)}{2}d$$

注意:两个公式中,都涉及四个变量的关系,只要知道其中任意三个,就可求出第四个.

例 7 一个堆放铅笔的 V 形架的最下面一层放一支铅笔,往上每一层都比它下面一层多放一支,最上面放 120 支,这个 V 形架上共放多少支铅笔?

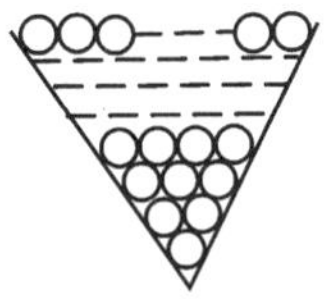

> **《张邱建算经》**
>
> 今有女子善织,日益功疾.初日织五尺,今一月,织九四三丈.问日益几何?该题的大意是说,有一女子很会织布,一天比一天织得快,而且每天增加的长度都是一样的.已知第一天织了五尺,一个月后共织布 390 尺,问该女子织布每天增加多少?
>
> 这是一道利用等差数列求和公式求解的题.答案是 $\frac{16}{29}$ 尺.

解 由题意可知,在图 5-1 中 V 形架上共放 120 层铅笔,且自下而上各层的铅笔数组成等差数列,记为 $\{a_n\}$,其中 $a_1 = 1, d = 1, a_{120} = 120$.

易知,$n = 120$. 根据等差数列前 n 项和公式,得
$$S_{120} = \frac{120 \times (1 + 120)}{2} = 7260$$

图 5-1   即 V 形架上共放着 7260 支铅笔.

例 8 在小于 100 的正整数的集合中,有多少个数是 7 的倍数?并求它们的和.

解 在小于 100 的正整数的集合中,以下各数是 7 的倍数:
$$7, 7 \times 2, 7 \times 3, \cdots, 7 \times 14$$
即
$$7, 14, 21, \cdots, 98$$

显然,这个数列是一个等差数列,其中 $a_1 = 7, d = 7$,它的项数为小于 $\frac{100}{7}$ 的最大整数值,即 $n = 14$,于是 $a_{14} = 98$.

因此
$$S_{14} = \frac{14 \times (7 + 98)}{2} = 735$$

即在小于 100 的正整数的集合中,有 14 个数是 7 的倍数,它们的和等于 735.

例 9 有一群儿童,其中一个是 10 岁,最大的是 13 岁,岁数总和为 50 岁,且除 10 岁儿童外,所有儿童年龄组成等差数列,问每个儿童各几岁?(假设岁数以整数计算).

解 设共有 $n + 1$ 个儿童,最小者为 a_1 岁,则最大者岁数 $a_n = 13$,由条件 $S_n = 40$,由求和公式得方程
$$\frac{n(a_1 + 13)}{2} = 40$$
$$n(a_1 + 13) = 80$$

因 a_1 和 n 都必须是自然数,且 $a_1 < 13$,故方程可能的解只有 $a_1 = 3, 7; n = 5, 4$.

以 $a_1 = 3, n = 5$ 代入方程得 $a_1 + (n-1)d = 13$,即 $3 + 4d = 13$. 求得 $d = 2.5$,不合原题假设.

以 $a_1 = 7, n = 4$ 代入上式,求得 $d = 2$. 于是 $a_2 = 9, a_3 = 11, a_4 = 13$.

共有 5 个儿童,岁数为 7, 9, 10, 11, 13.

笔记栏

练 习

1. 等差数列 $5,4,3,2,\cdots$ 前多少项的和是 -30？

2. 在三位正整数的集合中有多少个数是 5 的倍数？求它们的和.

五、等差数列的性质

（1）在有限等差数列中，与首末两项等距离的两项的和，都等于首末两项的和.

（2）各项同加一个不为零的数，所得的数列仍是等差数列，并且公差不变.

（3）各项同乘以一个不为零的数 k，所得到的数列仍是等差数列，并且公差等于原数列公差的 k 倍.

一般计算问题的各种类型

在等差数列里，a_1, a_n, d, n, S_n 五个元素中只要知道三个，便可利用通项公式和前 n 项和的公式，求出另外两个元素.

（4）几个等差数列，它们各对应项的和组成的数列，仍是等差数列，公差等于各个公差的和.

（5）a_n 是 n 的一次函数，S_n 是 n 的二次函数，定义域为正整数. 同时，有 $a_n = S_n - S_{n-1}$（$n \geq 2$）.

习题 5-2

1.（1）求等差数列 $3,7,11,\cdots$ 的第 $4,7,10$ 项；

（2）求等差数列 $10,8,6,\cdots$ 的第 20 项.

2. 在等差数列 $\{a_n\}$ 中：

（1）$d = -\dfrac{1}{3}, a_7 = 8$，求 a_1；

（2）$a_1 = 12, a_6 = 27$，求 d.

3. 求下列各组数的等差中项：

（1）732 与 -136；　（2）$\dfrac{49}{2}$ 与 42.

4. 求等差数列 $2,9,16,\cdots$ 的第 n 项.

5. 已知等差数列 $\{a_n\}$ 中，$a_1 = 3, a_n = 21, d = 2$，求 n.

6. 根据下列各题条件，求相应等差数列 $\{a_n\}$ 的 S_n：

（1）$a_1 = 5, a_n = 95, n = 10$；

（2）$a_1 = 100, d = -2, n = 50$；

（3）$a_1 = \dfrac{2}{3}, a_n = -\dfrac{3}{2}, n = 14$；

（4）$a_1 = 14.5, d = 0.7, a_n = 32$.

7.（1）求正整数数列中前 1000 个数的和；

（2）求正整数数列中前 500 个偶数的和.

8. 7 和 35 之间插入 6 个数，使它们和已知的两数成等差数列，求插入的 6 个数.

第 3 节 等 比 数 列

一、等比数列的定义

先看下面的数列：

（1）$1,2,4,8,\cdots$

（2）$1, -\dfrac{1}{3}, \dfrac{1}{9}, -\dfrac{1}{27},\cdots$

(3) $\dfrac{1}{2},\dfrac{1}{4},\dfrac{1}{8},\dfrac{1}{16},\cdots$

(4) $5,5,5,5,\cdots$

这些数列有一个共同的特点，从第二项起，每一项与它前面一项的比都等于不为零的同一个常数，数列(1)中，这个常数是 $\dfrac{2}{1}=\dfrac{4}{2}=\dfrac{8}{4}=\cdots=2$；数列(2)中，这个常数是 $\left(-\dfrac{1}{3}\right)\div1=$ $\left(\dfrac{1}{9}\right)\div\left(-\dfrac{1}{3}\right)=\left(-\dfrac{1}{27}\right)\div\left(\dfrac{1}{9}\right)=\cdots=-\dfrac{1}{3}$；数列(3)中这个常数是 $\left(\dfrac{1}{4}\right)\div\left(\dfrac{1}{2}\right)=\left(\dfrac{1}{8}\right)\div$ $\left(\dfrac{1}{4}\right)=\left(\dfrac{1}{16}\right)\div\left(\dfrac{1}{8}\right)=\cdots=\left(\dfrac{1}{2}\right)$；数列(4)中这个常数是 $\dfrac{5}{5}=\dfrac{5}{5}=\dfrac{5}{5}=\cdots=1$．对于具有这样规律的数列，有下面的定义：

定义 1　如果一个数列从第二项起，每一项与它前面一项的比都等于不为零的同一个常数，那么这个数列就叫做等比数列，这个常数叫做等比数列的公比．公比通常用字母 q 表示．

上面的数列(1)~(4)都是等比数列，它们的公比依次是 $q=2,q=-\dfrac{1}{3},q=\dfrac{1}{2},q=1$．

对于首项 $a_1>0$ 的等比数列来说，公比 $q>1$ 时，等比数列是递增的，如数列(1)；公比 $0<q<1$ 时，数列是递减的，如数列(3)；公比 $q<0$ 时，数列是摆动的，如数列(2)；公比 $q=1$ 时，数列是常数列，如数列(4)，常数列特殊，它既是等差数列又是等比数列．

二、等比数列的通项公式

因为在一个等比数列里，从第 2 项起每一项与它前一项的比都等于公比，所以每一项都等于它的前一项乘以公比，这就是说，如果等比数列 $a_1,a_2,a_3,\cdots$ 的公比是 q，那么
$$a_2=a_1q$$
$$a_3=a_2q=(a_1q)q=a_1q^2$$
$$a_4=a_3q=(a_1q^2)q=a_1q^3$$
$$\cdots\cdots$$

这样依次类推得等比数列的通项公式：
$$\boxed{a_n=a_1q^{n-1}}$$

例 1　求等比数列 $2,-\sqrt{2},1,-\dfrac{1}{\sqrt{2}},\cdots$ 的第 10 项．

解　$a_1=2,q=\dfrac{-\sqrt{2}}{2},n=10$，得
$$a_{10}=a_1q^{10-1}=2\times\left(-\dfrac{\sqrt{2}}{2}\right)^9=-\dfrac{\sqrt{2}}{16}$$

例 2　已知等比数列中 $a_1=-36,a_n=\dfrac{32}{3},q=-\dfrac{2}{3}$，求项数 n．

解　由等比数列的通项公式可得
$$\dfrac{32}{3}=(-36)\left(-\dfrac{2}{3}\right)^{n-1}$$

指数增长

看一个有趣的例子，随便一张纸，将它对折 50 次（假设能对折 50 次），厚度是多少？回答可能是几米、几十米等等，当得知这厚度超过地球到月亮的距离（平均约为 384400km），一般人都不会相信，事实上，对折一次是 2（两张纸的厚度），第二次是 4，第三次是 8，$\cdots$，按 2^n 增长，这正是指数增长，设对折 50 次的厚度为 $x=M\cdot2^{50}$ 其中 M 为一张纸的厚度，大约 $M=10^{-2}$mm．用对数来估算，
$$\lg2^{50}=50\lg2\approx50\times0.3=15\,(=\lg10^{15})$$
于是
$$2^{50}\approx10^{15}$$
则
$$x\approx10^{-2}\times10^{15}\mathrm{mm}=10^7\mathrm{km}$$
即对折 50 次后其厚度是以公里为单位的 8 位数，而地球到月亮的平均距离是以公里为单位的 6 位数，此例指数增长还是以 2 为底的，若以 3 为底的指数增长，结果更是直观所不可想像的．

指数增长是一种爆炸性的增长，有指数增长的观念十分重要，例如人口增长正是指数增长，所以计划生育是我国的一项基本国策．

$$\left(-\frac{2}{3}\right)^{n-1} = -\frac{8}{27}$$

可求出 $n-1=3, n=4$.

例3 一个等比数列的第 3 项与第 4 项分别是 12 与 18,求它的第 1 项和第 2 项.

解 设这个等比数列的首项为 a_1,公比是 q,那么

$$\begin{cases} a_1 q^2 = 12 \\ a_1 q^3 = 18 \end{cases}$$

解得

$$q = \frac{3}{2}, a_1 = \frac{16}{3}$$

因此

$$a_2 = a_1 q = \frac{16}{3} \times \frac{3}{2} = 8$$

即这个数列的第 1 项是 $\frac{16}{3}$,第 2 项是 8.

例4 某厂今年的产值是 10 万元,计划再经过三年的努力达到 17.28 万元,如果每年增产的百分数相同,求该厂连续三年增产的百分数.

解 设所求的百分数为 x,则包括今年在内,四年的产值可列为数列:

$$10, 10(1+x), 10(1+x)^2, 10(1+x)^3$$

这是一个等比数列,其中 $a_1 = 10, q = 1+x, a_4 = 10(1+x)^3$.

由题意有

$$10(1+x)^3 = 17.28$$

$$1+x = \sqrt[3]{1.728}$$

$$x = 0.2$$

即该厂连续三年增产的百分数是 20%.

练 习

求下列等比数列的第 4 项和第 5 项:

(1) $5, -15, 45, \cdots$　　(2) $1.2, 2.4, 4.8, \cdots$　　(3) $\frac{2}{3}, \frac{1}{2}, \frac{3}{8}, \cdots$　　(4) $\sqrt{2}, 1, \frac{\sqrt{2}}{2}, \cdots$

三、等比中项

定义2 如果在 a 与 b 中间插入一个数 G,使 a, G, b 成等比数列,则 G 叫做 a 与 b 的等比中项. 例如,在前面的例子中,4 叫做 2 与 8 的等比中项.

如果 G 是 a 与 b 的等比中项,那么 $\frac{G}{a} = \frac{b}{G}$,即

$$\boxed{G^2 = ab \text{ 或 } G = \pm\sqrt{ab}}$$

容易看出,一个等比数列从第 2 项起,每一项(有穷等比数列的末项除外)都是它的前一项与后一项的等比中项.

例5 求 $\frac{\sqrt{5}+\sqrt{3}}{2}$ 与 $\frac{\sqrt{5}-\sqrt{3}}{2}$ 的等比中项.

解 由 $G^2 = \frac{\sqrt{5}+\sqrt{3}}{2} \times \frac{\sqrt{5}-\sqrt{3}}{2} = \frac{1}{2}$

得

$$G = \pm\frac{\sqrt{2}}{2}.$$

例 6 设数列 $\{a_n\}$ 是等比数列,求证 a_8 是 a_3 和 a_{13} 的等比中项.

证明 设 q 为等比数列 $\{a_n\}$ 的公比,则有

$$a_3 = a_1 q^2, a_8 = a_1 q^7, a_{13} = a_1 q^{12}$$

因为

$$a_3 \cdot a_{13} = a_1 q^2 \cdot a_1 q^{12} = (a_1 q^7)^2 = a_8^2$$

所以　a_8 是 a_3 和 a_{13} 的等比中项.

注意在等比中项的公式中条件与结论的关系是: a, G, b 三个数成等比数列 $\Leftrightarrow G^2 = ab(ab > 0)$. 对这种关系的应用可见例 7.

例 7 已知正数 a, b, c 成等比数列,求证 $\lg a, \lg b, \lg c$ 成等差数列.

证明 因为正数 a, b, c 成等比数列,所以 $b^2 = ac$,

两边取对数得

$$\lg b^2 = \lg ac$$

$$2\lg b = \lg a + \lg c$$

所以 $\lg a, \lg b, \lg c$ 为等差数列.

练　习

1. 求 45 与 80 的等比中项.

2. 已知 b 是 a 与 c 的等比中项,且 $abc = 27$,求 b.

3. 由下列等比数列的通项公式,求首项及公比:

(1) $a_n = 2^n$;　　　(2) $a_n = \dfrac{1}{4} \cdot 10^n$.

四、等比数列前 n 项的和

设等比数列 $a_1, a_2, a_3, \cdots, a_n \cdots$ 的公比为 q,前 n 项和为 S_n,即

$$S_n = a_1 + a_2 + a_3 + \cdots + a_n$$

如何求 S_n?前面求等差数列的 S_n 是将各项"统一",便于相加,这里是设法用"抵消法".

$$S_n = a_1 + a_2 + a_3 + \cdots + a_{n-1} + a_n$$
$$-\quad qS_n = a_1 q + a_2 q + \cdots + a_{n-2}q + a_{n-1}q + a_n q$$
$$= a_2 + a_3 + \cdots + a_{n-1} + a_n + a_n q$$

$$S_n - qS_n = a_1 - a_n q$$

当 $q \neq 1$ 时,得

$$\boxed{S_n = \frac{a_1 - a_n q}{1 - q}}$$

或

$$S_n = \frac{a_1(1 - q^n)}{1 - q}$$

特别,当公比 $q = 1$ 时, $S_n = na_1$.

例 8 已知等比数列前 5 项之和为 242,公比为 3,求此数列的前 5 项.

解 由于 $S_5 = 242, q = 3$,由等比数列的求和公式得

$$242 = \frac{a_1(3^5 - 1)}{3 - 1}$$

解之得　$a_1 = 2$.

比较学习法

　　比较是确定对象之间差异点和共同点的逻辑方法.事物之间的差异性和同一性,是比较方法的观察基础.由于在空间上同时并存的事物之间,在时间上先后相随的事物之间,都存在着差异性和同一性,因而在方法上分别表现为横比和纵比."有比较才有鉴别".从表面上差异极大的事物间找出本质上的共同点,从表面上极为相似的事物间找出其差异点.

　　学习等差数列和等比数列时,可就定义、通项公式、求和公式和性质进行横比,认识其异同.

笔记栏

所以这个数列的前 5 项依次为 $2,6,18,54,162$.

例 9　有四个数,前三数成等比数列,后三数成等差数列,且首末两数之和为 21,中间两数之和为 18,求此四个数.

耗子穿墙

今有垣厚 5 尺,两鼠相对.大鼠日一尺,小鼠亦一尺.大鼠日自倍,小鼠日自半.问几何日相逢? 各穿几何.

九章算术的作者将这个问题变为"盈不足术"问题,"盈"为多余,"亏"为"不足",这实际上是一个等比数列求和的问题.解法很简单.答案是两天不足,三天有余.

如果将墙厚改为 100 尺,问题就不是一眼就能看出的.这个问题实际上是一个等比数列求和问题.小鼠第一天打一尺,接下去无论打多少天也超不过 1 尺.我们要计算的只是大鼠的情况.设等比数列 a_n 为

$$1,2^1,2^2,2^3,\cdots,2^n,\cdots$$

解不等式

$$S_{n-1} < 100 < S_n - 1$$

就可以得出答案.

解　设第一个数为 x,则第四个数为 $21-x$,又设第二个数为 y,则第三个数为 $18-y$,由题意有

$$\begin{cases} x(18-y) = y^2 & (1) \\ 2(18-y) = (21-x)+y & (2) \end{cases}$$

化简式(1)代入式(2)得

$$4y^2 - 69y + 270 = 0$$

解之得 $y_1 = 6, y_2 = \dfrac{45}{4}$,可得 $x_1 = 3, x_2 = \dfrac{75}{4}$,因此所求的四个数为 $3,6,12,18$,或 $\dfrac{75}{4},\dfrac{45}{4},\dfrac{27}{4},\dfrac{9}{4}$.

注意:这类题的解法与"设未知数解应用题"的方法一样,求什么先设出来,由此去运用已知条件和有关公式,从而推出未知.

例 10　求数列 $2\dfrac{1}{3}, 4\dfrac{1}{9}, 6\dfrac{1}{27}, 8\dfrac{1}{81}, \cdots$ 的前 n 项和.

解　该数列不是等差数列,也不是等比数列,但可适当变化,

$$S_n = 2\frac{1}{3} + 4\frac{1}{9} + 6\frac{1}{27} + 8\frac{1}{81} + \cdots + \left(2n + \frac{1}{3^n}\right)$$

$$= \left(2 + \frac{1}{3}\right) + \left(4 + \frac{1}{9}\right) + \left(6 + \frac{1}{27}\right) + \left(8 + \frac{1}{81}\right) + \cdots + \left(2n + \frac{1}{3^n}\right)$$

$$= (2 + 4 + 8 + \cdots + 2n) + \left(\frac{1}{3} + \frac{1}{9} + \frac{1}{27} + \frac{1}{81} + \cdots + \frac{1}{3^n}\right)$$

$$= \frac{n}{2}(2 + 2n) + \frac{\frac{1}{3}\left[1 - \left(\frac{1}{3}\right)^n\right]}{1 - \frac{1}{3}}$$

$$= n(n+1) + \frac{1}{2}\left(1 - \frac{1}{3^n}\right).$$

此题的解法反映出数学解题的一个基本规律:解数学题先考虑基本解法,即用基本概念、基本定理、基本公式去分析、求解,如果不行,则考虑变化,将问题变为能用基本解法来求解.

练　习

根据下列各题中的条件,求相应的等比数列 $\{a_n\}$ 的 S_n:

(1) $a_1 = 3, q = 2, n = 6$;　　　(2) $a_1 = 2.4, q = -1.5, n = 5$;

(3) $a_1 = 8, q = \dfrac{1}{2}, a_n = \dfrac{1}{2}$;　　(4) $a_1 = -2.7, q = -\dfrac{1}{3}, a_n = \dfrac{1}{90}$.

五、等比数列的性质

(1) 在有限等比数列中,与首末两项等距离的两项的积,都等于首末两项的积.

（2）各项同乘一个不为零的数,所得的数列仍是等比数列,并且公比不变.

（3）各项倒数所成的数列仍是等比数列,并且公比等于原数列公比的倒数.

（4）几个等比数列,它们各对应项的积组成的数列,仍是等比数列,公比等于各个公比的积.

（5）a_n 和 s_n 都是 n 的指数函数,定义域为正整数集.

注意:等比数列的通项公式及前 n 项和的公式中,各含有四个元素. 若已知其中的三个,就可以把公式化为以第四个为未知数的方程,从而求解. 这两个公式合在一起,则共含有五个元素,知其中三个,便可以求出另外两个.

习题 5-3

1. （1）一个等比数列的第 9 项是 $\dfrac{4}{9}$,公比是 $-\dfrac{1}{3}$,求它的第 1 项;

   （2）一个等比数列的第 2 项是 10,第 3 项是 20,求它的第 1 项与第 4 项.

2. 在等比数列 $\{a_n\}$ 中,$a_2 = 2$,$a_5 = 54$,求 q.

3. 求下列各对数的等比中项:

   （1）2,8;　　（2）16,4.

4. 一个等比数列的第 2 项是 3,第 3 项是 9,求它的第 1 项与第 4 项.

5. 在等比数列 $\{a_n\}$ 中 $a_1 = 1$,末项 $a_n = 256$,公比 $q = 2$,求这个等比数列的项数.

6. 在 8 和 200 之间插入 3 个数,使 5 个数成等比数列,求这三个数.

7. （1）求等比数列 1,2,4,… 从第 5 项到第 10 项的和;

   （2）求等比数列 $\dfrac{3}{2}$,$\dfrac{3}{4}$,$\dfrac{3}{8}$,… 从第 3 项到第 7 项的和.

8. 在等比数列 $\{a_n\}$ 中,$a_1 = 36$,$a_5 = \dfrac{9}{4}$,求 q 和 s_5.

9. 在等比数列 $\{a_n\}$ 里,如果 $a_7 - a_5 = a_6 + a_5 = 48$,求 a_1,q,s_{10}.

10. 在 160 和 5 之间插入 4 个数,使这 6 个数成等比数列,求这 4 个数.

*第 4 节　数学归纳法

一、数学归纳法的概念

在第二节中,我们是这样推导首项为 a_1,公差为 d 的等差数列 $\{a_n\}$ 的通项公式的:

$$a_1 = a_1 = a_1 + 0d,$$
$$a_2 = a_1 + d = a_1 + 1d,$$
$$a_3 = a_2 + d = a_1 + 2d,$$
$$a_4 = a_3 + d = a_1 + 3d,$$
$$\cdots\cdots$$

由此得到,等差数列 $\{a_n\}$ 的通项公式:

$$a_n = a_1 + (n-1)d.$$

像这种由一系列有限的特殊事例得出一般结论的推理方法,通常叫做归纳法. 用归纳法可以帮助我们从具体事件中发现一般规律,但是应该注意,仅根据一系列有限的特殊事例所得出的一般结论有时是不正确的. 例如一个数列的通项公式是

$$a_n = (n^2 - 5n + 5)^2$$

容易验证

$$a_1 = 1, a_2 = 1, a_3 = 1, a_4 = 1$$

如果由此作出结论,对于任何 $n \in \mathbf{N}$,$a_n = (n^2 - 5n + 5)^2 = 1$ 都成立,那就是错误的,事实上,$a_5 = 25 \neq 1$.

归纳法

归纳推理又叫归纳法,它是由特殊到一般或个别到全体的推理.人们通过观察和试验,把多次观察和试验的具体事实的共同属性概括为一般原理,就是归纳法.

归纳法的种类:归纳法根据其前提是否考察了某类对象的全体,分为完全归纳法和不完全归纳法.

不完全归纳法:研究事物的属性时,只是根据部分对象(不是全体)的共同属性而做出一般结论.这种推理方法称为不完全归纳法.

在研究事物的一切特殊情况所得到的共同属性的基础上,作出一般结论的推理方法,称为完全归纳法.

对于由归纳法得到的某些与自然数有关的数学命题,我们通常采用下面的方法来证明它们的正确性:先证明当 n 取第一个值 n_0(例如 $n_0=1$)时命题成立,然后假设当 $n=k(k\in \mathbf{N},k\geq n_0)$ 时命题成立.

证明当 $n=k+1$ 时命题也成立(因为证明了这一点,就可以断定这个命题对于 n 取第一个值后面的所有自然数也都成立),这种证明方法叫做数学归纳法.

例1 我们用数学归纳法证明:如果 $\{a_n\}$ 是一个等差数列,那么

$$a_n=a_1+(n-1)d$$

对一切 $n\in \mathbf{N}^+$ 都成立.

证明 (1)当 $n=1$ 时,左边是 a_1,右边是 $a_1+0\cdot d=a_1$,等式是成立的.

(2)假设当 $n=k$ 时,等式成立,就是

$$a_k=a_1+(k-1)d \text{ 那么,}$$
$$a_{k+1}=a_k+d$$
$$=a_1+(k-1)d+d$$
$$=a_1+[(k+1)-1]d$$

这就是说,当 $n=k+1$ 时,等式也成立.

根据(1),$n=1$ 时等式成立,再根据(2),$n=1+1=2$ 时等式也成立,由于 $n=2$ 时等式成立,再根据(2),$n=2+1=3$ 时等式也成立,这样递推下去,就知道 $n=4,5,6,\cdots$ 时等式都成立,因此根据(1)和(2)可以断定等式对任何 $n\in \mathbf{N}^+$ 都成立.

从上面的例子看到,用数学归纳法证明一个与自然数有关的命题的步骤是

(1)证明当 n 取第一个值 n_0(例如 $n_0=1$ 或 2)时结论正确;

(2)假设当 $n=k(k\in \mathbf{N},且 k\geq n_0)$ 时结论正确.证明当 $n=k+1$ 时结论也正确.

在完成了这两个步骤以后,就可以断定命题对于从 n_0 开始的所有自然数 n 都正确.

例2 用数学归纳法证明

$$1+3+5+\cdots+(2n-1)=n^2$$

证明 (1)当 $n=1$ 时,左边 $=1$,右边 $=1$,等式成立.

(2)假设当 $n=k$ 时等式成立,就是

$$1+3+5+\cdots+(2k-1)=k^2$$

那么当 $n=k+1$ 时

$$1+3+5+\cdots+(2k-1)+[2(k+1)-1]$$
$$=k^2+[2(k+1)-1]$$

数学归纳法

数学归纳法是证明依赖于自然数 $n(\geq 1)$ 的命题 $P(n)$ 的特殊方法,它依据的是归纳公理:任何一个自然数集合 $\mathbf{N}$,若:

①$1\in \mathbf{N}$;

②如果某个自然数 $n\in \mathbf{N}$,则它的后继数 $n+1$ 也属于 N,据此,使用数学归纳法的步骤:

第一步,验证 $P(1)$ 成立;

第二步,假设命题 $P(k)$ 成立,并由此推出命题 $P(k+1)$ 成立.

于题,$P(n)$ 对所有大于等于1的自然数 n 都成立.

命题 $P(1)$ 如果成立,叫做归纳基础,只有这一步,便属于不完全归纳法,如果不证明第二步,作出结论不可靠.关于 $P(k)$ 成立的假设叫做归纳假设,有了第二步证明,(递推)它不再是一般的归纳法,而是一种变形的演绎法,把两步结合起来:第一步已验证,$P(1)$,由第二步取 $k=1$ 可推出 $P(2)$ 成立,再取 $k=2$,可推出 $P(3)$ 成立,继续这个过程,从而证 $P(n)$ 当 $n\in \mathbf{N}^+$ 时均成立.

笔记栏

$$= k^2 + 2k + 1$$
$$= (k+1)^2$$

这就是说,当 $n = k+1$ 时等式成立.

根据(1)和(2),可知等式对任何 $n \in \mathbf{N}^+$ 都成立.

用数学归纳法证明命题的这两个步骤,是缺一不可的,从上面计算数列 $\{a_n\}$(其中 $a_n = (n^2 - 5n + 5)^2$)各项的值可以看到,只完成步骤(1)而缺少步骤(2),就可能得出不正确的结论,因为单靠步骤(1),我们无法递推下去. 所以,对于 n 取 $2,3,4,5,\cdots$ 时命题是否正确,我们无法判定. 同样,只有步骤(2)而缺步骤(1),也可能得出不正确的结论,例如,假设 $n = k$ 时,等式

$$2 + 4 + 6 + \cdots + 2n = n^2 + n + 1$$

成立,就是

$$2 + 4 + 6 + \cdots + 2k = k^2 + k + 1$$

那么当 $n = k+1$ 时,

$$2 + 4 + 6 + \cdots + 2k + 2(k+1)$$
$$= k^2 + k + 1 + 2(k+1)$$
$$= (k+1)^2 + (k+1) + 1$$

这就是说,如果 $n = k$ 时,等式成立,那么 $n = k+1$ 时等式也成立,但如果仅根据这一步就得出等式对于任何 $n \in \mathbf{N}^+$ 都成立的结论,那就错了. 事实上,当 $n = 1$ 时,上式左边 $= 2$. 右边 $= 1^2 + 1 + 1 = 3$,左边 $\neq$ 右边,这也说明,如果缺少步骤(1)这个基础,步骤(2)就没有意义了.

练 习

用数学归纳法证明下列各题:

(1) $1 + 2 + 3 + \cdots + n = \dfrac{1}{2}n(n+1)$;　　　(2) $1 + 2 + 2^2 + \cdots + 2^{n-1} = 2^n - 1$.

二、数学归纳法的应用举例

例3 用数学归纳法证明 $x^{2n} - y^{2n}$($n \in \mathbf{N}^+$)能被 $x + y$ 整除.

证明 (1)当 $n = 1$ 时,$x^2 - y^2 = (x+y)(x-y)$ 能被 $x + y$ 整除.

(2)假设当 $n = k$ 时,$x^{2k} - y^{2k}$ 能被 $x + y$ 整除.

那么当 $n = k+1$ 时

$$x^{2(k+1)} - y^{2(k+1)}$$
$$= x^2 \cdot x^{2k} - y^2 \cdot y^{2k}$$
$$= x^2 \cdot x^{2k} - x^2 \cdot y^{2k} + x^2 \cdot y^{2k} - y^2 \cdot y^{2k}$$
$$= x^2(x^{2k} - y^{2k}) + y^{2k}(x^2 - y^2)$$

因为 $x^{2k} - y^{2k}$ 与 $x^2 - y^2$ 都能被 $x + y$ 整除,所以上面的和 $x^2(x^{2k} - y^{2k}) + y^{2k}(x^2 - y^2)$ 也能被 $x + y$ 整除. 这就是说,当 $n = k+1$ 时,$x^{2(k+1)} - y^{2(k+1)}$ 能被 $x + y$ 整除.

根据(1)和(2),可知命题对任何 $n \in \mathbf{N}^+$ 都成立.

例4 设 $\sin \dfrac{a}{2} \neq 0$,用数学归纳法证明:

$$\sin a + \sin 2a + \sin 3a + \cdots + \sin na = \frac{\sin \dfrac{na}{2} \sin \dfrac{(n+1)a}{2}}{\sin \dfrac{a}{2}}$$

证明 （1）当 $n=1$ 时,左边是 $\sin a$,右边是

$$\frac{\sin\frac{a}{2}\sin a}{\sin\frac{a}{2}}=\sin a$$

等式成立.

（2）假设当 $n=k$ 时等式成立,就是

$$\sin a+\sin 2a+\sin 3a+\cdots+\sin ka$$

$$=\frac{\sin\frac{ka}{2}\sin\frac{(k+1)a}{2}}{\sin\frac{a}{2}}$$

那么当 $n=k+1$ 时

$$\sin a+\sin 2a+\sin 3a+\cdots+\sin ka+\sin(k+1)a$$

$$=\frac{\sin\frac{ka}{2}\sin\frac{(k+1)a}{2}}{\sin\frac{a}{2}}+\sin(k+1)a$$

$$=\frac{\sin\frac{ka}{2}\sin\frac{(k+1)}{2}a+\sin\frac{a}{2}\sin(k+1)a}{\sin\frac{a}{2}}$$

$$=\frac{\frac{1}{2}\left(\cos\frac{a}{2}-\cos\frac{2k+1}{2}a+\cos\frac{2k+1}{2}a-\cos\frac{2k+3}{2}a\right)}{\sin\frac{a}{2}}$$

$$=\frac{\cos\frac{a}{2}-\cos\frac{2k+3}{2}a}{2\sin\frac{a}{2}}$$

$$=\frac{\sin\frac{(k+1)a}{2}\sin\frac{[(k+1)+1]a}{2}}{\sin\frac{a}{2}}$$

这就是说,当 $n=k+1$ 时等式也成立.

根据（1）和（2）,可知等式对任何 $n\in\mathbf{N}^+$ 都成立.

例5 设 n 为非负整数,求证 $11^{n+2}+12^{2n+1}$ 能被 133 整除.

证明 （1）当 $n=0$ 时,$11^2+12^1=133$,能被 133 整除.

（2）设 $n=k$ 时,$11^{k+2}+12^{2k+1}$ 能被 133 整除.

那么,当 $n=k+1$ 时,

$$11^{(k+1)+2}+12^{2(k+1)+1}$$
$$=11^{(k+2)+1}+12^{(2k+1)+2}$$
$$=11^{k+2}\times 11+12^{2k+1}\times 12^2$$
$$=11^{k+2}\times 11+11\times 12^{2k+1}-11\times 12^{2k+1}+12^{2k+1}\times 12^2$$

发散性思维

发散性思维是从同一来源材料探求不同答案的思维过程和方法,思维方向发散于不同的方面,即从不同方面进行思考,发散性思维需要提示同一事物本质中现象之间的差异,揭露已知与未知之间的关系,从不同方向来考虑解决问题的多种可能性,因而发散性思维富于联想,思路宽阔,善于分解组合,引申推导,灵活采用各种变通方法.

笔记栏

$$= 11 \times (11^{k+2} + 12^{2k+1}) - 12^{2k+1}(11 - 12^2)$$
$$= 11 \times (11^{k+2} + 12^{2k+1}) + 133 \times 12^{2k+1}$$

根据假设, $11^{k+2} + 12^{2k+1}$ 能被 133 整除; $133 \times 12^{2k+1}$ 显然能被 133 整除, 所以当 $n = k+1$ 时, 原式能被 133 整除.

所以对于任意 $n \in \mathbf{N}$, $11^{n+2} + 12^{2n+1}$ 能被 133 整除.

练 习

用数学归纳法证明:

(1) 两个连续正整数的积能被 2 整除;　　(2) $2 + 4 + 6 + \cdots + 2n = n^2 + n$.

习题 5-4

1. 用数学归纳法证明:

(1) $1 \cdot 2 + 2 \cdot 3 + 3 \cdot 4 + \cdots + n(n+1) = \dfrac{1}{3}n(n+1)(n+2)$

(2) $-1 + 3 - 5 + \cdots + (-1)^n(2n-1) = (-1)^n n$

(3) $x^n - y^n (n \in \mathbf{N})$ 能被 $x - y$ 整除

2. 用数学归纳法证明:

(1) 如果 $\sin a \neq 0$, 那么

$$\cos a + \cos 3a + \cos 5a + \cdots + \cos(2n-1)a = \frac{\sin 2na}{2\sin a}$$

(2) $1 + \dfrac{1}{2^2} + \dfrac{1}{3^2} + \cdots + \dfrac{1}{n^2} < 2 - \dfrac{1}{n} (n \in \mathbf{N}, 且 n \geq 2)$.

---

1. 本章需要记忆和掌握的公式:

等差数列

$d = a_{n+1} - a_n$;

$a_n = a_1 + (n-1)d$;

a, A, b 成等差数列 $\Leftrightarrow A = \dfrac{a+b}{2}$;

$S_n = \dfrac{n}{2}(a_1 + a_n)$.

等比数列

$q = \dfrac{a_{n+1}}{a_n}$;

$a_n = a_1 \cdot q^{n-1}$;

a, G, b 成等比数列 $\Leftrightarrow G^2 = ab$;

$S_n = \dfrac{a_1(q^n - 1)}{q - 1}$.

2. 数列 $a_1, a_2, a_3, \cdots, a_n, \cdots$ 是按大于 0 的自然数顺序排成的一列数, 实际上是自变量取大于 0 的自然数的特殊函数: $a_n = f(n)$, 即 $f(1), f(2), f(3), \cdots, f(n), \cdots$, 用函数的观点看待数列, 有利于我们对数列的认识, 也有助于解题, 还是以后学习数列极限的基础.

3. 解数列题的主要方法是综合运用本章各个公式, 解数列的应用题也是本章的一个难点, 克服此困难的方法是, 首先将实际问题表示成数学的数列问题, 如把题中涉及的数列具体写出来.

4. 数学归纳法是一种证明与自然数 n 有关的数学命题的重要方法, 用数学归纳法证明命题的步骤:

(1) 证明当 n 取第一个值 n_0 (例如 $n_0 = 1$ 或 2) 时结论正确;

(2) 假设当 $n = k(k \in \mathbf{N}, 且 k \geq n_0)$ 时结论正确, 证明当 $n = k+1$ 时结论也正确.

在完成了这两个步骤以后, 就可以断定命题对于从 n_0 开始的所有自然数 n 都正确.

上面第一步是递推的基础, 第二步是递推的依据, 两者缺一不可.

小　结

1. 判断题:

(1) 数列 $a_n = f(n)$ 的定义域是正整数集的子集; （　　）

(2) 如果 $a_1 + a_5 = a_2 + a_7$, 则 $\{a_n\}$ 是等差数列; （　　）

(3) 常数列: $a, a, a, \cdots, a(a \neq 0)$ 是等差数列又是等比数列; （　　）

(4) 数列的通项公式为 $a_n = 3n + 1$, 则 $\{a_n\}$ 不是等差数列; （　　）

(5) 数列的通项公式为 $a_n = 3^n + 1$, 则 $\{a_n\}$ 不是等比数列; （　　）

(6) 任意两个负数的等比中项不存在. （　　）

2. 填空:

(1) 已知数列 $a_n = n^2 - 2n + 3$, 则 $a_{10} = $ ＿＿＿＿＿＿＿＿;

(2) 已知数列 $a_1 = 3, a_n = a_{n-1} + 3$, 则 $a_{10} = $ ＿＿＿＿＿＿＿＿;

(3) 已知数列的前 n 项和 $S_n = n(n+1)$, 则 $a_n = $ ＿＿＿＿＿＿＿＿;

(4) 已知 $a_n = 4n + 1$, 则 $S_n = $ ＿＿＿＿＿＿＿＿;

(5) 3 与 14 的等比中项是 ＿＿＿＿＿＿＿＿;

(6) 已知等比数列 $a_n = \dfrac{3}{8} \times 3^n$, 则公比 $q = $ ＿＿＿＿＿＿＿＿.

3. 选择题:

(1) 已知数列 $\{a_n\}$ 的第 1 项是 1, 第 2 项是 2, 以后各项由公式 $a_n = a_{n-2} - a_{n-1}$ 给出, 则这个数列的第 6 项是 （　　）.

　　A. 7　　　　　　B. -7　　　　　　C. 1　　　　　　D. -1

(2) 已知数列的每一项是它的序号的平方减去序号的 5 倍, 则这个数列的第 8 项是（　　）.

　　A. 20　　　　　　B. 22　　　　　　C. 24　　　　　　D. 26

(3) 已知等差数列 $\{a_n\}$ 的第 1 项是 5.6, 第 6 项是 20.6, 则它的第 4 项是（　　）.

　　A. 14.4　　　　　B. 14.6　　　　　C. 17.4　　　　　D. 17.6

(4) 一个等差数列第 3 项是 9, 第 9 项是 3, 则它的第 12 项是（　　）.

　　A. 2　　　　　　B. 0　　　　　　C. 1　　　　　　D. -1

(5) 647 与 895 的等差中项是（　　）.

　　A. 770　　　　　B. 771　　　　　C. 121　　　　　D. 122

(6) 正整数集合中有多少个 3 位数（　　）.

　　A. 899　　　　　B. 900　　　　　C. 998　　　　　D. 999

(7) 求等差数列 $10, 7, 4, \cdots, -47$ 各项的和为（　　）.

　　A. -370　　　　B. 370　　　　　C. -570　　　　D. 570

(8) 已知等差数列 $\{a_n\}$ 中, $a_1 = 20, a_n = 54, S_n = 999$, 求 $d = $ （　　）.

　　A. 27　　　　　　B. $\dfrac{13}{17}$　　　　　C. $\dfrac{17}{13}$　　　　　D. 26

(9) 在等比数列 $\{a_n\}$ 中, $a_4 = 27, q = -3$, 求 $a_7 = $ （　　）.

　　A. 729　　　　　B. -729　　　　C. 1458　　　　　D. -1458

(10) 在等比数列 $\{a_n\}$ 中, $a_2 = 18, a_4 = 8$, 求 $q = $ （　　）.

　　A. $\dfrac{2}{3}$　　　　　B. $\dfrac{3}{2}$　　　　　C. $\pm\dfrac{2}{3}$　　　　　D. $\pm\dfrac{3}{2}$

(11) 45 与 80 的等比中项是（　　）.

　　A. 60　　　　　　B. -60　　　　　C. ± 60　　　　　D. 62.5

(12) 在 9 与 243 之间插入 2 个数, 使这 4 个数成等比数列. 则公比 q 为（　　）.

　　A. $\pm\dfrac{1}{3}$　　　　B. ± 3　　　　　C. 3　　　　　　D. $\dfrac{1}{3}$

(13) 在等比数列 $\{a_n\}$ 中, $a_1 = -1.5, a_2 = 9$, 则 $s_4 = $ （　　）.

　　A. 465　　　　　B. 277.5　　　　C. 645　　　　　D. -645

（14）三个数成等比数列,它们的和等于 14,积等于 64,公比为(　　　).

    A. $\dfrac{1}{2}$,2　　　　B. $-\dfrac{1}{2}$,2　　　　C. $\dfrac{1}{2}$,-2　　　　D. $-\dfrac{1}{2}$,-2

4. 已知: $a_1, a_2, a_3, \cdots$ 是等差数列, C 是正常数,求证: $C^{a_1}, C^{a_2}, C^{a_3}, \cdots$ 是等比数列.

5. 成等差数列的三个正数的和等于 15,并且这三个数分别加上 1,3,9 就成等比数列. 求这三个数.

6. 解方程: $\lg x + \lg x^2 + \cdots + \lg x^n = n^2 + n$.

7. 用数学归纳法证明:

  （1）$1^3 + 2^3 + 3^3 + \cdots + n^3 = \dfrac{1}{4} n^2 (n+1)^2$;

  （2）$\dfrac{1}{1 \cdot 3} + \dfrac{1}{3 \cdot 5} + \dfrac{1}{5 \cdot 7} + \cdots + \dfrac{1}{(2n-1)(2n+1)} = \dfrac{n}{2n+1}$;

  （3）$x^n + y^n$（ n 是正奇数）能被 $x+y$ 整除;

  （4）$n^3 + 5n$（ $n \in \mathbf{N}$ ）能被 6 整除.

8. 求证: n 边形各内角和为 $(n-2) \times 180°$.

9. 大于 7 的整数可以用若干个 3 和 5 连加而得.

10. a, b, c 三个正数顺次成等差数列,公差 $d \neq 0$,对于整数 $n > 1$,求证: $a^n + c^n > 2b^n$.

第 6 章 平面解析几何

在平面几何里，我们所用的研究方法是以公理为基础，直接依据图形上的点、线、面之间的关系来研究几何图形的性质. 在本章将要学习的平面解析几何里，所用的研究方法和平面几何不同，它的基本思想和方法是在平面上建立坐标系的基础上，用坐标表示点，用方程表示直线或曲线，通过对方程的讨论来研究曲线的性质，也就是说，平面解析几何是用代数方法研究几何问题的一门数学学科.

平面解析几何研究的主要问题：首先根据已知条件，求出表示平面曲线的方程，再通过方程研究平面曲线的性质.

平面解析几何是代数与几何相结合的产物，它产生于 17 世纪，它的产生是数学史上重要的里程碑和转折点，从此，数学进入了一个新的发展时期. 在人类进入 21 世纪的信息时代，解析几何的基本思想和方法已广泛应用于其他数学分支和现代科技的各个方面.

学习目标

1. 简述直线方程的概念，说出直线与方程的关系，列出直线方程的几种形式.

2. 解释两条直线的位置关系，说出两条直线平行和垂直的条件，会用两条直线的夹角公式和点到直线的距离公式.

3. 解释圆、椭圆、双曲线、抛物线的定义，列出其标准方程，说出标准方程的特点.

4. 会用坐标变换化简二次曲线（或二元二次方程）.

第 1 节 直 线 方 程

一、直线方程的概念

我们已经知道，一次函数的图像是一条直线，如函数 $y = 2x + 1$ 的图像是直线 L，如图6-2所示，显然，满足函数 $y = 2x + 1$ 的每一组 x, y 的值为坐标的点都在直线 L 上；而直线 L 上的每一点，它们的坐标都满足函数 $y = 2x + 1$.

由于函数 $y = 2x + 1$ 也可以看成含有 x, y 的二元一次方程 $2x - y + 1 = 0$,所以,满足函数 $y = 2x + 1$ 的每一组 x, y 的值,就是方程 $2x - y + 1 = 0$ 的一组解,因此我们也可以说,以方程 $2x - y + 1 = 0$ 的解为坐标的点都在直线 L 上;而直线 L 上的每一点的坐标都是方程 $2x - y + 1 = 0$ 的一组解. 这时,我们把方程 $2x - y + 1 = 0$ 叫做直线 L 的方程,把直线 L 叫做这个方程的直线.

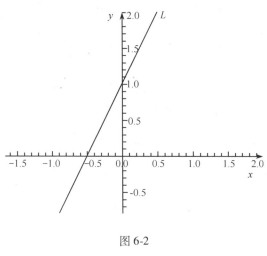

图 6-2

以一个方程的解为坐标的点都是某条直线上的点,反过来,这条直线上点的坐标都是这个方程的解,这时,这个方程就叫做这条直线的方程,这条直线叫做这个方程的直线.

直线与方程的关系

在平面上建立了直角坐标系以后,直线与方程被密不可分地联系起来,直线成了方程的代名词,方程也成了直线的代名词,方程不再是一个抽象的等式,方程有形;直线不仅仅是一个简单的几何图形,直线有式,直线与方程统一在解析几何里. 从此,代数与几何不再分道扬镳.

二、直线的倾斜角与斜率

1. 直线的倾斜角　在平面上取一个直角坐标系 xOy,如图6-3所示,直线 L 有两个方向:向上的方向和向下的方向. 我们把直线 L 向上的方向与 x 轴的正向所成的最小正角叫做直线 L 的倾斜角,用 α 表示,这个角就是 x 轴的正向绕直线与 x 轴的交点依逆时针方向转到与直线第一次重合时所形成的角.

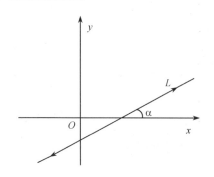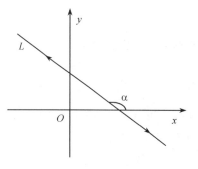

图 6-3

当直线与 x 轴平行或重合时,我们规定它的倾斜角是 $0°$,这样,任何一条直线都有一个确定的倾斜角,且直线倾斜角的范围 $0° \leqslant \alpha < 180°$.

2. 直线的斜率　直线 L 的倾斜角 α 的正切值叫做直线 L 的斜率,通常记作 k,即,

$$\boxed{k = \tan\alpha}\ (0° \leqslant \alpha < 180°,\text{且 } \alpha \neq 90°)$$

例如当倾斜角 $\alpha = 45°$ 时,斜率 $k = \tan45° = 1$.

根据直线倾斜角的范围,直线的斜率可分为以下四种情形:

（1）当 $\alpha = 0°$ 时(即直线与 x 轴平行或重合),$k = 0$;

（2）当 α 为锐角时,$k > 0$;

（3）当 α 为钝角时,$k < 0$;

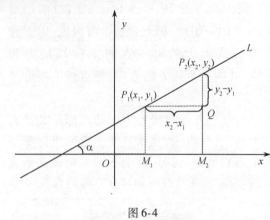

图 6-4

（4）当 $\alpha = 90°$ 时（直线与 y 轴平行或重合时），k 不存在.

设直线 L 的倾斜角是 α，并且过 $P_1(x_1, y_1)$，$P_2(x_2, y_2)$ 两个已知点，如图 6-4 所示，从 P_1, P_2 分别向 x 轴作垂线 P_1M_1, P_2M_2，再作 $P_1Q \perp P_2M_2$，垂足分别为 M_1, M_2, Q，则 $\alpha = \angle P_2P_1Q$，因此

$$\tan\alpha = \tan\angle P_2P_1Q = \frac{QP_2}{P_1Q} = \frac{y_2 - y_1}{x_2 - x_1}$$

这就是直线的斜率公式

$$k = \frac{y_2 - y_1}{x_2 - x_1}$$

例 1　已知直线 L 经过两点 $P(2, -1)$ 和 $Q(-5, 6)$，求直线 L 的斜率和倾斜角.

解　由斜率公式得

$$k = \frac{6 - (-1)}{-5 - 2} = -1$$

即

$$\tan\alpha = -1,$$

因为

$$0° \leqslant \alpha < 180°.$$

所以

$$\alpha = 135°$$

因此，这条直线的斜率是 -1，倾斜角是 $135°$.

例 2　证明 $A(0, 1)$，$B(2, 2)$，$C(4, 3)$ 三点在同一直线上.

证明　根据斜率公式得

$$k_{AB} = \frac{2 - 1}{2 - 0} = \frac{1}{2}, \quad k_{AC} = \frac{3 - 1}{4 - 0} = \frac{1}{2}$$

因为 $k_{AB} = k_{AC}$，且 AB 与 AC 有公共点 A，所以 A, B, C 三点在同一直线上.

练　习

1. 已知直线的倾斜角，求直线的斜率：

　(1) $\alpha = 0°$；　　　　　　　　　　　(2) $\alpha = 60°$；

　(3) $\alpha = 90°$；　　　　　　　　　　　(4) $\alpha = \frac{3}{4}\pi$.

2. 求经过下列每两个点的直线的斜率和倾斜角：

　(1) $A(10, 8)$，$B(4, -4)$；　　　　　　(2) $C(0, 0)$，$D(-1, \sqrt{3})$；

　(3) $M(-\sqrt{3}, \sqrt{2})$，$N(-\sqrt{2}, \sqrt{3})$.

三、直线方程的几种形式

一条直线在直角坐标平面内的位置，可以由不同的条件来确定，因此，直线方程就有几种不同的形式.

1. 直线的点斜式方程　已知直线 L 经过点 $P_1(x_1, y_1)$，又知道直线 L 的斜率为 k，求直线 L 的方程，如图 6-5 所示.

设点 $P(x, y)$ 是直线 L 上不同于 P_1 的任意一点，因直线 L 的斜率为 k，根据经过两点的直线的斜率

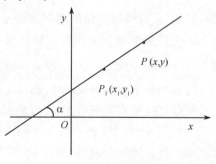

图 6-5

公式,得

$$k = \frac{y - y_1}{x - x_1}$$

可化为
$$y - y_1 = k(x - x_1)$$

这个方程就叫做直线 L 的点斜式方程.

例 3 求经过点 $(0,3)$,且倾斜角 α 为 $60°$ 的直线方程.

解 直线 L 的斜率 $k = \tan 60° = \sqrt{3}$. 又直线 L 经过点 $(0,3)$,代入点斜式,得
$$y - 3 = \sqrt{3}(x - 0)$$

整理得 $\sqrt{3}x - y + 3 = 0$

这就是所求的直线方程.

2. 直线的斜截式方程 如果直线 L 与 x 轴相交于 $(a,0)$ 点,那么交点的横坐标 a 叫做直线 L 在 x 轴上的截距;如果直线 L 与 y 轴相交于 $(0,b)$ 点,那么交点的纵坐标 b 叫做直线 L 在 y 轴上的截距,如图 6-7 所示.

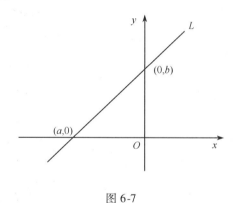

图 6-7

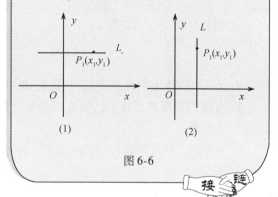

平行于坐标轴的直线方程

若直线 L 经过点 $P_1(x_1,y_1)$,且平等于 x 轴,即 $\alpha = 0°$,$k = \tan 0° = 0$,这时由点斜式得
$$y - y_1 = 0 \times (x - x_1)$$
即
$$y = y_1$$
因此,过 $P_1(x_1,y_1)$ 且平行于 x 轴的直线方程为 $y = y_1$,如图 6-6(1)所示.

若直线 L 经过点 $P_1(x_1,y_1)$,且平行于 y 轴,即 $\alpha = 90°$,这时直线 L 没有斜率 k,它的方程就不能用点斜式表示,但因直线 L 上每一点的横坐标都等于 x_1,如图6-6(2)所示,所以它的方程是
$$x = x_1$$
特别地,当直线与 x 轴重合时,它的方程为 $y = 0$;当直线与 y 轴重合时,它的方程为 $x = 0$.

图 6-6

现在若已知直线 L 的斜率为 k,在 y 轴上的截距为 b,如何求出直线 L 的方程呢?

因为 b 是直线 L 与 y 轴交点的纵坐标,所以直线 L 与 y 轴相交于 $(0,b)$,代入点斜式,得
$$y - b = k(x - 0)$$

整理得 $y = kx + b$

这个方程叫做直线 L 的斜截式方程.

例 4 求与 y 轴相交于点 $(0,-4)$,且倾斜角为 $135°$ 的直线方程.

解 已知直线在 y 轴上的截距 $b = -4$,斜率 $k = \tan 135° = -1$,代入斜截式,得
$$y = -x - 4$$

整理得 $x + y + 4 = 0$

例 5 求直线 $7x - 3y = 15$ 在 x 轴和 y 轴上的截距 a 和 b.

解 根据题意,直线 $7x - 3y = 15$ 与 x 轴相交于 $(a,0)$,把坐标代入直线方程,得

$$7a - 3 \times 0 = 15$$

解得　$a = \dfrac{15}{7}$

又知直线与 y 轴相交于 $(0,b)$，故点 $(0,b)$ 的坐标适合 $7x - 3y = 15$，代入得

$$7 \times 0 - 3b = 15$$

解得　$b = -5$

　　例 6　已知直线经过点 $A(2,-1)$ 和 $B(4,3)$，求直线 L 的方程.

　　解　所求直线的斜率

$$k = \frac{3 - (-1)}{4 - 2} = 2$$

又因直线经过点 $A(2,-1)$，代入点斜式，得

$$y - (-1) = 2(x - 2)$$

整理得　$2x - y - 5 = 0$

　　3. 直线的两点式方程　若直线经过点 $P_1(x_1,y_1)$ 和点 $P_2(x_2,y_2)$，且 $x_1 \neq x_2$，求直线 L 的方程.

　　因为直线 L 经过点 $P_1(x_1,y_1)$ 和点 $P_2(x_2,y_2)$，并且 $x_1 \neq x_2$，所以它的斜率 $k = \dfrac{y_2 - y_1}{x_2 - x_1}$，代入点斜式，得

$$y - y_1 = \frac{y_2 - y_1}{x_2 - x_1}(x - x_1)$$

当 $y_1 \neq y_2$ 时，这个方程可以写成

$$\frac{y - y_1}{y_2 - y_1} = \frac{x - x_1}{x_2 - x_1}$$

这个方程是由直线上两点确定的，叫做直线方程的两点式.

　　4. 直线的截距式方程　已知直线 L 在 x 轴和 y 轴上的截距分别为 a 和 $b(a \neq 0, b \neq 0)$，求直线 L 的方程.

　　因为直线 L 经过两点 $(a,0)$ 和 $(0,b)$，将这两点的坐标代入两点式，得

$$\frac{y - 0}{b - 0} = \frac{x - a}{0 - a}$$

整理得　$\dfrac{x}{a} + \dfrac{y}{b} = 1$

这个方程是由直线在 x 轴和 y 轴上的截距确定的，叫做直线方程的截距式.

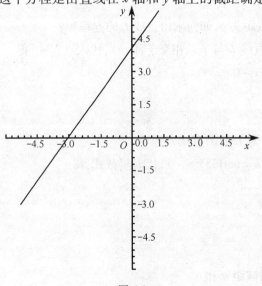

　　5. 直线方程的一般形式　从前面的例子可以看出，不论已知条件如何，直线方程的形式总是二元一次方程，可以证明，任何直线都可以用含有 x, y 的一次方程来表示；反过来，任何含有 x 和 y 的方程

$$Ax + By + C = 0$$

都表示一条直线，其中 A, B, C 为任意常数，A, B 不同时为 0.

　　我们把方程 $Ax + By + C = 0$（A, B 不同时为 0）叫做直线方程的一般式方程.

　　例 7　一条直线在 x 轴和 y 轴上的截距分别为 -3 和 4，求这条直线的斜率和一般式方程，并画图.

　　解　因为直线在 x 轴和 y 轴上的截距分别

笔记栏

图 6-8

为 -3 和 4,所以直线经过点 $(-3,0)$ 和点 $(0,4)$,代入斜率公式,得

$$k = \frac{4-0}{0-(-3)} = \frac{4}{3}$$

又可根据截距式方程得出所求直线方程为

$$\frac{x}{-3} + \frac{y}{4} = 1$$

整理得　$4x - 3y + 12 = 0$

这就是所求直线的一般式方程,其图像如图 6-8 所示.

练　习

1. 填空:

(1) 已知直线的点斜式方程是 $y - 2 = x - 1$,那么直线的斜率是 _____,倾斜角是 _____.

(2) 已知直线的点斜式方程是 $y + 2 = -\frac{\sqrt{3}}{3}(x+1)$,那么直线的斜率是 _____,倾斜角是 _____.

2. 写出下列直线的斜截式方程,并画出简图:

(1) 斜率是 $\frac{\sqrt{3}}{2}$,在 y 轴上的截距是 -2;

(2) 倾斜角是 $135°$,在 y 轴上的截距是 3;

3. 根据下列条件写出直线方程,并且化成一般式:

(1) 斜率是 $-\frac{1}{2}$,经过点 $A(8,2)$;

(2) 经过点 $B(4,2)$,平行于 x 轴;

(3) 在 x 轴和 y 轴上的截距分别是 $\frac{3}{2}$,-3;

(4) 经过两点 $P_1(3,-2)$,$P_2(5,-4)$.

习题 6-1

1. 填空题:

(1) 若倾斜角满足 $90° < \alpha < 180°$,则斜率 k _____ 0.

(2) 若斜率为 1,则倾斜角 $\alpha =$ _____.

(3) 倾斜角为 $120°$,经过点 $(-4,6)$ 的直线方程为 _____.

(4) 经过点 $(2,3)$,且平行于 x 轴的直线方程为 _____.

(5) 直线 $y + 5 = 0$ 与 _____ 轴平行,倾斜角是 _____.

(6) 已知三点 $A(a,3)$,$B(5,7)$,$C(10,12)$ 在同一条直线上,则 a 的值等于 _____.

(7) 直线 $2x + 5y - 10 = 0$ 与坐标轴所围成三角形的面积是 _____.

2. 求经过下列每两个点的直线的斜率和倾斜角.

(1) $A(0,1)$,$B(3,4)$;

(2) $C(-2,3)$,$D(1,0)$;

(3) $P(2,3)$,$Q(3,2)$;

(4) $M(1,2)$,$N(-3,2)$.

3. 在平面直角坐标系内画出下列直线.

(1) $2x + 3y - 6 = 0$;

(2) $y = \frac{1}{2}x + 1$;

(3) $x = 2$.

4. 说出下列直线在 x 轴和 y 轴上的截距和斜率:

(1) $y = 2x$;

(2) $2x - 3y - 12 = 0$.

5. 已知直线 $Ax + By + C = 0(A, B$ 不同时为 0$)$.

（1）当 $B \neq 0$ 时，斜率是多少？当 $B = 0$ 时呢？

（2）在什么情况下，这个方程表示通过坐标原点的直线.

6. 一条直线的倾斜角是 45°，在 x 轴上的截距是 -7，求这条直线的点斜式方程和斜截式方程并画图.

第2节　两条直线的位置关系

一、两条直线的位置关系

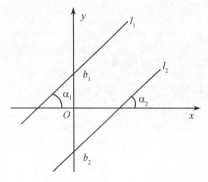

图 6-9

平面上两条直线的位置关系有 3 种可能：平行、重合，相交. 现在我们通过两条直线的方程来研究它们之间的位置关系.

设直线 l_1 和 l_2 的斜率分别为 k_1 和 k_2，它们的方程分别为 $l_1 : y = k_1 x + b_1, l_2 : y = k_2 x + b_2$. 如果 l_1 平行于 l_2，那么就有 $\alpha_1 = \alpha_2$，如图 6-9 所示.

所以　　$\tan \alpha_1 = \tan \alpha_2$

即　　$k_1 = k_2$

反过来，如果两条直线的斜率 $k_1 = k_2$，也就是

$$\tan \alpha_1 = \tan \alpha_2$$

由于　$0° \leqslant \alpha_1 < 180°, 0° \leqslant \alpha_2 < 180°$

所以　$\alpha_1 = \alpha_2$

因此当两条直线不重合时，必有 $l_1 /\!/ l_2$.

由上述可知，如果平面上两条有斜率的直线不重合，那么它们平行的充要条件是它们的斜率相等. 即：

$$
\begin{array}{l}
l_1 /\!/ l_2 \Leftrightarrow k_1 = k_2 \text{ 且 } b_1 \neq b_2 \\
l_1 \text{ 与 } l_2 \text{ 重合} \Leftrightarrow k_1 = k_2 \text{ 且 } b_1 = b_2 \\
l_1 \text{ 与 } l_2 \text{ 相交} \Leftrightarrow k_1 \neq k_2
\end{array}
$$

例1　判定下列两条直线的位置关系：

（1）$l_1 : \sqrt{3}x + y - 6 = 0, l_2 : \sqrt{3}x - y + 1 = 0$；

（2）$l_1 : 2x - 4y + 5 = 0, l_2 : x - 2y + 3 = 0$.

解　（1）已知两条直线可分别化为

$$l_1 : y = -\sqrt{3}x + 6, l_2 : y = \sqrt{3}x + 1$$

因为 $-\sqrt{3} \neq \sqrt{3}$，所以这两条直线相交.

（2）已知两条直线可分别化为

$$l_1 : y = \frac{1}{2}x + \frac{5}{4}, l_2 : y = \frac{1}{2}x + \frac{3}{2}$$

因为 $\frac{1}{2} = \frac{1}{2}$ 且 $\frac{5}{4} \neq \frac{3}{2}$，所以这两条直线平行.

若两条直线的方程为一般式方程：

$$l_1 : A_1 x + B_1 y + C_1 = 0 ; l_2 : A_2 x + B_2 y + C_2 = 0$$

那么前面关于 l_1 与 l_2 的位置关系的结论可改为

$$l_1 // l_2 \Leftrightarrow \frac{A_1}{A_2} = \frac{B_1}{B_2} \neq \frac{C_1}{C_2}$$

$$l_1 \text{ 与 } l_2 \text{ 重合} \Leftrightarrow \frac{A_1}{A_2} = \frac{B_1}{B_2} = \frac{C_1}{C_2}$$

$$l_1 \text{ 与 } l_2 \text{ 相交} \Leftrightarrow \frac{A_1}{A_2} \neq \frac{B_1}{B_2}$$

如例1(1)中,因 $\frac{\sqrt{3}}{\sqrt{3}} \neq \frac{1}{-1}$,所以 l_1 与 l_2 相交.

例2 求经过点 $A(1,2)$,且与直线 $3x - y + 5 = 0$ 平行的直线方程.

解 已知直线的斜率为3,因为所求直线与已知直线平行,因此,它的斜率也是3,代入点斜式,得

$$y - 2 = 3(x - 1)$$

即

$$3x - y - 1 = 0$$

这就是所求直线方程.

练 习

1. 判断下列各对直线是否平行:

(1) $y = 3x + 4$ 与 $2y - 6x + 1 = 0$;

(2) $y = x$ 与 $3x - 3y - 1 = 0$;

(3) $3x - 2y + 1 = 0$ 与 $5x - 3y - 1 = 0$.

2. 求过点 $A(2,3)$ 且平行于直线 $2x + y - 5 = 0$ 的直线方程.

二、两条直线垂直的条件

现在来研究两条直线垂直的情形.

如果 $l_1 \perp l_2$,显然这时 $\alpha_1 \neq \alpha_2$,不妨设 $\alpha_1 > \alpha_2$,如图 6-10所示,由三角形外角定理知 $\alpha_1 = 90° + \alpha_2$,因为已知 l_1 和 l_2 都有斜率,所以 l_1 和 l_2 都不会平行于 y 轴,必有 $\alpha_1 \neq 90°$,$\alpha_2 \neq 0°$.

所以 $\tan\alpha_1 = \tan(90° + \alpha_2) = -\frac{1}{\tan\alpha_2}$

即 $k_1 = -\frac{1}{k_2}$ 或 $k_1 \cdot k_2 = -1$.

反之,如果 $k_1 = -\frac{1}{k_2}$,即 $k_1 \cdot k_2 = -1$,设其中一个为

正数(如 k_2 是正数)则 k_1 是负数,那么 α_2 是锐角而 α_1 是钝角,于是由

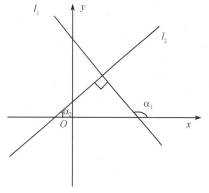

图 6-10

$$\tan\alpha_1 = -\frac{1}{\tan\alpha_2} = \tan(90° + \alpha_2)$$

可以推出 $\alpha_1 = 90° + \alpha_2$.

所以 $l_1 \perp l_2$.

因此,有斜率的两条直线,它们互相垂直的充要条件是斜率互为负倒数.

笔记栏

即
$$l_1 \perp l_2 \Leftrightarrow k_1 \cdot k_2 = -1$$

例3 求经过坐标原点且垂直于 $3x + 4y - 2 = 0$ 的直线方程.

解 已知直线可化为 $y = -\dfrac{3}{4}x + \dfrac{1}{2}$，其斜率为 $-\dfrac{3}{4}$，因所求直线与已知直线垂直，故所求直线的斜率为 $\dfrac{4}{3}$，又所求直线过原点 $(0,0)$，代入点斜式，得

$$y - 0 = \frac{4}{3}(x - 0),$$

即 $4x - 3y = 0$.

所求直线方程为 $4x - 3y = 0$.

练　习

1. 判断下列各对直线是否垂直：
   (1) $y = x$ 与 $3x + 3y - 10 = 0$;
   (2) $3x + 4y = 5$ 与 $6x - 8y = 7$.
2. 求过点 $A(3,2)$ 且垂直于直线 $x - y - 2 = 0$ 的直线方程.

三、两条直线的夹角

两条直线相交时所构成的四个角中，我们把不大于 $90°$ 的角叫做两条直线的夹角，如图6-11所示，用 θ 表示.

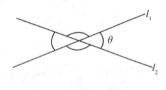

图 6-11

设两条直线都有斜率 k_1 和 k_2，若 $k_1 k_2 = -1$，那么 $l_1 \perp l_2$，即 $\theta = 90°$；当 $k_1 k_2 \neq -1$ 时，可以证明

$$\tan\theta = \left| \frac{k_2 - k_1}{1 + k_1 k_2} \right| \quad (0° \leqslant \theta < 90°)$$

特别地，当两条直线平行或重合时，$k_1 = k_2$，$\tan\theta = 0$，从而 $\theta = 0°$，上式仍然成立. 综上所述，两条直线的夹角的范围是 $0° \leqslant \theta \leqslant 90°$.

四、两条直线的交点

如果两条直线 $l_1: A_1 x + B_1 y + C_1 = 0$ 和 $l_2: A_2 x + B_2 y + C_2 = 0$ 相交于一点，那么这个交点一定同时在这两条直线上，所以交点的坐标一定同时满足两个已知方程；反过来，如果某一点的坐标同时满足两个已知方程，那么这个点一定是两条直线 l_1 和 l_2 的交点. 因此，要求两条直线的交点，就是解由两条直线的方程组成的方程组

$$\begin{cases} A_1 x + B_1 y + C_1 = 0 \\ A_2 x + B_2 y + C_2 = 0 \end{cases}$$

这个方程组的解就是两条直线的交点.

根据前面的讨论可知：

(1) 当 $\dfrac{A_1}{A_2} \neq \dfrac{B_1}{B_2}$ 时，l_1 与 l_2 相交于一点，这时方程组有惟一解.

(2) 当 $\dfrac{A_1}{A_2} = \dfrac{B_1}{B_2} \neq \dfrac{C_1}{C_2}$ 时，l_1 与 l_2 平行，没有交点，这时方程组无解.

(3) 当 $\dfrac{A_1}{A_2} = \dfrac{B_1}{B_2} = \dfrac{C_1}{C_2}$ 时，l_1 与 l_2 重合，有无穷多个交点，这时方程组里的两个方程是同解方

笔记栏

程,方程组有无穷多个解.

例 4 求两条直线 $l_1:2x+y-8=0$ 和 $l_2:x-2y+1=0$ 的交点和夹角.

解 解方程组

$$\begin{cases} 2x+y-8=0 \\ x-2y+1=0 \end{cases}$$

得

$$\begin{cases} x=3 \\ y=2 \end{cases}$$

因此,两条直线的交点为 $(3,2)$.

把两条直线的方程化为斜截式得

$$l_1:y=-2x+8 \qquad l_2:y=\frac{1}{2}x+\frac{1}{2}$$

它们的斜率分别为 $k_1=-2$, $k_2=\frac{1}{2}$,斜率互为负倒数,即 $k_1k_2=-1$,因此 $l_1\perp l_2$,从而夹角 $\theta=90°$.

练 习

求下列各对直线的交点和夹角:

(1) $2x+3y=12$,$x-2y=4$;

(2) $x=2,3x+2y-12=0$;

(3) $2x-y=7,4x+2y=1$.

五、点到直线的距离

已知点 $P(x_0,y_0)$ 和直线 $l_1:Ax+By+C=0$,根据平面几何可知,点 P 到直线 L 的距离就是点 P 到直线 L 的垂线段 PQ 的长如图 6-12 所示,记为 d,可以证明:

$$d=\frac{|Ax_0+By_0+C|}{\sqrt{A^2+B^2}}$$

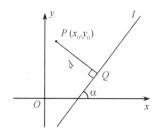

图 6-12

这就是点到直线的距离公式,无论点 P 在不在直线 l 上,也无论 $A=0$ 或 $B=0$,这个公式总成立.

两条平行直线之间的距离公式

已知两条平行直线 $l_1:Ax+By+C_1=0$ 和 $l_2:Ax+By+C_2=0$,如图 6-13 所示,则 l_1 与 l_2 的距离:

$$d=\frac{|C_2-C_1|}{\sqrt{A^2+B^2}}$$

这是因为,l_1 上任意一点到 l_2 的距离就是平行直线 l_1 与 l_2 的距离,可设 $P(x_0,y_0)$ 是直线 l_1 上任意一点,则 $P(x_0,y_0)$ 到 l_2 的距离为

$$d=\frac{|Ax_0+By_0+C_2|}{\sqrt{A^2+B^2}}$$

由 $Ax_0+By_0+C_1=0$ 知 $Ax_0+By_0=-C_1$

所以 $d=\frac{|C_2-C_1|}{\sqrt{A^2+B^2}}$

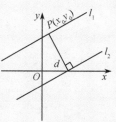

图 6-13

例5　求点 $P(1,2)$ 到直线 $3x+4y-12=0$ 的距离.

解　根据点到直线的距离公式,得

$$d=\frac{|3\times1+4\times2-12|}{\sqrt{3^2+4^2}}=\frac{1}{5}$$

练　习

1. 求下列点到直线的距离:

  (1) $A(-2,3),3x+4y+3=0$;　　　　　　(2) $B(1,0),\sqrt{3}x+y-\sqrt{3}=0$;

  (3) $C(1,-2),4x+3y=0$.

2. 求下列两条平行直线的距离:

  (1) $2x+3y-8=0,2x+3y+18=0$;　　　　(2) $3x+4y=0,3x+4y=0$.

习题 6-2

1. 判断下列说法是否正确:

  (1) 斜率相等且在 y 轴上的截距也相等是两条直线重合的充要条件. （　　）

  (2) 如果两条直线平行,那么它们的斜率一定相等. （　　）

  (3) 如果两条直线斜率相等,那么它们一定平行. （　　）

  (4) 互相垂直的两条直线的斜率一定互为负倒数. （　　）

  (5) 斜率互为负倒数的两条直线一定互相垂直. （　　）

2. 用"相交"、"平行"、"重合","垂直"填空:

  (1) $l_1:x+y+5=0$ 与 $l_2:2x+y-1=0$ _____.

  (2) $l_1:2x-y=3$ 与 $l_2:4x+2y=6$ _____.

  (3) $l_1:y=\dfrac{x+2}{3}$ 与 $l_2:2x-6y+4=0$ _____.

  (4) $l_1:x-y+3=0$ 与 $l_1:x-y-3=0$ _____.

3. A 和 C 取何值时,直线 $Ax+6y-10=0$ 与直线 $2x+3y+C=0$ 平行? 相交? 重合?

4. 求经过点 $A(2,-3)$ 且分别适合下列条件的直线方程:

  (1) 平行于直线 $x+2y-5=0$;

  (2) 垂直于直线 $x-3y+1=0$.

5. 求直线 $2x-3y+1=0$ 和 $3x+2y-5=0$ 的交点.

6. 求两条平行直线 $2x+3y-8=0$ 和 $4x+6y+3=0$ 之间的距离.

7. 已知两点 $A(5,0)$ 和 $B(1,2)$,求线段 AB 的垂直平分线的方程.

8. 求下列两条直线的夹角:

  (1) $4x-2y+3=0$ 与 $6x+2y-1=0$;

  (2) $x-\sqrt{3}y+2=0$ 与 $x-\sqrt{3}y-5=0$;

  (3) $x-y=5$ 与 $y=4$;

  (4) $x+3=0$ 与 $y+3=0$.

9. 求下列点到直线的距离:

  (1) 点 $A(4,-3)$ 到直线 $x-2y+5=0$;

  (2) 点 $P(1,-2)$ 到直线 $y=\dfrac{4}{3}x$;

  (3) 点 $Q(3,5)$ 到直线 $3x-7=0$.

*第3节　圆 锥 曲 线

在前面的学习中,我们已经知道直线与直线方程的概念,对解析几何中数形结合的研究方法有了一定的认识. 在这节中, 我们将以圆锥曲线链接, 研究曲线与曲线方程. 首先, 我们学习曲线与方程的概念.

一、曲线与方程

1. 曲线与方程的概念 我们已经研究过直线的各种方程, 讨论了直线与二元一次方程的关系. 对于一条直线 L, 可以用 $Ax + By + C = 0$ 这个方程来与之对应. 一方面, 如果 $P(x, y)$ 在直线 L 上, 则 (x, y) 是方程的解. 另一方面, 如果 (x, y) 是方程的一个解, 则点 $P(x, y)$ 一定在直线 L 上.

同样地, 我们来回想在初中学过的二次函数与图像的知识. 对于函数 $y = ax^2$, 大家肯定不陌生, 它的图像是关于 y 轴对称的抛物线. 这条抛物线是所有以方程 $y = ax^2$ 的解为坐标的点组成的. 也就是说, 如果 $M(x_0, y_0)$ 是抛物线上的点, 则 (x_0, y_0) 一定是这个方程的解; 反过来, 如果 (x_0, y_0) 是方程 $y = ax^2$ 的解, 那么以它为坐标的点一定在这条抛物线上. 由此, 我们可以说 $y = ax^2$ 是这条抛物线的方程.

> **圆锥曲线**
>
> 我们本章要讲的椭圆、双曲线、抛物线为什么叫做圆锥曲线呢? 这是两千多年前古希腊人已经知道的事实. 原来, 这几种曲线都可以统一在圆锥里, 即通过不同的平面去截圆锥面而得到的. 奇妙的是, 圆锥曲线与物理或航天学中的3个宇宙速度问题有联系. 由于地球对其表面的物体存在着引力, 要想冲出地球必须具备一定的速度, 这3个宇宙速度便是物体要成为地球的卫星和太阳的行星及冲出太阳系所要具备的最小速度. 当物体达到这3个速度时, 它的轨迹分别是椭圆、抛物线及双曲线.

平面上任一条曲线都可以看成动点按某种规律运动而成的轨迹, 或者说符合某种条件的点的集合. 如我们在初中所学过的圆就可以看成是平面上一个动点与一个定点保持等距离运动而形成的轨迹. 建立直角坐标系, 设曲线上动点 P 的坐标 (x, y), x 和 y 随点 P 的运动而变化, 这就建立了曲线和方程的对应关系.

一般地, 在直角坐标系中, 如果曲线 C 上的点与二元方程 $F(x, y) = 0$ 的实数解建立了以下的关系:

(1) 曲线上的点的坐标都是这个方程的解;

(2) 以这个方程的解为坐标的点都是曲线上的点, 那么, 这个方程叫做曲线的方程; 这条曲线叫做方程的曲线.

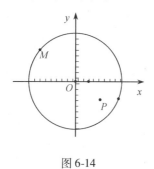

图 6-14

例1 用曲线与曲线方程的定义证明方程 $x^2 + y^2 = 16$ 是以原点为圆心, 半径为 4 的圆的方程, 并判断点 $P(-3, \sqrt{7}), Q(2, -\sqrt{2})$ 是否在此圆上, 如图 6-14 所示.

分析: 要证明一个方程是否是某条曲线 C 的方程, 必须从以下两个方面证明: (1) 以该方程的解为坐标的点都在曲线 C 上. (2) 曲线 C 上的任一点的坐标都满足该方程.

证明 (1) 设 (x_0, y_0) 是方程 $x^2 + y^2 = 16$ 的任一个解, 则 $x_0^2 + y_0^2 = 16$.

等式两边取算术平方根, 得

$$\sqrt{x_0^2 + y_0^2} = 4 \Rightarrow \sqrt{(x_0 - 0)^2 + (y_0 - 0)^2} = 4$$

即以 (x_0, y_0) 为坐标的点 M 与坐标原点 $(0, 0)$ 的距离为 4, 点 M 是该圆上的点.

(2) 设 $M(x_0, y_0)$ 是圆上任意一点, 由圆的定义可知, 点 M 与坐标原点的距离为 4, 即

$$\sqrt{(x_0 - 0)^2 + (y_0 - 0)^2} = 4 \Rightarrow x_0^2 + y_0^2 = 16$$

所以说 (x_0, y_0) 是 $x_0^2 + y_0^2 = 16$ 的解.

(3) 把两点代入方程得知: 点 P 的坐标满足方程是圆上的点, 点 Q 的坐标不满足方程, 点 Q

笔记栏

不在该圆上.

练　习

1. 曲线 C 的方程为 $x^2 - xy + 2y + 1 = 0$,下列各点中,在曲线 C 上的点是(　　).

A. $(-1, 2)$;　　　　　　　　B. $(1, -2)$;

C. $(2, -3)$;　　　　　　　　D. $(3, 6)$.

2. 已知方程 $(x-2)^2 + (y+2)^2 = r^2$ 的曲线经过点 $(2, 0)$,求 r 的值.

3. 用曲线方程的定义说明,以坐标原点为圆心,半径为 2 的圆的方程是
$$x^2 + y^2 = 4$$

---

2. 求曲线的方程　曲线可以看成具有一定特征的点的集合或者说是动点按某种规律运动而形成的轨迹,在平面坐标系中可以根据曲线的性质和特点求出曲线的方程.

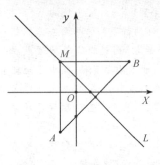

图 6-15

例 2　已知点 $A(-1, -3)$,$B(4, 2)$,求线段 AB 的垂直平分线 L 的方程,如图 6-15 所示.

解　设 $M(x, y)$ 是 L 上任意一点,由垂直平分线的性质得

$$|MA| = |MB| \Rightarrow \sqrt{(x+1)^2 + (y+3)^2}$$
$$= \sqrt{(x-4)^2 + (y-2)^2}$$

化简得 $x + y - 1 = 0$,

所以直线 L 的方程是 $x + y - 1 = 0$.

请读者利用曲线与曲线方程的概念证明方程 $x + y - 1 = 0$ 确是线段 AB 的垂直平分线的方程.

例 3　求到两条互相垂直的直线的距离之积为常数 $k(k > 0)$ 的点的轨迹,如图 6-16 所示.

分析　对于两条互相垂直的直线,我们可以想到两条互相垂直的坐标轴,而且建立曲线的方程也必须建立合适的坐标系. 因此,我们可以取两条互相垂直的直线为坐标轴.

解　取两条互相垂直的直线为坐标轴,以交点为原点建立直角坐标系.

在直角坐标系内任取点 $M(x, y)$,它与坐标轴的距离的积是常数 k. 设所有的符合该条件的点构成集合 S,即

$$S = \{M \mid |MQ| \cdot |MR| = k\}$$

又因点 M 到 x 轴的距离为 $|y|$,到 y 轴的距离为 $|x|$,所以

$$|x| \cdot |y| = k \Rightarrow xy = \pm k$$

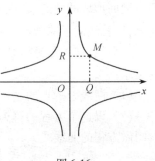

图 6-16

因此 $xy = \pm k$ 即是所求轨迹的方程.

综上所述,我们总结求曲线方程的步骤:

(1) 建立适当的坐标系,用坐标表示曲线上任意点 M 的坐标;

(2) 写出适合条件 s 的点的集合 $S = \{M \mid p(M)\}$;

(3) 用坐标表示条件 $s(M)$,列出方程 $F(x, y) = 0$;

(4) 化简方程到最简形式. 如果化简过程是同解变形,则所得方程是所求曲线的方程. 否则,要根据情况分析增根或减根,并对所得方程进行修改.

求出曲线的方程后我们便可以根据曲线的方程来研究曲线的几何性质.

笔记栏

现实中的曲线与方程

你知道吗? 数学的曲线不仅仅是用在数学上. 19 世纪末一位德国医生发现,人的体力、情绪以及智力都是服从正弦曲线变化的. 有人用线性控制论分析人体内阴阳消长与外界影响的关系,曾给出一个描述人体脏器的数学模型,它可用一个微分方程组表示: $\begin{cases} x = Ax + Bu, \\ y = D(x), \end{cases}$ 这里 x 表示阴阳之气, A 表示人体内阴阳消长的关系, Bu 表示药物对体内阴阳的调节, y 表示体外观察指标, $D(x)$ 表示体内外的联系. 方程的建立,对医学上疾病的诊断及药物作用研究的机器化处理提供了方便和可能. 数学还可以描述自然,某些植物的叶和花的形状可以用数学曲线描述. 如茉莉花瓣又称笛卡儿曲线,可用方程 $x^3 + y^3 = 3axy$ 描述;睡莲的叶子可用方程 $(x^2 + y^2)^3 - 2ax^3(x^2 + y^2) + (a^2 + r^2)x^4 = 0$ 描述.

练　习

1. 求到坐标 $(0,1)$ 的距离等于 2 的点的轨迹方程.
2. 求与两定点 $A(5,1)$ 和 $B(3,-1)$ 距离相等的点的轨迹.
3. 求与定点 $A(2,-3)$ 的距离等于 5 的点的轨迹.
4. 已知点 M 与 x 轴的距离和它与点 $F(0,4)$ 的距离相等,求点 M 的轨迹.

---

3. 曲线的交点　由曲线的定义可知,两条曲线交点的坐标可看成是两条曲线的方程构成的方程组的实数解. 方程组有几个实数解,两条曲线就有几个交点,方程组没有实数解,两条曲线则没有交点. 由此,求曲线的交点的问题,则可以转化为求它们的方程所组成的方程组的实数解的问题.

例 4　求直线 $x + 2y - 1 = 0$ 与曲线 $x^2 + y^2 = 2$ 的交点,如图 6-17 所示.

解　解方程组

$$\begin{cases} x + 2y - 1 = 0 \\ x^2 + y^2 = 2 \end{cases}$$

得

$$\begin{cases} x = -1, \\ y = 1, \end{cases} \quad \begin{cases} x = \dfrac{7}{5} \\ y = -\dfrac{1}{5} \end{cases}$$

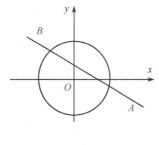

图 6-17

所以,交点为 $(-1,1)$, $\left(\dfrac{7}{5}, -\dfrac{1}{5}\right)$.

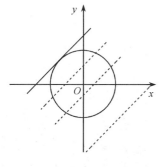

图 6-18

例 5　已知曲线 C 的方程是 $x^2 + y^2 = 2$,当 b 为何值时,直线 $x - y + b = 0$ 与 C 有两个交点? 一个交点? 没有交点? 如图 6-18 所示.

解　解方程组

$$\begin{cases} x - y + b = 0 & (6\text{-}1) \\ x^2 + y^2 = 2 & (6\text{-}2) \end{cases}$$

把 (6-1) 式代入 (6-2) 式得

$$x^2 + (x + b)^2 = 2$$
$$2x^2 + 2bx + b^2 - 2 = 0 \qquad (6\text{-}3)$$

方程 (6-3) 的根的判别式为

$$\Delta = (2b)^2 - 4 \times 2(b^2 - 2) = 4(-b^2 + 4) = 4(2 + b)(2 - b)$$

当 $-2 < b < 2$ 时, $\Delta > 0$,方程有两个不同的实数解,即直线与曲线 C 有两个不同的交点;

当 $b > 2$ 或 $b < -2$ 时，$\Delta < 0$，方程无实数解，即直线与曲线 C 没有交点；

当 $b = 2$ 或 $b = -2$ 时，$\Delta = 0$，方程有两个相同的实数解，即直线与曲线 C 有一个交点.

练 习

1. 点 $A(-1,-1)$，$B(2,-3)$，$C(5,8)$ 是否在方程 $x^2 - 3xy + y^2 + 1 = 0$ 的曲线上？

2. 在什么情形下，方程 $ax^2 + bx + c - y = 0$ 曲线经过原点？

3. 已知点 P 到 x 轴、y 轴的距离的乘积等于 2，求点 P 的轨迹方程.

4. 点 P 到点 $A(4,0)$ 和点 $B(-4,0)$ 的距离的差为 6，求点 P 的轨迹方程.

5. 点 P 到点 $(2,0)$ 的距离等于它到 x 轴的距离，求点 P 的轨迹方程.

6. 已知两定点的距离为 8，点 P 到这两个点的距离的平方和为 26，求点 P 的轨迹方程.

7. 求与点 $O(0,0)$ 和 $A(c,0)$ 的距离的平方差为常数 c 的点的轨迹方程.

8. 求直线 $4x - 3y - 20 = 0$ 与曲线 $x^2 + y^2 = 36$ 的交点.

9. 求直线 $x - y - 2 = 0$ 被曲线 $x_2 + y = 0$ 截得的线段长.

10. 已知 $A(1,0)$，$B(5,0)$，$C(5,4)$，分别求线段 AB，AC，BC 的垂直平分线的方程.

二、圆

1. 圆的标准方程　我们知道，圆是平面内与定点距离等于定长的点的集合（轨迹），这其中的定点就是圆心，定长即为半径.

根据圆的定义，我们来推导圆心是 $C(a,b)$，半径是 r 的圆的方程，如图 6-19 所示.

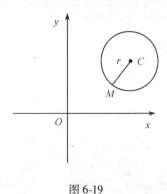

图 6-19

设 $M(x,y)$ 是圆上任意一点，根据圆的定义，点 M 到圆心 C 的距离等于 r，所求的圆就是符合平面内与点 C 距离等于定长 r 的点的集合. 即

$$S = \{M \mid |MC| = r\}$$

由两点间的距离公式，得

$$\sqrt{(x-a)^2 + (y-b)^2} = r \qquad (6\text{-}4)$$

$(6\text{-}4)$ 式两边平方，得

$$\boxed{(x-a)^2 + (y-b)^2 = r^2} \qquad (6\text{-}5)$$

方程式 $(6\text{-}5)$ 就是以 $C(a,b)$ 为圆心，r 为半径的圆的方程，称为圆的标准方程.

作为特例，如果圆心在坐标原点，这时 $a = 0$，$b = 0$，那么圆的方程就是

$$x^2 + y^2 = r^2$$

例如，以 $C(1,3)$ 为圆心，半径为 5 的圆的方程是

$$(x-1)^2 + (y-3)^2 = 25$$

再比如，圆心在坐标原点，半径为 2 的圆的方程为

$$x^2 + y^2 = 4$$

圆

圆是最常见的曲线之一. 人类居住的地球是圆的，给地球光和热的太阳是圆的. 自然界里充满了圆. 当人们撇开了各种具体的圆形物体时，就萌发了圆的概念. 我国春秋战国时代的《墨经》一书中说："圆，一中同长也." 古代的"圆"字就是圆的意思. 这句话的含义是：圆有惟一的中心，这个中心到圆上各点都是一样远. 我国古代人民不仅有了圆的概念，还创造了两足规画圆的工具. 《墨经》中又说："轮匠执其规矩，以度天下之方圆." 这里所提到的"规"，就是指画圆的工具.

例 6 已知两点 $P_1(3,5)$ 和 $P_2(5,7)$，求以 P_1P_2 为直径的圆的方程，并且判断点 $M(5,5)$，$N(3,6)$，$Q(6,7)$ 是在圆上，在圆内，还是在圆外.

解 根据已知条件，圆心 $C(a,b)$ 应该是 P_1P_2 的中点，那么它的坐标为

$$a = \frac{3+5}{2} = 4, b = \frac{5+7}{2} = 6$$

再根据两点间的距离公式，得出圆的半径为

$$r = |CP_1| = \sqrt{(3-4)^2 + (5-6)^2} = \sqrt{2}$$

因此所求圆的方程是

$$(x-4)^2 + (y-6)^2 = 2$$

分别计算点 $M(5,5)$，$N(3,6)$，$Q(6,7)$ 与圆心 $C(4,6)$ 的距离，得

$$|CM| = \sqrt{(5-4)^2 + (5-6)^2} = \sqrt{2}$$

$$|CN| = \sqrt{(3-4)^2 + (6-6)^2} = 1 < \sqrt{2}$$

$$|CQ| = \sqrt{(6-4)^2 + (7-6)^2} = \sqrt{5} > \sqrt{2}$$

因此，点 M 在圆上，点 N 在圆内，点 Q 在圆外.

例 7 求圆心为点 $C(2,0)$，并与直线 $3x + 4y - 15 = 0$ 相切的圆的方程.

解 本题已知未知圆的圆心，如果再确定半径即可求出圆的方程. 已知直线与未知圆相切，那么圆心到该直线的距离就应为所求圆的半径，根据点到直线的距离公式，我们可以得出未知圆的半径为

$$r = \frac{|3 \times 2 + 4 \times 0 - 15|}{\sqrt{3^2 + 4^2}} = \frac{9}{5}$$

因此所求圆的方程为

$$(x-2)^2 + (y-0)^2 = \frac{81}{25}$$

例 8 已知圆的方程为 $x^2 + y^2 = r^2$，求经过圆上一点 $M(x_0, y_0)$ 的切线方程.

解 如图 6-20，设切线的斜率为 k，半径 OM 的斜率为 k_1，因为圆的切线垂直于过切点的半径，则 $kk_1 = -1$.

因为 $k_1 = \dfrac{y_0}{x_0}$，所以 $k = -\dfrac{x_0}{y_0}$.

根据点斜式直线方程，经过点 M 的切线方程为

$$y - y_0 = -\frac{x_0}{y_0}(x - x_0)$$

整理得

$$x_0 x + y_0 y = x_0^2 + y_0^2$$

因为点 $M(x_0, y_0)$ 在圆上，所以 $x_0^2 + y_0^2 = r^2$，因此所求切线的方程为

$$x_0 x + y_0 y = r^2$$

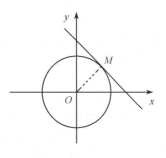

图 6-20

此式也称为圆的切线方程.

例 9 c 为何值时，直线 $x - y - c = 0$ 与圆 $x^2 + y^2 = 4$ 有两个交点，一个交点，无交点？

解法 1 讨论已知直线和圆有无交点、有几个交点的问题可以转化为由 $x - y - c = 0$ 和 $x^2 + y^2 = 4$ 组成的方程组有两组不同的实数根、有两组相同的实数根和无实数根的问题. 将 $x - y - c = 0$ 代入 $x^2 + y^2 = 4$ 并整理得

$$2y^2 + 2yc + c^2 = 4$$

其根的判别式为

$$\Delta = (2c)^2 - 4 \times 2(c^2 - 4) = 32 - 4c^2$$

当 $-2\sqrt{2}<c<2\sqrt{2}$ 时,$\Delta>0$,方程组有两组不同的实数解,此时直线与圆有两个交点;

当 $c=-2\sqrt{2}$ 或 $c=2\sqrt{2}$ 时,$\Delta=0$,方程组有两组相同的实数解,直线与圆只有一个交点;

当 $c<-2\sqrt{2}$ 或 $c>2\sqrt{2}$ 时,$\Delta<0$,方程组没有实数解,此时直线与圆没有交点.

解法 2　圆与直线有两个交点、只有一个交点、无交点的问题也可以转化为 C 为何值时圆心到直线的距离小于半径、等于半径、大于半径的问题.

根据已知条件可知,圆心 $O(0,0)$ 到直线 $x-y-c=0$ 的距离为 $d=\dfrac{|-c|}{\sqrt{2}}$,圆的半径为 2,那么:

当 $d<r$,即 $-2\sqrt{2}<c<2\sqrt{2}$ 时,圆与直线相割,此时直线与圆有两个交点;

当 $d=r$,即 $c=-2\sqrt{2}$ 或 $c=2\sqrt{2}$ 时,圆与直线相切,两个交点重合为一点;

当 $d>r$,即 $c<-2\sqrt{2}$ 或 $c>2\sqrt{2}$ 时,圆与直线相离,圆与直线无交点.

练　习

1. 求满足下列条件的圆的方程:

   (1) 圆心在点 $C(-2,1)$,半径为 3;

   (2) 圆心在点 $C(-2,1)$,并过点 $A(2,-2)$;

   (3) 圆心在点 $C(1,3)$,并与直线 $2x+y+1=0$ 相切;

   (4) 已知点 $A(2,3)$,$B(4,9)$,圆以线段 AB 为直径.

2. 直接写出过圆 $x^2+y^2=10$ 上一点 $M(2,\sqrt{6})$ 的切线方程.

3. 已知圆的方程为 $x^2+y^2=1$,求:

   (1) 斜率等于 1 的切线方程;

   (2) 在 y 轴上截距是 $\sqrt{2}$ 的切线方程.

---

2. 圆的一般方程　上一节已经讨论了圆的标准方程,得知圆心在 (a,b),半径为 r 的圆的标准方程为

$$(x-a)^2+(y-b)^2=r^2$$

将其展开可得

$$x^2+y^2-2ax-2by+a^2+b^2-r^2=0$$

可见,任何一个圆的方程都可以表示为以下形式:

$$\boxed{x^2+y^2+Dx+Ey+F=0} \tag{6-6}$$

因为对于定圆来说,a,b,r 均为定值,则上式中的 D,E,F 均为常数.

下面反过来讨论形如(6-6)式的方程的曲线是不是一定表示圆:

将(6-6)式左边进行配方,可得

$$\left(x+\dfrac{D}{2}\right)^2+\left(y+\dfrac{E}{2}\right)^2=\dfrac{D^2+E^2-4F}{4} \tag{6-7}$$

(1) 当 $D^2+E^2-4F>0$ 时,根据圆的标准方程,可知(6-7)式表示以 $\left(-\dfrac{D}{2},-\dfrac{E}{2}\right)$ 为圆心,$\dfrac{1}{2}\sqrt{D^2+E^2-4F}$ 为半径的圆.

(2) 当 $D^2+E^2-4F=0$ 时,(6-7)式只有一个实数解 $x=-\dfrac{D}{2}$,$y=-\dfrac{E}{2}$,所以只表示一个点 $\left(-\dfrac{D}{2},-\dfrac{E}{2}\right)$.

(3) 当 $D^2+E^2-4F<0$ 时,(6-7)式没有实数解,因而它不表示任何图形.

经过上面的讨论得知,只有当 $D^2+E^2-4F>0$ 时,二元二次方程(6-6)式

才表示一个圆,我们定义该方程为圆的一般方程.

圆的标准方程的优点在于它明确地指出了圆心和半径,而一般方程突出了方程形式上的特点:

(1) x^2 和 y^2 项的系数相等且不为零[如果系数为不是 1 的非零常数,只需在方程两边除以这个数,就可以得到(6-6)式的形式].

(2) 没有 xy 这样的二次项.

从我们的推导过程可以看出,所有圆的方程都可以表示成(6-6)式的形式,但具有(6-6)式形式的方程不一定表示圆,以上两点就是二元二次方程

$$Ax^2 + Bxy + Cy^2 + Dx + Ey + F = 0$$

表示圆的必要条件,但不是充分条件.

要求圆的一般方程,只要求出 D,E,F 三个系数就可以了.

例 10　求过点 $O(0,0)$,$P(1,1)$,$Q(4,2)$ 的圆的方程,并求出这个圆的半径和圆心坐标.

解　要求未知圆的方程,只需在圆的一般方程 $x^2 + y^2 + Dx + Ey + F = 0$ 中确定 D,E,F 三个系数.

因为已知三点均在圆上,所以它们的坐标都是方程的解. 把它们的坐标依次代入圆的一般方程式,得出以下关于 D,E,F 的三元一次方程组:

$$\begin{cases} F = 0 \\ D + E + F + 2 = 0 \\ 4D + 2E + F + 20 = 0 \end{cases}$$

解这个方程组,得 $F = 0, D = -8, E = 6$. 于是所求圆的方程为

$$x^2 + y^2 - 8x + 6y = 0$$

上式经过配方处理,可得

$$(x-4)^2 + (y+3)^2 = 25$$

因此,所求圆的圆心为点 $(4,-3)$,半径为 5.

例 11　等腰三角形的顶点是 $A(4,2)$,底边一个端点是 $B(3,5)$. 求另一个端点的轨迹方程,并说明它的轨迹是什么.

解　在给定的坐标系中,设 $M(x,y)$ 是所求轨迹上任意一点,根据题设条件,点 M 在轨迹上的充分必要条件为

$$|MA| = |BA|$$

由两点的距离公式,上式用坐标表示为

$$\sqrt{(x-4)^2 + (y-2)^2} = \sqrt{(3-4)^2 + (5-2)^2}$$

练　习

1. 求出下列圆的圆心和半径:

　　(1) $x^2 + y^2 - 6x = 0$;

　　(2) $x^2 + y^2 - 4y - 5 = 0$;

　　(3) $x^2 + y^2 - 4x - 6y + 12 = 0$;

　　(4) $2x^2 + 2y^2 - 4x + 8y + 5 = 0$.

2. 一个等腰三角形底边上的高等于 5,底边两端点的坐标是 $(-4,0)$ 和 $(4,0)$,求它的外接圆的方程.

3. 当 a 取不同的非零实数时,方程 $x^2 + y^2 - 2ax - 2\sqrt{3}ay + 3a^2 = 0$ 的曲线是不同的圆,问:

　　(1) 这些圆的圆心是否都在同一条直线上?

　　(2) 这些圆是否有公切线?

两边平方并化简,可以得出曲线方程

$$(x-4)^2+(y-2)^2=10$$

很明显,所求曲线是以点$(4,2)$为圆心,半径为$\sqrt{10}$的一个圆.

三、椭　　圆

1. 椭圆的标准方程 椭圆的形状大家一定不会陌生,它是一种常见的曲线,如汽车油罐横截面的轮廓,地球的公转运行轨道. 在立体几何中画直观图时,圆的一种直观图也是椭圆.

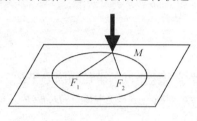

取一条一定长的细绳,把它的两端固定在画图板上的F_1和F_2两点,如图6-21所示,当绳长大于F_1和F_2的距离时,用铅笔尖把绳子拉紧,使笔尖在图版上慢慢移动,就可以画出一个椭圆.

从上面的画图过程可以看出,椭圆是由与点F_1和F_2的距离的和等于这条绳长的点组成的.

图6-21

定义1 平面内与两个定点F_1和F_2的距离的和等于常数(该常数大于$|F_1F_2|$)的点的轨迹叫做椭圆. 定点F_1和F_2叫做椭圆的焦点,两焦点之间的距离叫做焦距.

根据椭圆的定义,我们来讨论椭圆的方程.

取过焦点F_1和F_2的直线为x轴,线段F_1F_2的垂直平分线为y轴,建立直角坐标系,如图6-22所示.

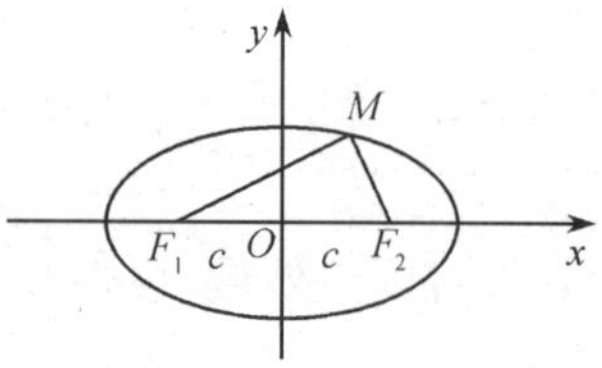

设$M(x,y)$是椭圆上的任意一点,椭圆的焦距为$2c(c>0)$,点M与F_1和F_2的距离的和等于正常数$2a$,则F_1和F_2的坐标分别是$(-c,0)$和$(c,0)$. 根据椭圆的定义,点M适合条件

$$|MF_1|+|MF_2|=2a$$

利用两点间距离公式,则有

图6-22

$$\sqrt{(x+c)^2+y^2}+\sqrt{(x-c)^2+y^2}=2a.$$

将以上方程移项后两边平方,得

$$(x+c)^2+y^2=4a^2-4a\sqrt{(x-c)^2+y^2}+(x-c)^2+y^2$$

化简得

$$(a^2-c^2)x^2+a^2y^2=a^2(a^2-c^2)$$

根据椭圆的定义可知$2a>2c$,即$a>c$,所以$a^2-c^2>0$.

设$a^2-c^2=b^2(b>0)$,代入上式可得

$$b^2x^2+a^2y^2=a^2b^2$$

上式两边除以a^2b^2,得

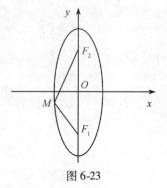

$$\boxed{\frac{x^2}{a^2}+\frac{y^2}{b^2}=1}\quad(a>b>0)$$

这个方程就叫做椭圆的标准方程,它所表示的椭圆的焦点在x轴上,焦点是$F_1(-c,0)$和$F_2(c,0)$,这里$c^2=a^2-b^2$.

如果椭圆的焦点在y轴上,如图6-23所示,焦点是$F_1(0,-c)$和$F_2(0,c)$,只要将上述推导的标准方程中的x,y互换就可以得到它的方程

$$\boxed{\frac{y^2}{a^2}+\frac{x^2}{b^2}=1}\quad(a>b>0)$$

图6-23

这个方程同样也是椭圆的标准方程.

例 12　平面内两个定点的距离是 6,求到这两个定点的距离的和是 10 的点的轨迹方程.

解　参照椭圆的定义,很显然所求轨迹是一个椭圆. 设两个定点是焦点,用 F_1 和 F_2 表示. 取过点 F_1 和 F_2 的直线为 x 轴,线段 F_1F_2 的垂直平分线为 y 轴.

因为 $2a=10, 2c=6$,所以 $a=5, c=3, b^2 = a^2 - c^2 = 5^2 - 3^2 = 16$,即 $b=4$,

因此,这个椭圆的标准方程是

$$\frac{x^2}{25} + \frac{y^2}{16} = 1$$

如果取过点 F_1 和 F_2 的直线为 y 轴,线段 F_1F_2 的垂直平分线为 x 轴,则所求椭圆的标准方程是

$$\frac{y^2}{25} + \frac{x^2}{16} = 1$$

例 13　已知 $\triangle ABC$ 的一边 BC 长是 6,周长是 16,求顶点 A 的轨迹方程.

解　根据题设条件,已知三角形一边为定长 6,周长为定值 16,可知另外两边 AB 和 AC 的长度之和为定值 10,以 BC 所在直线为 x 轴,BC 的垂直平分线为 y 轴建立直角坐标系,如图 6-24 所示,可知所求轨迹为椭圆,其中

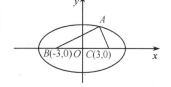

图 6-24

$2a=10, 2c=6$,所以 $a=5, c=3, b^2 = a^2 - c^2 = 5^2 - 3^2 = 16$,即 $b=4$,

因此,这个椭圆的标准方程是

$$\frac{x^2}{25} + \frac{y^2}{16} = 1$$

参照例 12 知,如果取过点 F_1, F_2 的直线为 y 轴,线段 F_1F_2 的垂直平分线为 x 轴,则所求椭圆的标准方程是

$$\frac{y^2}{25} + \frac{x^2}{16} = 1$$

练　习

1. 求适合下列条件的椭圆方程:

(1) $a=4$,焦点是 $F_1(-3,0), F_2(3,0)$;

(2) $a=4$,焦点是 $F_1(0,-3), F_2(0,3)$;

(3) $b=1$,焦点是 $F_1(-\sqrt{15},0), F_2(\sqrt{15},0)$;

(4) $a=4, b=1$,焦点在 x 轴上;

(5) $a=4, c=\sqrt{15}$,焦点在 y 轴上;

(6) 两个焦点的坐标是 $(-2,0)$ 和 $(2,0)$,并且经过点 $P\left(\frac{5}{2}, -\frac{3}{2}\right)$.

2. 求经过椭圆 $3x^2 + 4y^2 - 12 = 0$ 的一个焦点,并且与 x 轴垂直的弦长.

---

2. 椭圆的几何性质　本节根据椭圆的标准方程

$$\frac{x^2}{a^2} + \frac{y^2}{b^2} = 1\, (a > b > 0)$$

笔记栏

对　称

对称通常指图形或物体对某个点、直线或平面而言,在大小形状和排列上具有一一对应关系.在数学中,对称美是数学的一个重要组成部分.大家可以在我们的周围观察到各种各样对称的例子.从建筑物外形到生物有机体的构造;从某些装饰图案到晶体的外形及内部构造等等到处呈现对称.对称的概念源于数学.对称在生物现象中的研究始于 1884 年的巴斯德的工作.在动力学问题中按照对称观点来考虑可以得到许多重要结论.如一个氢原子中,一个电子圆形是原子核作用在电子上的库仑力的对称结果和证据.自然似乎巧妙地利用了对称定律的简单的数学表示、数学推理的内在的优美和出色的完善,以及由此而来的用数学推理去提示物理学结论的复杂性和深度.在其他科学领域很多科学家因为相信宇宙美具有对称性这一特点,作出了许多具有划时代意义的科学发现.在数学中,对称性往往是研究曲线的重要方面.

来研究它的几何性质.

（1）范围.

由椭圆的标准方程知,椭圆上的点的坐标(x,y),对于任意实数 x,y 都适合不等式 $\dfrac{x^2}{a^2} \leq 1$,$\dfrac{y^2}{b^2} \leq 1$,即 $x^2 \leq a^2$,$y^2 \leq b^2$,由此可得 $|x| \leq a$,$|y| \leq b$.

此结论的意义说明椭圆位于直线 $x = \pm a$ 和 $y = \pm b$ 所围成的矩形里,如图 6-25 所示.

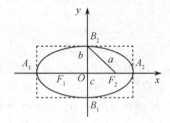

图 6-25

（2）对称性.

在椭圆的标准方程中,把 x 换成 $-x$,把 y 换成 $-y$,或把 x 和 y 同时换成 $-x$ 和 $-y$ 时,方程都不变,所以椭圆关于 x 轴和 y 轴成轴对称,关于坐标原点成中心对称.这时坐标轴是椭圆的对称轴,原点是椭圆的对称中心.椭圆的对称中心叫做椭圆的中心.

（3）顶点.

在椭圆的标准方程中,令 $y = 0$,得 $x = \pm a$,因此椭圆与 x 轴有两个交点 $A_1(-a,0)$ 和 $A_2(a,0)$. 同理令 $x = 0$,可得 $y = \pm b$,椭圆与 y 轴有两个交点 $B_1(0,-b)$ 和 $B_2(0,b)$.

因为 x 轴和 y 轴是椭圆的对称轴,所以椭圆和它的对称轴有 4 个交点,它们都叫做椭圆的顶点.

上述讨论的 A_1A_2 和 B_1B_2 分别叫做椭圆的长轴和短轴,其长度分别等于 $2a$ 和 $2b$,a 和 b 分别是椭圆的长半轴长和短半轴长.

（4）离心率.

椭圆的焦距与长轴长的比 $e = \dfrac{2c}{2a} = \dfrac{c}{a}$ 定义为椭圆的离心率.

因为 $a > c > 0$,所以椭圆的离心率 $0 < e < 1$,e 越趋近 1,则 c 越趋近 a,从而 $b = \sqrt{a^2 - c^2}$ 越小,因此椭圆越扁;反之,e 越趋近 0,c 越趋近 0,从而 b 越趋近于 a,这时椭圆就越趋近于圆.如果 $a = b$,则 $c = 0$,两个焦点重合,椭圆的标准方程就变为圆的标准方程

$$x^2 + y^2 = a^2$$

例 14　求椭圆 $9x^2 + 81y^2 = 729$ 的长轴和短轴的长以及离心率、焦点和顶点的坐标.

解　首先将已知方程化成椭圆的标准方程,方程两边同除以 729,可得

$$\frac{x^2}{9^2} + \frac{y^2}{3^2} = 1$$

由上式可得,$a = 9$,$b = 3$,$c = \sqrt{81 - 9} = \sqrt{72} = 6\sqrt{2}$,

因此,椭圆的长轴和短轴的长分别是 $2a = 18$ 和 $2b = 6$,两个焦点分别是 $F_1(-6\sqrt{2},0)$ 和 $F_2(6\sqrt{2},0)$,椭圆的 4 个顶点分别是 $A_1(-9,0)$,$A_2(9,0)$,$B_1(0,-3)$,$B_2(0,3)$,离心率 $e = \dfrac{c}{a}$

笔记栏

$$= \frac{6\sqrt{2}}{9} = \frac{2\sqrt{2}}{3}.$$

例 15 点 $M(x,y)$ 到定点 $F(c,0)$ 的距离和它到定直线 $\left(l : x = \frac{a^2}{c}\right)$ 的距离的比是常数 $\frac{c}{a}$ $(a > c > 0)$，求点 M 的轨迹方程，如图 6-26 所示.

解 设 d 是点 M 到直线 l 的距离，根据题设条件，所求轨迹应是以下集合

$$S = \left\{ M \;\middle|\; \frac{|MF|}{d} = \frac{c}{a} \right\}$$

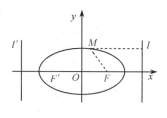

图 6-26

根据题设条件得

$$\frac{\sqrt{(x-c)^2 + y^2}}{\left| \frac{a^2}{c} - x \right|} = \frac{c}{a}$$

化简可得

$$(a^2 - c^2)x^2 + a^2 y^2 = a^2(a^2 - c^2)$$

此式我们已经非常熟悉，设 $a^2 - c^2 = b^2$，上式可以化为

$$\frac{x^2}{a^2} + \frac{y^2}{b^2} = 1$$

这是椭圆的标准方程，所以所求点 M 的轨迹是椭圆.

因此，当点 M 到一个定点的距离和它到一条定直线的距离的比是常数 $e = \frac{c}{a}$ $(e < 1)$ 时，这个点的轨迹是椭圆，定点就是椭圆的焦点，定直线叫做椭圆的准线，常数 e 是椭圆的离心率.

对于椭圆 $\frac{x^2}{a^2} + \frac{y^2}{b^2} = 1$，相应于焦点 $F(c,0)$ 的准线方程是 $x = \frac{a^2}{c}$. 根据椭圆的对称性，相应于另一个焦点 $(-c,0)$ 的准线方程是 $x = -\frac{a^2}{c}$，所以椭圆有两条准线.

例 16 求椭圆 $\frac{x^2}{16} + \frac{y^2}{25} = 1$ 上一点 $M\left(\frac{12}{5}, 4\right)$ 与焦点的距离.

解 根据题设椭圆的标准方程知，$a = 5$，$b = 4$，所以 $c = 3$，两个焦点坐标分别为 $F_1(0,-3)$ 和 $F_2(0,3)$. 根据两点距离公式，可得

$$|MF_1| = \sqrt{(2.4-0)^2 + (4+3)^2} = 7.4$$
$$|MF_2| = \sqrt{(2.4-0)^2 + (4-3)^2} = 2.6$$

所以，点 M 与已知椭圆的两个焦点的距离分别为 7.4 和 2.6.

练 习

1. 求下列椭圆的长轴和短轴的长、离心率、焦点坐标、顶点坐标和准线方程：

(1) $9x^2 + 25y^2 = 225$；

(2) $25x^2 + 9y^2 = 225$；

(3) $\frac{x^2}{16} + \frac{y^2}{4} = 1$；

(4) $\frac{x^2}{4} + \frac{y^2}{16} = 1$；

(5) $2x^2 = 1 - y^2$；

(6) $y^2 = 81 - 9x^2$.

2. 求适合下列条件的椭圆的标准方程：

(1) 长轴长 $= 12$，离心率 $e = \frac{1}{3}$，焦点在 x 轴上；

(2) $c = 6$，离心率 $e = \frac{3}{5}$，焦点在 y 轴上；

(3) 焦点在 y 轴上，$e = \frac{1}{2}$，焦距 $= 4\sqrt{2}$.

四、双 曲 线

1. 双曲线的标准方程 上面我们已经学过,与两定点的距离的和为常数的点的轨迹是椭圆,那么与两定点的距离的差为常数的点的轨迹又是怎样的曲线呢?

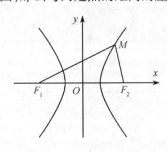

图 6-27

定义 2 平面内与两个定点 F_1 和 F_2 的距离的差的绝对值等于常数(小于 $|F_1F_2|$ 且不等于零)的点的轨迹叫做双曲线. 这两个定点叫做双曲线的焦点,两焦点间的距离叫做焦距.

取过焦点 F_1 和 F_2 的直线为 x 轴,线段 F_1F_2 的垂直平分线为 y 轴,如图 6-27 所示.

设 $M(x,y)$ 是双曲线上的任意一点,双曲线的焦距为 $2c(c>0)$,那么 F_1 和 F_2 的坐标分别是 $(-c,0)$ 和 $(c,0)$. 又设点 M 与 F_1 和 F_2 的距离的差的绝对值等于常数 $2a$,则根据双曲线的定义,点 M 适合条件

$$|MF_1| - |MF_2| = \pm 2a$$

利用两点间距离公式,则有

$$\sqrt{(x+c)^2 + y^2} - \sqrt{(x-c)^2 + y^2} = \pm 2a$$

化简得

$$(c^2 - a^2)x^2 - a^2 y^2 = a^2(c^2 - a^2)$$

根据双曲线的定义可知 $2c>2a$,即 $c>a$,所以 $c^2 - a^2 > 0$.

设 $c^2 - a^2 = b^2(b>0)$,代入上式可得

$$b^2 x^2 - a^2 y^2 = a^2 b^2$$

上式两边除以 $a^2 b^2$,得

$$\boxed{\frac{x^2}{a^2} - \frac{y^2}{b^2} = 1}$$

这个方程就叫做双曲线的标准方程,它所表示的双曲线的焦点在 x 轴上,焦点是 $F_1(-c,0)$ 和 $F_2(c,0)$,这里 $c^2 = a^2 + b^2$.

如果双曲线的焦点在 y 轴上,如图 6-28 所示,焦点是 $F_1(0,-c)$ 和 $F_2(0,c)$,只要将上述推导的标准方程中的 x 和 y 互换就可以得到它的方程

$$\boxed{\frac{y^2}{a^2} - \frac{x^2}{b^2} = 1}$$

这个方程同样也是双曲线的标准方程.

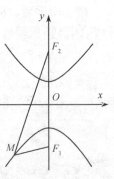

图 6-28

例 17 已知两点 $F_1(-5,0)$ 和 $F_2(5,0)$,求与它们的距离的差的绝对值是 6 的动点的轨迹方程.

解 题述条件符合双曲线的定义,因此所求动点的轨迹是双曲线,因 $c=5$,$a=3$,所以

$$c^2 - a^2 = b^2 = 5^2 - 3^2 = 4^2$$

因此所求双曲线的方程是

$$\frac{x^2}{3^2} - \frac{y^2}{4^2} = 1$$

即

$$\frac{x^2}{9} - \frac{y^2}{16} = 1$$

笔记栏

练习

1. 求适合下列条件的双曲线的标准方程:
   (1) $a=2$,焦点是 $F_1(-3,0)$ 和 $F_2(3,0)$;
   (2) $a=4,b=3$,焦点在 y 轴上;
   (3) $a=2$,焦点是 $F_1(0,-3)$ 和 $F_2(0,3)$;
   (4) $a=2\sqrt{5}$,经过点 $A(2,-5)$,焦点在 y 轴上.
2. 证明:椭圆 $\dfrac{x^2}{25}+\dfrac{y^2}{9}=1$ 与双曲线 $x^2-15y^2=15$ 的焦点相同.

2. 双曲线的几何性质　本节根据双曲线的标准方程

$$\frac{x^2}{a^2}-\frac{y^2}{b^2}=1$$

来研究它的几何性质.

(1) 范围.

由双曲线的标准方程可知,双曲线上的点的坐标 (x,y),对于任何实数 x,y 都适合不等式 $\dfrac{x^2}{a^2}\geqslant 1$,即 $x^2\geqslant a^2$,由此可得 $x\geqslant a$ 或 $x\leqslant -a$,此结论的意义说明双曲线在两条直线 $x=a$ 和 $x=-a$ 的外侧.

(2) 对称性.

双曲线关于每个坐标轴和原点都是对称的,这时坐标轴是双曲线的对称轴,原点是双曲线的对称中心. 双曲线的对称中心叫做双曲线的中心.

(3) 顶点.

在双曲线的标准方程中,令 $y=0$,得 $x=\pm a$,因此双曲线与 x 轴有两个交点 $A_1(-a,0)$ 和 $A_2(a,0)$. 因为 x 轴是双曲线的对称轴,所以双曲线和它的对称轴有两个交点,它们叫做双曲线的顶点.

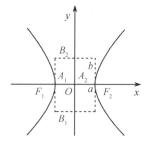

令 $x=0$,可得 $y^2=-b^2$,因为 $b>0$,所以这个方程没有实数根,说明双曲线和 y 轴没有交点,但我们也把 $B_1(0,-b)$ 和 $B_2(0,b)$ 画在 y 轴上,如图 6-29 所示.

图 6-29

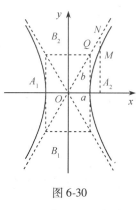

图 6-30

上述讨论的 A_1A_2 叫做双曲线的实轴,其长度等于 $2a$,a 是双曲线的实半轴长. B_1B_2 叫做双曲线的虚轴,其长度等于 $2b$,b 是双曲线的虚半轴长.

(4) 渐近线.

经过点 A_1 和 A_2 作 y 轴的平行线 $x=\pm a$,经过点 B_1 和 B_2 作 x 轴的平行线 $y=\pm b$,4 条直线围成一个矩形,如图 6-30 所示,矩形的两条对角线所在直线的方程是 $y=\pm\dfrac{b}{a}x$,从图中可以看出,双曲线 $\dfrac{x^2}{a^2}-\dfrac{y^2}{b^2}=1$ 的各支向外延伸时,与这两条直线逐渐接近.

下面讨论这两条直线与双曲线的关系:

双曲线在第一象限内部分的方程可以写为

$$y=\frac{b}{a}\sqrt{x^2-a^2}\quad(x>a)$$

设 $M(x,y)$ 是它上面的点,$N(x,Y)$ 是直线 $y=\dfrac{b}{a}x$ 上与 M 有相同横坐标的点,则 $Y=\dfrac{b}{a}x$.

因为
$$y = \frac{b}{a}\sqrt{x^2 - a^2} = \frac{b}{a}x\sqrt{1 - \left(\frac{a}{x}\right)^2} < \frac{b}{a}x = Y,$$

所以
$$|MN| = Y - y = \frac{b}{a}\left(x - \sqrt{x^2 - a^2}\right)$$

$$= \frac{b}{a} \times \frac{\left(x - \sqrt{x^2 - a^2}\right)\left(x + \sqrt{x^2 - a^2}\right)}{x + \sqrt{x^2 - a^2}}$$

$$= \frac{ab}{x + \sqrt{x^2 - a^2}}$$

设点 d 是点 M 到直线 $y = \frac{b}{a}x$ 的距离,则 $d < |MN|$. 当 x 逐渐增大时,$|MN|$ 逐渐减小,x 无限增大,$|MN|$ 趋近于零. 也就是说,双曲线在第一象限的部分从射线 ON 的下方逐渐趋近于射线 ON.

在其他象限内我们同样也可以得到类似的结论,我们把两条直线 $y = \pm\frac{b}{a}x$ 叫做双曲线 $\frac{x^2}{a^2} - \frac{y^2}{b^2} = 1$ 的渐近线.

在方程 $\frac{x^2}{a^2} - \frac{y^2}{b^2} = 1$ 中,如果 $a = b$,那么双曲线的方程简化为 $x^2 - y^2 = a^2$,它的实轴和虚轴的长都等于 $2a$,这时,4 条直线 $x = \pm a,y = \pm b$ 围成一个正方形,渐近线的方程成为 $y = \pm x$,它们互相垂直,并且平分双曲线实轴和虚轴所成的角. 实轴和虚轴等长的双曲线叫做等轴双曲线.

（5）离心率.

双曲线的焦距与实轴的比 $e = \frac{c}{a}$,我们定义为双曲线的离心率. 因为 $c > a$,所以双曲线的离心率 $e > 1$.

由等式 $c^2 - a^2 = b^2$ 可得

$$\frac{b}{a} = \frac{\sqrt{c^2 - a^2}}{a} = \sqrt{\frac{c^2}{a^2} - 1} = \sqrt{e^2 - 1}$$

因此 e 越大,$\frac{b}{a}$ 也越大,即渐近线 $y = \pm\frac{b}{a}x$ 的斜率的绝对值越大,这时双曲线的形状就从扁狭逐渐变得开阔. 由此可以得出结论,双曲线的离心率越大,它的开口就越开阔.

例 18　求双曲线 $16y^2 - 25x^2 = 400$ 的实半轴长和虚半轴长以及焦点坐标、离心率、渐近线方程.

解　首先将方程化为标准方程

$$\frac{y^2}{5^2} - \frac{x^2}{4^2} = 1$$

由此可知,实半轴长 $a = 5$,虚半轴长 $b = 4$,

$$c = \sqrt{a^2 + b^2} = \sqrt{5^2 + 4^2} = \sqrt{41}$$

所以焦点的坐标是 $(0, -\sqrt{41})$ 和 $(0, \sqrt{41})$,

离心率 $e = \frac{c}{a} = \frac{\sqrt{41}}{5}$,

渐近线方程为 $x = \pm\frac{4}{5}y$,也就是 $y = \pm\frac{5}{4}x$.

笔记栏

例 19　以双曲线的虚轴为实轴,实轴为虚轴的双曲线叫做原双曲线的共轭双曲线,试证：

（1）双曲线和它的共轭双曲线有共同的渐近线；

（2）双曲线和它的共轭双曲线的 4 个焦点在同一个圆上.

证 （1）设已知双曲线的方程是

$$\frac{x^2}{a^2} - \frac{y^2}{b^2} = 1$$

其渐近线方程为

$$y = \pm \frac{b}{a} x$$

根据题设定义, 它的共轭双曲线的方程是

$$\frac{y^2}{b^2} - \frac{x^2}{a^2} = 1$$

其渐近线方程为 $x = \pm \frac{a}{b} y$, 即 $y = \pm \frac{b}{a} x$, 所以双曲线和它的共轭双曲线有共同的渐近线.

（2）设已知双曲线的焦点为 $F_1(-c, 0)$ 和 $F_2(c, 0)$, 它的共轭双曲线的焦点为 $f_1(0, -c')$ 和 $f_2(0, c')$.

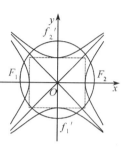

因为 $c = \sqrt{a^2 + b^2}$, $c' = \sqrt{b^2 + a^2}$, 所以 $c = c'$, 因此 4 个焦点 F_1, F_2, f_1, f_2 在同一个圆 $x^2 + y^2 = a^2 + b^2$ 上, 如图 6-31 所示.

图 6-31

例 20 点 $M(x, y)$ 到定点 $F(c, 0)$ 的距离和它到定直线 $\left(l: x = \frac{a^2}{c}\right)$ 的距离的比是常数 $\frac{c}{a}$ $(c > a > 0)$. 求点 M 的轨迹方程, 如图 6-32 所示.

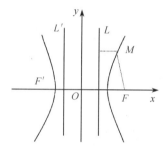

图 6-32

解 设 d 是点 M 到直线 l 的距离, 根据题设条件, 所求轨迹应是以下集合：

$$S = \left\{ M \,\middle|\, \frac{|MF|}{d} = \frac{c}{a} \right\}$$

根据题设条件得

$$\frac{\sqrt{(x-c)^2 + y^2}}{\left| x - \frac{a^2}{c} \right|} = \frac{c}{a}$$

化简得

$$(c^2 - a^2) x^2 - a^2 y^2 = a^2 (c^2 - a^2)$$

此式我们已经非常熟悉, 设 $c^2 - a^2 = b^2$, 上式可以化为

$$\frac{x^2}{a^2} - \frac{y^2}{b^2} = 1$$

这是双曲线的标准方程.

因此, 当点 M 到一个定点的距离和它到一条定直线的距离的比是常数 $e = \frac{c}{a}$ $(c > a > 0)$ 时, 这个点的轨迹是双曲线. 定点就是焦点, 这里的定直线叫做双曲线的准线, 常数 e 是双曲线的离心率.

对于双曲线 $\frac{x^2}{a^2} - \frac{y^2}{b^2} = 1$, 相应于焦点 $F(c, 0)$ 的准线方程是 $x = \frac{a^2}{c}$. 根据双曲线的对称性, 相应于另一个焦点 $(-c, 0)$ 的准线方程是 $x = -\frac{a^2}{c}$, 所以双曲线有两条准线.

笔记栏

练　习

1. 求适合下列条件的双曲线的标准方程:

(1) 顶点在 x 轴上,两顶点的距离是 10, $e = \dfrac{6}{5}$;

(2) 等轴双曲线的一个焦点是 $F_1(-6,0)$;

(3) 焦点的坐标是 $(-6,0)$ 和 $(6,0)$,并且经过点 $A(-5,2)$;

(4) 焦距是 10,虚轴的长是 8,焦点在 y 轴上.

2. 已知双曲线 $\dfrac{x^2}{a^2} - \dfrac{y^2}{b^2} = 1$, $e = 2$,焦距 $4\sqrt{2}$,求 a,b 的值.

3. 已知双曲线的中心在坐标原点,实轴在 y 轴上,且经过点 $(2,2)$ 和 $(4,3)$,求此双曲线的方程和离心率.

五、抛　物　线

1. 抛物线的标准方程　结合椭圆和双曲线的定义,我们知道与一个定点的距离和一条定直线的距离的比是常数 e 的点的轨迹,当 $e < 1$ 时是椭圆,当 $e > 1$ 时是双曲线. 那么,当 $e = 1$ 时,它又是什么曲线?

定义 3　平面内与一个定点 F 和一条定直线 l 的距离相等的点的轨迹叫做抛物线,点 F 叫做抛物线的焦点,直线 l 叫做抛物线的准线.

取经过焦点 F,且垂直于准线 l 的直线为 x 轴, x 轴与 l 相交于点 K,以线段 KF 的垂直平分线为 y 轴,如图 6-33 所示. 设 $|KF| = p$,则

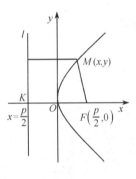

图 6-33

焦点 F 的坐标为 $\left(\dfrac{p}{2},0\right)$,准线 l 的方程为 $x = -\dfrac{p}{2}$. 设点 $M(x,y)$ 到 l 的距离为 d,抛物线也就是集合

$$S = \{M \mid |MF| = d\}$$

因为 $\quad |MF| = \sqrt{\left(x - \dfrac{p}{2}\right)^2 + y^2}, d = \left| x + \dfrac{p}{2} \right|$

所以 $\quad \sqrt{\left(x - \dfrac{p}{2}\right)^2 + y^2} = \left| x + \dfrac{p}{2} \right|$

化简得

$$\boxed{y^2 = 2px}\ (p > 0)$$

此式称为抛物线的标准方程. 它表示的抛物线的焦点在 x 轴的正半轴上,坐标是 $\left(\dfrac{p}{2},0\right)$,准线方程是 $x = -\dfrac{p}{2}$.

抛物线的标准方程依抛物线的焦点在坐标轴上的位置不同,方程也不同. 所以抛物线的标准方程还有以下几种形式: $y^2 = -2px$, $x^2 = 2py$, $x^2 = -2py$. 它们的焦点坐标、准线方程以及图像列表如下:

方　程	焦　点	准　线	图　像
$y^2 = 2px\ (p > 0)$	$F\left(\dfrac{p}{2},0\right)$	$x = -\dfrac{p}{2}$	

续表

方　程	焦　点	准　线	图　像
$y^2 = -2px\ (p>0)$	$F\left(-\dfrac{p}{2},0\right)$	$x = \dfrac{p}{2}$	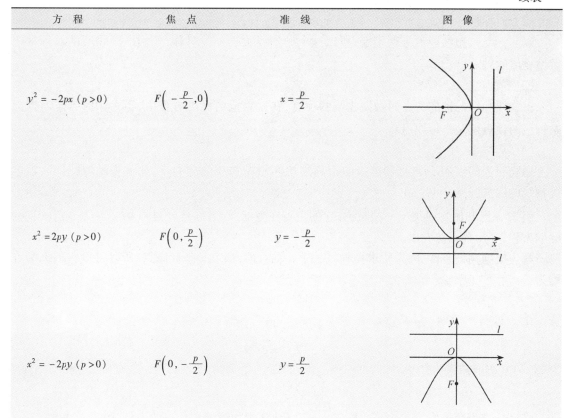
$x^2 = 2py\ (p>0)$	$F\left(0,\dfrac{p}{2}\right)$	$y = -\dfrac{p}{2}$	
$x^2 = -2py\ (p>0)$	$F\left(0,-\dfrac{p}{2}\right)$	$y = \dfrac{p}{2}$	

例 21　（1）已知抛物线的标准方程是 $y^2 = 8x$,求它的焦点坐标和准线方程;

（2）已知抛物线的焦点坐标是 $F(0,-3)$,求它的标准方程.

解　（1）根据题设所给标准方程,知 $p=4$,所以焦点坐标是 $(2,0)$,其准线方程是 $x=-2$;

（2）因为题设抛物线的焦点在 y 轴的负半轴上,并且 $\dfrac{p}{2}=3$, $p=6$,所以它的标准方程为

$$x^2 = -12y$$

练　习

1. 根据下列所给的条件,写出抛物线的标准方程:

　（1）焦点是 $F(4,0)$;

　（2）准线方程是 $y=-\dfrac{1}{8}$;

　（3）焦点到准线的距离是 4,且焦点在 x 轴上;

　（4）焦点到准线的距离是 4,且焦点在 y 轴上.

2. 求下列抛物线的焦点坐标和准线方程:

　（1）$y^2 = 20x$;　　　　　　　　　　　　（2）$x^2 = -\dfrac{1}{6}y$;

　（3）$2y^2 + 5x = 0$;　　　　　　　　　　（4）$x^2 + 8y = 0$.

---

2. 抛物线的几何性质　我们根据抛物线的标准方程

$$y^2 = 2px\ (p>0)$$

来讨论它的几何性质,其他形式的标准方程依此类推.

（1）范围.

因为 $p>0$,由标准方程可知,对于抛物线上的点 $M(x,y)$, $x \geqslant 0$,所以这条抛物线在 y 轴的

右侧,当 x 的值增大时,$|y|$ 也增大,这说明抛物线向右上方和右下方无限延伸.

（2）对称性.

以 $-y$ 代 y,抛物线的方程不变,所以这个抛物线关于 x 轴对称,我们把抛物线的对称轴叫做抛物线的轴.

（3）顶点.

抛物线和它的轴的交点叫做抛物线的顶点,在抛物线的标准方程中,当 $y=0$ 时,$x=0$,因此抛物线的顶点就是坐标原点.

（4）离心率.

抛物线上的点 M 到焦点和准线的距离之比叫做抛物线的离心率,用 e 表示. 很显然,根据抛物线的定义,e 等于常数 1.

例 22　已知抛物线关于 x 轴对称,它的顶点在坐标原点,并且经过点 $M(2,-2\sqrt{2})$,求它的标准方程,并用描点法画出图像.

解　根据题设条件,因为所求抛物线关于 x 轴对称,顶点是坐标原点,所以可设它的标准方程为

$$y^2 = 2px$$

又因为点 $M(2,-2\sqrt{2})$ 在抛物线上,代入上式,可得

$$(-2\sqrt{2})^2 = 2p \times 2$$

求得 $p=2$,因此所求方程是

$$y^2 = 4x$$

将已知方程变形为 $y = \pm 2\sqrt{x}$,根据 $y = 2\sqrt{x}$ 计算抛物线的几个点的坐标,得出下表

x	0	1	2	3	4	⋯
y	0	2	2.8	3.5	4	⋯

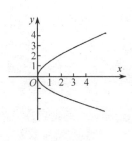

图 6-34

依上表点的坐标画出抛物线在第一象限内的部分,再根据抛物线的对称性,就可以画出整条抛物线,如图 6-34 所示.

例 23　探照灯反射镜的纵断面是抛物线的一部分. 灯口直径是 60cm,灯身 40cm,建立合适的坐标系并求出抛物线的标准方程和焦点的位置.

解　在纵断面内,以反射镜的顶点(即抛物线的顶点)为坐标原点,过顶点垂直于灯口直径的直线为 x 轴,建立直角坐标系,如图6-35所示.

设抛物线的标准方程是 $y^2 = 2px$,根据题设条件知点 A 的坐标是 $(40,30)$,代入方程,可得

$$30^2 = 2p \times 40$$

即

$$p = \frac{45}{4}$$

所以所求抛物线的标准方程是 $y^2 = \frac{45}{2}x$,焦点坐标是 $\left(\frac{45}{8},0\right)$.

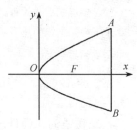

图 6-35

至此,我们学过了圆、椭圆、双曲线和抛物线的方程,它们都是二次方程,因此称这些曲线为二次曲线.

笔记栏

练　习

1. 求适合下列条件的抛物线方程:
   (1) 顶点在原点,焦点是 $F(6,0)$;
   (2) 顶点在原点,准线是 $x = 2$;
   (3) 顶点在原点,关于 x 轴对称,并且经过点 $M(5,-4)$;
   (4) 焦点是 $F(0,-6)$,准线是 $y = 6$;
   (5) 顶点在原点,对称轴是 x 轴,并且顶点与焦点的距离等于 6;
   (6) 顶点在原点,对称轴是 y 轴,并经过点 $M(-6,-3)$.

2. 证明:与抛物线的轴平行的直线和抛物线只有一个交点.

3. 在抛物线 $y^2 = 2px$ 上,求和焦点的距离等于 9 的点的坐标.

习题 6-3

1. 求直线 $l_1 : x + y - 3 = 0$ 与 $l_2 : x - 7y + 5 = 0$ 所构成的两对对顶角的角平分线的直线方程.

2. 已知动点 $P(x,y)$,点 $A(4,-2)$,$B(-2,6)$,且 $PA \perp PB$,求点 P 的轨迹方程.

3. 求经过曲线 $x^2 + y^2 + 3x - y = 0$ 和 $3x^2 + 3y^2 + 2x + y = 0$ 的交点的直线的方程.

4. 求经过点 $(8,1)$ 且与两坐标轴都相切的圆的方程.

5. 已知圆 $x^2 + y^2 = 1$ 与直线 $y = kx - 2$,问 k 为何值时,直线与圆相交、相切、相离?

6. 一条线段 $AB(|AB| = 2a)$ 的两个端点 A 和 B 分别在 x 轴和 y 轴上滑动.求线段 AB 的中点 M 的轨迹方程.

7. 已知椭圆的面积公式 $S = \pi ab$,其中 a 和 b 分别是椭圆的长半轴和短半轴的长.利用这个公式,求下列椭圆的面积:
   (1) $9x^2 + y^2 = 8$;
   (2) $9x^2 + 25y^2 = 100$.

8. 求证:椭圆 $b^2 x^2 + a^2 y^2 - a^2 b^2 = 0$ 和 $a^2 x^2 + b^2 y^2 - a^2 b^2 = 0$ 的交点在以坐标原点为中心的圆周上,并求这个圆的方程.

9. 点 M 与椭圆 $\dfrac{x^2}{13^2} + \dfrac{y^2}{12^2} = 1$ 的左焦点和右焦点的距离的比是 $2:3$. 求点 M 的轨迹方程,并画出图形.

10. 判定当 (1) $k < 4$;(2) $4 < k < 9$ 时,方程 $\dfrac{x^2}{9-k} + \dfrac{y^2}{4-k} = 1$ 分别表示什么曲线.

11. 抛物线的顶点是双曲线 $16x^2 - 9y^2 = 144$ 的中心,而焦点是双曲线的左顶点,求抛物线的方程.

12. 证明椭圆 $\dfrac{x^2}{20} + \dfrac{y^2}{5} = 1$ 与双曲线 $\dfrac{x^2}{12} - \dfrac{y^2}{3} = 1$ 的交点是一矩形的顶点.

13. 点 M 与点 $F(4,0)$ 的距离比它到直线 $x + 5 = 0$ 的距离小 1,求点 M 的轨迹方程,并且画出图像.

14. (1) 从抛物线 $y^2 = 2px$ 上各点,作 x 轴的垂线段,求线段中点的轨迹;(2) 求抛物线 $y^2 = 2px$ 上各点与焦点连线中点的轨迹.

15. 已知双曲线的离心率为 2,求它的两条渐近线的夹角.

---

*第 4 节　坐 标 变 换

一、坐标轴的平移

　　点的坐标和曲线的方程是对一定的坐标系来说的. 先看一个例子,如图 6-36 所示,在图中,圆 O' 的圆心 O',在坐标系 xOy 中的坐标是 $(5,3)$,坐标系 $x'O'y'$ 中的坐标是 $(0,0)$. 如果圆 O' 的半径是 6,其在坐标系 xOy 中的方程是

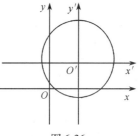

图 6-36

$$(x-5)^2+(y-3)^2=6^2$$

在坐标系 $x'O'y'$ 中方程就变为

$$x'^2+y'^2=6^2$$

坐标的由来

关于坐标的思想,在人类认识史上起源是最早的.我国早就有两个数据表示星星位置的方法.古希腊托勒密研究地理时所用到的经纬度,都具有坐标的原始概念.14世纪中叶,法国人奥雷姆为了用图像显示温度的变化,就提出了坐标轴的概念.此后,德国数学家维叶特为了确定直线上点的位置,设想了横坐标.文艺复兴后,随着航海事业的发展,需要确定轮船在大海中的位置,更推动了坐标概念的产生.

运用坐标的思想,把代数方法用到几何上的代表人物,要算是法国数学家笛卡儿了.他曾这样设想:只要将几何图形看成是动点运动的轨迹,就可以把几何图形看成是由具有某种共同特性的点组成的.例如,我们把圆看成是一个动点对定点 O 作等距离运动的轨迹,也就是可以把图形看做由无数个到定点 O 距离相等的点组成的.

对于同一点或者同一条曲线,由于选取的坐标系不同,就会出现不同的坐标或者不同的曲线方程.这就为我们研究问题提供了新的方法,我们可以把一个坐标系变换成另一个适当的坐标系,从上面的例子可以看出,由于坐标系的变换,可以使曲线的方程简化,便于我们研究曲线的性质.

由一个坐标系到另一个坐标系的变换,带来点的坐标和曲线方程的变化,为搞清这种变化,首先要解决一个最基本的问题,即确定同一个点在两个不同坐标系中坐标之间的关系,反映这种关系的式子叫做坐标变换公式.

坐标轴的方向和长度都不改变,只改变原点的位置,这种坐标系的变换叫做坐标轴的平移,简称移轴.在本节中,我们只研究坐标的平移操作.

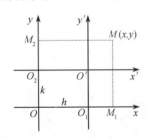

图 6-37

下面研究坐标轴平移下的坐标变换公式.

设 O' 在原坐标系 xOy 中的坐标为 (h,k),以 O' 为原点平移坐标轴,建立新坐标系 $x'O'y'$.设平面内任意一点 M 在原坐标系中的坐标为 (x,y),在新坐标系中的坐标为 (x',y'),点 M 到 x 轴、y 轴的垂线的垂足分别是 M_1 和 M_2,如图 6-37 所示.从图中可以看出

$$x=OO_1+O_1M_1=h+x'$$
$$y=OO_2+O_2M_2=k+y'$$

因此,点 M 在原、新坐标系中的坐标有如下的关系

$$\boxed{x=x'+h,\ y=y'+k} \tag{6-8}$$

或者写成

$$\boxed{x'=x-h,\ y'=y-k} \tag{6-9}$$

公式(6-8)和(6-9)叫做平移(移轴)公式.

例1 平移坐标轴,把坐标原点移到 $O'(5,-3)$,求下列各点的新坐标:$O(0,0),A(3,-4),B(5,2),C(3,-2)$.

解 根据已知条件和移轴公式,可得

$$x'=x-5,\ y'=y+3$$

将各点的原坐标代入,得出各点的新坐标分别为 $O(-5,3),A(-2,-1),B(0,5),C(-2,1)$.请同学们自己画出坐标系.

例2 平移坐标轴,化简圆的方程 $x^2+y^2-2x+4y+1=0$,并画出新坐标系和圆.

解 将已知圆的方程进行配方并整理得

$$(x-1)^2 + (y+2)^2 = 4$$

这是一个以点 $(1, -2)$ 为圆心,2 为半径的圆.

将坐标轴平移,使新坐标原点在点 $O'(1, -2)$,则坐标变换公式为

$$x' = x - 1, \quad y' = y + 2$$

在新坐标系 $x'O'y'$ 中,圆的方程是

$$x'^2 + y'^2 = 4$$

请同学们自己画出新坐标系和图像.

例 3　平移坐标轴,把原点移到 $O'(2, -1)$,求下列曲线关于新坐标系的方程,并且画出新坐标轴和曲线:

(1) $x = 2$;

(2) $y = -1$;

(3) $\dfrac{(x-2)^2}{9} + \dfrac{(y+1)^2}{4} = 1$.

解　因为坐标系的改变,曲线上每一点的坐标都相应地改变,所以曲线的方程也要改变,设曲线上任意一点的新坐标为 (x', y'),根据题设条件和移轴公式可得

$$x = x' + 2, y = y' - 1$$

代入原方程,就可以得到已知曲线在新坐标系中的方程:

(1) $x' = 0$;

(2) $y' = 0$;

(3) $\dfrac{x'^2}{9} + \dfrac{y'^2}{4} = 1$.

新坐标系和曲线如图 6-38 所示.

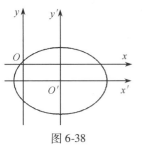

图 6-38

练　习

1. 平移坐标轴,把原点移到 $O'(5, 4)$,求下列各点的新坐标,并画出新坐标轴和各点:
   $A(3, -6), B(0, 7), C(-5, 4),$
   $D(0, -8), E(-5, -6)$

2. 经过坐标变换后,点 A 的坐标由 $(1, -2)$ 变为 $(-3, 2)$,求新坐标原点在原坐标系中的坐标.

二、利用坐标轴的平移化简二元二次方程

在前一节我们已经看到,适当地平移坐标轴可以化简曲线的方程. 现在,我们研究如何选择新坐标系来化简二元二次方程.

例 4　平移坐标轴,化简方程 $4x^2 - 9y^2 + 16x - 54y - 29 = 0$,并画出新坐标系和方程的曲线.

解　设在新坐标系中曲线上任一点的坐标为 (x', y'),根据移轴公式令 $x = x' + h, y = y' + k$ 并代入方程式得

$$4(x' + h)^2 - 9(y' + k)^2 + 16(x' + h) - 54(y' + k) - 29 = 0$$

整理得

$$4x'^2 - 9y'^2 + (8h + 16)x' - (18k + 54)y' + 4h^2 - 9k^2 + 16h - 54k - 29 = 0, \tag{6-10}$$

令

$$8h + 16 = 0$$
$$18k + 54 = 0$$

解得 $h = -2, k = -3$,代入方程式(6-10),得

$$4x'^2 - 9y'^2 = -36$$

即
$$\frac{y'^2}{4} - \frac{x'^2}{9} = 1$$

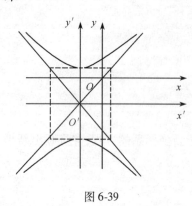

这是一条焦点在 y 轴上的双曲线的标准方程,新坐标系和曲线的图像如图 6-39 所示.

上面的例子说明,对于缺 xy 项的二元二次方程 $Ax^2 + By^2 + Dx + Ey + F = 0$ (A,C 不同时为零).

利用坐标轴的平移,可以使新方程没有一次项(或没有一个一次项和常数项),从而化成圆锥曲线的标准方程. 但上面的待定系数法,往往不如从原方程配方开始要简便些.

例 5 画出方程 $x^2 + 2x - y + 3 = 0$ 的图像.

解 由给定方程化简得

图 6-39

$$(x+1)^2 = y - 2$$

作移轴变换

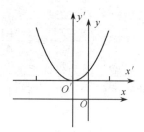

$$x' = x + 1, \quad y' = y - 2$$

将坐标原点移到点 $O'(-1,2)$,代入化简后的方程得

$$x'^2 = y'$$

这是顶点在 $O'(-1,2)$,轴平行于 y 轴的抛物线. 它的图像如图6-40 所示.

图 6-40

利用坐标平移我们可以简化对二元二次方程的曲线的研究.

例 6 证明二次函数 $y = ax^2 + bx + c$ ($a \neq 0$) 的图形是一条抛物线.

解 我们可以尝试把原方程化简,如果能化成抛物线的标准方程,就可以证明它是抛物线.

因为方程缺 xy 项和 y^2 项,我们将原方程按 x 配方,可得

$$y = a\left(x^2 + \frac{b}{a}x + \frac{b^2}{4a^2}\right) + c - \frac{b^2}{4a}$$

$$= a\left(x + \frac{b}{2a}\right)^2 + \frac{4ac - b^2}{4a}$$

将上式变形为

$$\left(x + \frac{b}{2a}\right)^2 = \frac{1}{a}\left(y - \frac{4ac - b^2}{4a}\right) \tag{6-11}$$

设

$$x' = x + \frac{b}{2a}, \quad y' = y - \frac{4ac - b^2}{4a}$$

代入方程式(6-11),得

$$x'^2 = \frac{1}{a}y'$$

因此,二次函数 $y = ax^2 + bx + c$ ($a \neq 0$) 的图形是以 $O'\left(-\frac{b}{2a}, \frac{4ac - b^2}{4a}\right)$ 为顶点,对称轴平行于 y 轴的抛物线. 当 $a > 0$ 时,抛物线的开口向上;当 $a < 0$ 时,抛物线的开口向下.

注意,在以前我们研究二次函数 $y = ax^2 + bx + c$ ($a \neq 0$) 的图形时,为使得画图方便,我们先画 $y = ax^2$ 的图像,然后将图像平移,使它的顶点移到 $O'\left(-\frac{b}{2a}, \frac{4ac - b^2}{4a}\right)$,得到 $y = ax^2 + bx + c$ 的图像. 现在正好相反,在利用坐标法研究图形性质时,为使得方程简单,不移动图形,而是把坐标原点移到 $O'\left(-\frac{b}{2a}, \frac{4ac - b^2}{4a}\right)$,得到新方程 $x'^2 = \frac{1}{a}y'$,从而容易知道它的性质.

笔记栏

练　习

平移坐标轴,化简下列曲线的方程,并画出方程的图像:

（1）$x^2 + y^2 - 4x + 6y - 3 = 0$;

（2）$x^2 + 2y^2 - 8x + 4y + 2 = 0$;

（3）$4x^2 - 9y^2 - 24x + 36y - 36 = 0$;

（4）$y = x^2 + 2x + 3$;

（5）经过怎样的平移变换,可以把方程 $x^2 + y^2 - 6x + 12y - 4 = 0$ 化为没有一次项的新方程?

习题 6-4

1. 平移坐标轴后,原点移到 $O'(1, -2)$,A,B,C,D 各点的新坐标分别是 $(-1,1),(0,-2),(3,2),(2,0)$,求它们的原坐标,并画出原坐标轴和各点.

2. 利用坐标变换化简下列方程,并画出图像:

   （1）$2x^2 - y^2 + 6x + 2y + 3 = 0$;

   （2）$y^2 - 4y - 4x + 16 = 0$;

   （3）$x^2 + 4y^2 + 8x - 16y = 17$;

   （4）$x^2 + y^2 - 4x - 2y = 0$.

本章应掌握的主要内容:

1. 直线的点斜式、斜截式、两点式、截距式方程,直线的一般式方程.

2. 直线与直线的方程,两条直线的位置关系.

3. 曲线与曲线方程.

4. 圆的标准方程及一般方程.

5. 椭圆、双曲线、抛物线标准方程及几何性质.

6. 坐标平移变换,化简缺 xy 项的二元二次方程.

小　结

 目·标·检·测

1. 选择题:

   （1）直线 $2x + y + m = 0$ 和直线 $x + 2y + n = 0$ 的位置关系是(　　).

   　A. 平行　　　　　　　　　　　　　　　B. 垂直

   　C. 相交但不垂直　　　　　　　　　　　D. 不能确定

   （2）已知点 $A(4,6)$,$B(-4,0)$,$C(-1,-4)$,那么(　　).

   　A. $AB \perp BC$;　　　　　　　　　　　B. $AC \perp BC$;

   　C. $AB \perp BC$;　　　　　　　　　　　D. AB,BC,AC 没有垂直关系.

   （3）已知直线 l_1 和 l_2 的斜率是方程 $6x^2 + x - 1 = 0$ 的两个根,那么 l_1 与 l_2 所成的角是(　　).

   　A. $15°$;　　　　　B. $30°$;　　　　　C. $45°$;　　　　　D. $60°$.

   （4）直线 $2x + y + 2 = 0$ 关于 x 轴对称的直线方程是(　　).

   　A. $2x - y + 2 = 0$;　　　　　　　　　B. $2x + y + 2 = 0$;

   　C. $2x + y - 2 = 0$;　　　　　　　　　D. $x + 2y + 2 = 0$.

   （5）已知曲线的方程是 $2x^3 - y^2 - 3x + 5 = 0$,那么在这条曲线上的点是(　　).

   　A. $\left(\dfrac{3}{2}, -\dfrac{1}{2}\sqrt{29} \right)$;　　　　　　　B. $\left(\dfrac{1}{2}, -1 \right)$;

   　C. $\left(-\dfrac{1}{2}, \dfrac{1}{2}\sqrt{29} \right)$;　　　　　　　D. $\left(-1, \dfrac{1}{2} \right)$.

(6) 过坐标原点与圆 $(x-2)^2+y^2=1$ 相切的直线的斜率是(　　).

  A. $\dfrac{\sqrt{3}}{3}$;   B. $\sqrt{3}$;   C. $\pm\dfrac{\sqrt{3}}{3}$;   D. $\pm\sqrt{3}$.

(7) 中心在坐标原点,一个焦点的坐标是 $(-3,0)$,一条渐近线方程是 $\sqrt{5}x-2y=0$ 的双曲线方程是(　　).

  A. $\dfrac{x^2}{5}-\dfrac{y^2}{4}=1$;   B. $\dfrac{x^2}{4}-\dfrac{y^2}{5}=1$;

  C. $\dfrac{y^2}{12}-\dfrac{x^2}{3}=1$;   D. $\dfrac{x^2}{3}-\dfrac{y^2}{12}=1$.

(8) 椭圆的焦距是 4,准线间距离是 20,则椭圆的标准方程是(　　).

  A. $\dfrac{x^2}{20}+\dfrac{y^2}{16}=1$;   B. $\dfrac{x^2}{16}+\dfrac{y^2}{20}=1$;

  C. $\dfrac{x^2}{40}+\dfrac{y^2}{24}=1$;   D. $\dfrac{x^2}{20}+\dfrac{y^2}{16}=1$ 或 $\dfrac{x^2}{16}+\dfrac{y^2}{20}=1$.

(9) 顶点在坐标原点,准线方程为 $y=4$ 的抛物线方程是(　　).

  A. $y^2=-8x$;   B. $x^2=8y$;

  C. $x^2=-16y$;   D. $y^2=16x$.

(10) 平移坐标轴,使得圆 $x^2+y^2+6x-2y+6=0$ 没有一次项,则平移公式是(　　).

  A. $x'=x+3,y'=y+1$;   B. $x'=x+3,y'=y-1$;

  C. $x'=x-3,y'=y+1$;   D. $x'=x-3,y'=y-1$.

2. 填空题:

(1) 已知三角形的顶点是 $A(-5,0),B(3,-3),C(0,2)$,那么 AB 边、BC 边、AC 边所在直线方程的一般式分别是_____、_____、_____.

(2) 直线 l 的方程是 $x-2y+6=0$,那么直线 l 的斜率是_____、倾斜角是_____、在 y 轴上的截距是_____、在 x 轴上的截距是_____.

(3) 已知双曲线的离心率是 2,则两条渐近线相交所得的锐角是_____.

(4) 经过直线 $x+3y+7=0$ 与 $3x-2y-12=0$ 的交点,圆心在 $C(-1,1)$ 的圆的方程是_____.

(5) 一个正三角形有两个顶点在抛物线 $y^2=2px$ 上,另一个顶点在坐标原点,这个正三角形的边长是_____.

(6) 二次曲线 $4x^2+9y^2+8x-36y+4=0$ 的焦点坐标是_____,_____,准线方程是_____.

(7) 曲线 $x^2+y^2=25$ 与 $x^2=y+13$ 交点之间的距离是_____.

(8) 抛物线 $y^2=-4x$ 上一点到焦点的距离为 4,则它的横坐标是_____.

(9) 二次曲线 $x^2-y^2+28x-14y+47=0$ 离心率是_____.

(10) 椭圆 $\dfrac{x^2}{100}+\dfrac{y^2}{36}=1$ 上一点 P 到左焦点的距离是 12,它到椭圆右准线的距离是_____.

3. 判断题:

(1) "A,B 全不为零"是"$Ax+By+C=0$"表示直线方程的充要条件. (　　)

(2) 两条直线平行的充分条件是它们的斜率相等. (　　)

(3) 二元二次方程 $x^2+y^2+Dx+Ey+F=0$ 表示一个圆. (　　)

(4) 两条曲线有交点的充要条件是它们的方程所组成的方程组有实数解. (　　)

4. 计算题:

(1) 斜率为 1 的直线与直线 $2x+y-1=0$ 和 $x+2y-2=0$ 分别相交于 A,B 两点,求线段 AB 中点的轨迹方程.

(2) 设椭圆的中心是坐标原点,长轴在 x 轴上,离心率 $e=\dfrac{\sqrt{3}}{2}$.已知点 $P\left(0,\dfrac{3}{2}\right)$ 到椭圆上的点的最远距离是 $\sqrt{7}$,求这个椭圆的方程.

(3) 设直线 $y=2x+b$ 与抛物线 $y^2=4x$ 交于 A,B 两点,已知弦 $|AB|=3\sqrt{5}$,点 P 为抛物线上一点,$\triangle PAB$ 的面积为 30,求点 P 的坐标.

(4) 双曲线 C 经过点 $P(-3,2\sqrt{3})$,并且与双曲线 $C':16x^2-9y^2=144$ 有共同的渐近线,求双曲线 C 的方程.

下　篇

第 7 章　概率初步

　　同学们都喜欢玩扑克牌,请问从一幅扑克牌中任取一张,取到红桃 A 的可能性有多大? 这就是一个概率问题. 概率是"一件事"发生的可能性大小的量度,它的应用已渗透到科学研究的许多领域内. 遗传规律的研究是概率论在生命科学中最早的应用之一,而今天概率论已在现代医学及生命科学的很多研究范围中得到广泛的应用. 本章仅介绍概率论的初步知识.

学习目标

1. 解释事件、概率的概念.
2. 说出等可能事件、互斥事件、相互独立事件、对立事件、两个事件的并、两个事件的交、独立重复试验.
3. 能求等可能事件、互斥事件的并、相互独立事件的交、独立重复试验的概率、条件概率.
4. 会将概率应用于医学.

第 1 节　事件与概率

一、事　件

1. 随机现象　自然现象和社会现象中,存在着两类现象:

(1) 确定性现象:在一定条件下,事前就能断定一定会发生或一定不会发生某种确定结果的现象. 例如,在标准大气压下,纯水加热到 100℃ 就会沸腾;导体通电必然会发热;生铁放在常温下一定不会熔化,这些都是确定性现象.

(2) 随机现象:在一定条件下,具有多种可能结果,而在事前却不能断定究竟出现哪一种结果的现象. 例如:用某种药治疗某种疾病,有时有效,有时无效;抛掷一枚硬币,在抛掷之前不能断定是正面向上还是反面向上,这些都是随机现象.

> **随机现象的两个特点**
>
> 　　第一,其结果至少有两个;第二,至于出现哪一个结果,人们事先并不知道. 从表面上看,好像结果是不可捉摸的,纯粹是偶然性在起支配作用. 其实不然,实践表明,随机现象在相同条件下重复进行多次观察,通常总能呈现某种规律性.

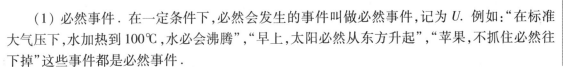

2. 事件　在日常生活中,我们遇到各种各样的事件,归纳起来有以下三种:

(1) 必然事件. 在一定条件下,必然会发生的事件叫做必然事件,记为 U. 例:"在标准大气压下,水加热到 100℃,水必会沸腾","早上,太阳必然从东方升起","苹果,不抓住必然往下掉"这些事件都是必然事件.

（2）不可能事件．在一定条件下，不可能发生的事件叫做不可能事件，记为 V．例如："在平面几何中，一个三角形的三内角和小于180°"，"方程 $x^2 + 1 = 0$ 有实数根"这些都是不可能事件．

（3）随机事件．在一定条件下，可能发生也可能不发生的事件叫做随机事件，一般用大写字母 $A, B, C, \cdots$ 表示．例如：妇女怀孕，可能生男孩，也可能生女孩；投掷一枚硬币，结果可能正面向上，也可能反面向上；用某种新药治疗某种疾病，可能有效，也可能无效；有吸烟习惯者，可能患慢性支气管炎，也可能不患慢性支气管炎．因此"妇女怀孕生男孩"，"投掷一枚硬币正面向上"，"用某种新药治疗某种疾病有效"，"有吸烟习惯者，患慢性支气管炎"，"用链霉素给病人做皮试出现过敏反应"，这些事件都是随机事件．

3. 事件的类型　事件可分为基本事件与复合事件．在一定的研究范围中，不可能再分解的事件称为基本事件．

基本事件随实验目的发生变化

应该指出的是，一个事件是否称为基本事件是相对于试验目的来说的，例如测量人的身高，一般说，任一个身高都可以是一个基本事件，基本事件有无穷多个；但是如果测量身高是为了了解乘车是需要买全票、半票或免票，这里就只有三个基本事件了．

由若干个基本事件组合而成的事件称为复合事件．例如，同时向上抛掷甲、乙两枚硬币，这个试验中共有下面四种可能的结果："两枚都是正面向上"记做事件 A_1，"两枚都是反面向上"记做事件 A_2，"甲正面向上而乙反面向上"记做事件 A_3，"甲反面向上而乙正面向上"记做事件 A_4，这里把 A_1, A_2, A_3, A_4 都称为基本事件，而事件"出现正面向上"则是由事件 A_1, A_3, A_4 组成的复合事件．

在一个特定的试验中，列出所有可能的基本事件，把所有这些基本事件的集合叫做基本事件集或称为样本空间，记为 Ω．上面所述的抛掷硬币一例中，基本事件集就是由事件 A_1, A_2, A_3, A_4 所组成的，记做 $\Omega = \{A_1, A_2, A_3, A_4\}$．

练　习

指出下列事件是必然事件、不可能事件，还是随机事件：
（1）如果 a, b 是实数，那么 $a + b = b + a$；
（2）从分别标有号数1,2,3,4,5,6,7,8,9,10的10张号签中任取一张，得到3号签；
（3）没有水分，种子发芽；
（4）某人注射青霉素过敏；
（5）有酗酒习惯者，患肝炎；
（6）不讲卫生者，易患疾病．

二、概　　率

1. 频率　我们研究随机现象，不仅需要分析它在一定条件下可能发生哪些事件，更重要的是进一步分析各种事件发生的可能性的大小，揭示发生这些事件的内在规律，即统计规律性，为我们的日常生活和工作实际服务．例如，知道了今天降雨的可能性的大小，就可以方便我们的出行；知道了某车间各设备发生故障的可能性的大小，就可以根据生产的要求合理地配备管理及维修人员；分析出股票价格上涨（或下跌）的可能性的大小，就可以使我们以最小的风险谋取最大的收益；知道某种药治疗某种疾病有效的可能性的大小，就能帮助我们对症下药等．

定义1　若在重复 n 次试验中，随机事件 A 发生 n_A 次，我们把比率 $\dfrac{n_A}{n}$ 叫做事件 A 的频率．记作 $f_n(A)$．即

笔记栏

$$f_n(A) = \frac{n_A}{n}$$

医药工作中通常说的发病率、病死率、出生率、有效率、治愈率等都是频率. 显然, 频率具有三个性质: 对任一事件 A, 有 $0 \leqslant f_n(A) \leqslant 1$; 必然事件的频率总等于1, 记 $f_n(U) = 1$; 不可能事件的频率总等于0, 记 $f_n(V) = 0$. 对于频率观察, 人们在实践中发现, 虽然在少量的试验中看不出频率的规律性, 但是经大量的重复试验, 事件出现的频率具有稳定性.

例1 某药厂生产的一批 500ml 装的 10% 葡萄糖溶液, 其中有一部分次品, 因而在质量抽查时, 任意抽取一瓶, 抽到的可能是合格品, 也可能是次品. 设抽到合格品为事件 A, 于是, 我们作大批量抽查, 将抽查所得结果列表7-1如下:

表 7-1

每批抽取瓶数 n	50	100	300	500	1000	1500	2000	3000
合格品瓶数 n_A	44	94	285	472	954	1428	1902	2850
频率 $f_n(A)$	0.88	0.94	0.95	0.944	0.954	0.952	0.951	0.95

从上表看出, 频率 $f_n(A)$ 虽然随抽查的瓶数 n 的不同而发生改变, 但当抽查的瓶数很多时, 频率 $f_n(A)$ 总在常数 0.95 附近摆动, 而且随着 n 的增大, 这种摆动就越来越小.

例2 掷一枚均匀硬币, 观察"正面向上"的次数. 历史上, 不少统计学家, 例如皮尔逊等人作过成千上万次试验, 其试验记录如表7-2:

表 7-2

实验者	抛掷次数 n	正面出现的次数 n_A	正面出现的频率 $f_n(A)$
德摩根	2048	1061	0.5181
蒲丰	4040	2048	0.5069
费勒	10 000	4979	0.4979
皮尔逊	24 000	12 012	0.5005
罗曼诺夫斯基	80 640	40 173	0.4982

从上表中可以看出随着抛掷次数 n 的变化, "正面向上"出现的频率也在发生改变, 但当抛掷次数很多时, 频率 $f_n(A)$ 总是在常数 0.5 附近摆动, 并随 n 的增大, 这种摆动就越来越小.

上述两个实例表明, 随机现象有其偶然性的一面, 也有其必然性的一面. 这种必然性表现为大量的试验中随机事件出现的频率的稳定性, 即一个随机事件出现的频率常在某个常数附近摆动, 并随 n 的增大, 这种摆动就越来越小, 频率的这种稳定性说明随机事件发生的可能性大小是随机事件本身固有的, 不随人们意志改变的一种客观属性, 因此可以对它进行度量.

2. 概率

定义2 在同一组条件下所作的大量重复试验中, 如果事件 A 发生的频率总是在一个确定的常数 p 附近摆动, 并且逐渐稳定于 p, 那么数 p 就表示事件发生的可能性大小, 并称它为事件 A 的概率, 记作 $P(A)$, 即

$$P(A) = P$$

根据上述定义, 我们可以知道, 例1中抽到合格品事件 A 发生的概率 $P(A) = 0.95$; 例2中正面向上事件 B 发生的概率 $P(B) = 0.5$.

> **概率是可以量度的**
>
> 概率与测量长度和面积一样的平常, 给定一根木棒, 谁都不怀疑它有自身的"客观"的长度, 长度是多少? 我们可以用尺或仪器去测量, 不论尺或仪器多么精确, 测得的数值总是稳定在木棒真实的"长度"值的附近. 事实上, 人们也是把测量所得的值当作真实的"长度". 这个类比不仅帮助我们去理解概率和频率之间的内在关系, 而且还启示了更深刻的事实: 概率与长度、面积等变量一样, 应该具有"测度"的性质.

概率 $P(A)$ 是事件 A 固有的特性,随事件 A 而惟一确定,用概率这个量对随机现象进行定量研究,来预测可能发生的事件. 概率越大,事件发生的可能性越大;概率越小,事件发生的可能性越小.

赌场产生的问题、科学预测的工具——概率

我们生活在一个变动不定的世界里,其中充满了不确定性,如果我们要对未来的事情发展作出预测,必须衡量这种不确定性,不确定性最常用的度量就是概率(过去也称几率、或然率,表示可能发生或不发生的程度).

由于事件千变万化,如何计算概率需要具体问题具体分析,而只有我们有了概率模型之后,才可以根据一定的原则计算概率. 因此概率论一开始称为概率演算,从历史上看,概率演算的问题始于 1654 年帕斯卡与费马的通信,他们讨论的问题是关于赌场中的一些问题. 因为赌博的模型最简单,而且大家也公认一颗骰子掷出某一点的概率是 1/6,但是再稍微复杂的问题,概率的计算在当时有很大争议,而这种争论推动了概率演算的产生.

概率论就是从数量的角度来研究随机现象,并从中获得这些随机现象所服从的规律,从而对未来作出科学预测.

例3　用某种药物对患有流感的 600 个病人进行治病,结果 538 人有明显疗效,现有某流感病人欲服此药,你对其效果作何估计?

因为有明显疗效的频率是 $\frac{538}{600} = 89.7\%$,我们近似地把它看成概率,所以,某流感病人若服此药其明显疗效约有 89.7% 的可能性.

3. 概率的性质　由于任何事件 A 发生的次数 m 不会是负数,也不可能大于试验次数 n ,由频率 $f_n(A)$ 的定义可知,任何事件 A 的概率具有如下基本性质:

性质1　事件 A 的概率满足:
$$0 \leqslant P(A) \leqslant 1.$$

性质2　必然事件 U 的概率是 1 ,即
$$P(U) = 1;$$

性质3　不可能事件 V 的概率是 0 ,即
$$P(V) = 0.$$

习题 7-1

1. 说出下列事件是必然事件、不可能事件、还是随机事件:
   (1) 如果温度不变,气体的压强随体积的减小而减小;
   (2) 酸溶液滴在石蕊试纸上,呈粉红色;
   (3) 若 a,b,c 均为实数,且 $a>b,b>c$,则 $a>c$;
   (4) 某医院急诊室在一小时内有 15 名病人就诊;
   (5) 在对 1000 人的健康普查中,查出一名肿瘤患者;
   (6) 从某中等卫生学校的学生中任意抽出一人测体重,该生体重超过 50 千克;
   (7) 在显微镜下检查某病人的痰液,找到结核杆菌.
2. 写出"连续三次掷一枚硬币"试验的基本事件全集 Ω .
3. 在一个口袋里装有红、黄、白三种球,每种球的个数都不止 1 个,求一次取两个球的试验的基本事件个数,并写出基本事件全集 Ω .
4. 实验室作某种细菌生长试验,先将菌种接种到培养基皿内,放入恒温箱,经过 24 小时,开箱观察,得到结果如下:

接种细菌的培养基皿数 n	10	20	50	100	200	500	1000
有细菌生长的培养基皿数 n_A	4	7	14	31	59	153	301
频率 $f_n(A)$							

(1) 计算表中各个有细菌生长的培养基皿数的频率(精确到 0.001),填入表内;

(2) 试求培养基皿内有细菌生长的概率.

第 2 节　概率的古典定义

根据概率的统计定义,一个事件发生的概率,可以通过大量的重复试验,由频率的稳定性来求得,它是一个行之有效的科学方法.

另一方面按定义求得事件的概率,即使是重复试验次数 n 充分大时,频率通常也只能作为概率的近似值. 即

$$P(A) \approx \frac{n_A}{n}$$

然而,在某些特殊的问题中,并不需要进行大量重复试验,可根据所讨论事件的特点直接得出它的概率. 我们看下面的例子.

例1　在投掷硬币的试验中,只有两个基本事件:"正面向上"和"反面向上",由于硬币是均匀的,故这两个基本事件发生的可能性是相同的,即事件 $H_1 = \{$ 正面向上 $\}$ 和 $H_2 = \{$ 反面向上 $\}$ 发生的概率都是 $\frac{1}{2}$,于是有:

$$P(H_1) = \frac{1}{2}, P(H_2) = \frac{1}{2}$$

这和大量重复试验的结果是一致的.

例2　在掷骰子的试验中,一共有 6 个基本事件: $e_i = \{$ 出现 i 点 $\}(i = 1, 2, \cdots, 6)$,由于骰子是均匀的,故这 6 个基本事件发生的可能性是相同的,即有: $P(e_i) = \frac{1}{6}(i = 1, 2, \cdots, 6)$,这个结果与我们的实际试验是一致的.

从以上例子中,我们得到一种简单而又直观的概率计算方法,但应用这个方法时,随机试验必须满足下列两个条件:

(1) 有限性:试验的结果(即基本事件)的总数为有限个.

(2) 等可能性:试验中每个基本事件发生的可能性的大小都是相同的.

这种概率模型是概率发展初期的主要研究对象,称之为古典概型. 上面说的掷硬币就是古典概型. 利用古典概型满足的两个条件我们可以直接来计算事件的概率.

定义　在古典概型中,如果基本事件的总数为 n ,事件 A 包含有其中的 m 个基本事件,称 $\frac{m}{n}$ 为事件 A 的概率,记为

$$P(A) = \frac{m}{n}$$

这个定义只适用于古典概型,所以称为概率的古典定义,定义本身给出了概率的求法,但 n 和 m 的计算要用到排列和组合的知识. 下面举几个例子.

> **古典概率**
>
> 在古代较早的时候,在某些特殊情形下,人们利用研究对象的物理或几何性质具有的对称性,确定计算概率的一种方法. 注意:概率的古典定义与概率的统计定义是一致的. 概率的统计定义具有普遍性,它适用于一切随机事件;而概率的古典定义只适用于试验结果为等可能的有限个的情况,其优点是便于计算.

例 3　一个笼子内有小白鼠 5 只,灰鼠 3 只,现要从中任取 2 只去做实验,求恰好取到 1 只白鼠,1 只灰鼠的概率.

解　假设每只鼠被取到的可能性都是相等的,那么现从 8 只鼠中任取 2 只,共有 C_8^2 种等可能的结果.

设任取 2 只,恰好取到 1 只白鼠,1 只灰鼠为事件 A,那么事件 A 包含的基本事件共有 $C_5^1 C_3^1$ 种.所以事件 A 的概率

$$P(A)=\frac{C_5^1 C_3^1}{C_8^2}=\frac{15}{28}\approx 0.5357$$

例 4　在 100 片药片中,有 5 片已经失效,现从中任取 3 片.求下列各事件的概率:

(1) $A=\{$其中恰有 1 片是失效药片$\}$;

(2) $B=\{$所取 3 片全是有效药片$\}$;

(3) $C=\{$所取 3 片中至少有 1 片是失效药片$\}$.

解　因为是任意抽取,所以每片药被抽到的可能性都相等,故从 100 片药片中任取 3 片,共有 C_{100}^3 种等可能的抽法.

(1) 事件 A 包含的取法种数为 $C_5^1 C_{95}^2$,则

$$P(A)=\frac{C_5^1 C_{95}^2}{C_{100}^3}=\frac{22\ 325}{161\ 700}\approx 0.1381$$

(2) 事件 B 包含的取法种数为 C_{95}^3,则

$$P(B)=\frac{C_{95}^3}{C_{100}^3}=\frac{138\ 415}{161\ 700}\approx 0.856$$

(3) 事件 C 包含的取法种数为 $C_5^1 C_{95}^2+C_5^2 C_{95}^1+C_5^3$,则

$$P(C)=\frac{C_5^1 C_{95}^2+C_5^2 C_{95}^1+C_5^3}{C_{100}^3}=\frac{22\ 325+950+10}{161\ 700}\approx 0.144$$

例 5　如果 10 张电影票中有 4 张甲座票,三个人依次从中抽取,每人抽取 1 张,求下列各事件的概率.

(1) $A=\{$三个人都没有抽到甲座票$\}$;

(2) $B=\{$至少有一人抽到甲座票$\}$;

(3) $C=\{$第三个人抽到甲座票$\}$.

解　从 10 张电影票中每次抽 1 张,依次抽取 3 次是一次试验.由于与次序有关,所以基本事件总数就是从 10 张电影票中依次抽取 3 张的排列数,即 $n=P_{10}^3$.

(1) 事件 A 中包含的基本事件个数,就是从 6 张非甲座票中依次抽出 3 张的排列数,即 $m_A=P_6^3=120$,于是

$$P(A)=\frac{m_A}{n}=\frac{P_6^3}{P_{10}^3}=\frac{1}{6};$$

(2) 事件 B 中包含的基本事件个数,就是从所有不同抽法种数中减去三个人都没有抽到甲座票的抽法种数,即 $m_B=P_{10}^3-P_6^3$,于是

$$P(B)=\frac{m_B}{n}=\frac{P_{10}^3-P_6^3}{P_{10}^3}=\frac{5}{6};$$

(3) 事件 C 中包含的基本事件个数,就是从 4 张甲座票中任抽 1 张且从其余的 9 张票中依次抽取 2 张的所有不同抽法种数,即 $m_C=C_4^1 P_9^2$,于是

$$P(C)=\frac{m_C}{n}=\frac{C_4^1 P_9^2}{P_{10}^3}=\frac{2}{5}.$$

注:用同样的方法,容易求出"第一个人抽到甲座票"和"第二个人抽到甲座票"的概率均为 $\frac{2}{5}$.这表明,虽然三个人抽取电影票有先有后,但他们取到甲座票的概率是相同的.正因为如

笔记栏

此,在日常的"抽奖"中,先抽与后抽中奖机会是完全相同的.

例6 英语中某些字母出现的频率远高于另外一些字母,人们对字母出现的频率进行了统计,发现各个字母的使用频率相当稳定,其使用频率见表7-3,人们常用这些频率估计各英文字母出现的概率. 这些概率对计算机键盘设计(在方便的地方安排使用频率较高的字母键)、印刷铅字的制造(使用频率高的字母多铸一些),信息的编码(使用频率较高的字母用较短的码),密码破译等方面都是十分方便的.

表7-3 英语字母出现频率的统计表

字母	频率	字母	频率	字母	频率
E	0.1268	L	0.0394	P	0.0186
T	0.0978	D	0.0389	B	0.0156
A	0.0788	U	0.0280	V	0.0102
O	0.0776	C	0.0268	K	0.0060
I	0.0707	F	0.0256	X	0.0016
N	0.0706	M	0.0244	J	0.0010
S	0.0634	W	0.0214	Q	0.0009
R	0.0594	Y	0.0202	Z	0.0006
H	0.0573	G	0.0187		

习题 7-2

1. 有人说,掷两枚硬币只可能出现三种不同的结果,即"两枚都是正面向上";"两枚都是反面向上";"一枚正面向上,一枚反面向上". 因此,"两枚都是正面向上"这一事件的概率是 $\frac{1}{3}$,这种说法对吗?

2. 盒内装有大小相等的3个白球1个黑球,从中摸出2个球,求2个球全是白球的概率;

3. 5个同学任意站成一排,计算:
   (1)甲恰站在正中间的概率;
   (2)甲、乙两人恰好站在两端的概率.

4. 化学实验室有80只玻璃烧杯,有50只一等品,20只二等品,10只三等品,从中任取3只,计算:
   (1)3只都是一等品的概率;
   (2)2只是一等品,1只是二等品的概率.

5. 从一副扑克牌中任抽4张,求4张花色各不相同的概率.

6. 某单位印刷的一种单据,编号由5个数字组成,从00 001开始,求任取其中1张,编号由完全不同的数字组成的概率.

第❸节 概率的加法公式

一、事件的并及互不相容事件

1. 事件的并 先看一个引例:从编号为 $1 \sim 10$ 的卡片中任意抽取一张,如果令

$$A = \{编号小于7\}$$

$$B = \{编号大于7\}$$

$$C = \{编号不等于7\}$$

则事件 C 与事件 A, B 之间的关系是:事件 A, B 中至少有一个发生时,事件 C 必然发生;反之,事件 C 发生时,事件 A 或 B 必至少有一个发生,对于事件之间这样的关系,有如下定义.

定义1 在一次试验中事件 A 与事件 B 至少有一个发生所构成的事件称为事件 A 与事件 B 的并(或和),记作 $A \cup B$ 或 $A + B$.

从样本空间来说,$A \cup B$ 包含了事件 A 和事件 B 的所有的样本点(基本事件). 为直观起见,我们用图 7-1 表示 $A \cup B$,图中的矩形表示样本空间,其中的点表示基本事件;图中的圆表示包含某些基本事件的随机事件;图中的阴影部分所表示的就是 $A \cup B$.

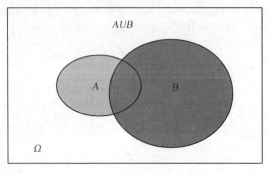

图 7-1

> **事件的并的关系可以推广到 n 个事件**
>
> 在一次试验中 n 个事件 $A_1, A_2, \cdots, A_n$ 至少有一个发生所构成的事件称为这 n 个事件的并,记作 $\bigcup\limits_{i=1}^{n} A_i$ 即:
>
> $$\bigcup_{i=1}^{n} A_i = A_1 \cup A_2 \cup \cdots \cup A_n$$

例 1　在一个口袋里有红、黄、白三种颜色的球,现从中任取两个球,设 $A = \{$两个球颜色相同$\}$;$B = \{$至少有一个红色球$\}$. 问:$A \cup B$ 由哪些基本事件组成?

解　因为样本空间

$$\varOmega = \{(红,黄),(红,白),(黄,白),(红,红),(黄,黄),(白,白)\}$$

事件 A,B 中包含的基本事件分别为

$$A = \{(红,红),(黄,黄),(白,白)\}$$
$$B = \{(红,红),(红,黄),(红,白)\}$$

所以

$$A \cup B = \{(红,红),(黄,黄),(白,白),(红,黄),(红,白)\}$$

2. 互不相容事件(也叫互斥事件)　在前面给出的引例中,事件 $A = \{$编号小于 7$\}$ 与事件 $B = \{$编号大于 7$\}$ 显然不可能同时发生. 对于事件之间这样的关系,有如下定义.

定义 2　在一次试验中,若事件 A,B 不能同时发生,则称 A,B 为互不相容事件(或称为互斥事件).

为容易理解,我们用图 7-2 来表示互不相容性,若 A,B 为互不相容事件,则事件 A,B 没有相同的基本事件,在图中表现为事件 A,B 没有公共部分.

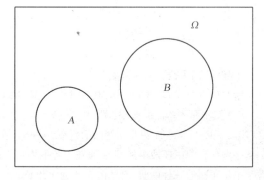

图 7-2

一般地,在一次试验中,如果 n 个事件 $A_1, A_2, \cdots, A_n$ 的任何两个事件都不能同时发生,则称事件 $A_1, A_2, \cdots, A_n$ 为两两互不相容事件.

练　习

判别下列每对事件是不是互不相容事件:

从一堆产品(其中正品与次品都多于 2 个)中任取 2 件,其中:

(1) 恰有 1 件次品和恰有 2 件次品;

(2) 至少有 1 件次品和全是次品;

(3) 至少有 1 件正品和至少有 1 件次品;

(4) 至少有 1 件次品和全是正品.

二、互不相容事件概率的加法公式

我们看前面给出的引例,已经知道事件 $A=\{$编号小于 $7\}$,$B=\{$编号大于 $7\}$,是互不相容事件. 所有基本事件组成的样本空间为
$$\Omega=\{1,2,3,\cdots,10\}$$
事件 A,B 和 $A\cup B$ 中包含的基本事件为
$$A=\{1,2,3,4,5,6\},\ B=\{8,9,10\}$$
$$A\cup B=\{1,2,3,4,5,6,8,9,10\}$$
Ω 的基本事件总数 $n=10$,$A,B,A\cup B$ 的基本事件数分别为 $6,3,9$,根据古典概率计算公式得

> **基本事件互不相容**
>
> 由于在一次试验中,任何两个基本事件都不能同时发生,所以,基本事件是两两互不相容的.
>
> 例如:掷一个骰子,设 $e_i=\{$掷得 i 点$\}$,$i=1,2,\cdots,6$,则 $e_1,e_2,\cdots,e_6$ 为六个基本事件. 在一次试验中,其中任何两个都不能同时出现,所以它们是两两互不相容事件.

接链

$$P(A)=\frac{6}{10},\ P(B)=\frac{3}{10},P(A\cup B)=\frac{9}{10}$$

因为 $\frac{6}{10}+\frac{3}{10}=\frac{9}{10}$,

所以
$$P(A\cup B)=P(A)+P(B)$$

可以证明,上式对任意两个互不相容事件均成立. 这里只对古典概率的情形给出证明.

设基本事件总数为 n,其中事件 A,B 包含的基本事件数分别为 m_A,m_B. 如图 7-2 所示,由于事件 A 与 B 互不相容,事件 A,B 中没有相同的基本事件. 所以,事件 $A\cup B$ 包含的基本事件有 m_A+m_B,于是

$$P(A)=\frac{m_A}{n},P(B)=\frac{m_B}{n},P(A\cup B)=\frac{m_A+m_B}{n}$$

由此得

$$\boxed{P(A\cup B)=P(A)+P(B)}\ (A,B\ \text{互不相容})$$

一般地,如果事件 $A_1,A_2,\cdots,A_n$ 两两互不相容,则有

$$\boxed{P(\bigcup_{i=1}^{n}A_i)=P(A_1)+P(A_2)+\cdots+P(A_n)}$$

上述两个公式称为互不相容事件的概率加法公式.

例2 一个口袋中有红球 4 只,白球 7 只,黑球 6 只,黄球 5 只,从中任取一只,求取出的一只是红球或白球的概率.

解 设任意取出一只球是红球为事件 A,任意取出一只是白球为事件 B,则 $A\cup B$ 表示取出的一只是红球或白球的事件. 口袋中共有球 $4+7+6+5=22$ 只,而红球为 4 只,白球为 7 只,所以
$$P(A)=\frac{4}{22},P(B)=\frac{7}{22}.$$

根据题意,事件 A,B 为互不相容事件,因此
$$P(A\cup B)=P(A)+P(B)=\frac{4}{22}+\frac{7}{22}=\frac{11}{22}=\frac{1}{2}.$$

例3 在上节例 4 中,即在 100 片药片中,有 5 片已经失效,从中任取 3 片,求其中至少有 1 片是失效药片的概率.

解 此题根据互不相容事件的概率加法公式计算. 设所取 3 片中恰有 1 片失效药片为事件 A,所取 3 片中恰有 2 片失效药片为事件 B,所取 3 片全部是失效药片为事件 C,则

笔记栏

$A \cup B \cup C$ 表示所取 3 片中至少有 1 片失效药片的事件,显然事件 A,B,C 是两两互不相容事件.

根据题意知

$$P(A) = \frac{C_5^1 C_{95}^2}{C_{100}^3} = \frac{22\ 325}{161\ 700}$$

$$P(B) = \frac{C_5^2 C_{95}^1}{C_{100}^3} = \frac{950}{161\ 700}$$

$$P(C) = \frac{C_5^3}{C_{100}^3} = \frac{10}{161\ 700}$$

因此

$$P(A \cup B \cup C) = P(A) + P(B) + P(C)$$
$$= \frac{22\ 325}{161\ 700} + \frac{950}{161\ 700} + \frac{10}{161\ 700}$$
$$= \frac{23\ 285}{161\ 700} \approx 0.144.$$

这与前面运用等可能事件的概率计算所得到的结果完全一致.

例 4　某班级有 35 名男生,15 名女生. 现从中任意选出两名学生参加学校举办的法律知识竞赛. 求这两名学生中至少有一名女生的概率.

解　设

$$A = \{两名学生中恰有一名女生\}$$
$$B = \{两名学生都是女生\}$$
$$C = \{两名学生中至少有一名女生\}$$

根据古典概率定义得

$$P(A) = \frac{C_{35}^1 C_{15}^1}{C_{50}^2} = \frac{15}{35}, P(B) = \frac{C_{15}^2}{C_{50}^2} = \frac{3}{35}.$$

由题意可知 $C = A \cup B$,且 A,B 互不相容,由概率加法公式得

$$P(C) = P(A) + P(B) = \frac{15}{35} + \frac{3}{35} = \frac{18}{35}.$$

在例 4 中,如果设 $D = \{两名学生都是男生\}$,则事件 C,D 也是互不相容的. 同时,每选出两个学生,事件 C 或 D 一定有一个发生,即 $C \cup D = \Omega$ 是必然事件. 这样的两个事件称为对立事件,一般有如下定义.

定义 3　在一次试验中,如果 A,B 互不相容,且 $A \cup B = \Omega$,则称 A,B 为对立事件(或称为互逆事件). 事件 A 的对立事件记作 $\bar{A}$(也可记作 $B = \bar{A}$,或 $A = \bar{B}$.)

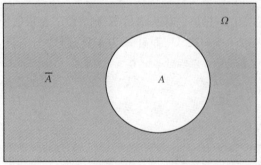

图 7-3 中的阴影部分表示事件 A 的对立事件 $\bar{A}$,根据定义,A 与 $\bar{A}$ 互不相容,且 $A \cup \bar{A} = \Omega$,于是有

$$P(\Omega) = P(A \cup \bar{A}) = P(A) + P(\bar{A}) = 1$$

由此得到对立事件概率的计算公式

$$\boxed{P(\bar{A}) = 1 - P(A)}$$

由定义可知,对立事件一定是互不相容事件,但互不相容事件未必是对立事件.

图 7-3

对立事件概率的计算公式常用于简化概率的计算. 例 3 也可以这样解:

设所取 3 片全部是有效药片为事件 A 则

笔记栏

$$P(A) = \frac{C_{95}^3}{C_{100}^3} = \frac{138\ 415}{161\ 700} \approx 0.856$$

而其中至少有 1 片是失效药片是事件 A 的对立事件,用 $\bar{A}$ 表示,所以

$$P(\bar{A}) = 1 - P(A) = 1 - 0.856 = 0.144$$

在运用互不相容事件的概率加法公式时,有一个重要的条件值得注意,这就是各事件必须是互不相容关系,忽略这个条件就会导致出现错误.

例如,在感冒流行季节,设甲、乙两人患感冒的概率分别是 $P(A) = 0.6$ 与 $P(B) = 0.5$. 因为甲、乙两人同时患感冒是可能的,所以甲、乙两人中有人患感冒的概率为 $P(A \cup B)$,这时若利用公式 $P(A \cup B) = P(A) + P(B)$ 计算,有

$$P(A \cup B) = P(A) + P(B) = 0.6 + 0.5 = 1.1$$

显然此结论是错误的. 因为甲、乙两人患感冒不是互不相容事件.

习题 7-3

1. 判别下列每对事件中哪些是互斥事件,如果是,再判别它们是不是对立事件. 从一批产品中任取 2 件,其中:
   (1) 恰有 1 件次品和恰有 2 件次品;
   (2) 有正品和有次品;
   (3) 不超过 1 件次品和 2 件都是次品;
   (4) 有次品和全是次品.

2. 从 1 至 20 这 20 个自然数中任意取出一个数,设 $A = \{$取出的数能被 5 整除$\}$,$B = \{$取出的数小于 10$\}$,$C = \{$取出的数是奇数$\}$. 试写出下列各个事件:
   (1) $A \cup B$;(2)$A \cup C$;(3)$B \cup C$;(4)$A \cup B \cup C$.

3. 某人群心率在下列各个范围内的概率如下表:

心率(次/分)X	$X < 60$	$60 \leqslant X < 70$	$70 \leqslant X < 80$	$80 \leqslant X < 90$	$90 \leqslant X < 100$	$X \geqslant 100$
概率	0.02	0.09	0.68	0.11	0.07	0.03

计算在此人群中,心率在下列范围内的概率:
   (1) $X < 70$;   (2)$60 \leqslant X < 100$;   (3)$X \geqslant 90$.

4. 从 20 件一等品,6 件二等品中任取 3 件,利用对立事件概率计算公式,求其中至少有 1 件为二等品的概率.

5. 某单位的 36 人的血型类别是:A 型血 12 人,B 型血 10 人,AB 型的 8 人,O 型的 6 人. 如果从这个单位的 36 人中任意挑出 2 人,那么这 2 人是相同血型的概率是多少?

第4节　概率的乘法公式

一、事件的交

先看引例:在 10 只晶体管中有 3 只次品,从中接连抽检两次,每次抽检 1 只,验后放回.设
$$A = \{第一次抽到次品\}$$
$$B = \{第二次抽到次品\}$$
$$C = \{两次都抽到次品\}$$

则事件 C 与事件 A,B 之间的关系是:事件 A,B 同时发生时,事件 C 发生;反之,事件 C 发生时,事件 A 与 B 必同时发生. 对于事件之间的这种关系,我们给出如下定义.

定义 1　在一次试验中事件 A 与事件 B 同时发生所构成的事件称为事件 A 与事件 B 的交(或积),记作 $A \cap B$(或 $A \times B$),有时也简记为 AB.

从样本空间来说. $A \cap B$ 包含了事件 A 和事件 B 共有的样本点(基本事件),即 $A \cap B$ 中的基本事件既属于事件 A,又属于事件 B. 图 7-4 中的阴影部分所表示的就是 $A \cap B$.

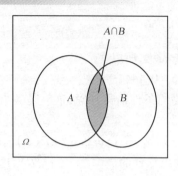

图 7-4

事件的交的关系可以推广到 n 个事件之间

在一次试验中 n 个事件 $A_1, A_2, \cdots, A_n$ 同时发生所构成的事件称为 n 个事件的交, 记作 $\bigcap\limits_{i=1}^{n} A_i$, 即

$$\bigcap\limits_{i=1}^{n} A_i = A_1 \cap A_2 \cap A_3 \cap \cdots \cap A_n$$

例 1　某射箭运动员进行一次射击, 设:

$$A = \{命中环数不小于 5\}$$
$$B = \{命中环数为奇数\}$$

问: $A \cap B$ 由哪些基本事件组成?

解　因为样本空间

$$\Omega = \{0,1,2,3,4,5,6,7,8,9,10\}$$

事件 A 与 B 中包含的基本事件分别是

$$A = \{5,6,7,8,9,10\}$$
$$B = \{1,3,5,7,9\}$$

所以 $A \cap B = \{5,7,9\}$.

二、条件概率与概率乘法公式

在实际问题中, 除了要计算 A 的概率 $P(A)$ 外, 有时还需要计算在 "事件 B 已发生" 的条件下, 事件 A 发生的概率, 这时用记号 $P(A|B)$ 表示, 由于增加了新的条件: "事件 B 已发生", 所以称 $P(A|B)$ 为条件概率.

例 2　在 100 个圆柱形零件中有 93 件直径合格, 有 95 件长度合格, 有 90 件两个指标都合格, 求下列事件的概率:

（1）从中任取 1 件, 求直径合格的概率;

（2）从中任取 1 件, 讨论在长度合格的前提下, 直径也合格的概率.

解　设 $A = \{任取 1 件直径合格\}$, $B = \{任取 1 件长度合格\}$, $AB = \{任取 1 件直径和长度都合格\}$.

（1）根据古典概型, 在没有长度合格的前提下, 只需在原来的基本事件空间 Ω 上讨论问题:

$$n = C_{100}^1 = 100, m_A = C_{93}^1 = 93$$

因此有

$$P(A) = \frac{C_{93}^1}{C_{100}^1} = \frac{93}{100}$$

（2）在长度合格的前提下, 求直径也合格的概率, 只能在事件 B 所含的全体基本事组 Ω_B（缩减的基本事件组）上考虑问题: Ω_B 中的基本事件个数为

$$m_B = C_{95}^1$$

在 Ω_B 中属于事件 AB 的基本事件个数为

$$m_{AB} = C_{90}^1$$

因此

$$P(A|B) = \frac{m_{AB}}{m_B} = \frac{90}{95}$$

因此,在一般情况下,$P(A|B) \neq P(A)$.

如果我们仍在原来的基本事件空间 Ω 上讨论条件概率 $P(A|B)$ 的计算有

$$P(A|B) = \frac{90}{95} = \frac{\dfrac{90}{100}}{\dfrac{95}{100}}$$

$$= \frac{P(\text{长度与直径都合格})}{P(\text{长度合格})}$$

$$= \frac{P(AB)}{P(B)}$$

由此可以看出,在一般情况下,当 $P(B) \neq 0$ 时有

$$P(A|B) = \frac{P(AB)}{P(B)} \tag{7-1}$$

同理,当 $P(A) \neq 0$ 时有

$$P(B|A) = \frac{P(AB)}{P(A)} \tag{7-2}$$

由(7-1)、(7-2)式得

$$\boxed{P(AB) = P(A)P(B|A) = P(B)P(A|B)}$$

这个公式称为概率的乘法公式.

上述的公式可以推广到有限多个事件的情形,例如对于 3 个事件 A_1, A_2, A_3 有

$$P(A_1 A_2 A_3) = P(A_1)P(A_2|A_1)P(A_3|A_1 A_2)$$

练 习

有一种治疗流行性感冒的新药,在 500 名流行病人中,有的服了这种药(A),有的没有服这种药($\overline{A}$),经 5 天后,有的痊愈(B),有的未痊愈($\overline{B}$),各种情况的人数见下表,其中 170 表示服药后痊愈(AB)的人数,其余类似. 试判断这种新药对流感是否有效?

服药与治疗统计表

疗效	服药 A	未服药 $\overline{A}$	合计
痊愈 B	170	230	400
未愈 $\overline{B}$	40	60	100
合计	210	290	500

三、事件的独立性

我们先看下面的例子:

例3 在 20 个产品中有 2 个次品,从中接连抽 2 个产品,第 1 个产品抽得后放回,再抽第 2 个产品,求:

(1)第 2 次抽到次品的概率;

(2)第 1 次抽到次品,第 2 次也抽到次品的概率;

(3)第 1 次抽到正品,第 2 次抽到次品的概率;

解 设 $A = \{$第 1 次抽到正品$\}$;$B = \{$第 2 次抽到次品$\}$.

(1)不论第 1 次抽到的产品是正品还是次品,都要放回,所以第 2 次抽到次品的概率

$$P(B) = \frac{2}{20} = \frac{1}{10}$$

（2）第 1 次抽到次品后,第 2 次也抽到次品的概率为 $P(B|\bar{A})$,因为第 1 次抽到次品后仍放回,这时所考察事件的基本事件空间没有变化,其基本事件总数为 20,所以

$$P(B|\bar{A}) = \frac{2}{10} = \frac{1}{10}$$

（3）类似地,可求得

$$P(B|A) = \frac{2}{20} = \frac{1}{10}$$

在这个例题中,我们看到

$$P(B) = P(B|\bar{A}) = P(B|A) = \frac{1}{10}$$

即事件 A 发生与否和事件 B 发生的概率无关,对于这样的事件,给出下面的定义:

定义 2 设事件 A,B 是某一随机试验的任意两个事件,且 $P(B) > 0$,如果事件 A 的发生不影响事件 B 发生的概率,即

$$P(B|A) = P(B)$$

则称事件 B 对事件 A 是独立的,否则称为不独立的.

如果在例 3 中,第 1 个产品抽得后不再放回,那么

$$P(B) = \frac{C_2^1 \cdot P_{19}^1}{P_{20}^2} = \frac{1}{10}$$

$$P(B|A) = \frac{2}{19}$$

$$P(B) \neq P(B|A)$$

此时事件 B 对事件 A 是不独立的.

事实上,如果事件 B 独立于 A,即 $P(B|A) = P(B)$,由乘法公式得

$$P(A|B) = \frac{P(AB)}{P(B)} = \frac{P(A) \cdot P(B|A)}{P(B)} = P(A)$$

那么事件 A 独立于 B,这表明事件的独立性是一种相互对称的性质,因此也称 A 与 B 相互独立.

下面讨论两个相互独立事件的概率与它们的交事件概率之间的关系.

定理 两事件 A,B 相互独立的充要条件是

$$\boxed{P(AB) = P(A)P(B)}$$

证明 先证必要性.

若事件 A,B 相互独立,则

$$P(A|B) = P(A) \text{ 和 } P(B|A) = P(B)$$

根据乘法公式得

$$P(AB) = P(A)P(B|A) = P(A)P(B)$$

或

$$P(AB) = P(B)P(A|B) = P(B)P(A)$$

再证充分性.

若 A,B 满足公式,即

$$P(AB) = P(A)P(B)$$

因为 $P(AB) = P(A)P(B|A)$

所以 $P(A)P(B|A) = P(A)P(B)$

$$P(B|A) = P(B)$$

即 A,B 相互独立.

根据上述定理,不难推出如果 A 与 B 独立,则 A 与 $\bar{B}$,$\bar{A}$ 与 B,$\bar{A}$ 与 $\bar{B}$ 均相互独立.

事件的独立性的概念可以推广到 n 个事件

如果事件 $A_1, A_2, \cdots, A_n$ 中的任一事件 $A_i (i = 1, 2, \cdots, n)$ 的概率不受其他 $n-1$ 个事件发生的影响,则称事件 $A_1, A_2, \cdots, A_n$ 是相互独立的,且有以下公式: $P(A_1 \cdot A_2 \cdot \cdots \cdot A_n) = P(A_1) \cdot P(A_2) \cdots \cdot P(A_n)$.

笔记栏

例 4　3 个猎人同时向 1 只兔子射击,他们射中的概率分别是 $0.6,0.3,0.2$,问这只兔子被射中的概率是多大?

解　设 A_i 表示"第 i 个猎人射中兔子", $i=1,2,3$, B 表示"兔子被击中",那么 $\bar{B}$ 表示"兔子未被击中",即 $\bar{B}=\bar{A}_1 \cdot \bar{A}_2 \cdot \bar{A}_3$. 因为 3 个射手射中与否是相互独立的,所以

$$P(\bar{B})=P(\bar{A}_1 \cdot \bar{A}_2 \cdot \bar{A}_3)$$
$$=P(\bar{A}_1) \cdot P(\bar{A}_2) \cdot P(\bar{A}_3)$$
$$=0.4 \times 0.7 \times 0.8 = 0.224$$

于是兔子被射中的概率为

$$P(B)=1-P(\bar{B})=1-0.224=0.776$$

例 5　对某地区进行健康普查发现,患结核病的概率 $P(A)=0.004$,患沙眼病的概率 $P(B)=0.075$. 现在该地区任意抽一个人,试求:此人既患结核病又患沙眼病的概率.

解　这里患结核病与患沙眼病是两个相互独立的事件,所以在该地区任意抽一人,此人既患结核病又患沙眼病的概率是两个相互独立事件发生的概率,即

$$P(A\cap B)=P(A) \cdot (B)=0.004 \times 0.075 = 0.0003$$

可以看到,任意抽一人,此人患结核病又患沙眼病的概率是较小的.

> **小概率事件**
>
> 概率很小的随机事件在个别试验中是不可能发生的. 这一原理叫做小概率事件的实际不可能性原理,它在国家经济建设事业中有着广泛的应用.

例 6　甲、乙、丙三人同时向同一目标射击,击中目标的概率分别为 $0.3,0.5,0.8$,计算下列各事件的概率:

(1) 三人都击中目标;

(2) 三人都没有击中目标;

(3) 至少有一人击中目标.

解　设 $A=\{$ 甲击中目标 $\}$, $B=\{$ 乙击中目标 $\}$, $C=\{$ 丙击中目标 $\}$,由题意可知:甲、乙、丙三人分别独立射击,其中任何一人是否击中目标,对其他人是否击中目标的概率是没有影响的. 因此事件 A,B,C 或事件 $\bar{A},\bar{B},\bar{C}$ 是相互独立的.

(1) 因为 $A\cap B\cap C=\{$ 三人都击中目标 $\}$,所以

$$P(A\cap B\cap C)=P(A) \cdot P(B) \cdot P(C)$$
$$=0.3 \times 0.5 \times 0.8 = 0.12$$

(2) 因为 $\bar{A}\cap \bar{B}\cap \bar{C}=\{$ 三人都没有击中目标 $\}$,所以

$$P(\bar{A}\cap \bar{B}\cap \bar{C})=P(\bar{A}) \cdot P(\bar{B}) \cdot P(\bar{C})$$
$$=(1-0.3) \times (1-0.5) \times (1-0.8) = 0.07$$

(3) 因为事件 $D=\{$ 至少有一人击中目标 $\}$ 的对立事件是 $\bar{A}\cap \bar{B}\cap \bar{C}=\{$ 三人都没有击中目标 $\}$,所以

$$P(D)=1-P(\bar{A}\cap \bar{B}\cap \bar{C})=1-0.07=0.93$$

习题 7-4

1. 概率具有性质 $P(A\cap B)\leq P(A)$, $P(A\cap B)\leq P(B)$,也就是说,两个事件同时发生的概率不大于其中任何一个事件发生的概率,试举例说明.

2. 已知 A,B 为两个事件,且 $P(A)=0.9$, $P(B)=0.6$, $P(AB)=0.54$,求 $P(A|B)$ 和 $P(B|A)$.

3. 从 1 至 20 这 20 个自然数中任意取出一个数,设 $A=\{$ 取出的数能被 5 整除 $\}$, $B=\{$ 取出的数小于 10 $\}$, $C=\{$ 取出的数是偶数 $\}$,试写出下例各事件.

(1) $A\cap B$; (2) $A\cap C$; (3) $B\cap C$; (4) $A\cup(B\cap C)$.

笔记栏

4. 下列各随机试验中的事件 A 与 B 是否相互独立?

  (1) 掷黑、白两个骰子, $A = \{$黑骰子点数大于4$\}$, $B = \{$白骰子点数小于4$\}$;

  (2) 10 件产品中含有 3 件次品, 有放回地抽取 2 个, $A = \{$第一次抽到次品$\}$, $B = \{$第二次抽到次品$\}$;

  (3) 10 个球的编号为 1~10, 从中无放回地抽取 2 个, $A = \{$第一次取到奇数号球$\}$, $B = \{$第二次取到偶数号球$\}$.

5. 一枚硬币连续抛掷 4 次, 问 4 次都是正面向上的概率是多少?

6. 若每人血清含肝炎病毒的概率的 0.4%, 混合 5 个人的血清, 求此血清不含肝炎病毒的概率是多少?

7. 将一枚均匀的硬币连掷三次, 设事件 $A = \{$掷出两个正面向上和一个反面向上$\}$, $B = \{$第一次掷出正面向上$\}$, 求 $P(A)$, $P(B)$, $P(A|B)$, $P(B|A)$.

8. 自行车安全检查, 发现 18% 的自行车刹车有毛病, 25% 的自行车车铃有毛病, 两部分都有毛病的占 10% , 现任意抽查一辆自行车.

  (1) 若已发现刹车有毛病, 求车铃有毛病的概率;

  (2) 若已发现车铃有毛病, 求刹车有毛病的概率;

  (3) 若两者都完好, 求它的概率.

9. 有 100 件产品, 其中有 5 件不合格品, 从中连续抽取两次.

  (1) 若取后不放回, 求两次都取得合格品的概率;

  (2) 若取后放回, 求两次都取得合格品的概率.

第 5 节　n 次独立重复试验的概率

一、n 次独立重复试验

  有些随机试验, 在每次试验中只有两个可能的结果, 例如: 掷一枚硬币不是正面向上就是反面向上; 打靶射击不是命中就是脱靶; 家兔注射等量的同一种药物, 作药物致死试验, 每只家兔只有死亡与不死亡两种情况发生. 我们把这种只有两个可能结果的试验称为伯努利试验.

  在相同条件下, 重复地做 n 次试验, 如果满足:

  (1) 每一次试验的结果都不影响其他各次试验的结果;

  (2) 每一次试验只有两种可能的结果 A 或 $\overline{A}$;

  (3) 每次试验中事件 A 发生的概率都不变.

  则称这样的 n 次试验为 n 次独立重复试验或 n 重伯努利试验.

  例如: 从一批含有次品的零件中有放回地抽取 n 次, 每次抽取一件检验是次品还是正品; 在相同条件下射手进行 n 次射击, 每次射击只考察击中还是未击中等, 都是 n 次独立重复试验.

二、伯努利概型公式

  下面来讨论 n 次独立重复试验中, 事件 A 恰好发生 k 次的概率.

  例 1　选择各种条件均无差别的家兔 4 只, 分别注射等量的同一种药物, 作药物致死试验. 假如致死的概率是 0.9, 那么这 4 只家兔被注射该药后恰有 3 只死亡的概率是多少?

  解　由于 4 只家兔被注射药物后是否死亡相互间没有影响, 且每只家兔注射药物后只有死亡与未死亡两种情况, 也就是说 4 只家兔被注射药物可看成 4 次独立重复试验.

  设 $B = \{$4 只家兔被注射药物恰有 3 只死亡$\}$,

  $A_i = \{$第 i 只家兔死亡$\}$ $(i = 1, 2, 3, 4)$,

  则 $\overline{A_i} = \{$第 i 只家兔未死亡$\}$ $(i = 1, 2, 3, 4)$.

  依题设: $P(A_i) = P = 0.9$ $(i = 1, 2, 3, 4)$,

  $P(\overline{A_i}) = 1 - P = 0.1$ $(i = 1, 2, 3, 4)$.

  因为 4 只家兔被注射药物后恰有 3 只死亡的事件共有 $C_4^3 = 4$ 类, 即 $A_1 \cap A_2 \cap A_3 \cap \overline{A_4}$, $A_1 \cap$

$A_2 \cap \overline{A_3} \cap A_4$, $A_1 \cap \overline{A_2} \cap A_3 \cap A_4$, $\overline{A_1} \cap A_2 \cap A_3 \cap A_4$. 这四个事件是两两互不相容的, 并且 A_i 与 A_j 以及 A_i 与 $\overline{A_j}$ ($i \neq j$, $i,j=1,2,3,4$) 是相互独立的. 于是

$$P(B) = P((A_1 \cap A_2 \cap A_3 \cap \overline{A_4}) \cup (A_1 \cap A_2 \cap \overline{A_3} \cap A_4) \cup (A_1 \cap \overline{A_2} \cap A_3 \cap A_4) \cup (\overline{A_1} \cap A_2 \cap A_3 \cap A_4))$$

$$= P(A_1 \cap A_2 \cap A_3 \cap \overline{A_4}) + P(A_1 \cap A_2 \cap \overline{A_3} \cap A_4) + P(A_1 \cap \overline{A_2} \cap A_3 \cap A_4) + P(\overline{A_1} \cap A_2 \cap A_3 \cap A_4)$$

$$= P(A_1)P(A_2)P(A_3)P(\overline{A_4}) + P(A_1)P(A_2)P(\overline{A_3})P(A_4) + P(A_1)P(\overline{A_2})P(A_3)P(A_4) + P(\overline{A_1})P(A_2)P(A_3)P(A_4)$$

$$= C_4^3 \cdot P^3 \cdot (1-P) = 4 \times 0.9^3 \times 0.1 = 0.2916$$

在 n 次独立重复试验中, 事件 A 恰好发生 k 次的概率问题叫做伯努利概型.

一般地, 如果在一次试验中某事件发生的概率是 P, 那么这个事件在 n 次独立重复试验中, 恰好发生 k 次的概率为

$$\boxed{P_n(k) = C_n^k P^k \cdot (1-P)^{n-k} \quad (k=0,1,\cdots,n)}$$

另外有

$$\boxed{\sum_{k=0}^{n} P_n(k) = 1}$$

例2 在某抗生素的生产中, 需要培养优良的菌株, 现有一批经过诱变处理的菌株, 每只菌株变成优良菌株的概率均是 0.4, 现从中任选 5 只, 求其中恰好有 2 只变成优良菌株的概率是多少?

> **伯努利试验**
>
> 伯努利, 是一位瑞士数学家. 由于他在 n 次独立重复试验中的特殊贡献, 后人就以他的名字命名, 称为伯努利试验, 其主要内容: 当每次试验的基本事件只有两种, 即只有两个事件 A 及 $\overline{A}$, 且 $P(A) = P$, $P(\overline{A}) = q = 1-p$.

解 由于每只菌株变成优良菌株与否是相互独立的, 且每只菌株只有变成优良菌株或未变成优良菌株两种结果, 变成优良菌株的概率是 0.4, 没有变成优良菌株的概率是 $1-0.4$, 则 5 只菌株恰好有 2 只变成优良菌株的概率.

$$P_5(2) = C_5^2 \cdot 0.4^2 \cdot (1-0.4)^{5-2} = 0.3456$$

此结果表明, 任选 5 只菌株作为一组, 那么在 100 组中, 恰好有 2 只变成优良菌株的情况大约在 34 组左右.

例3 设有八门火炮独立地同时向一目标各射击一发炮弹, 若有不少于 2 发炮弹命中目标时, 目标算作被击毁, 如果每门炮命中目标的概率为 0.6, 求击毁目标的概率 P 是多少?

解 依题意, 令 A 表示每一门火炮命中目标这一事件, 则 $P(A) = 0.6$, 这样本题可看做 $n=8$ 的伯努利概型问题, 按伯努利概型公式所求概率为

$$P = \sum_{k=2}^{8} P_8(k) = 1 - P_8(0) - P_8(1)$$

$$= 1 - C_8^0 \cdot (0.6)^0 \cdot (0.4)^8 - C_8^1 (0.6)^1 (0.4)^7$$

$$= 0.991$$

例4 对某种药物的疗效进行研究, 假定这种药物对某种疾病的治愈率是 0.8, 现在患此病的 10 人中同时服用此药, 求其中至少有 6 个病人被治愈的概率.

解 由于此药对每个病员有效与否是相互独立的, 且每个病员服药后只有治愈或没有治愈两种结果.

假定病人服用该药后或者治愈 (事件 A), 或者没有治愈 (事件 $\overline{A}$) 按题设有

$$P(A) = 0.8, \quad P(\overline{A}) = 1 - P(A) = 0.2,$$

因此可用 $n=10$ 的伯努利概型求其概率, 得

$$P = \sum_{k \geqslant 6}^{10} P_{10}(k) = P_{10}(6) + P_{10}(7) + P_{10}(8) + P_{10}(9) + P_{10}(10)$$
$$= C_{10}^6 \times 0.8^6 \times 0.2^4 + C_{10}^7 \times (0.8)^7 \times (0.2)^3 + C_{10}^8 \times (0.8)^8 \times (0.2)^2 + C_{10}^9 (0.8)^9 (0.2)^1 +$$
$$C_{10}^{10}(0.8)^{10}(0.2)^0 \approx 0.97$$

本题结果表示:如果将 10 个病员服药看做一次试验,那么,在 100 次这样的实验中,大约有 97 次使得 10 人中至少有 6 人被治愈. 换句话说,在 10 个病员服用后治愈人数少于 6 人这一事件是很少出现的(概率为 0.03). 在数理统计中,利用这一结果,若在 100 次实际服用此药试验中,10 个病员中被治愈不少于 6 人的次数小于 97 次,我们就要对治愈率为 0.8 表示怀疑,它说明实际上治愈率小于 0.8.

习题 7-5

1. 给 10 只小白鼠接种某种病原微生物,已知使每只致病的概率为 0.3,问在这次试验中至少有 1 只致病的概率是多少?
2. 一大批电子管中有 5% 已损坏,从这批电子管中随机选取 4 只来组成一个串联线路,问这个线路能正常工作的概率是多少?
3. 某射手射击 1 次命中的概率是 0.9,求:
   (1) 射击 4 次,恰好命中 3 次的概率;
   (2) 射击 4 次,均未命中的概率.
4. 用二项式定理证明:
   $$P_N(0) + P_N(1) + P_N(2) + \cdots + P_N(N) = 1$$

第 6 节　概率在医学上的应用

概率作为医学统计学的理论基础,对于研究如何以有效的方式收集、整理和分析生命现象中受到的随机影响的数据,对所考察的问题作出推断或预测,直至为基础医学、药物科研、临床检验和临床医学等采取决策和行动提供依据及建议都有重要价值,本节仅介绍概率与医学密切相关的部分内容.

一、概率在临床决策分析中的作用

临床工作中经常遇到一些决策问题,使得医生不好决定用哪种方法,下面利用概率和期望值通过一个实例阐述定量的临床决策分析方法.

考虑具有慢性进行性肝衰竭体征的病人,从临床角度来看,至少需按两种不同的情况来处理:如果是慢性肝炎,用甾体化合物处理可使两年存活率从 67% 提高到 85%;如果是肝硬化,则用甾体化合物处理就不大合适. 因为用甾体化合物处理都有出现并发症(如胃肠出血、血栓栓塞等)的风险,这种风险可降低肝硬化病人的两年存活率(假定从 50% 降到 48%). 为简单起见,假定用肝脏活组织检查可作出确诊,但肝活检病人有 $\frac{1}{1000}$ 的死亡率. 试问:是否让病人做活检?

这就是一个临床决策问题. 当医生面临这个问题时,首先要根据病人的各种病象表现,在"做活检"与"不做活检"中作出抉择,这种抉择是由决策者——主要是医生(假定病人听从医生的安排)控制的. 假如医生决定"做活检",那么做活检的结果病人可能存活,也可能死亡;前者的概率是 $\frac{999}{1000}$,后者的概率是 $\frac{1}{1000}$. 这里,病人"存活"或"死亡"是两个随机事件,不是医生所能控制的,假如病人"存活",那么检查结果可能是"肝炎"或者是"肝硬化",这又是两个随机事件. 它们的概率可从文献资料或本院的既往病案资料中作出估计,这里假定做肝活检的慢性进行性肝衰竭病人中有 80% 是肝硬化,20% 是肝炎,接着,医生便要选择处理:"用甾体化合物"或

笔记栏

"不用甾体化合物",对于肝炎病人,这两种处理的两年存活率分别为85%和67%;对于肝硬化病人,则分别为48%和50%.

数 学 期 望

随机变量X的平均值叫做X的数学期望,它反映了X的集中位置.例如:有甲、乙两人,其生产水平可由下表看出:

甲:

废品数 X	0	1	2	3
概率 P	0.4	0.3	0.2	0.1

乙:

废品数 X	0	1	2	3
概率 P	0.3	0.5	0.15	0.05

试问哪一个技术较好?

为了比较甲、乙二人的技术水平,我们观察 N 天,则他们的出废品数大约是:

甲:$0 \times 0.4N + 1 \times 0.3N + 2 \times 0.2N + 3 \times 0.1N = 1N$;

乙:$0 \times 0.3N + 1 \times 0.5N + 2 \times 0.15N + 3 \times 0.05N = 0.95N$.

就是说,平均起来,甲每天出废品1件,乙每天出废品0.95件,因此乙的技术稍好些.

一般地,如果离散型随机变量X的概率分布是

$X = x_i$	x_1	x_2	$\cdots$	x_n
$P(X = x_i)$	p_1	p_2	$\cdots$	p_n

那么 $\sum x_i p_i$ 称为随机变量 X 的数学期望,记做 $E(X)$.

假如医生决定"不做活检",那么,接着就要决定是否用甾体化合物处理,这个决定是在病人患肝炎或患肝硬化尚未确诊的条件下作出的.如果决定用甾体化合物处理,则对于肝炎病人(概率为20%),两年存活率为85%;对于肝硬化病人(概率为80%),两年存活率为48%.如果决定不用甾体化合物处理,则对肝炎和肝硬化病人(概率分别为20%和80%),两年存活率分别为67%和50%.

把上述决策问题用树状的图形表示,便得到相应的决策树,如图7-5所示.

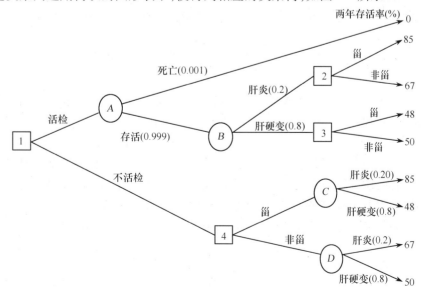

图7-5 慢性进行性肝衰竭病人肝活检的决策树

　　决策树由节点和分支组成,节点有两类:决策节点(又称选择节点)和机遇节点,前者用小方形表示,后者用小圆形表示,从决策节点出发沿着哪条分支作出决策是由决策者控制的,而从机遇节点出发沿着哪条分支进行下去是随机遇而定的,如图 7-5 中标出 1,2,3,4 的四个小方形都是决策节点. 标出 A,B,C,D 的四个小圆形都是机遇节点. 我们看到,借助于决策树,可把临床决策清晰地表达出来,在此基础上便可进行定量分析.

　　为了判断和比较不同决策的优劣,需要选定作为"利益"的定量测定,对上述例子,可取两年存活率作为利益的测定. 然后,在决策树(图 7-5)上进行利益分析.

　　先考虑"活检"这一分支,在决策节点 2. 决策者可在 85% 和 67% 这两个利益值中作出选择,当然选取两年存活率较大者,所以该节点相应的利益为 85% ,同时"剪掉"从该节点出发的利益较小(67%)的分支如图 7-6 所示.

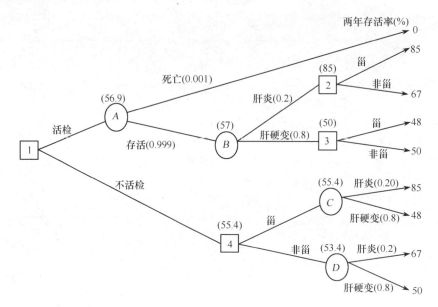

图 7-6　在图 7-5 的决策树上进行利益分析

　　同理,决策节点 3 相应的利益为 50% ,同时"剪掉"从该节点出发的利益为 48% 的分支,在机遇节点 B,由于通向利益为 85% 的"肝炎"支,其概率为 0.20,通向利益为 50% 的"肝硬化"支,其概率为 0.8,于是,在该节点的利益期望值为 $0.85 \times 0.20 + 0.5 \times 0.8 = 57\%$. 同理,机遇节点 A 的利益期望值为 $0 \times 0.001 + 0.57 \times 0.999 = 56.9\%$,考虑"不活检"这一支,容易算得机遇节点 C 和 D 的利益期望分别为 55.4% 和 53.4% ,从而决策节点 4 的利益值为 55.4% .

　　将由决策节点 1 出发的"活检"支和"不活检"支比较,前者的利益值超过后者的利益值为 56.9% −55.4% =1.5% .

　　平均说来,每一千个做活检的慢性进行性肝衰竭病人中有 569 人获得两年存活率,而每一千个不做活检的同类病人中只有 554 人获得两年存活率,前者比后者多 15 人,这表明应该作出"活检"这一决策. 同时,由图 7-6 可见,倘若病人不同意活检,医生则应给予甾体化合物处理.

　　需要指出,可作为"利益"进行定量测度的,不限于存活率,也可以是生理功能、劳动力恢复等方面的适当指标;还可以是死亡率、病废程度、住院医疗费用等,不过这时的所谓"利益"实际上是"损失"或"代价",因此需按损失(代价)最小的准则来作出决策.

　　在临床上利用上述方法,可以减少不必要的损失,提高存活率,节约经费,所以是现代医学不可缺少的方法.

二、化验方案的确定

为了普查某地某种疾病,要对全区居民验血,一般可采取两种方法:

为了方便计算,设该地区共有居民 N 人.

(1) 每人分别化验,共需要 N 次.

(2) 以 $k(k<N)$ 个人为一组,将每个所抽的血取出一半混合在一起化验,若混合血液呈阴性表明这 k 个人都无病,对这 k 个人只作一次化验就够了,若混合血液呈阳性,表明这 k 个人中至少有一人患病,这时,必须再逐个地进行化验,对这 k 个人就要作 $k+1$ 次化验.

可以证明,当普查的疾病不是传染病,而且发病率较低时,第(2)种化验方案能节省化验次数(即是说可以节省人力物力). 推证如下:

设某疾病的发病率为 p,则不发病的概率为 $q=1-p$.

按方法(2)化验时,每个需要化验的次数 X 是一个随机变量,X 的可能取值只有两个: $\frac{1}{k}$,$1+\frac{1}{k}$.

$\{X=\frac{1}{k}\}$ 表示混合血液呈阴性,即 k 个人都无病,由于每个人是否患病可以看成是相互独立的,故

$$P\left(X=\frac{1}{k}\right)=q \cdot q \cdot \cdots \cdot q=q^{k}$$

$\{X=1+\frac{1}{k}\}$ 表示混合血液呈阳性,即 k 个人至少有一人患病,$\{X=\frac{1}{k}\}$ 与 $\{X=1+\frac{1}{k}\}$ 互为对立事件,故

$$P\left(X=1+\frac{1}{k}\right)=1-q^{k}$$

所以 X 的概率分布为

$X=x_i$	$\frac{1}{k}$	$1+\frac{1}{k}$
$P(X=x_i)$	q^k	$1-q^k$

每人需要化验次数的数学期望为

$$E(X)=\frac{1}{k} \cdot q^{k}+\left(1+\frac{1}{k}\right)(1-q^{k})=1-q^{k}+\frac{1}{k}$$

N 个人需要化验次数的数学期望为 $N \cdot \left(1-q^{k}+\frac{1}{k}\right)$,不难看出,当 $q^{k}-\frac{1}{k}>0$ 时,方法(2)就能减少次数.

例如,当 $p=0.01$,$k=4$ 时,$q^{k}-\frac{1}{k}=0.71$,这就是说,如果发病率为 1%,以 4 人为一组进行化验,与方法(1)相比较,平均能减少约 71% 的工作量. 显然,发病率 p 越小,方法(2)越能减少化验次数.

在给定 p 后,每组分几个人最好,显然取 k 使 $E(X)$ 达到最小是最好的方法.

例如,取 $p=0.1$,由上述结果知

$$E(X)=1-0.9^{k}+\frac{1}{k}$$

令 $f(k)=1-0.9^{k}+\frac{1}{k}$,取 $k=1,2,3,4,5,6,7,\cdots$,代入 $f(k)$ 直接验证可知:

(1) $f(1)>f(2)>f(3)>f(4)$;

(2) $f(4) < f(5) < f(6) < f(7) < \cdots$.

于是, $f(4)$ 为最小值,故取 $k=4$,也就是当发病率是 $p=0.1$ 时,每 4 人一组进行化验时所需化验的次数最少.

习题 7-6

1. 理解书中所举概率在医学中应用的例子.

2. 结合本章内容,举出概率在医学上应用的实例.

---

1. 事件分为必然事件、不可能事件、随机事件.

2. 不可能再分解的最简单的随机事件称为基本事件.

3. 概率是对事件发生可能性大小的量度,是事件自身固有的属性.

4. 如果一次试验中共有 n 种等可能出现的结果,其中事件 A 包含的结果有 m 种,则事件 A 的概率是

$$p(A) = \frac{m}{n}$$

5. 两个互不相容事件和的概率等于这两个事件概率的和,即

$$P(A+B) = P(A) + P(B)$$

6. 条件概率

$$P(A|B) = \frac{P(AB)}{P(B)}, P(B|A) = \frac{P(AB)}{P(A)}$$

7. 概率的乘法公式

$$P(AB) = P(A)P(B|A) = P(B)P(A|B)$$

8. 两个相互独立事件积的概率等于这两个事件概率的积,即

$$P(AB) = P(A)P(B)$$

8. 如果在每个试验中事件 A 的概率为 P,则在 n 次独立重复试验中事件 A 恰好发生 k 次的概率

$$P_n(k) = C_n^k p^k (1-p)^{n-k} (k = 0, 1, 2, \cdots, n)$$

10. 可以利用概率解决临床决策、化验方案的确立等问题.

小　结

目　标　检　测

1. 判断题:

(1) 设 A 表示"两件产品都是合格品",B 表示"两件产品都是不合格品",则 A,B 是对立事件. 　　(　　)

(2) 同时掷两个骰子,那么所得点数之和等于 5 的概率为 0.1. 　　(　　)

(3) 事件 A 表示三个作肝功能试验的病人中至少有一个肝功能不正常,事件 B 表示三人都正常. 则 $A+B$ 是必然事件. 　　(　　)

2. 填空题:

(1) 用某种新药治疗某种疾病,15 个病人有 10 人治愈是_____事件.

(2) 每次试验成功率为 $p(0<p<1)$,进行独立重复试验,直到第 10 次才取得 4 次成功的概率为_____.

(3) 在电路中,电压超过额定值的概率为 p_1,在电压超过额定值的情况下,电气设备被烧坏的概率为 P_2,则由于电压超过额定值而使电气设备烧坏的概率_____.

3. 选择题:

(1) 在 100 片药中,有 3 片失效,从中任取 4 片,下列事件是必然事件的是(　　).

    A. 全部都有效;　　　　　　　　　　　B. 至少有一片失效;

    C. 4 片都失效;　　　　　　　　　　　D. 至少有一片有效.

(2) 有 10 个型号相同的杯子,其中一等品 6 个,二等品 3 个,三等品 1 个,从中任取一个,则取得一等品的概率是(　　).

    A. 0.6;　　　　　　B. 0.8;　　　　　　C. 0.1;　　　　　　D. 0.7.

笔记栏

（3）下列叙述正确的是（ ）.

    A. 互相独立的事件一定互不相容；   B. 互不相容的事件一定互相独立；

    C. 对立事件一定互不相容；   D. 互相独立的事件一定是对立事件.

4. 在某一人群中，聋子（A）的概率是 0.005，盲人（B）的概率是 0.0085，而聋子中是盲人的概率为 0.12，求这个人群中任意一人，又聋又盲的概率和盲人中是聋子的概率.

5. 考虑有两个孩子的家庭，假定男女出生率一样，第一次出生的是女孩的用 A 表示，第二次出生是男孩用 B 表示，说明 A 与 B 两事件是否相互独立.

6. 在 100 人的人群中有 2 人是菌痢带菌者，现从中任意抽查 5 人. 求这 2 名带菌者都被抽到的概率.

7. 实验室里有做过某种实验用的兔子 20 只，其中 14 只有致命的血液改变，6 只有致命的骨骼改变，如果从中任取 5 只，求：

    （1）最多 1 只有致命的血液改变的概率；

    （2）至少 1 只有致命的骨骼改变的概率.

8. 假定由于饮用生水而得胃肠炎的概率为 0.75，某班 10 名学生运动后一起喝了生水，问：

    （1）其中有 8 人得胃肠炎的概率是多少？

    （2）10 人全得胃肠炎的概率是多少？

9. 某种药物对每例病人的治愈率是 0.4，治疗 10 例病人，至少有 7 人治愈的概率是多少？后研制出一种新药，使治愈率提高到 0.9，又治疗 10 例病人，至少有 7 人治愈的概率是多少？这些概率算出后，它的实际含义说明了什么？

10. 生理心理学的研究表明，经常处于抑郁状态的人易患胃溃疡疾病，假设经常处于抑郁状态而患胃溃疡疾病的概率为 0.2，现从该人群中任选 10 人，问：

    （1）其中至少有 3 人患胃溃疡疾病的概率是多少？

    （2）恰好有 5 人患胃溃疡疾病的概率是多少？

第 8 章 极限与连续

龟兔赛跑是大家都熟悉的寓言.兔子输给了乌龟,心里很不服气,这天,兔子又提出要和乌龟赛跑 100 米.乌龟说:"赛跑是你们兔子的强项,你 1 秒钟可以跑 1 米,我 1 秒钟只能爬 0.1 米,要比我们就来个龟兔两项赛,先比赛跑,再比游泳,谁先到河对岸,谁就是胜利者."兔子说:"天气这么冷,别比游泳了,要不我让你先跑 80 米."乌龟心想:"20 米我要爬 200 秒,100 米你只要跑 100秒."乌龟眼珠一转,有了计策.乌龟说:"你让我先跑的话,你就不可能追上我了,如果我能说出道理,你又找不出毛病就算你输."兔子说:"只要你能说出道理,就算我输."乌龟说:"开始跑的时候,我们相差 80 米,等你跑完 80 米,我向前爬了 8 米,你没追上.等你跑完 8 米,我又向前爬了 0.8 米,你还是没追上.等你跑完 0.8 米,我又向前爬了 0.08 米,你仍然没追上.这么一直下去,你岂不是永远都追不上?"兔子找不出乌龟话中的错误,只好认输.同学们,你能找出乌龟话中的错误吗?

学习目标

1. 说出基本初等函数、复合函数、初等函数的概念,能将初等函数分解成基本初等函数.
2. 掌握数列极限的概念,会计算数列极限.
3. 解释函数极限的概念,会计算函数极限;能熟练运用两个重要极限进行计算.
4. 说出无穷小量的概念,能运用无穷小量的性质计算极限.
5. 说出函数连续的概念,会判断函数在所给点是否连续,会求函数的间断点,会用初等函数的连续性求极限,了解闭区间上连续函数的性质.

第 1 节 数列的极限

一、数列极限的定义

我国古代哲学著作《庄子》里有一句话:"一尺之椎,日取其半,万世不竭."这句话的意思是说,一根一尺长的木棒,每天去掉一半,木棒永远存在.万世在这里表示久远,有永远的意思,并不是真正表示一万年.如果我们把每天木棒砍之前的长度排列起来,可以得到以下数列:

$$1, \frac{1}{2}, \frac{1}{4}, \frac{1}{8}, \cdots$$

问题:如果一直砍下去,木棒越来越短,最终趋近于 0.会不会有一天,一刀砍下去,木棒突然没有了?

数列极限的 ε-N 定义

设 $\{a_n\}$ 是一个数列,A 是一个确定的常数,如果对于任意给定的正数 ε,总存在正整数 N,使得当 $n > N$ 时,总有 $|a_n - A| < \varepsilon$,则称数列 $\{a_n\}$ 当 $n \to \infty$ 时以 A 为极限,记为 $\lim_{n \to \infty} a_n = A$ 或 $a_n \to A (n \to \infty)$.

从这个问题中,我们可以发现一个有趣的现象,一方面随着时间的推移,木棒的长度越来越趋近于 0,木棒朝着消失的方向变化;另一方面,木棒又永远不会消失,即木棒的长度永远不会等于 0,二者之间似乎自相矛盾.实际上,这并不矛盾,因为如果永远砍下去,是一个无限的过程,在这个无限过程中,木棒朝着最终消失的方向变化,而一旦指定某一天,这

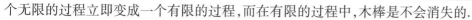

个无限的过程立即变成一个有限的过程,而在有限的过程中,木棒是不会消失的.

定义1 给定一个数列 $a_1,a_2,a_3,\cdots,a_n,\cdots$,如果当 n 无限地增大时,a_n 无限地趋近于某一个确定的常数 A,则称数列 $\{a_n\}$ 当 $n\to\infty$ 时以 A 为极限,记为 $\lim\limits_{n\to\infty}a_n=A$ 或 $a_n\to A(n\to\infty)$,如果数列有极限,则称数列是收敛的,如果数列没有极限,则称数列是发散的.

数列极限定义的变迁

极限法的思想可以追溯到古代.刘徽的割圆术、古希腊人的穷竭法都蕴含了极限思想.16 世纪的欧洲处于资本主义萌芽时期,生产和技术中大量的问题,只用初等数学的方法已无法解决,要求数学突破只研究常量的传统范围,提供能够用以描述和研究运动、变化过程的新工具,这是促进极限发展、建立微积分的社会背景.起初牛顿和莱布尼兹以无穷小概念为基础建立微积分,后来因遇到了逻辑困难,所以在他们的晚期都不同程度地接受了极限思想.因为当时缺乏严格的极限定义,微积分理论受到人们的怀疑与攻击,到了 19 世纪,法国数学家柯西在前人工作的基础上,比较完整地阐述了极限概念及其理论,柯西把无穷小视为以 0 为极限的变量,这就澄清了无穷小"似零非零"的模糊认识.但柯西的叙述中还是存在描述性的词语,如"无限趋近"、"要多小就多小"等,还保留着直观痕迹,没有达到彻底严密化的程度.直到德国数学家魏尔斯特拉斯提出了数列极限的 $\varepsilon-N$ 定义,才建立严格的极限定义.这个定义,借助不等式,通过 ε 和 N 之间的关系,定量地、具体地描述了两个"无限过程"之间的联系.因此,这样的定义是严格的,是可以作为科学论证的基础的.在今天,这个定义仍然是数列极限的标准定义.

例1 确定下列数列的极限:

(1) $1,\dfrac{1}{2},\dfrac{1}{3},\cdots,\dfrac{1}{n},\cdots$ (2) $2,\dfrac{3}{2},\dfrac{4}{3},\cdots,\dfrac{n+1}{n},\cdots$ (3) $\dfrac{1}{2},\dfrac{2}{3},\dfrac{3}{4},\cdots,\dfrac{n}{n+1},\cdots$

解 (1) 当 $n\to\infty$ 时,$\dfrac{1}{n}\to 0$,所以 $\lim\limits_{n\to\infty}\dfrac{1}{n}=0.$

(2) 当 $n\to\infty$ 时,$\dfrac{1}{n}\to 0$,所以 $\dfrac{n+1}{n}=1+\dfrac{1}{n}\to 1$,所以 $\lim\limits_{n\to\infty}\dfrac{n+1}{n}=1.$

(3) 当 $n\to\infty$ 时,$\dfrac{1}{n}\to 0$,所以 $\dfrac{1}{n+1}\to 0$,所以 $\dfrac{n}{n+1}=1-\dfrac{1}{n+1}\to 1$,所以 $\lim\limits_{n\to\infty}\dfrac{n}{n+1}=1.$

练 习

说出下列数列的极限:

(1) $1,\dfrac{1}{3},\dfrac{1}{5},\cdots,\dfrac{1}{2n-1},\cdots$ (2) $1,\dfrac{3}{2},\dfrac{5}{3},\cdots,\dfrac{2n-1}{n},\cdots$ (3) $\dfrac{1}{2},\dfrac{3}{4},\dfrac{5}{6},\cdots,\dfrac{2n-1}{2n},\cdots$

(4) $2,\dfrac{4}{3},\dfrac{6}{5},\cdots,\dfrac{2n}{2n-1},\cdots$

二、数列极限的性质

定义2 (数列的有界性)设 $\{a_n\}$ 是一个数列,如果存在一个常数 M,使得对于数列 $\{a_n\}$ 中的任何一项 a_n 都有 $a_n\le M$,则称数列 $\{a_n\}$ 有上界,称 M 是数列 $\{a_n\}$ 的一个上界.如果这样的 M 不存在,则称数列 $\{a_n\}$ 无上界;如果存在一个常数 m,使得对于数列 $\{a_n\}$ 中的任何一项 a_n 都有 $a_n\ge m$,则称数列 $\{a_n\}$ 有下界,称 m 是数列 $\{a_n\}$ 的一个下界.如果这样的 m 不存在,则称数列 $\{a_n\}$ 无下界;如果存在一个正数 K,使得对于数列 $\{a_n\}$ 中的任何一项 a_n 都有 $|a_n|\le K$,则称数列 $\{a_n\}$ 有界,如果这样的 K 不存在,则称数列 $\{a_n\}$ 无界.

例2 证明数列 $\{a_n\}$ 有界的充分必要条件是数列 $\{a_n\}$ 既有上界又有下界.

证明 充分性.设 M 是数列 $\{a_n\}$ 的一个上界,m 是数列 $\{a_n\}$ 的一个下界,则对于数列 $\{a_n\}$ 中的

任何一项 a_n,都有 $m \leqslant a_n \leqslant M$,取 $K = \max\{|M|,|m|\}$,则显然有 $-K \leqslant -|m| \leqslant m \leqslant a_n \leqslant M \leqslant |M| \leqslant K$,即得 $|a_n| \leqslant K$,所以数列 $\{a_n\}$ 有界.

必要性. 因为数列 $\{a_n\}$ 有界,所以存在一个正数 K,使得对于数列 $\{a_n\}$ 中的任何一项 a_n,都有 $|a_n| \leqslant K$,即得 $-K \leqslant a_n \leqslant K$,取 $-K$ 为数列 $\{a_n\}$ 的一个下界,取 K 为数列 $\{a_n\}$ 的一个上界,所以数列 $\{a_n\}$ 既有上界又有下界.

下面给出数列极限的性质:

性质 1　(极限的惟一性)数列 $\{a_n\}$ 不能收敛于两个不同的极限.

性质 2　(收敛数列的有界性)如果数列 $\{a_n\}$ 收敛,那么数列 $\{a_n\}$ 一定有界.

性质 3　(收敛数列与其子数列间的关系)如果数列 $\{a_n\}$ 收敛于 A,那么它的任一子数列也收敛,并且极限也是 A.

三、极限存在准则

准则Ⅰ　如果数列 $\{a_n\}$,$\{b_n\}$,$\{c_n\}$ 满足:

(1) $a_n \leqslant b_n \leqslant c_n$　$(n = 1,2,3,\cdots)$;

(2) $\{a_n\}$,$\{c_n\}$ 的极限都存在,且 $\lim\limits_{n \to \infty} a_n = \lim\limits_{n \to \infty} c_n = A$;则数列 $\{b_n\}$ 的极限也存在,且 $\lim\limits_{n \to \infty} b_n = A$.

准则Ⅰ又称夹逼定理、夹挤定理或两边夹法则.

准则Ⅱ　单调有界数列必有极限.

四、数列极限的运算

定理 1　如果数列 $\{a_n\}$ 和 $\{b_n\}$ 的极限都存在,$\lim\limits_{n \to \infty} a_n = A$,$\lim\limits_{n \to \infty} b_n = B$,则数列 $\{a_n \pm b_n\}$ 的极限也存在,且 $\boxed{\lim\limits_{n \to \infty}(a_n \pm b_n) = A \pm B}$ (可推广到有限个数列的代数和).

定理 2　如果数列 $\{a_n\}$ 和 $\{b_n\}$ 的极限都存在,$\lim\limits_{n \to \infty} a_n = A$,$\lim\limits_{n \to \infty} b_n = B$,则数列 $\{a_n \cdot b_n\}$ 的极限也存在,且 $\boxed{\lim\limits_{n \to \infty}(a_n \cdot b_n) = A \cdot B}$ (可推广到有限个数列的乘积).

定理 3　如果 C 是一个确定的常数,则 $\boxed{\lim\limits_{n \to \infty} C = C}$

推论 1　如果数列 $\{a_n\}$ 的极限存在,$\lim\limits_{n \to \infty} a_n = A$,$C$ 是一个常数,则数列 $\{Ca_n\}$ 的极限也存在,且 $\boxed{\lim\limits_{n \to \infty}(C \cdot a_n) = C \cdot A}$

推论 2　如果数列 $\{a_n\}$ 的极限存在,$\lim\limits_{n \to \infty} a_n = A$,$K$ 是正整数且 K 是常数,则数列 $\{a_n^K\}$ 的极限也存在,且 $\boxed{\lim\limits_{n \to \infty}(a_n)^K = A^K}$ (可推广到 K 是有理数,只要 a_n^k 和 A^K 有意义).

定理 4　如果数列 $\{a_n\}$ 和 $\{b_n\}$ 的极限都存在,$\lim\limits_{n \to \infty} a_n = A$,$\lim\limits_{n \to \infty} b_n = B (B \neq 0)$ 则数列 $\left\{\dfrac{a_n}{b_n}\right\}$ 的极限也存在,且 $\boxed{\lim\limits_{n \to \infty}\left(\dfrac{a_n}{b_n}\right) = \dfrac{A}{B}}$

例 3　证明数列 $\{(-1)^n\}$ 是发散的.

证明　(反证法)假设数列 $\{(-1)^n\}$ 是收敛的,由性质 3 可知,其子数列 $\{(-1)^{2n}\}$ 和 $\{(-1)^{2n-1}\}$ 也收敛,并且收敛于同一个极限,实际上 $\lim\limits_{n \to \infty}(-1)^{2n} = \lim\limits_{n \to \infty} 1 = 1$,$\lim\limits_{n \to \infty}(-1)^{2n-1} = \lim\limits_{n \to \infty}(-1) = -1$,说明假设不成立,所以数列 $\{(-1)^n\}$ 是发散的.

例 4　求下列数列的极限:

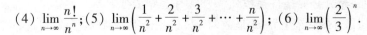

(1) $\lim\limits_{n \to \infty} \dfrac{2n-3}{3n+2}$;(2) $\lim\limits_{n \to \infty} \dfrac{n^2+2n-3}{2n^2+3n+2}$;(3) $\lim\limits_{n \to \infty}(\sqrt{n+1} - \sqrt{n})$;

(4) $\lim\limits_{n \to \infty} \dfrac{n!}{n^n}$;(5) $\lim\limits_{n \to \infty}\left(\dfrac{1}{n^2} + \dfrac{2}{n^2} + \dfrac{3}{n^2} + \cdots + \dfrac{n}{n^2}\right)$;(6) $\lim\limits_{n \to \infty}\left(\dfrac{2}{3}\right)^n$.

解　(1) $\lim\limits_{n\to\infty}\dfrac{2n-3}{3n+2}=\lim\limits_{n\to\infty}\dfrac{2-\dfrac{3}{n}}{3+\dfrac{2}{n}}=\dfrac{\lim\limits_{n\to\infty}\left(2-\dfrac{3}{n}\right)}{\lim\limits_{n\to\infty}\left(3+\dfrac{2}{n}\right)}=\dfrac{\lim\limits_{n\to\infty}2-\lim\limits_{n\to\infty}\dfrac{3}{n}}{\lim\limits_{n\to\infty}3+\lim\limits_{n\to\infty}\dfrac{2}{n}}=\dfrac{2-0}{3+0}=\dfrac{2}{3}$

在我们能熟练运用数列极限的运算法则后,有些中间过程可以省略.

(2) $\lim\limits_{n\to\infty}\dfrac{n^2+2n-3}{2n^2+3n+2}=\lim\limits_{n\to\infty}\dfrac{1+\dfrac{2}{n}-\dfrac{3}{n^2}}{2+\dfrac{3}{n}+\dfrac{2}{n^2}}=\dfrac{1+0-0}{2+0+0}=\dfrac{1}{2}$

(3) $\lim\limits_{n\to\infty}(\sqrt{n+1}-\sqrt{n})=\lim\limits_{n\to\infty}\dfrac{(\sqrt{n+1}-\sqrt{n})(\sqrt{n+1}+\sqrt{n})}{\sqrt{n+1}+\sqrt{n}}=\lim\limits_{n\to\infty}\dfrac{1}{\sqrt{n+1}+\sqrt{n}}=0$

(4) 因为 $\dfrac{n!}{n^n}=\dfrac{n(n-1)(n-2)\cdots3\cdot2\cdot1}{n\cdot n\cdot n\cdots n\cdot n\cdot n}\leqslant\dfrac{1}{n}$

而 $\lim\limits_{n\to\infty}0=0,\lim\limits_{n\to\infty}\dfrac{1}{n}=0$,所以 $\lim\limits_{n\to\infty}\dfrac{n!}{n^n}=0$.

(5) $\lim\limits_{n\to\infty}\left(\dfrac{1}{n^2}+\dfrac{2}{n^2}+\dfrac{3}{n^2}+\cdots+\dfrac{n}{n^2}\right)=\lim\limits_{n\to\infty}\dfrac{1+2+3+\cdots+n}{n^2}=\lim\limits_{n\to\infty}\dfrac{\dfrac{1}{2}n(n+1)}{n^2}=\lim\limits_{n\to\infty}\dfrac{1}{2}\left(1+\dfrac{1}{n}\right)$

$\qquad=\dfrac{1}{2}(1+0)=\dfrac{1}{2}$

(6) 由二项式定理

$\left(\dfrac{3}{2}\right)^n=\left(1+\dfrac{1}{2}\right)^n=C_n^0\cdot1^n\cdot\left(\dfrac{1}{2}\right)^0+C_n^1\cdot1^{n-1}\cdot\left(\dfrac{1}{2}\right)^1+C_n^2\cdot1^{n-2}\cdot\left(\dfrac{1}{2}\right)^2+\cdots+C_n^n\cdot1^{n-n}\cdot\left(\dfrac{1}{2}\right)^n$

所以 $\left(\dfrac{3}{2}\right)^n>C_n^1\cdot1^{n-1}\cdot\left(\dfrac{1}{2}\right)^1=\dfrac{n}{2}$

所以 $0<\left(\dfrac{2}{3}\right)^n<\dfrac{2}{n}$.而 $\lim\limits_{n\to\infty}0=0,\lim\limits_{n\to\infty}\dfrac{2}{n}=0$,所以 $\lim\limits_{n\to\infty}\left(\dfrac{2}{3}\right)^n=0$.

可以用同样的方法证明,$\lim\limits_{n\to\infty}q^n=0,q$ 为常数且 $|q|<1$.

例 5　证明 $\lim\limits_{n\to\infty}\sqrt[n]{a}=1(a>1)$.

证明　因为 $a>1$,所以 $\sqrt[n]{a}>1$,如果令 $\sqrt[n]{a}=1+x_n$,则 $x_n>0$,即得 $a=(1+x_n)^n$.

由二项式定理 $a=(1+x_n)^n=1+nx_n+\dfrac{n(n-1)}{2}x_n^2+\cdots+x_n^n\geqslant1+nx_n$,即得 $0<x_n=\dfrac{a-1}{n}$,

因为 $\lim\limits_{n\to\infty}\dfrac{a-1}{n}=0,\lim\limits_{n\to\infty}0=0$,所以 $\lim\limits_{n\to\infty}x_n=0$,

所以 $\lim\limits_{n\to\infty}\sqrt[n]{a}=\lim\limits_{n\to\infty}(1+x_n)=\lim\limits_{n\to\infty}1+\lim\limits_{n\to\infty}x_n=1+0=1$

例 6　证明数列 $\sqrt{2},\sqrt{2+\sqrt{2}},\sqrt{2+\sqrt{2+\sqrt{2}}},\cdots$ 的极限存在,并求出该数列的极限.

证明　设 $a_1=\sqrt{2},a_{n+1}=\sqrt{2+a_n}(n=1,2,3,\cdots)$.

(1) 证明数列 $\{a_n\}$ 有界:显然 $a_n>0(n=1,2,3,\cdots)$,所以数列 $\{a_n\}$ 有下界. 下面用数学归纳法证明数列 $\{a_n\}$ 有上界 2. $n=1$ 时,$a_1=\sqrt{2}<2$,假设 $n=k$ 时数列 $\{a_n\}$ 也有上界 2,$n=k+1$ 时,$a_{k+1}=\sqrt{2+a_k}<\sqrt{2+2}=2$,所以 $n=k+1$ 时数列 $\{a_n\}$ 也有上界 2,所以数列 $\{a_n\}$ 有上界 2,所以数列 $\{a_n\}$ 有界.

(2) 证明数列 $\{a_n\}$ 单调递增:$a_{n+1}-a_n=\sqrt{2+a_n}-a_n=\dfrac{2+a_n-a_n^2}{\sqrt{2+a_n}+a_n}=\dfrac{(2-a_n)(1+a_n)}{\sqrt{2+a_n}+a_n}$,

因为数列 $\{a_n\}$ 有上界 2,所以 $2-a_n>0$,又因为 $a_n>0$,所以 $1+a_n>0$,$\sqrt{2+a_n}+a_n>0$.所以 $a_{n+1}-a_n>0$,即 $a_{n+1}>a_n$.所以数列 $\{a_n\}$ 单调递增.

由准则 Ⅱ 可知，数列 $\{a_n\}$ 必有极限. 设数列 $\{a_n\}$ 的极限为 A，将 $a_{n+1} = \sqrt{2+a_n}$ 两边平方得 $a_{n+1}^2 = 2 + a_n$，两边取极限得 $A^2 = 2 + A$，解方程得 $A = 2, A = -1$（舍去），所以 $\lim\limits_{n\to\infty} a_n = 2$.

例 7　指出引言中乌龟话语的错误.

解　将兔子每段所跑的路程排列起来，构成一等比数列 $80, 8, 0.8, \cdots$，其中首项 $a_1 = 80$，公比 $q = 0.1$，所以兔子前 n 段所跑的路程就是该数列的前 n 项的和

$$S_n = 80 + 8 + 0.8 + \cdots + 80 \times 0.1^{n-1} = \frac{80(1-(0.1)^n)}{1-0.1} = \frac{800}{9}(1-(0.1)^n)$$

因为 $|0.1| < 1$，所以 $\lim\limits_{n\to\infty}(0.1)^n = 0$，所以兔子一直这样跑下去的话，经过的路程为数列前 n 项和当 $n\to\infty$ 时的极限

$$\lim\limits_{n\to\infty}(80 + 8 + 0.8 + \cdots + 80\times(0.1)^n) = \lim\limits_{n\to\infty}\frac{800}{9}(1-(0.1)^n) = \frac{800}{9}$$

按照乌龟的说法这样一直跑下去的话，兔子所跑的路程为 $\dfrac{800}{9}$ 米，说明兔子只是在 $\dfrac{800}{9}$ 米的距离内无法追上乌龟，而不是永远追不上.

在学习本节内容时，需注意以下几点：

（1）并不是每个数列都有极限，例如 $\lim\limits_{n\to\infty} n$ 就不存在，因为 n 可以无限增大，$\lim\limits_{n\to\infty}(-1)^n$ 也不存在，因为这个数列的奇数项趋向于 -1，偶数项趋向于 1.

（2）只有无穷数列才有极限，有穷数列没有极限.

（3）如果一个数列有极限，则极限是惟一的.

（4）常数也可以看做是数列，比如 0 可以看做是数列 $0, 0, 0, \cdots$.

（5）在运用数列极限的运算法则时，必须保证每个数列的极限都存在，否则将可能产生错误的结果. 例如 $\lim\limits_{n\to\infty}\dfrac{1}{n} \cdot n = \lim\limits_{n\to\infty}\dfrac{1}{n} \cdot \lim\limits_{n\to\infty} n = 0 \cdot \lim\limits_{n\to\infty} n = 0$ 就是一个错误的结果，因为 $\lim\limits_{n\to\infty} n$ 不存在，所以不能运用定理 2，实际上 $\lim\limits_{n\to\infty}\dfrac{1}{n} \cdot n = \lim\limits_{n\to\infty} 1 = 1$.

（6）定理 1 只能推广到有限个数列，如果推广到无限个数列，可能产生错误的结果. 例如

$$\lim\limits_{n\to\infty}\left(\frac{1}{n^2} + \frac{2}{n^2} + \frac{3}{n^2} + \cdots + \frac{n}{n^2}\right) = \lim\limits_{n\to\infty}\frac{1}{n^2} + \lim\limits_{n\to\infty}\frac{2}{n^2} + \lim\limits_{n\to\infty}\frac{3}{n^2} + \cdots + \lim\limits_{n\to\infty}\frac{n}{n^2} = \lim\limits_{n\to\infty}\frac{1}{n^2} + \lim\limits_{n\to\infty}\frac{2}{n^2} +$$

$$\lim\limits_{n\to\infty}\frac{3}{n^2} + \cdots + \lim\limits_{n\to\infty}\frac{1}{n} = 0 + 0 + 0 + \cdots + 0 = 0$$

实际上 $\lim\limits_{n\to\infty}\left(\dfrac{1}{n^2} + \dfrac{2}{n^2} + \dfrac{3}{n^2} + \cdots + \dfrac{n}{n^2}\right) = \dfrac{1}{2}$.

（7）注意 $\lim\limits_{n\to\infty} q^n = 0$（$q$ 为常数且 $|q| < 1$）的条件，当 q 不为常数时，这个结论可能不成立。例如，显然有 $\left|\dfrac{n-1}{n}\right| < 1$，而 $\lim\limits_{n\to\infty}\left(\dfrac{n-1}{n}\right)^n = \dfrac{1}{e}$.

在这里要用到一个重要的极限 $\lim\limits_{n\to\infty}\left(1 + \dfrac{1}{n}\right)^n = e$，这个极限在后面要专门介绍.

习题 8-1

1. 说出下列数列的极限：

（1）$1, 1, 1, \cdots, 1, \cdots$　（2）$1, 3, 5, \cdots, 2n-1, \cdots$

（3）$1, -1, 1, \cdots, (-1)^{n+1}, \cdots$　（4）$\dfrac{2}{5}, \dfrac{4}{25}, \dfrac{8}{125}, \dfrac{16}{625}, \cdots, \left(\dfrac{2}{5}\right)^n, \cdots$

（5）$-1, \dfrac{1}{2}, -\dfrac{1}{3}, \cdots, (-1)^n\dfrac{1}{n}, \cdots$　（6）$2, 0, 2, 0, \cdots, (-1)^{n+1} + 1, \cdots$

2.求下列数列的极限:

(1) $\lim\limits_{n\to\infty}\dfrac{2n-1}{n+2}$;　(2) $\lim\limits_{n\to\infty}\dfrac{2n^2+n-3}{2n^2+3n+2}$;　(3) $\lim\limits_{n\to\infty}\dfrac{(2n-1)^2}{n^2+2}$;

(4) $\lim\limits_{n\to\infty}(\sqrt{n+1}-\sqrt{n})\sqrt{n}$;　(5) $\lim\limits_{n\to\infty}\dfrac{3^n-2^n}{3^n+2^n}$;　(6) $\lim\limits_{n\to\infty}\dfrac{n}{2^n}$;

(7) $\lim\limits_{n\to\infty}\dfrac{\sin n}{n}$;　(8) $\lim\limits_{n\to\infty}(-1)^n\dfrac{2^n}{n!}$;　(9) $\lim\limits_{n\to\infty}\left(1+\dfrac{1}{2}+\dfrac{1}{4}+\cdots+\dfrac{1}{2^n}\right)$.

第 2 节　函数的极限

一、初 等 函 数

（一）基本初等函数

下面 6 类函数称为基本初等函数,这些函数大家在前面都学过,现在,我们来复习一下:

1. 常函数 $y=C$（C 为任意常数）　常函数的性质:定义域是 **R**,值域是 $\{C\}$,$C\neq0$ 时是偶函数,$C=0$ 时既是奇函数,又是偶函数,因为任给常数 T ($T\neq0$),都有 $f(x+T)=f(x)=C$,所以常函数是周期函数,但没有最小正周期;常函数 $y=C$ 的图像是一条经过点 $(0,C)$ 平行于 x 轴的直线. 例如 $y=2$ 就是一条经过点 $(0,2)$ 平行于 x 轴的直线,如图 8-1 所示.

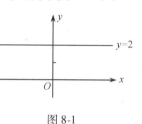

图 8-1

2. 幂函数 $y=x^{\alpha}$（α 为实数且 α 为常数）　幂函数的性质:幂函数的性质不能一概而论,需要针对指数 α 的取值,具体问题具体分析,下面以

(1) $y=x$;(2) $y=x^2$;(3) $y=x^{-1}$;(4) $y=x^{-2}$;(5) $y=x^{\frac{1}{2}}$;(6) $y=x^{-\frac{1}{2}}$ 为例加以讨论.

(1) $y=x$ 的定义域是 **R**,值域是 **R**,是奇函数,是单调递增函数,如图 8-2 所示.

(2) $y=x^2$ 的定义域是 **R**,值域是 $[0,+\infty)$,是偶函数,如图 8-3 所示.

(3) $y=x^{-1}$ 的定义域是 $\{x\mid x\neq0,x\in\mathbf{R}\}$,值域是 $\{y\mid y\neq0,y\in\mathbf{R}\}$,是奇函数,如图 8-4 所示.

(4) $y=x^{-2}$ 的定义域是 $\{x\mid x\neq0,x\in\mathbf{R}\}$,值域是 $(0,+\infty)$,是偶函数,如图 8-5 所示.

(5) $y=x^{\frac{1}{2}}$ 的定义域是 $[0,+\infty)$,值域是 $[0,+\infty)$,是单调递增函数,如图 8-6 所示.

(6) $y=x^{-\frac{1}{2}}$ 的定义域是 $(0,+\infty)$,值域是 $(0,+\infty)$,是单调递减函数,如图 8-7 所示.

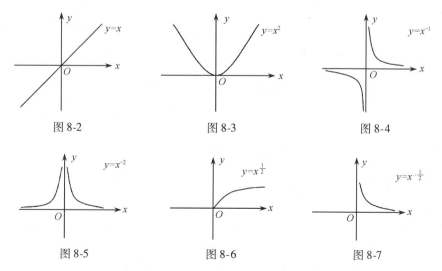

图 8-2　　　　图 8-3　　　　图 8-4

图 8-5　　　　图 8-6　　　　图 8-7

3. 指数函数 $y=a^x$（$a>0$ 且 $a\neq1$,a 是常数）　指数函数的性质:定义域是 **R**,值域是 $(0,+\infty)$,当 $a>1$ 时,是单调递增函数,如图 8-8 所示;当 $0<a<1$ 时,是单调递减函数,如图 8-9 所示.

4. 对数函数 $y = \log_a x$（$a > 0$ 且 $a \neq 1$，a 是常数）　对数函数的性质:定义域是 $(0, +\infty)$,值域是 $\mathbf{R}$,当 $a > 1$ 时是单调递增函数,如图 8-10 所示;当 $0 < a < 1$ 时是单调递减函数,如图 8-11 所示.指数函数与对数函数当底数相同时互为反函数.

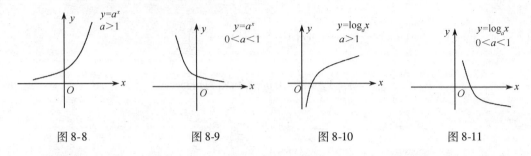

图 8-8　　　　　　图 8-9　　　　　　图 8-10　　　　　　图 8-11

5. 三角函数　三角函数包括下列 6 个函数:正弦函数 $y = \sin x$;余弦函数 $y = \cos x$;正切函数 $y = \tan x$;余切函数 $y = \cot x$;正割函数 $y = \sec x$;余割函数 $y = \csc x$,下面分别讨论它们的性质.

（1）正弦函数 $y = \sin x$ 的性质:定义域是 $\mathbf{R}$,值域是 $[-1,1]$,是奇函数,是周期函数,最小正周期是 2π,如图 8-12 所示.

（2）余弦函数 $y = \cos x$ 的性质:定义域是 $\mathbf{R}$,值域是 $[-1,1]$,是偶函数,是周期函数,最小正周期是 2π,如图 8-13 所示.

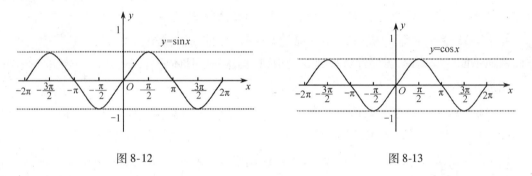

图 8-12　　　　　　　　　　　　　　图 8-13

（3）正切函数 $y = \tan x$ 的性质:定义域是 $\{x \mid x \in \mathbf{R}, \text{且 } x \neq \frac{\pi}{2} + k\pi, k \in \mathbf{Z}\}$,值域是 $\mathbf{R}$,是奇函数,是周期函数,最小正周期是 π,如图 8-14 所示.

（4）余切函数 $y = \cot x$ 的性质:定义域是 $\{x \mid x \in \mathbf{R}, \text{且 } x \neq k\pi, k \in \mathbf{Z}\}$,值域是 $\mathbf{R}$,是奇函数,是周期函数,最小正周期是 π,如图 8-15 所示.

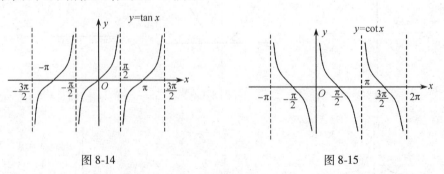

图 8-14　　　　　　　　　　　　　　图 8-15

（5）正割函数 $y = \sec x$ 的性质:定义域是 $\{x \mid x \in \mathbf{R}, \text{且 } x \neq \frac{\pi}{2} + k\pi, k \in \mathbf{Z}\}$,值域是 $\{y \mid y \in \mathbf{R}, \text{且 } |y| \geq 1\}$,是偶函数,是周期函数,最小正周期是 2π,如图 8-16 所示.

（6）余割函数 $y = \csc x$ 的性质:定义域是 $\{x \mid x \in \mathbf{R}, \text{且 } x \neq k\pi, k \in \mathbf{Z}\}$,值域是 $\{y \mid y \in \mathbf{R}, \text{且 } |y| \geq 1\}$,是奇函数,是周期函数,最小正周期是 2π,如图 8-17 所示.

笔记栏

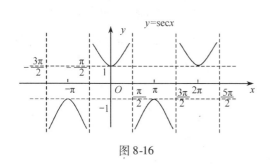

图 8-16

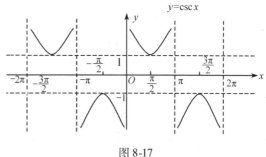

图 8-17

6. 反三角函数　反三角函数包括下列 4 个函数:反正弦函数 $y = \arcsin x$;反余弦函数 $y = \arccos x$;反正切函数 $y = \arctan x$;反余切函数 $y = \operatorname{arccot} x$,下面分别讨论它们的性质。

(1) 反正弦函数 $y = \arcsin x$ 的性质:定义域是 $[-1,1]$,值域是 $\left[-\dfrac{\pi}{2},\dfrac{\pi}{2}\right]$,是奇函数,是单调递增函数,是正弦函数在 $\left[-\dfrac{\pi}{2},\dfrac{\pi}{2}\right]$ 内的反函数,如图 8-18 所示.

(2) 反余弦函数 $y = \arccos x$ 的性质:定义域是 $[-1,1]$,值域是 $[0,\pi]$,是单调递减函数,是余弦函数在 $[0,\pi]$ 内的反函数,如图 8-19 所示.

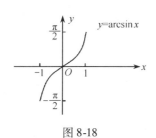

图 8-18

图 8-19

(3) 反正切函数 $y = \arctan x$ 的性质:定义域是 **R**,值域是 $\left(-\dfrac{\pi}{2},\dfrac{\pi}{2}\right)$,是奇函数,是单调递增函数,是正切函数在 $\left(-\dfrac{\pi}{2},\dfrac{\pi}{2}\right)$ 内的反函数,如图 8-20 所示.

(4) 反余切函数 $y = \operatorname{arccot} x$ 的性质:定义域是 **R**,值域是 $(0,\pi)$,是单调递减函数,是余切函数在 $(0,\pi)$ 内的反函数,如图 8-21 所示.

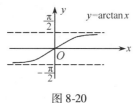

图 8-20

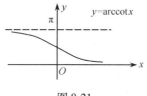

图 8-21

单值函数与多值函数

　　我们知道,函数是一种特殊的映射,映射要求对于 A 中的每一个元素 a,按照某种对应法则 f,在 B 中都有惟一确定的元素 b 与之对应.从函数的角度,对于每一个自变量 x,按照某种对应规律 f,都有惟一确定的函数值 y 与之对应。这样定义的函数称为单值函数.在单值函数中,一个自变量只能对应一个函数值.一般情况下,我们所研究的函数,指的都是单值函数.如果把映射中的惟一去掉,则可以定义多值函数.在多值函数中,一个自变量可以对应多个函数值.虽然我们目前只承认单值函数,但在实际计算中,我们还是会用到多值函数,比如隐函数 $x^2 + y^2 = 1$ 就是一个多值函数。在这个函数中,$-1,1$ 都是自变量 $x = 0$ 时所对应的函数值.

（二）复合函数

定义1　假设有两个函数 $y=f(u),u=\varphi(x)$，如果对于每一个函数值 $u=\varphi(x),f(u)$ 都有意义，则称 y 是 x 的复合函数，记作 $y=f[\varphi(x)]$，其中 u 称为中间变量.

例1　写出下列复合函数：

（1）$y=\sqrt{u},u=\sin x$；　　（2）$y=\mathrm{e}^{u},u=\tan v,v=\sqrt{x}$.

解　（1）$y=\sqrt{\sin x}$；　　（2）$y=\mathrm{e}^{\tan\sqrt{x}}$.

例2　写出下列函数是由哪些基本初等函数复合而成

（1）$y=\sqrt{\sin \mathrm{e}^{x}}$；　　（2）$y=\dfrac{1}{\ln(\sin 2^{x})}$；　　（3）$y=\dfrac{1}{\sqrt{\mathrm{e}^{\cos(\tan x)}}}$.

解　（1）$y=\sqrt{\sin \mathrm{e}^{x}}$ 由 $y=\sqrt{u},u=\sin v,v=\mathrm{e}^{x}$ 复合而成.

（2）$y=\dfrac{1}{\ln(\sin 2^{x})}$ 由 $y=\dfrac{1}{u},u=\ln v,v=\sin w,w=2^{x}$ 复合而成.

（3）$y=\dfrac{1}{\sqrt{\mathrm{e}^{\cos(\tan x)}}}$ 由 $y=u^{-\frac{1}{2}},u=\mathrm{e}^{v},v=\cos w,w=\tan x$ 复合而成.

练　习

1. 写出下列复合函数：

（1）$y=\ln u,u=\sin v,v=x^{3}$；（2）$y=\cos u,u=\dfrac{1}{v},v=2^{x}$.

2. 写出下列复合函数的复合过程：

（1）$y=\sqrt{\tan(2^{\cos x})}$；　　（2）$y=\sin^{2}(\mathrm{e}^{x})$；　　（3）$y=\sqrt{\dfrac{1}{\cos(\mathrm{e}^{\sqrt{x}})}}$.

（三）初等函数

定义2　基本初等函数经有限次四则运算以及复合运算而得到的函数，叫做初等函数. 目前我们见到的大多数函数都是初等函数. 下面介绍几个常用的非初等函数.

（1）$y=[x]$. $[x]$ 表示不大于 x 的最大整数，比如 $[5]=5,[5.6]=5,[-5.6]=-6$；

（2）$y=\begin{cases}1, & x>0;\\0, & x=0;\quad（符号函数）;\\-1, & x<0;\end{cases}$

（3）$y=\begin{cases}1, & x\text{ 为有理数};\\0, & x\text{ 为无理数};\end{cases}$　（狄利克雷函数）；

（4）$y=\begin{cases}x^{2}, & x>0;\\2x, & x\leqslant 0;\end{cases}$　（分段函数）；

（5）$y=|x|$　（分段函数）；

（6）$y=\left(1+\dfrac{1}{x}\right)^{x}$；

（7）$y=x^{x}$.

例3　求下列函数值：

（1）$y=\begin{cases}1,x>0,\\0,x=0,\\-1,x<0.\end{cases}$　求 $f[f(-6)]$；　　（2）$y=\begin{cases}x^{2},x>0,\\-2x,x\leqslant 0,\end{cases}$　求 $f[f(-3)]$；

笔记栏

（3）$f(x)=x^x$，求 $f[f(2)]$.

解 （1）因为 $-6<0$，所以 $f(-6)=-1$，所以 $f[f(-6)]=f[-1]=-1$.

（2）因为 $-3<0$，所以 $f(-3)=-2\times(-3)=6$，又因为 $6>0$，$f(6)=6^2=36$，所以 $f[f(-3)]=f[-2\times(-3)]=f(6)=6^2=36$.

（3）因为 $f(2)=2^2=4$，$f(4)=4^4=256$，所以 $f[f(2)]=f[2^2]=f(4)=4^4=256$.

例4 求下列函数的定义域：

（1）$y=\sqrt{\sin x}$；　（2）$y=\sqrt{x-2}+\sqrt{3-x}$；　（3）$y=\arcsin(x^2-1)$.

解 （1）要函数有意义，必须 $\sin x\geqslant0$，由正弦函数的图像可知，当 $x\in[0,\pi]$ 时，$\sin x\geqslant0$. 由正弦函数的周期性可知，当 $x\in[2k\pi,2k\pi+\pi](k\in\mathbf{Z})$ 时，$\sin x\geqslant0$，所以函数 $y=\sqrt{\sin x}$ 的定义域为 $[2k\pi,2k\pi+\pi]$，$(k\in\mathbf{Z})$.

（2）要函数有意义，必须 $\begin{cases}x-2\geqslant0\\3-x\geqslant0\end{cases}\Leftrightarrow\begin{cases}x\geqslant2\\x\leqslant3\end{cases}\Leftrightarrow2\leqslant x\leqslant3$，所以函数 $y=\sqrt{x-2}+\sqrt{3-x}$ 的定义域为 $[2,3]$.

（3）要函数有意义，由反正弦函数的性质可知，必须 $-1\leqslant x^2-1\leqslant1$，即 $0\leqslant x^2\leqslant2\Leftrightarrow x^2\leqslant2$，解一元二次不等式 $x^2\leqslant2$，得 $-\sqrt{2}\leqslant x\leqslant\sqrt{2}$，所以函数 $y=\arcsin(x^2-1)$ 的定义域为 $[-\sqrt{2},\sqrt{2}]$.

练　习

求下列函数值：

（1）$f(x)=\left(1+\dfrac{1}{x}\right)^x$，求 $f[f(1)]$；

（2）$y=\begin{cases}1,x\text{ 为有理数}\\0,x\text{ 为无理数}\end{cases}$，设 a 是任意实数，求 $f[f(a)]$.

二、函数极限的定义

定义3 对于函数 $y=f(x)$，如果当 x 无限地增大时，函数值 $f(x)$ 无限趋近于一个确定的常数 A，则称函数 $y=f(x)$ 当 $x\to+\infty$ 时以 A 为极限，记做 $\lim\limits_{x\to+\infty}f(x)=A$ 或 $f(x)\to A(x\to+\infty)$.

定义4 对于函数 $y=f(x)$，如果当 x 无限地变小（x 的绝对值无限地增大）时，函数值 $f(x)$ 无限趋近于一个确定的常数 A，则称函数 $y=f(x)$ 当 $x\to-\infty$ 时以 A 为极限，记做 $\lim\limits_{x\to-\infty}f(x)=A$ 或 $f(x)\to A(x\to-\infty)$.

> **函数极限的 $\varepsilon-N$ 定义**
>
> 设 $f(x)$ 是一个函数，A 是一个确定的常数，如果对于任意给定的正数 ε，总存在正数 N，使得当 $|x|>N$ 时，有 $|f(x)-A|<\varepsilon$，则称函数 $f(x)$ 当 $x\to\infty$ 时以 A 为极限，记为 $\lim\limits_{x\to\infty}f(x)=A$ 或 $f(x)\to A(x\to\infty)$.

定义5 对于函数 $y=f(x)$，如果当 x 的绝对值无限地增大时，函数值 $f(x)$ 无限趋近于一个确定的常数 A，则称函数 $y=f(x)$ 当 $x\to\infty$ 时以 A 为极限，记做 $\lim\limits_{x\to\infty}f(x)=A$ 或 $f(x)\to A(x\to\infty)$.

> **函数极限的 $\varepsilon-\delta$ 定义**
>
> 设 $f(x)$ 是一个函数，A 是一个确定的常数，如果对于任意给定的正数 ε，总存在正数 δ，使得当 $|x-x_0|<\delta$ 时，有 $|f(x)-A|<\varepsilon$，则称函数 $f(x)$ 当 $x\to x_0$ 时以 A 为极限，记为 $\lim\limits_{x\to x_0}f(x)=A$ 或 $f(x)\to A(x\to x_0)$.

定义6 设函数 $y=f(x)$ 在 x_0 附近有定义（在 x_0 可以没有定义），如果当 x 无限地趋近于 x_0（始终不等于 x_0）时，函数值 $f(x)$ 无限趋近于一个确定的常数 A，则称函数 $y=f(x)$ 当 $x\to x_0$ 时以 A 为极限，记做 $\lim\limits_{x\to x_0}f(x)=A$ 或 $f(x)\to A(x\to x_0)$.

定义 7　设函数 $y=f(x)$ 在 x_0 附近有定义(在 x_0 可以没有定义),如果当 x 从大于 x_0 的方向无限地趋近于 x_0(始终不等于 x_0)时,函数值 $f(x)$ 无限趋近于一个确定的常数 A,则称 A 是函数 $y=f(x)$ 当 $x\to x_0$ 时的右极限,记做 $\lim\limits_{x\to x_0^+}f(x)=A$ 或 $f(x)\to A(x\to x_0^+)$.

定义 8　设函数 $y=f(x)$ 在 x_0 附近有定义(在 x_0 可以没有定义),如果当 x 从小于 x_0 的方向无限地趋近于 x_0(始终不等于 x_0)时,函数值 $f(x)$ 无限趋近于一个确定的常数 A,则称 A 是函数 $y=f(x)$ 当 $x\to x_0$ 时的左极限,记做 $\lim\limits_{x\to x_0^-}f(x)=A$ 或 $f(x)\to A(x\to x_0^-)$.

定理 1　函数极限 $\lim\limits_{x\to x_0}f(x)$ 存在的充分必要条件是函数 $y=f(x)$ 在 x_0 点的左右极限都存在且相等,即 $\lim\limits_{x\to x_0^+}f(x)=\lim\limits_{x\to x_0^-}f(x)$.

例 5　确定下列函数的极限

(1) $\lim\limits_{x\to\infty}\dfrac{1}{x}$;　(2) $\lim\limits_{x\to+\infty}\dfrac{1}{\mathrm{e}^x}$;　(3) $\lim\limits_{x\to-\infty}2^x$;　(4) $\lim\limits_{x\to+\infty}\arctan x$.

解　(1) $\lim\limits_{x\to\infty}\dfrac{1}{x}=0$.

(2) 当 $x\to+\infty$ 时,$\mathrm{e}^x\to+\infty$,所以 $\lim\limits_{x\to+\infty}\dfrac{1}{\mathrm{e}^x}=0$.

(3) 由 $y=2^x$ 的图像可以看出,$\lim\limits_{x\to-\infty}2^x=0$.

(4) 由 $y=\arctan x$ 的图像可以看出,$\lim\limits_{x\to+\infty}\arctan x=\dfrac{\pi}{2}$.

例 6　考察并写出下列极限:

(1) $\lim\limits_{x\to x_0}c$ (c 为常数);　(2) $\lim\limits_{x\to x_0}x$.

解　(1) 设 $f(x)=c$,由于 x 无论取何值时,$f(x)$ 的值恒等于 c,因此当 x 无限接近于定值 x_0 时,即 $x\to x_0$ 时,$f(x)=c$,所以 $\lim\limits_{x\to x_0}c=c$.

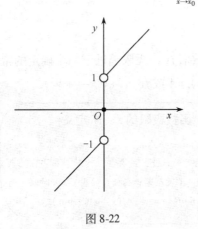

图 8-22

(2) 设 $\varphi(x)=x$,由于 x 无论取何值时,$\varphi(x)$ 的值都等于 x,因此当 x 无限接近于定值 x_0 时,即 $x\to x_0$ 时,$\varphi(x)=x$ 也无限接近于定值 x_0,所以 $\lim\limits_{x\to x_0}x=x_0$.

例 7　讨论函数 $f(x)=\begin{cases}x-1, & x<0,\\0, & x=0,\\x+1, & x>0,\end{cases}$ 当 $x\to 0$ 时的极限.

解　由图 8-22 知 $\lim\limits_{x\to 0^-}f(x)=\lim\limits_{x\to 0^-}(x-1)=-1$,

$\lim\limits_{x\to 0^+}f(x)=\lim\limits_{x\to 0^+}(x+1)=1$,

因为 $\lim\limits_{x\to 0^-}f(x)\ne\lim\limits_{x\to 0^+}f(x)$,

所以 $\lim\limits_{x\to 0}f(x)$ 不存在.

三、无穷小量与无穷大量

1. 无穷小量的概念

定义 9　在某一极限过程中,以零为极限的变量,称为无穷小量,简称无穷小.

定理 2　在某一极限过程中,函数 $f(x)$ 以常数 A 为极限的充分必要条件是 $f(x)=A+\alpha$,α 是同一极限过程中的无穷小量.

例 8　判断下列变量中哪些是无穷小量:

(1) $\left(\dfrac{2}{3}\right)^n$ ($n\to\infty$);　(2) $\left(\dfrac{2}{3}\right)^x$ ($x\to+\infty$);　(3) $\left(\dfrac{2}{3}\right)^x$ ($x\to-\infty$);　(4) 0.

解　(1) 因为 $\lim\limits_{n\to\infty}\left(\dfrac{2}{3}\right)^n=0$,所以当 $n\to\infty$ 时,$\left(\dfrac{2}{3}\right)^n$ 是无穷小量.

笔记栏

(2) 由 $y=\left(\dfrac{2}{3}\right)^{x}$ 的图像可以看出，$\lim\limits_{x\to+\infty}\left(\dfrac{2}{3}\right)^{x}=0$，所以当 $x\to+\infty$ 时，$\left(\dfrac{2}{3}\right)^{x}$ 是无穷小量.

(3) 由 $y=\left(\dfrac{2}{3}\right)^{x}$ 的图像可以看出，$\lim\limits_{x\to-\infty}\left(\dfrac{2}{3}\right)^{x}$ 不存在，所以当 $x\to-\infty$ 时，$\left(\dfrac{2}{3}\right)^{x}$ 不是无穷小量.

(4) 因为 0 的极限是 0，所以 0 是无穷小量.

2. 无穷大量的概念

定义 10　在某一变化过程中，绝对值无限增大的变量，称为无穷大量，简称无穷大，记作∞.

显然，$2^{n}(n\to\infty)$，$e^{x}(x\to+\infty)$，$\left(\dfrac{2}{3}\right)^{x}(x\to-\infty)$，$x(x\to\infty)$，$\dfrac{1}{x}(x\to0)$ 都是无穷大，即

$$\lim_{x\to\infty}2^{n}=\infty,\ \lim_{x\to+\infty}e^{x}=\infty\ \lim_{x\to-\infty}\left(\frac{2}{3}\right)^{x}=\infty,\ \lim_{x\to0}\frac{1}{x}=\infty,\ \lim_{x\to\infty}x=\infty.$$

无穷大与无穷小的关系：在某一变化过程中，如果 α 是无穷大量，则 $\dfrac{1}{\alpha}$ 是无穷小量；如果 α 是无穷小量（$\alpha\neq0$），则 $\dfrac{1}{\alpha}$ 是无穷大量.

3. 无穷小的阶　$\dfrac{1}{n}(n\to\infty)$，$\dfrac{1}{n^{2}}(n\to\infty)$ 都是无穷小量，但它们趋近于零的速度是不一样的，见表8-1.

表 8-1

n	1	10	100	1000	10 000	…
$\dfrac{1}{n}$	1	0.1	0.01	0.001	0.0001	…
$\dfrac{1}{n^{2}}$	1	0.01	0.0001	0.000 001	0.000 000 01	…

从表上可以看出，同样是无穷小量，$\dfrac{1}{n^{2}}$ 趋近于零的速度比 $\dfrac{1}{n}$ 要快.

定义 11　设在当 $x\to x_{0}$（或 $x\to\infty$）时，α 和 β 都是无穷小量，且 $a\neq0$，则有：

(1) 如果 $\lim\limits_{x\to x_{0}}\dfrac{\beta}{\alpha}=0$，那么称当 $x\to x_{0}$（或 $x\to\infty$）时，β 是比 α 高阶的无穷小（也可以说 α 是比 β 低阶的无穷小）；

(2) 如果 $\lim\limits_{x\to x_{0}}\dfrac{\beta}{\alpha}=C$（$C$ 是不等于 0 的常数），那么称当 $x\to x_{0}$（或 $x\to\infty$）时，α 与 β 是同阶无穷小；

(3) 如果 $\lim\limits_{x\to x_{0}}\dfrac{\beta}{\alpha}=1$，那么称当 $x\to x_{0}$（或 $x\to\infty$）时，α 与 β 是等价无穷小.

4. 无穷小量的运算

定理 3　有限个无穷小量的代数和是无穷小量.

定理 4　有界函数与无穷小量的乘积是无穷小量.

定理 5　有限个无穷小量的乘积是无穷小量.

四、函数极限的运算

定理 6　设在当 $x\to x_{0}$（或 $x\to\infty$）时，函数 $f(x)$ 的极限为 A，函数 $g(x)$ 的极限为 B，那么

$$
\begin{aligned}
&(1)\ \lim_{x\to x_{0}}[f(x)\pm g(x)]=A\pm B\\
&(2)\ \lim_{x\to x_{0}}[f(x)\cdot g(x)]=A\cdot B\\
&(3)\ \lim_{x\to x_{0}}\frac{f(x)}{g(x)}=\frac{A}{B}\quad(B\neq0)\\
&(4)\ \lim_{x\to x_{0}}[C\cdot f(x)]=C\cdot A\quad(C\text{ 为常数})\\
&(5)\ \lim_{x\to x_{0}}[f(x)]^{K}=A^{K}\quad(K\text{ 为常数，且 }A^{K}\text{ 有意义})
\end{aligned}
$$

例 9 求下列函数的极限：

(1) $\lim\limits_{x\to\infty}\dfrac{2x^3-x^2+5x-1}{3x^3+4x+2}$；　(2) $\lim\limits_{x\to\infty}\dfrac{x^2+5x-1}{3x+2}$；　(3) $\lim\limits_{x\to-2}\dfrac{x^2-4}{x+2}$；

(4) $\lim\limits_{x\to0}\dfrac{2x^3-x^2+5x}{3x^3+4x}$；　(5) $\lim\limits_{x\to0}\dfrac{\sqrt{x^2+1}-1}{x}$；　(6) $\lim\limits_{x\to0}x\sin\dfrac{1}{x}$.

解 (1) $\lim\limits_{x\to\infty}\dfrac{2x^3-x^2+5x-1}{3x^3+4x+2}=\lim\limits_{x\to\infty}\dfrac{2-\dfrac{1}{x}+\dfrac{5}{x^2}-\dfrac{1}{x^3}}{3+\dfrac{4}{x^2}+\dfrac{2}{x^3}}=\dfrac{2-0+0-0}{3+0+0}=\dfrac{2}{3}$.

(2) 因为 $\lim\limits_{x\to\infty}\dfrac{3x+2}{x^2+5x-1}=\lim\limits_{x\to\infty}\dfrac{\dfrac{3}{x}+\dfrac{2}{x^2}}{1+\dfrac{5}{x}-\dfrac{1}{x^2}}=\dfrac{0+0}{1+0-0}=0$，

所以 $\dfrac{x^2+5x-1}{3x+2}$ 是无穷大量，所以 $\lim\limits_{x\to\infty}\dfrac{x^2+5x-1}{3x+2}$ 不存在.

(3) $\lim\limits_{x\to-2}\dfrac{x^2-4}{x+2}=\lim\limits_{x\to-2}\dfrac{(x-2)(x+2)}{x+2}=\lim\limits_{x\to-2}(x-2)=-2-2=-4$.

(4) $\lim\limits_{x\to0}\dfrac{2x^3-x^2+5x}{3x^3+4x}=\lim\limits_{x\to0}\dfrac{2x^2-x+5}{3x^2+4}=\dfrac{0-0+5}{0+4}=\dfrac{5}{4}$.

(5) $\lim\limits_{x\to0}\dfrac{\sqrt{x^2+1}-1}{x}=\lim\limits_{x\to0}\dfrac{(\sqrt{x^2+1}-1)(\sqrt{x^2+1}+1)}{x(\sqrt{x^2+1}+1)}$

$=\lim\limits_{x\to0}\dfrac{x^2}{x(\sqrt{x^2+1}+1)}=\lim\limits_{x\to0}\dfrac{x}{\sqrt{x^2+1}+1}=\dfrac{0}{\sqrt{0+1}+1}=0$.

(6) 因为 $\lim\limits_{x\to0}x=0$，$\left|\sin\dfrac{1}{x}\right|\leqslant1$，由定理 4 可知，有界函数与无穷小量的乘积是无穷小量，所以 $\lim\limits_{x\to0}x\sin\dfrac{1}{x}=0$.

五、两个重要极限及其应用

重要极限 1 $\boxed{\lim\limits_{x\to0}\dfrac{\sin x}{x}=1}$（证明从略）.

重要极限 2 $\boxed{\lim\limits_{x\to\infty}\left(1+\dfrac{1}{x}\right)^x=e}$（证明从略）.

例 10 求下列函数的极限：

(1) $\lim\limits_{x\to0}\dfrac{\sin3x}{\sin5x}$；　(2) $\lim\limits_{x\to0}\dfrac{1-\cos2x}{x^2}$；　(3) $\lim\limits_{x\to\infty}\left(1+\dfrac{1}{3x}\right)^x$；　(4) $\lim\limits_{x\to\infty}\left(1+\dfrac{1}{x}\right)^{3x+2}$；　(5) $\lim\limits_{x\to0}(1+x)^{\frac{1}{x}}$.

解 (1) $\lim\limits_{x\to0}\dfrac{\sin3x}{\sin5x}=\lim\limits_{x\to0}\dfrac{\dfrac{\sin3x}{3x}\cdot3x}{\dfrac{\sin5x}{5x}\cdot5x}=\lim\limits_{x\to0}\dfrac{\dfrac{\sin3x}{3x}\cdot3}{\dfrac{\sin5x}{5x}\cdot5}=\dfrac{3}{5}\lim\limits_{x\to0}\dfrac{\dfrac{\sin3x}{3x}}{\dfrac{\sin5x}{5x}}=\dfrac{3}{5}\cdot\dfrac{1}{1}=\dfrac{3}{5}$.

(2) $\lim\limits_{x\to0}\dfrac{1-\cos2x}{x^2}=\lim\limits_{x\to0}\dfrac{1-(1-2\sin^2x)}{x^2}=\lim\limits_{x\to0}\dfrac{2\sin^2x}{x^2}=2\lim\limits_{x\to0}\left(\dfrac{\sin x}{x}\right)^2=2\times1^2=2$.

(3) 设 $y=3x$，则 $x=\dfrac{1}{3}y$，当 $x\to\infty$ 时，$y\to\infty$，

所以 $\lim\limits_{x\to\infty}\left(1+\dfrac{1}{3x}\right)^x=\lim\limits_{y\to\infty}\left(1+\dfrac{1}{y}\right)^{\frac{1}{3}y}=\left[\lim\limits_{y\to\infty}\left(1+\dfrac{1}{y}\right)^y\right]^{\frac{1}{3}}=e^{\frac{1}{3}}$.

(4) $\lim\limits_{x\to\infty}\left(1+\dfrac{1}{x}\right)^{3x+2}=\lim\limits_{x\to\infty}\left[\left(1+\dfrac{1}{x}\right)^{3x}\left(1+\dfrac{1}{x}\right)^2\right]=\lim\limits_{x\to\infty}\left[\left(1+\dfrac{1}{x}\right)^x\right]^3\lim\limits_{x\to\infty}\left(1+\dfrac{1}{x}\right)^2=e^3(1+0)^2=e^3$.

笔记栏

（5）设 $y = \dfrac{1}{x}$，则 $x = \dfrac{1}{y}$，当 $x \to 0$ 时，$y \to \infty$，所以 $\lim\limits_{x \to 0}(1+x)^{\frac{1}{x}} = \lim\limits_{y \to \infty}\left(1 + \dfrac{1}{y}\right)^{y} = \mathrm{e}$.

六、渐　近　线

定义 12　设 $y = f(x)$ 是一个函数，当 $x \to \infty$ 时，$f(x) \to C$，则直线 $y = C$ 就是函数 $y = f(x)$ 的一条水平渐近线（平行于 x 轴）. 当 $x \to C^{+}$（或 $x \to C^{-}$）时，$f(x) \to \infty$，则直线 $x = C$ 就是函数 $y = f(x)$ 的一条垂直渐近线（平行于 y 轴）.

例 11　求函数 $y = x^{-2}$ 的渐近线.

解　因为 $\lim\limits_{x \to \infty} x^{-2} = \lim\limits_{x \to \infty} \dfrac{1}{x^2} = 0$，所以 $y = 0$ 是函数 $y = x^{-2}$ 的一条水平渐近线.

因为 $\lim\limits_{x \to 0} x^{-2} = \lim\limits_{x \to 0} \dfrac{1}{x^2} = \infty$，所以 $x = 0$ 是函数 $y = x^{-2}$ 的一条垂直渐近线.

在学习本节内容时，需注意下列几点

（1）注意区别函数极限 $\lim\limits_{x \to +\infty} f(x)$ 与函数极限 $\lim\limits_{x \to \infty} f(x)$ 的差别，$\lim\limits_{x \to \infty} f(x) = A \Leftrightarrow \lim\limits_{x \to +\infty} f(x) = A$ 且 $\lim\limits_{x \to -\infty} f(x) = A$；

（2）注意区别函数极限 $\lim\limits_{x \to +\infty} f(x)$ 与数列极限 $\lim\limits_{n \to \infty} f(n)$ 的差别，数列极限的变化过程是离散型的，而函数极限的变化过程是连续型的，所以数列极限是函数极限的一个特例，如果 $\lim\limits_{x \to +\infty} f(x) = A$ 则一定有 $\lim\limits_{n \to \infty} f(n) = A$，反之则不然. 例如 $\lim\limits_{n \to \infty} \sin n\pi = \lim\limits_{n \to \infty} 0 = 0$，而 $\lim\limits_{x \to +\infty} \sin x\pi$ 不存在；

（3）注意区别 $\lim\limits_{n \to \infty}\left(1 + \dfrac{1}{n}\right)^{n}$ 与 $\lim\limits_{n \to \infty}\left(1 + \dfrac{1}{n}\right)^{k}$，前者是一个重要极限 $\lim\limits_{n \to \infty}\left(1 + \dfrac{1}{n}\right)^{n} = \mathrm{e}$，后者可以用运算法则：$\lim\limits_{n \to \infty}\left(1 + \dfrac{1}{n}\right)^{k} = \left[\lim\limits_{n \to \infty}\left(1 + \dfrac{1}{n}\right)\right]^{k} = [1 + 0]^{k} = 1$；

（4）无穷小量可以是常量，但只限于 0，其他任何常量，无论这个常量的绝对值多么小，都不是无穷小量，而无穷大量只能是变量；

（5）因为复合函数的分解将用于后面计算复合函数的导数和换元积分，所以要注意以下两点：第一，每一步分解都必须是基本初等函数或是多项式函数 $a_n x^n + a_{n-1} x^{n-1} + \cdots + a_1 x + a_0$，或是形如 $A\sin x + B\cos x$ 这样的简单初等函数. 第二，如果连续两步分解都是幂函数，则这两步可以合并成一步，这样可以减少计算过程，例如，$y = \dfrac{1}{\sqrt{\sin x}}$ 可以由 $y = \dfrac{1}{u}, u = \sqrt{v}, v = \sin x$ 复合而成，$y = \dfrac{1}{u} = u^{-1}, u = \sqrt{v} = v^{\frac{1}{2}}$ 都是幂函数，所以 $y = \dfrac{1}{u} = u^{-1} = (v^{\frac{1}{2}})^{-1} = v^{-\frac{1}{2}}$，所以复合过程可以简化为 $y = v^{-\frac{1}{2}}, v = \sin x$.

习题 8-2

1. 求下列函数的定义域：

（1）$y = \sqrt{2x - 4}$；　（2）$y = \ln(x - 2)$；　（3）$y = \tan\left(2x - \dfrac{\pi}{4}\right)$；

（4）$y = \arcsin\dfrac{x - 1}{2}$；　（5）$y = \sqrt{\ln x}$；

（6）$y = \sqrt{\sin x} + \sqrt{\cos x}$.

2. 写出下列复合函数：

（1）$y = \dfrac{1}{u}, u = \sin v, v = \sqrt{x}$；　（2）$y = 2^{u}, u = \ln v, v = \tan x$.

3. 写出下列函数的复合过程（每一步都必须是基本初等函数或者是多项式函数）：

（1）$y = \sqrt{\cos \mathrm{e}^{x}}$；　（2）$y = \dfrac{1}{\ln \sin x}$；　（3）$y = 2^{\sin \ln(x^2 + 1)}$；　（4）$y = \dfrac{1}{\sqrt{\sin^3 x^2}}$；　（5）$y = \sqrt{1 + \sin^2 x}$.

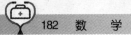

4. 求下列函数的极限:

(1) $\lim\limits_{x\to\infty}\dfrac{3x^2-2x+1}{2x^2+5x}$;　(2) $\lim\limits_{x\to 0}\dfrac{3x^2+2x}{2x^2+5x}$;　(3) $\lim\limits_{x\to 2}\dfrac{x^2-4}{x-2}$;　(4) $\lim\limits_{x\to 1}\dfrac{\sqrt{x+3}-2}{x-1}$;　(5) $\lim\limits_{x\to+\infty}\left(\dfrac{1}{3}\right)^x$;

(6) $\lim\limits_{x\to-\infty}3^x$;　(7) $\lim\limits_{x\to+\infty}\dfrac{2^x+1}{3^x+1}$;　(8) $\lim\limits_{x\to-\infty}\arctan x$;　(9) $\lim\limits_{x\to 0}\dfrac{1}{\ln x}$.

5. 求下列函数的极限:

(1) $\lim\limits_{x\to 0}\dfrac{\sin 3x}{x}$;　(2) $\lim\limits_{x\to 0}\dfrac{x}{\sin x}$;　(3) $\lim\limits_{x\to\infty}x\sin\dfrac{1}{x}$;　(4) $\lim\limits_{x\to\infty}\dfrac{1}{x}\sin x$;　(5) $\lim\limits_{x\to 0}\dfrac{1-\cos x}{x^2}$;　(6) $\lim\limits_{x\to\infty}\left(1+\dfrac{1}{x}\right)^{3x}$;

(7) $\lim\limits_{x\to\infty}\left(1+\dfrac{1}{2x}\right)^x$;　(8) $\lim\limits_{x\to\infty}\left(1+\dfrac{1}{x}\right)^{x+3}$;　(9) $\lim\limits_{x\to\infty}\left(1+\dfrac{1}{x+3}\right)^x$;　(10) $\lim\limits_{x\to\infty}\left(1+\dfrac{1}{x}\right)^{2x+3}$;

(11) $\lim\limits_{x\to\infty}\left(1+\dfrac{1}{2x+3}\right)^x$;　(12) $\lim\limits_{x\to\infty}\left(\dfrac{x+2}{x+1}\right)^x$;　(13) $\lim\limits_{x\to+\infty}\left(\dfrac{1}{2}+\dfrac{1}{2x}\right)^x$.

6. 已知 $f(x)=\dfrac{|x|}{x}$,求 $\lim\limits_{x\to 0^+}f(x),\lim\limits_{x\to 0^-}f(x),\lim\limits_{x\to 0}f(x)$.

7. 求下列函数的渐近线:

(1) $y=\dfrac{1}{x}$;　(2) $y=\arctan x$.

第3节　函数的连续性

一、连续函数的概念

定义1　如果自变量 x 由初值 x_0 变到终值 x_1,则 x_1-x_0 称为自变量在点 x_0 的增量,记为 $\Delta x=x_1-x_0$. 当 $\Delta x>0$ 时,表示自变量 x 是增加的,当 $\Delta x<0$ 时,表示自变量 x 是减少的。自变量的终值 x_1 也可表示为 $x_0+\Delta x$,当自变量 x 由初值 x_0 变到终值 $x_0+\Delta x$ 时,对应的函数值也从 $f(x_0)$ 变到 $f(x_0+\Delta x)$,用 Δy 表示函数值的改变量,即 $\Delta y=f(x_0+\Delta x)-f(x_0)$,$\Delta y$ 也称之为函数值的增量. 当 $\Delta y>0$ 时,表示函数值是增加的,当 $\Delta y<0$ 时,表示函数值是减少的.

例1　计算下列函数值的增量:

(1) $y=x^2+x-2,x_0=2,\Delta x=0.5$;　(2) $y=x^2-2,x_0=3$;　(3) $y=x^2$.

解　(1) $\Delta y=f(x_0+\Delta x)-f(x_0)=f(2+0.5)-f(2)$
$$=(2.5^2+2.5-2)-(2^2+2-2)=2.75.$$

(2) $\Delta y=f(x_0+\Delta x)-f(x_0)=f(3+\Delta x)-f(3)$
$$=[(3+\Delta x)^2-2]-[3^2-2]$$
$$=6\Delta x+(\Delta x)^2.$$

(3) $\Delta y=f(x_0+\Delta x)-f(x_0)=f(x+\Delta x)-f(x)$
$$=(x+\Delta x)^2-x^2=2x\Delta x+(\Delta x)^2.$$

定义2　设函数 $y=f(x)$ 在点 x_0 的某个邻域内有定义,如果当自变量的增量 Δx 趋近于零时,函数值的增量 $\Delta y=f(x_0+\Delta x)-f(x_0)$ 也趋近于零,即 $\lim\limits_{\Delta x\to 0}\Delta y=\lim\limits_{\Delta x\to 0}[f(x_0+\Delta x)-f(x_0)]=0$,那么称函数 $y=f(x)$ 在点 x_0 处是连续的.

> **定义2与定义3等价**
>
> 在 $\lim\limits_{\Delta x\to 0}[f(x_0+\Delta x)-f(x_0)]=0$ 中令 $x=x_0+\Delta x$,则 $\Delta x\to 0$ 时,$x\to x_0$,所以 $\lim\limits_{\Delta x\to 0}[f(x_0+\Delta x)-f(x_0)]=0\Leftrightarrow\lim\limits_{x\to x_0}f(x)=f(x_0)$,所以定义2与定义3是等价的.

定义3　如果函数 $y=f(x)$ 满足以下三个条件:

(1) $y=f(x)$ 在点 x_0 的某个邻域内有定义;

(2) $\lim\limits_{x\to x_0}f(x)$ 存在;

(3) $\lim\limits_{x\to x_0}f(x)=f(x_0)$.

则称函数 $y=f(x)$ 在点 x_0 处是连续的.

 笔记栏

定义 4　如果函数 $y=f(x)$ 在开区间 (a,b) 内每点处都连续,则称函数在开区间 (a,b) 内连续;如果函数 $y=f(x)$ 在开区间 (a,b) 内连续,并且在区间的左端点 a 处右连续 $\left(\lim\limits_{x\to a^+}f(x)=f(a)\right)$,在区间的右端点 b 处左连续 $\left(\lim\limits_{x\to b^-}f(x)=f(b)\right)$,则称函数 $y=f(x)$ 在闭区间 $[a,b]$ 上连续.

注　意

(1) x_0 的邻域指包含 x_0 的一个开区间;

(2) 函数连续实际上是指函数值的变化是逐渐地,不存在跳跃的情况.

二、函数的间断点

1. 间断点的概念　根据定义,函数 $y=f(x)$ 在 x_0 处连续必须满足三个条件:

(1) $y=f(x)$ 在 x_0 处有定义;

(2) $\lim\limits_{x\to x_0}f(x)$ 存在;

(3) $\lim\limits_{x\to x_0}f(x)=f(x_0)$.

如果这三个条件有一个不满足,则称 x_0 为函数 $y=f(x)$ 的间断点(或不连续点).

2. 间断点的分类　设函数 $y=f(x)$ 在 x_0 处不连续,如果函数 $y=f(x)$ 在 x_0 处的左右极限都存在,则称 x_0 是函数 $y=f(x)$ 的第一类间断点。否则,称 x_0 是函数 $y=f(x)$ 的第二类间断点;如果 x_0 是函数 $y=f(x)$ 的第一类间断点,并且函数 $y=f(x)$ 在 x_0 处的左右极限相等,则称 x_0 是函数 $y=f(x)$ 的可去间断点;可去间断点可以通过补充定义变成连续点.

例 2　判断下列函数在指定点处是否连续,如果不连续,判断间断点的类型,如果是可去间断点,补充定义使函数连续。

(1) $f(x)=\dfrac{\sin x}{x}$ 在 $x=0$ 处;　(2) $f(x)=\dfrac{|x|}{x}$ 在 $x=0$ 处;　(3) $f(x)=|x|$ 在 $x=0$ 处.

解　(1) 因为函数 $f(x)=\dfrac{\sin x}{x}$ 在 $x=0$ 处没有定义,所以 $x=0$ 是函数 $f(x)=\dfrac{\sin x}{x}$ 的间断点,又因为 $\lim\limits_{x\to 0^+}f(x)=\lim\limits_{x\to 0^+}\dfrac{\sin x}{x}$,$\lim\limits_{x\to 0^-}f(x)=\lim\limits_{x\to 0^-}\dfrac{\sin x}{x}$ 都存在,并且 $\lim\limits_{x\to 0^+}f(x)=\lim\limits_{x\to 0^+}\dfrac{\sin x}{x}=\lim\limits_{x\to 0^-}\dfrac{\sin x}{x}=\lim\limits_{x\to 0^-}(f)x=1$,所以 $x=0$ 是第一类间断点,并且是可去间断点,因为 $\lim\limits_{x\to 0}f(x)=\lim\limits_{x\to 0^+}f(x)=\lim\limits_{x\to 0^-}f(x)=1$,所以补充定义令 $f(0)=1$,即得 $f(x)=\begin{cases}\dfrac{\sin x}{x},&x\neq 0,\\1,&x=0,\end{cases}$ 补充定义后,该函数在 $x=0$ 处连续.

(2) 因为函数 $f(x)=\dfrac{|x|}{x}$ 在 $x=0$ 处没有定义,所以 $x=0$ 是函数的间断点,又因为 $\lim\limits_{x\to 0^+}f(x)=\lim\limits_{x\to 0^+}\dfrac{|x|}{x}=\lim\limits_{x\to 0^+}\dfrac{x}{x}=\lim\limits_{x\to 0^+}1=1$ 存在,$\lim\limits_{x\to 0^-}f(x)=\lim\limits_{x\to 0^-}\dfrac{|x|}{x}=\lim\limits_{x\to 0^-}\dfrac{-x}{x}=\lim\limits_{x\to 0^-}(-1)=-1$ 存在,所以 $x=0$ 是函数 $f(x)=\dfrac{|x|}{x}$ 的第一类间断点.

(3) 显然 $f(x)=|x|$ 在 $x=0$ 处有定义,因为 $\lim\limits_{x\to 0^+}f(x)=\lim\limits_{x\to 0^+}|x|=\lim\limits_{x\to 0^+}x=0$,$\lim\limits_{x\to 0^-}f(x)=\lim\limits_{x\to 0^-}|x|=\lim\limits_{x\to 0^-}(-x)=0$,所以 $\lim\limits_{x\to 0}f(x)=0$ 存在,并且 $\lim\limits_{x\to 0}f(x)=f(0)=0$,所以 $f(x)=|x|$ 在 $x=0$ 处连续.

练 习

　　根据下列函数的图像,判断函数在指定点处是否连续,如果不连续请判断间断点的类型,如果是可去间断点,请补充定义使函数连续:

(1) $f(x)=x^{-1}$ 在 $x=0$ 处,如图 8-23 所示;(2) $f(x)=x^0$ 在 $x=0$ 处,如图 8-24 所示;

(3) $f(x)=\dfrac{x^2}{x}$ 在 $x=0$ 处,如图 8-25 所示;$f(x)=x^2+\dfrac{|x|}{x}$ 在 $x=0$ 处,如图 8-26 所示.

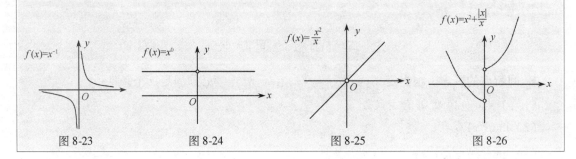

图 8-23　　　　　　图 8-24　　　　　　图 8-25　　　　　　图 8-26

三、初等函数的连续性

1. 连续函数的运算

定理 1

(1) 两个连续函数的代数和(或差)仍是连续函数;

(2) 两个连续函数的乘积仍是连续函数;

(3) 两个连续函数的商(分母不为零)仍是连续函数;

(4) 有反函数的连续函数的反函数仍是连续函数;

(5) 两个连续函数的复合函数仍是连续函数.

2. 初等函数的连续性

定理 2　初等函数在其定义域内都是连续函数;

　　定理 2 给出了求初等函数极限的一种方法:如果 $f(x)$ 是初等函数,则在其定义域内极限值的计算,可转化为函数值的计算,即 $\lim\limits_{x\to x_0}f(x)=f(x_0)$.

　　例 3　求下列函数的极限:

(1) $\lim\limits_{x\to 0}\dfrac{x}{\cos x}$;　(2) $\lim\limits_{x\to\frac{\pi}{2}}e^{\ln\sin x}$;　(3) $\lim\limits_{x\to 0}\dfrac{\ln(1+x)}{x}$.

　　解　(1) 因为 $f(x)=\dfrac{x}{\cos x}$ 是初等函数,并且在 $x=0$ 处有定义,所以函数在 $x=0$ 处连续,所

以 $\lim\limits_{x\to 0}\dfrac{x}{\cos x}=\dfrac{0}{\cos 0}=\dfrac{0}{1}=0$;

　　(2) 因为 $f(x)=e^{\ln\sin x}$ 是初等函数,并且在 $x=\dfrac{\pi}{2}$ 处有定义,所以函数在 $x=\dfrac{\pi}{2}$ 处连续,

所以 $\lim\limits_{x\to\frac{\pi}{2}}e^{\ln\sin x}=e^{\ln\sin\frac{\pi}{2}}=e^{\ln 1}=e^0=1$;(3) $\lim\limits_{x\to 0}\dfrac{\ln(1+x)}{x}=\lim\limits_{x\to 0}\dfrac{1}{x}\ln(1+x)=\lim\limits_{x\to 0}\ln(1+x)^{\frac{1}{x}}$,设 $y=$

$(1+x)^{\frac{1}{x}}$,则 $x\to 0$ 时,$y\to e$(重要极限),因为 $y=\ln x$ 是初等函数,并且在 $x=e$ 处连续,所以

$\lim\limits_{x\to 0}\dfrac{\ln(1+x)}{x}=\lim\limits_{x\to 0}\ln(1+x)^{\frac{1}{x}}=\lim\limits_{y\to e}\ln y=\ln e=1$.

笔记栏

不是初等函数不能用此方法求极限

　　如果不是初等函数,则不能用此方法求极限.否则,可能产生错误的结果.例如下面这个极限:已知狄利克雷函数

$$f(x)\begin{cases}1,x\text{ 为有理数},\\0,x\text{ 为无理数},\end{cases}$$

求 $\lim\limits_{x\to0}f(x)$. 如果按照初等函数求极限的方法,则 $\lim\limits_{x\to0}f(x)=f(0)=1$,而事实上当 x 沿有理数趋近于 0 时,有 $\lim\limits_{x\to0}f(x)=\lim\limits_{x\to0}1=1$,当 x 沿无理数趋近于 0 时,有 $\lim\limits_{x\to0}f(x)=\lim\limits_{x\to0}0=0$,

所以 $\lim\limits_{x\to0}f(x)$ 不存在.

四、区间上连续函数的性质

　　定理 3　(最大值与最小值定理)如果函数 $y=f(x)$ 在闭区间 $[a,b]$ 上连续,则函数 $y=f(x)$ 在闭区间 $[a,b]$ 上必有最大值与最小值.

　　推论 1　(有界性定理)如果函数 $y=f(x)$ 在闭区间 $[a,b]$ 上连续,则函数 $y=f(x)$ 在闭区间 $[a,b]$ 上必有界.

　　证明　因为函数 $y=f(x)$ 在闭区间 $[a,b]$ 上连续,由最大值与最小值定理,函数 $y=f(x)$ 在闭区间 $[a,b]$ 上必有最大值与最小值,最大值设为 A,最小值设为 B,设 M 是 A,B 绝对值中之最大者,即 $M=\max\{|A|,|B|\}$,显然有 $-M\leq B\leq A\leq M$,所以 $-M\leq B\leq f(x)\leq A\leq M$,即 $|f(x)|\leq M$,所以函数 $y=f(x)$ 在闭区间 $[a,b]$ 上必有界.

　　定理 4　(介值定理)如果函数 $y=f(x)$ 在闭区间 $[a,b]$ 上连续,则对于 $f(a)$ 与 $f(b)$ 之间的任意一个数 η,在闭区间 $[a,b]$ 上至少存在一点 ξ,使得 $f(\xi)=\eta$.

连续函数介值定理的几何意义

　　闭区间 $[a,b]$ 上的连续函数 $y=f(x)$ 的图像,是从点 $(a,f(a))$ 到点 $(b,f(b))$ 中间没有裂痕的一条曲线,而 η 是 $f(a)$ 与 $f(b)$ 之间的一个数,因此,直线 $y=\eta$ 一定与它相交于某一点,如图 8-27 所示;假如直线 $y=\eta$ 与曲线不相交,说明曲线一定有裂痕,与函数 $y=f(x)$ 在闭区间 $[a,b]$ 上连续相矛盾,如图 8-28 所示.

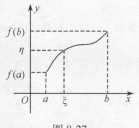
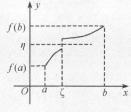

图 8-27　　　　　　图 8-28

　　推论 2　(根的存在定理)如果函数 $y=f(x)$ 在闭区间 $[a,b]$ 上连续,并且 $f(a)$ 与 $f(b)$ 异号,在闭区间 $[a,b]$ 上至少存在一点 ξ,使得 $f(\xi)=0$.

　　例 4　已知方程 $x^3-6x+2=0$ 有三个实数根,求方程的近似解(精确到0.1).

　　解　令 $f(x)=x^3-6x+2$,显然 $f(x)=x^3-6x+2$ 是初等函数,定义域为 $(-\infty,+\infty)$,所以函数 $f(x)=x^3-6x+2$ 在 $(-\infty,+\infty)$ 上连续.取 $x=0,\pm1,\pm2,\pm3$ 求相应的函数值, $f(-3)=-7,f(-2)=6,f(-1)=7,f(0)=2,f(1)=-3,f(2)=-2,f(3)=11$.因为 $f(-3)=-7$ 与 $f(-2)=6$ 异号, $f(0)=2$ 与 $f(1)=-3$ 异号, $f(2)=-2$ 与 $f(3)=11$ 异号,所以方程

$x^3 - 6x + 2 = 0$ 在区间 $[-3,-2]$,$[0,1]$,$[2,3]$ 内各有一个根.

下面进一步缩小范围,x 取上面区间的中点计算函数值,$f(-2.5) = 1.375$,$f(0.5) = -0.875$,$f(2.5) = 2.625$,因为 $f(-3) = -7$ 与 $f(-2.5) = 1.375$ 异号,$f(0) = 2$ 与 $f(0.5) = -0.875$ 异号,$f(2) = -2$ 与 $f(2.5) = 2.625$ 异号,所以方程 $x^3 - 6x + 2 = 0$ 的根的范围缩小到区间 $[-3,-2.5]$,$[0,0.5]$,$[2,2.5]$ 内.

重复以上步骤,$f(-2.75) = -2.297$,$f(0.25) = 0.516$,$f(2.25) = -0.109$,根的范围缩小到区间 $[-2.75,-2.5]$,$[0.25,0.5]$,$[2.25,2.5]$ 内.$f(-2.625) = -0.338$,$f(0.375) = -0.197$,$f(2.375) = 1.147$,根的范围缩小到区间 $[-2.625,-2.5]$,$[0.25,0.375]$,$[2.25,2.375]$ 内.$f(-2.5625) = 0.549$,$f(0.3125) = 0.156$,$f(2.3125) = 0.491$,根的范围缩小到区间 $[-2.625,-2.5625]$,$[0.25,0.3125]$,$[2.25,2.3125]$ 内.即得方程 $x^3 - 6x + 2 = 0$ 的近似解为 $x_1 = -2.6$,$x_2 = 0.3$,$x_3 = 2.3$,这样解方程虽然很繁琐,但过程都是重复性的四则运算,计算机正好可以大显神通.

习题 8-3

1. 填空:

(1) 如果初等函数 $y = f(x)$ 在 x_0 有定义,则 $\lim\limits_{x \to x_0} f(x) = $ _____;

(2) 如果 $\lim\limits_{x \to x_0} f(x) = f(x_0)$,则称函数 $y = f(x)$ 在 x_0 处_____;

(3) 已知函数 $f(x) = \begin{cases} a + x, & x \le 0, \\ \cos x, & x > 0 \end{cases}$ 在 $x = 0$ 处连续,则 $a = $ _____.

2. 求下列初等函数的连续区间:

(1) $y = \sin(x + 1)$;　(2) $y = \dfrac{1}{x^2 - 1}$;　(3) $y = \arcsin(x + 1)$.

3. 求下列函数的极限:

(1) $\lim\limits_{x \to 0} \dfrac{\sin 3x}{x + 1}$;　(2) $\lim\limits_{x \to \frac{\pi}{2}} \dfrac{x}{\sin x}$;　(3) $\lim\limits_{x \to 0} 2^{x \sin x}$;　(4) $\lim\limits_{x \to 0} \ln(\sin^2 x + 1)$.

4. 求下列函数的间断点,并判断间断点的类型:

(1) $y = \dfrac{x^2 - 1}{x^2 - 3x + 2}$;　　(2) $y = x \cos \dfrac{1}{x}$;　　(3) $y = \dfrac{\tan x}{x}$;　　(4) $y = \dfrac{x}{\sin x}$.

5. 已知方程 $x^4 - 2x - 3 = 0$ 在区间 $[-3,3]$ 上有两个根,求出这两个根的近似值(精确到 0.1).

1. 本章给出了数列极限的概念与数列极限的运算法则.变化与静止、无限与有限可以说是高等数学与初等数学的根本差别,数列极限的本质就是无限的变化过程中数列项的变化趋势,所以说理解数列极限对于我们学好高等数学具有十分重要的意义.

2. 给出了初等函数的概念,能否熟练地进行初等函数复合过程的分解,直接关系到后面能否熟练地求复合函数的导数和换元积分的计算.

3. 本章给出了 6 种函数极限 $\lim\limits_{x \to +\infty} f(x)$,$\lim\limits_{x \to -\infty} f(x)$,$\lim\limits_{x \to \infty} f(x)$,$\lim\limits_{x \to x_0} f(x)$,$\lim\limits_{x \to x_0^+} f(x)$,$\lim\limits_{x \to x_0^-} f(x)$ 的概念,给出了两个重要极限 $\lim\limits_{x \to 0} \dfrac{\sin x}{x} = 1$,$\lim\limits_{x \to \infty} \left(1 + \dfrac{1}{x}\right)^x = e$,这是学习高等数学的基础.

4. 本章还给出了无穷小量的概念,无穷小量具有十分重要的理论价值.

5. 本章给出了连续函数的概念,给出了初等函数连续的判别方法,对于初等函数而言,有定义必连续,这不仅给出了判断初等函数连续的方法,还给出了求初等函数极限的一个方法,即有定义时,初等函数的极限值就等于函数值.要注意这个方法仅适用于初等函数,对于非初等函数使用这个方法,将可能得到错误的结果.

6. 本章还给出了闭区间上连续函数的性质,特别是根的存在定理,使我们能够借助计算机来解方程.

笔记栏

小　结

目 标 检 测

1. 判断题:

(1) 因为数列 $1,1,1,\cdots$ 的项不随项数的增大而变化,所以这个数列没有极限; ( )

(2) 有穷数列 $1,2,3,4,5$ 的最后一项是 5,所以这个数列的极限是 5; ( )

(3) 如果 $\lim\limits_{n\to\infty}a_n$ 和 $\lim\limits_{n\to\infty}b_n$ 都存在,则 $\lim\limits_{n\to\infty}(a_n+b_n)$ 一定存在; ( )

(4) 如果 $\lim\limits_{n\to\infty}a_n$ 和 $\lim\limits_{n\to\infty}b_n$ 都不存在,则 $\lim\limits_{n\to\infty}(a_n+b_n)$ 一定不存在; ( )

(5) 如果 $\lim\limits_{n\to\infty}a_n$ 和 $\lim\limits_{n\to\infty}b_n$ 都存在,则 $\lim\limits_{n\to\infty}\dfrac{a_n}{b_n}$ 一定存在; ( )

(6) 如果 $\lim\limits_{n\to\infty}a_n$ 和 $\lim\limits_{n\to\infty}b_n$ 都不存在,则 $\lim\limits_{n\to\infty}\dfrac{a_n}{b_n}$ 一定不存在; ( )

(7) 如果 $\lim\limits_{x\to x_0}f(x)$ 存在,则函数 $y=f(x)$ 在 x_0 处一定连续; ( )

(8) 如果函数 $y=f(x)$ 在 x_0 处连续,则 $\lim\limits_{x\to x_0}f(x)$ 一定存在; ( )

(9) 如果 $\lim\limits_{x\to x_0}f(x)=f(x_0)$,则函数 $y=f(x)$ 在 x_0 处一定连续; ( )

(10) 函数 $y=f(x)$ 在 x_0 处有定义,则 $\lim\limits_{x\to x_0}f(x)$ 一定存在; ( )

(11) $\lim\limits_{x\to x_0}f(x)$ 存在,则函数 $y=f(x)$ 在 x_0 处一定有定义; ( )

(12) 初等函数 $y=f(x)$ 在 x_0 处有定义,则 $\lim\limits_{x\to x_0}f(x)$ 一定存在; ( )

(13) 初等函数 $y=f(x)$ 的极限 $\lim\limits_{x\to x_0}f(x)$ 存在,则函数 $y=f(x)$ 在 x_0 处一定有定义; ( )

(14) 函数 $y=f(x)$ 在闭区间 $[a,b]$ 上连续,则函数 $y=f(x)$ 在闭区间 $[a,b]$ 上每一点都连续. ( )

2. 计算下列函数值:

(1) 已知 $f(x)=(x-1)^2$,求 $f(0)$,$f(2)$,$f(-2)$;

(2) 已知 $f(x)=\dfrac{x-1}{x+1}$,求 $f(2)$,$f(-x)$,$f\left(\dfrac{1}{x}\right)$,$f[f(2)]$.

3. 求下列函数的极限:

(1) $\lim\limits_{x\to\infty}\dfrac{(x-1)^2}{2x^2-x+3}$; (2) $\lim\limits_{x\to0}\dfrac{x^3+3x^2}{2x^2+x}$; (3) $\lim\limits_{x\to4}\dfrac{x^2-16}{x-4}$; (4) $\lim\limits_{x\to0}\dfrac{\sqrt{x^2+1}-1}{\sqrt{2x^2+4}-2}$; (5) $\lim\limits_{x\to+\infty}\left(\dfrac{2}{3}\right)^x$;

(6) $\lim\limits_{x\to0}\arccos x$; (7) $\lim\limits_{x\to0}x\cos\dfrac{1}{x}$; (8) $\lim\limits_{x\to0}\dfrac{\tan x}{x}$; (9) $\lim\limits_{x\to0}\dfrac{\sin^2 x}{x^2}$; (10) $\lim\limits_{x\to\infty}\left(1+\dfrac{1}{x+2}\right)^x$;

(11) $\lim\limits_{x\to\infty}\left(1+\dfrac{1}{x}\right)^{x-4}$; (12) $\lim\limits_{x\to+\infty}\operatorname{arccot}x$; (13) $\lim\limits_{x\to-\infty}\operatorname{arccot}x$; (14) $\lim\limits_{x\to0}|x|$; (15) $\lim\limits_{x\to\infty}\operatorname{arccot}x$;

(16) $\lim\limits_{x\to0}\ln(e^x+1)$; (17) $\lim\limits_{x\to0}\sqrt{\ln(e^x+1)}$.

4. 已知函数 $f(x)=\begin{cases}x+1, & x>0,\\ 0, & x=0,\\ 1-x, & x<0.\end{cases}$ 求极限 $\lim\limits_{x\to0}f(x)$.

5. 求下列函数的渐近线:

(1) $y=\ln x$; (2) $y=\operatorname{arccot}x$; (3) $y=\tan x$.

6. 已知函数 $y=x^2$.

(1) 如果自变量的增量 $\Delta x=0.1$,$x_0=2$,求函数的增量 Δy;

(2) 如果自变量的增量 $\Delta x=0.1$,求函数在 x_0 处的增量 Δy;

(3) 如果自变量的增量为 Δx,求函数在任意一点 x 处的增量 Δy.

7. 已知函数 $f(x)=\begin{cases}\dfrac{\sin x}{x}, & x\neq0,\\ a, & x=0\end{cases}$ 在 $x=0$ 处连续,则 $a=$ _____.

8. 已知函数 $f(x)=\begin{cases}(1+x)^{\frac{1}{x}}, & x\neq0,\\ b, & x=0\end{cases}$ 在 $x=0$ 处连续,则 $b=$ _____.

笔记栏

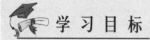

第9章　一元函数微分学

在医学和生命科学的许多领域,都有与求解变化率相关的问题,如肌肉的力量与肌肉组织的相关变化率、血液的流速与血管的收缩等,都涉及函数微分学.函数微分学就是解决变化率问题的一个数学分支,是一个在医学、生物学、物理学、经济学等很多领域应用很广的一个强有力的工具.现在我们就来学习函数微分学的最基础部分——一元函数微分学及其他的应用.

学习目标

1. 说出导数的定义、导数的几何意义.
2. 写出三角函数、幂函数、指数函数、对数函数的导数公式,说出导数四则运算法则和复合函数求导法则.
3. 解释微分的定义,能计算出具体函数在特定点的微分.
4. 利用洛必达法则计算出 $\frac{\infty}{\infty}, \frac{0}{0}, 0 \cdot \infty, 1^{\infty}, 0^{0}, \infty^{0}$ 型的极限.

第1节　导数的概念

一、导数概念的引入

1. 变速直线运动的瞬时速度　我们在物理中学过,做匀速直线运动的物体的速度可由公式 $v = \frac{s}{t}$ 计算,其中 t 表示时间,s 表示时间 t 内运动的路程.现假设有一物体做变速直线运动,其运动方程为 $s = s(t)$,求该物体在时刻 $t_0 \in [0, t]$ 的瞬时速度 $v(t_0)$.

首先考虑物体在时刻 t_0 附近很短一段时间内的运动,设物体从 t_0 变到 $t_0 + \Delta t$,相应地路程就从 $s(t_0)$ 变到 $s(t_0 + \Delta t)$,其改变量为 $\Delta s = s(t_0 + \Delta t) - s(t_0)$,于是物体在这段时间内的平均速度为

$$\bar{v} = \frac{\Delta s}{\Delta t} = \frac{s(t_0 + \Delta t) - s(t_0)}{\Delta t}$$

当 $|\Delta t|$ 很小时,可以认为物体在时间 $[t_0, t_0 + \Delta t]$ 内近似地做匀速运动,因此可以用 $\bar{v}$ 作为 $v(t_0)$ 的近似值,且 Δt 越小,其近似程度越高.当 $\Delta t \to 0$ 时,平均速度 $\bar{v}$ 的极限就是物体在时刻 t_0 的瞬时速度,即

$$v(t_0) = \lim_{\Delta t \to 0} \frac{\Delta s}{\Delta t} = \lim_{\Delta t \to 0} \frac{s(t_0 + \Delta t) - s(t_0)}{\Delta t}$$

2. 曲线切线的斜率　在前面定义曲线的切线为与曲线只有一个交点的直线,这种定义只适用于圆、椭圆等少数曲线,对一般曲线就不适用了.例如,y 轴与抛物线 $y = x^2$ 只有一个交点,显然 y 轴不是它的切线.一般曲线的切线定义如下:

点 P_0 是曲线 L 上的一个定点,点 P 是 L 上的一个动点,当点 P 沿着曲线 L 趋近于点 P_0 时,如果割线 PP_0 的极限位置 P_0T 存在,则称直线 P_0T 为曲线 L 在点 P_0 处的切线,如图9-1所示.

如何求曲线上某点的切线方程呢? 例如求抛物线 $y = x^2$ 在点 $P_0(1, 1)$ 的切线方程如图9-2所示,显然,求出切线的斜率即可.

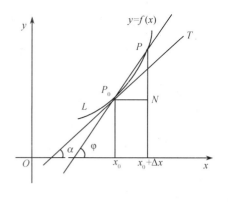

图 9-1

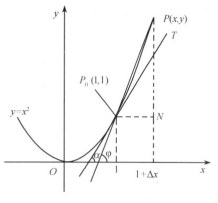

图 9-2

切线是割线的极限位置,自然求切线的斜率就要先求出割线的斜率,在点 P_0 附近取动点 $P(x,y)$,设 $x = x_0 + \Delta x$,则 $y = (1 + \Delta x)^2 = 1 + 2\Delta x + (\Delta x)^2$,割线 $P_0 P$ 的斜率为

$$\tan\varphi = \frac{NP}{P_0 N} = \frac{\Delta y}{\Delta x} = \frac{f(1 + \Delta x) - f(1)}{\Delta x} = \frac{2\Delta x + (\Delta x)^2}{\Delta x} = 2 + \Delta x$$

当 $\Delta x \to 0$ 时,可以得到

$$P \to P_0, P_0 P \to P_0 T(割线 \to 切线)$$

$$\varphi \to \alpha, \tan\varphi \to \tan\alpha(割线斜率 \to 切线斜率)$$

切线的斜率是割线斜率的极限:

$$\tan\alpha = \lim_{\Delta x \to 0} \tan\varphi = \lim_{\Delta x \to 0} \frac{NP}{P_0 N} = \lim_{\Delta x \to 0} \frac{\Delta y}{\Delta x} = \lim_{\Delta x \to 0} (2 + \Delta x) = 2$$

容易求出 $y = x^2$ 在点 $P_0(1,1)$ 的切线方程为

$$2x - y - 1 = 0$$

一般地,如图 9-1,设曲线的方程为 $y = f(x)$,我们用求抛物线 $y = x^2$ 在点 $(1,1)$ 的切线斜率的思路来推导曲线上点 $P_0(x_0, y_0)$ 的切线斜率公式. 在点 P_0 处附近取一点 $P(x_0 + \Delta x, y_0 + \Delta y)$,那么割线 $P_0 P$ 的斜率为

$$\tan\varphi = \frac{\Delta y}{\Delta x} = \frac{f(x_0 + \Delta x) - f(x_0)}{\Delta x}$$

如果当点 P 沿着曲线 L 趋近于点 P_0 时,割线 $P_0 P$ 的极限位置存在,也即点 P_0 处的切线存在,这时 $\Delta x \to 0$,$\varphi \to \alpha$,割线的斜率 $\tan\varphi$ 趋近于切线的斜率 $\tan\alpha$,得

$$\tan\alpha = \lim_{\Delta x \to 0} \frac{f(x_0 + \Delta x) - f(x_0)}{\Delta x}$$

二、导数的定义

变速直线运动与曲线切线的斜率虽是两个不同意义的实例,但从数量关系来分析,却是相同的,都是求当自变量的增量趋于零时,某个函数的函数增量与自变量的增量之比的极限值——在数学中称为函数的变化率. 在生产实践和科学实验中,还有很多这样的类似问题. 我们把它抽象为导数.

1. $f(x)$ 在 x_0 点的导数 一般地,函数 $y = f(x)$ 在点 x_0 的某个邻域内有定义,当自变量 x 在 x_0 处取得增量 Δx(点 $x_0 + \Delta x$ 仍在该邻域内)时,相应地函数 y 取得增量 $\Delta y = f(x_0 + \Delta x) -$

邻域

设 α 与 δ 是两个实数,且 $\delta > 0$,数集 $\{x \mid |x - \alpha| < \delta\}$ 称为点 α 的 δ 邻域,记作 $U(\alpha, \delta)$.

$f(x_0)$；如果 $\Delta x \to 0$ 时，$\dfrac{\Delta y}{\Delta x}$ 的极限存在，则称函数 $y = f(x)$ 在点 x_0 处的导数存在，并称这个极限为函数 $y = f(x)$ 在点 x_0 处的导数，记为 $y'|_{x=x_0}$，即

$$y'|_{x=x_0} = \lim_{\Delta x \to 0} \frac{\Delta y}{\Delta x} = \lim_{\Delta x \to 0} \frac{f(x_0 + \Delta x) - f(x_0)}{\Delta x} \tag{9-1}$$

有时也可记做

$$f'(x_0), \frac{\mathrm{d}y}{\mathrm{d}x}|_{x=x_0} \text{或} \frac{\mathrm{d}f(x)}{\mathrm{d}x}|_{x=x_0}$$

否则就说 $f(x)$ 在 x_0 处的导数不存在.

由(9-1)式，令 $\Delta x = x - x_0$，可得到一个与(9-1)式等价的定义：

$$f'(x_0) = \lim_{x \to x_0} \frac{f(x) - f(x_0)}{x - x_0}$$

2. 左导数与右导数

左导数
$$f'_-(x_0) = \lim_{\substack{x \to x_0 \\ x < x_0}} \frac{f(x) - f(x_0)}{x - x_0}$$

右导数
$$f'_+(x_0) = \lim_{\substack{x \to x_0 \\ x > x_0}} \frac{f(x) - f(x_0)}{x - x_0}$$

函数 $f(x)$ 在点 x_0 处存在导数的充分必要条件是 $f(x)$ 在点 x_0 处的左导数 $f'_-(x_0)$ 和右导数 $f'_+(x_0)$ 都存在且相等.

3. $f(x)$ 在开区间 (a, b) 内的导数

上面叙述的是函数 $f(x)$ 仅仅在一点 x_0 存在导数. 如果函数 $f(x)$ 在某个区间 (a, b) 内的任意一点都存在导数，则 $f(x)$ 在区间 (a, b) 内都存在导数，或者说函数 $f(x)$ 在区间 (a, b) 内可导. 这样，对应于区间 (a, b) 内的任意一点 x，函数 $f(x)$ 都有一个确定的导数值 $f'(x)$，于是区间 (a, b) 内的 x 和其对应点的导数值之间便构成了一个新函数，这个函数称为原来函数 $y = f(x)$ 的导函数，简称导数，记做 $y', f'(x), \dfrac{\mathrm{d}y}{\mathrm{d}x}$ 或 $\dfrac{\mathrm{d}f(x)}{\mathrm{d}x}$.

在(9-1)式中把 x_0 换成 x，即得导函数的定义式

$$y' = \lim_{\Delta x \to 0} \frac{f(x + \Delta x) - f(x)}{\Delta x} \tag{9-2}$$

函数在闭区间可导

如果函数 $f(x)$ 在开区间 (a, b) 内可导，且 $f'_+(a)$ 及 $f'_-(b)$ 都存在，就说 $f(x)$ 在闭区间 $[a, b]$ 上可导.

而 $y = f(x)$ 在 x_0 处的导数即为 $f'(x)$ 在 x_0 处的函数值，即 $f'(x_0) = f'(x)|_{x=x_0}$.

4. 导函数的一般求解步骤

(1) 求函数增量　$\Delta y = f(x + \Delta x) - f(x)$

(2) 算比值　$\dfrac{\Delta y}{\Delta x} = \dfrac{f(x + \Delta x) - f(x)}{\Delta x}$

(3) 取极限　$\lim\limits_{\Delta x \to 0} \dfrac{\Delta y}{\Delta x}$

例1　求函数 $f(x) = -x^2 + 4x - 3$ 的导函数，并求 $f'(0), f'(3)$.

解　$\Delta y = f(x + \Delta x) - f(x)$

$\qquad = -(x + \Delta x)^2 + 4(x + \Delta x) - 3 - (-x^2 + 4x - 3)$

$\qquad = -2x\Delta x - (\Delta x)^2 + 4\Delta x$

$\dfrac{\Delta y}{\Delta x} = \dfrac{-2x\Delta x - (\Delta x)^2 + 4\Delta x}{\Delta x} = -2x - \Delta x + 4$

笔记栏

$$\lim_{\Delta x \to 0} \frac{\Delta y}{\Delta x} = \lim_{\Delta x \to 0} (-2x - \Delta x + 4) = -2x + 4$$

则 $f'(0) = -2 \times 0 + 4 = 4, f'(3) = -2 \times 3 + 4 = -2$

5. 导数的几何意义 根据前面的曲线的切线斜率的求法与导数的定义,可得导数的几何意义为:函数 $y = f(x)$ 在点 x_0 处的导数表示曲线 $y = f(x)$ 在点 $(x_0, f(x_0))$ 的切线的斜率.

因此,曲线 $y = f(x)$ 在点 (x_0, y_0) 处的切线方程为

$$y - y_0 = f'(x_0) \cdot (x - x_0),$$

法线方程为

$$y - y_0 = -\frac{1}{f'(x_0)} \cdot (x - x_0).$$

例 2 求抛物线 $y = -x^2 + 4x - 3$ 在点 $(3, 0)$ 处的切线方程与法线方程.

解 由例 1 知 $f'(3) = -2$,则在点 $(3, 0)$ 处的切线方程为: $y = -2(x - 3)$,即 $2x + y - 6 = 0$. 法线方程为 $y = \frac{1}{2}(x - 3)$,即 $x - 2y - 3 = 0$.

三、函数的连续性与可导性的关系

1. 函数 $f(x)$ 在 x_0 点存在导数是 $f(x)$ 在 x_0 点连续的充分条件 由函数 $f(x)$ 在点 x_0 存在导数,可得

$$\lim_{\Delta x \to 0} \frac{\Delta y}{\Delta x} = f'(x)$$

存在. 由具有极限的函数与无穷小的关系可知

$$\frac{\Delta y}{\Delta x} = f'(x) + \alpha$$

其中,α 当 $\Delta x \to 0$ 时为无穷小. 上式变换可得

$$\Delta y = f'(x)\Delta x + \alpha \Delta x$$

由此可得,当 $\Delta x \to 0$ 时,$\Delta y \to 0$. 这就是说,函数 $y = f(x)$ 在点 x_0 处是连续的.

2. 函数 $f(x)$ 在 x_0 点连续时,有可能 $f(x)$ 在点 x_0 处的导数不存在.

例 3 讨论函数 $f(x) = |x| = \begin{cases} x, & x \geq 0, \\ -x, & x < 0 \end{cases}$ 在 $x = 0$ 点处的连续性与可导性.

解 易见函数 $f(x) = |x|$ 在 $x = 0$ 处是连续的. 但由于

$$f'_+(0) = \lim_{\Delta x \to 0^+} \frac{\Delta y}{\Delta x} = \lim_{\Delta x \to 0^+} \frac{\Delta x}{\Delta x} = 1$$

$$f'_-(0) = \lim_{\Delta x \to 0^-} \frac{\Delta y}{\Delta x} = \lim_{\Delta x \to 0^-} \frac{-\Delta x}{\Delta x} = -1$$

因为 $f'_+(0) \neq f'_-(0)$,所以函数 $f(x) = |x|$ 在 $x = 0$ 处不可导.

习题 9-1

1. 按定义求函数 $f(x) = \sqrt{x}$ 在点 $(x_0 = 3)$ 的导数值.

2. 根据导数定义求下列函数的导数:

   (1) $y = ax + b$ (a, b 是常数);

   (2) $y = 2x - x^3$;

   (3) $y = \cos x$;

   (4) $y = \frac{c}{x}$ (c 为常数).

3. 已知函数 $y = \frac{1}{1+x}$,根据导数的定义求 y',并计算 $y'|_{x=1}$.

4. 求 $f(x) = 3x - x^2$ 在点 $(1, 1)$ 处的切线方程与法线方程.

笔记栏

5. 讨论 $f(x) = \begin{cases} x\sin\dfrac{1}{x}, x\neq 0, \\ 0, x=0 \end{cases}$ 在 $x=0$ 处的连续性与可导性.

第 2 节　导数的运算

一、几个基本初等函数的导数

知道了导数的定义和求导数的一般方法,我们就可以求出一些经常要用到的函数的导数.

1. 常函数的导数

例 1　求函数 $f(x) = C$(C 为常数)的导数.

解　$f'(x) = \lim\limits_{\Delta x \to 0} \dfrac{f(x+\Delta x)-f(x)}{\Delta x} = \lim\limits_{\Delta x \to 0} \dfrac{C-C}{\Delta x} = 0$

即

$$(C)' = 0$$

2. 幂函数的导数

例 2　求函数 $y = f(x) = x^n$(n 为正整数)的导数.

解
$$\begin{aligned}
\Delta y &= f(x+\Delta x) - f(x) = (x+\Delta x)^n - x^n \\
&= \left[x^n + C_n^1 x^{n-1}\Delta x + C_n^2 x^{n-2}(\Delta x)^2 + \cdots + C_n^n(\Delta x)^n \right] - x^n \\
&= C_n^1 x^{n-1}\Delta x + C_n^2 x^{n-2}(\Delta x)^2 + \cdots + C_n^n(\Delta x)^n
\end{aligned}$$

$$\frac{\Delta y}{\Delta x} = C_n^1 x^{n-1} + C_n^2 x^{n-2}\Delta x + \cdots + C_n^n(\Delta x)^{n-1}$$

$$\begin{aligned}
y' &= \lim_{\Delta x \to 0} \frac{\Delta y}{\Delta x} = \lim_{\Delta x \to 0} \left[C_n^1 x^{n-1} + C_n^2 x^{n-2}\Delta x + \cdots + C_n^n(\Delta x)^{n-1} \right] \\
&= nx^{n-1}
\end{aligned}$$

一般地,对于幂函数 $y = x^\mu$(μ 为常数),有

$$\boxed{(x^\mu)' = \mu x^{\mu-1}}$$

3. 正弦函数和余弦函数的导数

例 3　求函数 $f(x) = \sin x$ 的导数.

解
$$\begin{aligned}
\Delta y &= f(x+\Delta x) - f(x) = \sin(x+\Delta x) - \sin x \\
&= 2\sin\frac{(x+\Delta x)-x}{2}\cos\frac{(x+\Delta x)+x}{2} \\
&= 2\sin\frac{\Delta x}{2}\cos\left(x+\frac{\Delta x}{2}\right)
\end{aligned}$$

$$\frac{\Delta y}{\Delta x} = \frac{2\sin\dfrac{\Delta x}{2}\cos\left(x+\dfrac{\Delta x}{2}\right)}{\Delta x} = \frac{\sin\dfrac{\Delta x}{2}\cos\left(x+\dfrac{\Delta x}{2}\right)}{\dfrac{\Delta x}{2}}$$

$$y' = (\sin x)' = \lim_{\Delta x \to 0} \frac{\Delta y}{\Delta x} = \lim_{\Delta x \to 0} \left[\frac{\sin\dfrac{\Delta x}{2}\cos\left(x+\dfrac{\Delta x}{2}\right)}{\dfrac{\Delta x}{2}} \right]$$

$$= \lim_{\Delta x \to 0} \frac{\sin\dfrac{\Delta x}{2}}{\dfrac{\Delta x}{2}} \lim_{\Delta x \to 0} \cos\left(x+\frac{\Delta x}{2}\right) = \cos x$$

所以

$$(\sin x)' = \cos x$$

用类似的方法,可求得

$$(\cos x)' = -\sin x$$

4. 指数函数的导数

例 4　求函数 $f(x) = e^x$ 的导数.

解　$\Delta y = e^{x+\Delta x} - e^x = e^x(e^{\Delta x} - 1)$

$$\frac{\Delta y}{\Delta x} = \frac{e^x(e^{\Delta x} - 1)}{\Delta x}$$

$$f'(x) = \lim_{\Delta x \to 0} \frac{e^x(e^{\Delta x} - 1)}{\Delta x} = e^x \lim_{\Delta x \to 0} \frac{e^{\Delta x} - 1}{\Delta x}$$

令 $e^{\Delta x} - 1 = \alpha$,则 $\Delta x = \ln(\alpha + 1)$,且当 $\Delta x \to 0$ 时,$\alpha \to 0$. 因此,

$$\lim_{\Delta x \to 0} \frac{e^{\Delta x} - 1}{\Delta x} = \lim_{\alpha \to 0} \frac{\alpha}{\ln(\alpha + 1)} = \lim_{\alpha \to 0} \frac{1}{\frac{1}{\alpha}\ln(1+\alpha)} = \lim_{\alpha \to 0} \frac{1}{\ln(1+\alpha)^{\frac{1}{\alpha}}} = \frac{1}{\ln e} = 1$$

因此

$$(e^x)' = e^x$$

5. 对数函数的导数

例 5　求函数 $f(x) = \ln x$ 的导数.

解　$\Delta y = f(x + \Delta x) - f(x) = \ln(x + \Delta x) - \ln(x) = \ln\left(1 + \frac{\Delta x}{x}\right)$

$$\frac{\Delta y}{\Delta x} = \frac{\ln\left(1 + \frac{\Delta x}{x}\right)}{\Delta x}$$

$$f'(x) = \lim_{\Delta x \to 0} \frac{\ln\left(1 + \frac{\Delta x}{x}\right)}{\Delta x} = \lim_{\Delta x \to 0} \ln\left(1 + \frac{\Delta x}{x}\right)^{\frac{1}{\Delta x}} = \lim_{\Delta x \to 0} \ln\left[\left(1 + \frac{\Delta x}{x}\right)^{\frac{x}{\Delta x}}\right]^{\frac{1}{x}} = \frac{1}{x}\lim_{\Delta x \to 0}\ln\left(1 + \frac{\Delta x}{x}\right)^{\frac{x}{\Delta x}}$$

$$= \frac{1}{x}\ln\left[\lim_{\Delta x \to 0}\left(1 + \frac{\Delta x}{x}\right)^{\frac{x}{\Delta x}}\right] = \frac{1}{x}\ln e = \frac{1}{x}$$

所以

$$(\ln x)' = \frac{1}{x}$$

二、导数的四则运算法则

由导数的定义,我们可以求出一些基本初等函数的导数,但常见的函数除了基本初等函数外,还经常有一些函数是由基本初等函数经过运算得到的. 现在我们来介绍可导函数经和、差、积、商得到的新函数的导数.

设函数 $\mu(x)$ 和函数 $v(x)$ 在点 x 具有导数 $\mu'(x)$ 和 $v'(x)$.

1. 两个可导函数和的导数　设 $f(x) = \mu(x) + v(x)$,由(9-2)式可得到 $f(x)$ 在 x 点的导数:

$$f'(x) = \lim_{\Delta x \to 0} \frac{f(x + \Delta x) - f(x)}{\Delta x}$$

$$= \lim_{\Delta x \to 0} \frac{[\mu(x + \Delta x) + v(x + \Delta x)] - [\mu(x) + v(x)]}{\Delta x}$$

$$= \lim_{\Delta x \to 0}\left[\frac{\mu(x + \Delta x) - \mu(x)}{\Delta x} + \frac{v(x + \Delta x) - v(x)}{\Delta x}\right]$$

$$= \lim_{\Delta x \to 0}\left[\frac{\mu(x + \Delta x) - \mu(x)}{\Delta x}\right] + \lim_{\Delta x \to 0}\left[\frac{v(x + \Delta x) - v(x)}{\Delta x}\right]$$

$$= \mu'(x) + v'(x).$$

以上结果表明:两个可导函数的和的导数即为两个可导函数的导数之和. 即

函数的代数和求导可推广到有限个函数

设 $\mu_1(x),\mu_2(x),\cdots,\mu_n(x)$ 在点 x 处可导,则它们的代数和在点 x 处也可导,且 $[\mu_1(x)\pm\mu_2(x)\pm\cdots\pm\mu_n(x)]'=\mu_1'(x)\pm\mu_2'(x)\pm\cdots\pm\mu_n'(x)$

链　接

$$[\mu(x)+v(x)]'=\mu'(x)+v'(x)$$

用同样方法可得:两个可导函数的差的导数即为两个可导函数的导数之差. 即

$$[\mu(x)-v(x)]'=\mu'(x)-v'(x)$$

2. 两个可导函数积的导数　设 $f(x)=\mu(x)\cdot v(x)$,由(9-2)式可得到 $f(x)$ 在 x 点的导数:

$$
\begin{aligned}
f'(x)&=\lim_{\Delta x\to 0}\frac{f(x+\Delta x)-f(x)}{\Delta x}\\
&=\lim_{\Delta x\to 0}\frac{\mu(x+\Delta x)v(x+\Delta x)-\mu(x)v(x)}{\Delta x}\\
&=\lim_{\Delta x\to 0}\frac{\mu(x+\Delta x)v(x+\Delta x)-\mu(x)v(x+\Delta x)+\mu(x)v(x+\Delta x)-\mu(x)v(x)}{\Delta x}\\
&=\lim_{\Delta x\to 0}\left[\frac{\mu(x+\Delta x)-\mu(x)}{\Delta x}\cdot v(x+\Delta x)+\mu(x)\cdot\frac{v(x+\Delta x)-v(x)}{\Delta x}\right]\\
&=\lim_{\Delta x\to 0}\frac{\mu(x+\Delta x)-\mu(x)}{\Delta x}\cdot\lim_{\Delta x\to 0}v(x+\Delta x)+\mu(x)\lim_{\Delta x\to 0}\frac{v(x+\Delta x)-v(x)}{\Delta x}\\
&=\mu'(x)v(x)+\mu(x)v'(x).
\end{aligned}
$$

以上结果表明,两个可导函数的乘积的导数等于第 1 个因子的导数与第 2 个因子的积,再加上第 1 个因子与第 2 个因子的导数的积,即

$$[\mu(x)\cdot v(x)]'=\mu'(x)v(x)+\mu(x)v'(x)$$

特别地,如果 $\mu(x)=C$(C 为常数),则因为 $(C)'=0$,所以有

$$[Cv(x)]'=C[v(x)]'$$

即常数与一个可导函数的积的导数等于常数与可导函数的导数的积.

3. 两个可导函数的商的导数　设 $f(x)=\dfrac{\mu(x)}{v(x)}$, $v(x)\neq0$,由(9-2)式可得到 $f(x)$ 在 x 点的导数.

$$
\begin{aligned}
f'(x)&=\lim_{\Delta x\to 0}\frac{f(x+\Delta x)-f(x)}{\Delta x}\\
&=\lim_{\Delta x\to 0}\frac{\dfrac{\mu(x+\Delta x)}{v(x+\Delta x)}-\dfrac{\mu(x)}{v(x)}}{\Delta x}\\
&=\lim_{\Delta x\to 0}\frac{\mu(x+\Delta x)\cdot v(x)-\mu(x)v(x+\Delta x)}{(\Delta x)\cdot v(x+\Delta x)\cdot v(x)}\\
&=\lim_{\Delta x\to 0}\frac{\mu(x+\Delta x)\cdot v(x)-\mu(x)v(x)+\mu(x)v(x)-\mu(x)v(x+\Delta x)}{(\Delta x)\cdot v(x+\Delta x)\cdot v(x)}\\
&=\lim_{\Delta x\to 0}\frac{\dfrac{\mu(x+\Delta x)-\mu(x)}{\Delta x}\cdot v(x)-\mu(x)\cdot\dfrac{v(x+\Delta x)-v(x)}{\Delta x}}{v(x+\Delta x)v(x)}\\
&=\frac{\lim\limits_{\Delta x\to 0}\dfrac{\mu(x+\Delta x)-\mu(x)}{\Delta x}v(x)-\lim\limits_{\Delta x\to 0}\mu(x)\dfrac{v(x+\Delta x)-v(x)}{\Delta x}}{\lim\limits_{\Delta x\to 0}v(x+\Delta x)v(x)}\\
&=\frac{\mu'(x)v(x)-\mu(x)v'(x)}{[v(x)]^2}.
\end{aligned}
$$

以上结果表明,两个可导函数之商的导数等于分子的导数与分母的积减去分母的导数与分

子的积,再除以分母的平方,即

$$\left[\frac{\mu(x)}{v(x)}\right]' = \frac{\mu'(x)v(x) - \mu(x)v'(x)}{v^2(x)}$$

特别地

$$\left[\frac{1}{v(x)}\right]' = -\frac{v'(x)}{v^2(x)}$$

例 6　求函数 $y = x^3 + 2\sqrt{x} - \dfrac{2}{\sqrt{x}}$ 的导数.

解　$y' = \left[x^3 + 2\sqrt{x} - \dfrac{2}{\sqrt{x}}\right]' = (x^3)' + 2(x^{\frac{1}{2}})' - 2(x^{-\frac{1}{2}})' = 3x^2 + \dfrac{1}{\sqrt{x}} + \dfrac{1}{\sqrt{x^3}}.$

例 7　求函数 $y = x^4 \ln x$ 的导数.

解　$y' = (x^4 \ln x)' = (x^4)' \ln x + x^4(\ln x)' = 4x^3 \ln x + x^4 \dfrac{1}{x} = 4x^3 \ln x + x^3.$

例 8　求正割函数 $y = \sec x$ 的导数.

解　$y' = (\sec x)' = \left(\dfrac{1}{\cos x}\right)' = -\dfrac{(\cos x)'}{\cos^2 x} = \dfrac{\sin x}{\cos^2 x} = \sec x \tan x,$

即　　　　　　　　　　　　$(\sec x)' = \sec x \tan x$

同理可得　　　　　　　　$(\csc x)' = -\csc x \cot x$

例 9　求函数 $y = \dfrac{x-1}{x^2+1}$ 的导数.

解　$y' = \dfrac{(x^2+1)(x-1)' - (x^2+1)'(x-1)}{(x^2+1)^2} = \dfrac{(x^2+1) - 2x(x-1)}{(x^2+1)^2} = \dfrac{-x^2 + 2x + 1}{(x^2+1)^2}.$

正切函数和余切函数的导数

由　$\left[\dfrac{\mu(x)}{v(x)}\right]' = \dfrac{\mu'(x)v(x) - \mu(x)v'(x)}{v^2(x)}$ 可得到

$$(\tan x)' = \left(\frac{\sin x}{\cos x}\right)' = \frac{(\sin x)'\cos x - \sin x(\cos x)'}{\cos^2 x} = \frac{\cos^2 x + \sin^2 x}{\cos^2 x} = \frac{1}{\cos^2 x} = \sec^2 x$$

$$(\cot x)' = \left(\frac{\cos x}{\sin x}\right)' = \frac{(\cos x)'\sin x - \cos x(\sin x)'}{\sin^2 x} = \frac{-\sin^2 x - \cos^2 x}{\sin^2 x} = -\frac{1}{\sin^2 x} = -\csc^2 x.$$

练　习

求下列函数的导数:

(1) $y = \sin x \cdot \cos x$;　　　(2) $y = x^2 \cdot \ln x \cdot \cos x$;　　　(3) $y = \dfrac{1 + \sin x}{1 + \cos x}$.

三、复合函数与隐函数的导数

1. 复合函数的导数　复合函数的求导法则:如果函数 $\mu = \varphi(x)$ 在 x 处有导数 $\dfrac{\mathrm{d}\mu}{\mathrm{d}x} = \varphi'(x)$,

函数 $y = f(\mu)$ 在 x 的对应点 $\mu = \varphi(x)$ 处可导,$\dfrac{\mathrm{d}y}{\mathrm{d}\mu} = f'(\mu)$,则复合函数 $y = f[\varphi(x)]$ 在点 x 处也

可导,且

$$\frac{\mathrm{d}y}{\mathrm{d}x} = \frac{\mathrm{d}y}{\mathrm{d}\mu} \cdot \frac{\mathrm{d}\mu}{\mathrm{d}x} \text{ 或 } f'[\varphi(x)] = f'(\mu) \cdot \varphi'(x)$$

证明　当变量 x 有增量 Δx 时,函数 $\mu=\varphi(x)$ 相应有增量 $\Delta\mu$,从而函数 $y=f(\mu)$ 相应有增量 Δy. 因为 $\mu=\varphi(x)$ 可导,所以 $\lim\limits_{\Delta x\to 0}\Delta\mu=0$. 假设 $\Delta\mu\neq 0$,则

$$\lim_{\Delta x\to 0}\frac{\Delta y}{\Delta x}=\lim_{\Delta x\to 0}\frac{\Delta y}{\Delta\mu}\cdot\frac{\Delta\mu}{\Delta x}=\lim_{\Delta\mu\to 0}\frac{\Delta y}{\Delta\mu}\cdot\lim_{\Delta x\to 0}\frac{\Delta\mu}{\Delta x}=\frac{dy}{d\mu}\cdot\frac{d\mu}{dx}$$

即

$$\frac{dy}{dx}=\frac{dy}{d\mu}\cdot\frac{d\mu}{dx}$$

> **复合函数的求导可以推广到多个中间变量**
>
> 如果 $v=\varphi(x)$, $\mu=g(v)$, $y=f(\mu)$ 这三个函数的导数都存在,则 $\dfrac{dy}{dx}=\dfrac{dy}{d\mu}\cdot\dfrac{d\mu}{dv}\cdot\dfrac{dv}{dx}$.
>
> 链接

复合函数的求导法则又称为连锁法则或连式法则.

例 10　$y=\sin(2x)$,求 $\dfrac{dy}{dx}$.

解　令 $\mu=2x$,则 $y=\sin(2x)$ 可看成是由函数 $y=\sin\mu$ 和函数 $\mu=2x$ 复合而成的. 所以由复合函数的求导法则得到

$$\frac{dy}{dx}=\frac{dy}{d\mu}\cdot\frac{d\mu}{dx}=\cos\mu\cdot 2=2\cos(2x)$$

求复合函数的导数,首先要分析清楚函数的复合结构,求出每一层次函数的导数,再用连锁法则,就得到所求函数的导数. 当运算熟练后,就不必写出中间变量,而直接对中间变量求导即可.

例 11　$y=(1-4x^2)^{\frac{1}{3}}$,求 $\dfrac{dy}{dx}$.

解　$y'=[(1-4x^2)^{\frac{1}{3}}]'=\dfrac{1}{3}(1-4x^2)^{-\frac{2}{3}}(1-4x^2)'=-\dfrac{8x}{3\cdot\sqrt[3]{(1-4x^2)^2}}$

2. 隐函数的导数　求形如 $xe^y+e^x=0$ 的隐函数的导数时,我们可以把 y 看成中间变量,应用复合函数的求导法则求出 y 对 x 的导数.

例 12　已知 y 是由 $xe^y+e^x=0$ 所确定的 x 的函数,试求 y'.

解　把 y 当成中间变量,两边对 x 求导可得

$$e^y+x\cdot e^y\cdot y'+e^x=0,$$

上式变形可得

$$y'=-\frac{e^y+e^x}{x\cdot e^y}.$$

其中 y 是由方程 $xe^y+e^x=0$ 所确定的函数.

> **显函数和隐函数**
>
> 显函数——等号左端是因变量的符号,而右端是含有自变量的式子,当自变量取定义域内的任一值时,由这式子能确定对应的函数值,用这种方式表达的函数叫做显函数,例如:$y=\sin x$;而另外一些函数的表达却不是这样的,如 $y^5+2y-x-3x^2=0$,因为当变量 x 在 $(-\infty,+\infty)$ 内取值时,变量 y 有确定的值与之对应. 这样的函数称为隐函数. 把一个隐函数化成显函数叫做隐函数的显化.
>
> 接 链

例 13　求反正弦函数 $y=\arcsin x\,(-1<x<1)$ 的导数.

解　$y=\arcsin x$ 可理解为由方程 $x-\sin y=0$ 确定的隐函数,方程两端对 x 求导,注意 $-\dfrac{\pi}{2}<y<\dfrac{\pi}{2}$,得 $1-\cos y\cdot y'=0$,解得

$$y'=\frac{1}{\cos y}=\frac{1}{\sqrt{1-\sin^2 y}}=\frac{1}{\sqrt{1-x^2}},$$

即　$(\arcsin x)'=\dfrac{1}{\sqrt{1-x^2}}$.

3. 对数求导法　对幂指函数 $y=u(x)^{v(x)}$,直接使用前面的求导法则不能求出其导数,对于

这类函数,我们可以在函数的两边取对数,然后在等式两边同时对 x 求导,最后求出所求导数.我们称这种方法为对数求导法.

例 14　求函数 $y = x^x (x > 0)$ 的导数.

解　对函数 $y = x^x$ 两边同时取自然对数,得　$\ln y = x\ln x$,

两边对 x 求导,得　$\dfrac{1}{y}y' = \ln x + x\dfrac{1}{x}$,

因此　$y' = y(1 + \ln x) = x^x(1 + \ln x)$.

练　习

1. 求下列函数的导数:

(1) $y = \ln\cos x$;　　　　　　　　　(2) $y = \sin^3(2x + 1)$;

(3) $y = \ln\sin(2^x)$;　　　　　　　　(4) $y = x^{\sin x}$;

(5) $y = \dfrac{(x + 1)\sqrt[3]{x - 1}}{(x + 4)^2 e^x}$;　　　　　(6) $y = (\ln x)^x$.

2. 求由方程 $x - y + \dfrac{1}{2}\sin y = 0$ 所确定的隐函数 y 的导数.

四、高 阶 导 数

对于 $y = f(x)$ 而言,如果它的导数 $y' = f'(x)$ 的导数也存在,则称其为 $y = f(x)$ 的二阶导数,记做 y'' 或 $\dfrac{\mathrm{d}^2 y}{\mathrm{d}x^2}$ 或 $\dfrac{\mathrm{d}^2 f(x)}{\mathrm{d}x^2}$. $y = f(x)$ 的三阶导数或三阶以上的导数可类似定义.

一般地,如果 $y = f(x)$ 的 $n - 1$ 阶导数对 x 的导数仍存在,则称该导数为 $y = f(x)$ 的 n 阶导数,记做 $y^{(n)}$ 或 $f^{(n)}(x)$ 或 $\dfrac{\mathrm{d}^n f(x)}{\mathrm{d}x^n}$ 或 $\dfrac{\mathrm{d}^n y}{\mathrm{d}x^n}$.

由上述定义可知

$$y^{(n)} = [y^{(n-1)}]' = \frac{\mathrm{d}[y^{(n-1)}]}{\mathrm{d}x}$$

$y = f(x)$ 的二阶及二阶以上的导数统称为 y 的高阶导数.

例 15　求 $f(x) = 4x^3 + 3x^2 - 5x$ 的二阶导数.

解　因为 $f'(x) = 12x^2 + 6x - 5$,

所以　$f''(x) = (f'(x))' = (12x^2 + 6x - 5)' = 24x + 6$.

练　习

求下列函数的二阶导数:

(1) $y = e^x + e^{-x}$;　　　　(2) $y = x^2\sin 3x$;　　　　(3) $y = \ln(1 + x^2)$.

习题 9-2

1. 选择题:

(1) 函数 $f(x) = \cos x$ 的导数为(　　).

　　A. $\cos x$;　　　　　B. $\sin x$;　　　　　C. $-\cos x$;　　　　　D. $-\sin x$.

(2) 函数 $f(x) = e^x x^2$ 的导数为(　　).

　　A. $2e^x x$;　　　　B. $e^x x^2 + 2e^x$;　　　C. $e^x x^2$;　　　　D. $e^x x^2 - 2xe^x$.

(3) 函数 $f(x) = e^{7x}$ 的导数为(　　).

　　A. e^{7x};　　　　　B. 7;　　　　　　C. $7x$;　　　　　　D. $7e^{7x}$.

(4) 函数 $f(x) = \dfrac{\sin x}{x}$ 的导数为(　　).

A. $\dfrac{\cos x+\sin x}{x^2}$;　　B. $\dfrac{\cos x\cdot x-\sin x}{x^2}$;　　C. $\dfrac{\sin x+x}{x^2}$;　　D. $\dfrac{-\cos x+1}{x}$.

2. 求下列函数的导数:

(1) $y=(\ln x)^3$;

(2) $y=\sin nx$;

(3) $y=\sin^n x+\sin x^n$;

(4) $y=\ln(\sec x+\tan x)$;

(5) $y=\sec^2(\ln x)$;

(6) $y=(3x+5)^3(5x+4)^4$;

(7) $y=\left(\dfrac{1+x^2}{1-x}\right)^5$;

(8) $y=x^2\sin\dfrac{1}{x}$;

(9) $y=\dfrac{x}{2}\sqrt{a^2-x^2}$;

(10) $y=\arcsin(1-2x)$.

3. 求下列方程所确定的隐函数 y 的导数 $\dfrac{\mathrm{d}y}{\mathrm{d}x}$:

(1) $\dfrac{x}{y}=\ln(xy)$;

(2) $y=1+xe^y$;

(3) $\sin xy=x-e^2$;

(4) $\sqrt{x}+\sqrt{y}=\sqrt{a}$.

第3节　微　分

一、微分的定义

先看一个实际问题,如图 9-3 所示,正方形金属薄片,受热后,其边长由 x_0 变到 $x_0+\Delta x$,问此薄片的面积改变了多少?

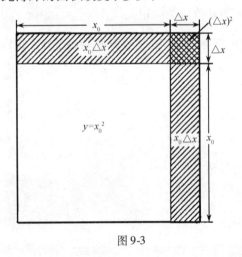

图 9-3

正方形金属薄片受热后所改变的面积,可以看成是当自变量 x 取得改变量 Δx 时,函数 $y=f(x)=x^2$ 相应的改变量 Δy,即

$$\Delta y=(x_0+\Delta x)^2-x_0^2$$
$$=x_0^2+2x_0\Delta x+(\Delta x)^2-x_0^2$$
$$=2x_0\Delta x+(\Delta x)^2$$

从上式可以看到,等式右端包含两项,第 1 项 $2x_0\Delta x$ 是 Δx 的一次项,第 2 项 $(\Delta x)^2$ 是 Δx 的二次项.当 $|\Delta x|$ 很小(比 x_0 小得多)时,第 2 项比第 1 项小得多,$2x_0\Delta x$ 是 Δy 中的主要部分,因此我们就将 $(\Delta x)^2$ 略去,于是 Δy 就可以用 Δx 的一次项 $2x_0\Delta x$ 来近似表达,即

$$\Delta y\approx 2x_0\Delta x$$

又因为　　　　　　　　$2x_0=f'(x_0)$

所以　　　　　　　　$\Delta y\approx f'(x_0)\Delta x$

微分概念的引进

我们知道,导数表示函数对于自变量的变化快慢程度.在实际问题中,还会遇到与导数密切相关的一种问题:在运动或变化过程中,当自变量有较小的改变量 Δx 时,要计算出相应的函数的改变量 Δy,由于 Δy 的表达式往往很复杂,计算并非易事,因此要解决这个问题,就要引进微分的概念.

链　接

这样我们就得到函数微分的定义.

定义 1　设函数 $y=f(x)$ 在点 x_0 处可导,则 $y=f(x)$ 在点 x_0 处的导数 $f'(x_0)$ 与自变量的改变量 Δx 的积 $f'(x_0)\Delta x$ 叫做函数 $y=f(x)$ 在点 x_0 处的微分,记做 $\mathrm{d}y$,即

$$dy = f'(x_0)\Delta x$$

定义 2　函数 $y = f(x)$ 在任意点 x 的微分,叫做函数的微分,记做 dy 或 $df(x)$,即

$$dy = f'(x)\Delta x \quad 或 \quad df(x) = f'(x)\Delta x$$

通常把自变量 x 的改变量 Δx 叫做自变量的微分,记作 dx,即 $dx = \Delta x$,于是函数 $y = f(x)$ 的微分,又可记做

$$dy = f'(x)dx$$

这就是常用的函数微分表达式. 由微分表达式可以知道,函数的微分等于函数的导数与自变量的微分之积,计算微分或导数的方法叫做微分法.

定义 3　如果我们将微分表达式再进一步改写成为 $\dfrac{dy}{dx} = f'(x)$,这就是说,函数的微分 dy 与自变量的微分 dx 之商等于该函数的导数,因此,导数也叫微商.

可微与可导是等价的

函数可微必可导,可导必可微,可微与可导是等价的. 虽然可微与可导是等价的,但引进微分的概念并不是多余的,从微分定义可知用微分 $f'(x_0)\Delta x$ 来近似计算函数的增量 Δy 要比直接计算 Δy 方便快捷得多,更重要的是引进微分概念之后,可以在某些几何问题中"以直代曲",而"以直代曲"是积分学中最基本的思想,在今后将多次用到它.

例 1　求函数 $y = x^3$ 当 $x = 2$,$\Delta x = 0.02$ 时的微分值.

解　先求出函数在任意点 x 的微分,

$$dy = (x^3)'\Delta x = 3x^2\Delta x.$$

再求函数当 $x = 2$,$\Delta x = 0.02$ 时的微分值,

$$dy\Big|_{\substack{x=2\\\Delta x=0.02}} = 3x^2\Delta x\Big|_{\substack{x=2\\\Delta x=0.02}} = 3\times 2^2\times 0.02 = 0.24.$$

例 2　求函数 $y = x^2$ 在 $x = 1$ 和 $x = 3$ 处的微分.

解　函数 $y = x^2$ 在 $x = 1$ 处的微分为

$$dy = (x^2)'|_{x=1}dx = 2x|_{x=1}dx = 2dx$$

在 $x = 3$ 处的微分为

$$dy = (x^2)'|_{x=3}dx = 2x|_{x=3}dx = 6dx$$

例 3　求函数(1) $y = \sin x$;(2) $y = \dfrac{2}{x}$ 的微分.

解　(1) $dy = (\sin x)'dx = \cos x dx$;

(2) $dy = \left(\dfrac{2}{x}\right)'dx = -\dfrac{2}{x^2}dx.$

练　习

求下列函数的微分:

(1) $y = x^4 + 1$;　　　　　　　　(2) $y = \cos x$;

(3) $y = \ln x$;　　　　　　　　　(4) $y = e^x + 1$.

二、微分的几何意义

为了加深对微分概念的理解,我们来说明函数微分的几何意义.

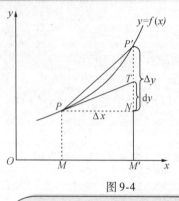

图 9-4

如图 9-4 所示,在 $y = f(x)$ 所表示的曲线上取点 $P(x,y)$ 及它临近的点 $P'(x + \Delta x, y + \Delta y)$,过点 P 及 P' 作 MP 及 $M'P'$ 垂直于 x 轴,分别交 x 轴于点 M 及 M',过点 P 作平行于 x 轴的直线交 $M'P'$ 于点 N,又作曲线 $y = f(x)$ 在点 P 处的切线,交 $M'P'$ 于点 T,则

$$PN = \Delta x, NP' = \Delta y, NT = f'(x)\Delta x = \mathrm{d}y$$

所以,当 Δy 是曲线的纵坐标的改变量时,$\mathrm{d}y$ 就是切线的纵坐标的改变量,这就是函数微分的几何意义.

以直代曲

Δy 与 $\mathrm{d}y$ 的差的绝对值在图形上是 $|TP'|$,一般地,它是随着 $|\Delta x|$ 减小而减小,并且要比 $|\Delta x|$ 减小得更快些. 所以 $\Delta y \approx \mathrm{d}y$. 用切线的纵坐标的改变量代替曲线的纵坐标的改变量,不仅是求函数的改变量 Δy 的近似值的简便方法,而且是高等数学中以直代曲的典型方法.

三、微分的运算

1. 基本初等函数的微分公式 从函数的微分定义

$$\mathrm{d}y = f'(x)\mathrm{d}x$$

容易得到基本初等函数的微分公式. 为了便于记忆,现将前面得到的主要求导数公式及相应的微分公式,归纳列表 9-1 所示.

表 9-1

函数 y	导数 y'	微分 $\mathrm{d}y$
$y = C$	$y' = 0$	$\mathrm{d}y = 0$
$y = x$	$y' = 1$	$\mathrm{d}y = \mathrm{d}x$
$y = x^n$	$y' = nx^{n-1}$	$\mathrm{d}y = nx^{n-1}\mathrm{d}x$
$y = \sin x$	$y' = \cos x$	$\mathrm{d}y = \cos x\mathrm{d}x$
$y = \cos x$	$y' = -\sin x$	$\mathrm{d}y = -\sin x\mathrm{d}x$
$y = \tan x$	$y' = \sec^2 x$	$\mathrm{d}y = \sec^2 x\mathrm{d}x$
$y = \cot x$	$y' = -\csc^2 x$	$\mathrm{d}y = -\csc^2 x\mathrm{d}x$
$y = \sec x$	$y' = \sec x\tan x$	$\mathrm{d}y = \sec x\tan x\mathrm{d}x$
$y = \csc x$	$y' = -\csc x\cot x$	$\mathrm{d}y = -\csc x\cot x\mathrm{d}x$
$y = \ln x$	$y' = \dfrac{1}{x}$	$\mathrm{d}y = \dfrac{1}{x}\mathrm{d}x$
$y = \log_a x$	$y' = \dfrac{1}{x\ln a}$	$\mathrm{d}y = \dfrac{1}{x\ln a}\mathrm{d}x$
$y = \mathrm{e}^x$	$y' = \mathrm{e}^x$	$\mathrm{d}y = \mathrm{e}^x\mathrm{d}x$
$y = a^x$	$y' = a^x\ln a$	$\mathrm{d}y = a^x\ln a\mathrm{d}x$
$y = \arcsin x$	$y' = \dfrac{1}{\sqrt{1-x^2}}$	$\mathrm{d}y = \dfrac{1}{\sqrt{1-x^2}}\mathrm{d}x$
$y = \arccos x$	$y' = -\dfrac{1}{\sqrt{1-x^2}}$	$\mathrm{d}y = -\dfrac{1}{\sqrt{1-x^2}}\mathrm{d}x$
$y = \arctan x$	$y' = \dfrac{1}{1+x^2}$	$\mathrm{d}y = \dfrac{1}{1+x^2}\mathrm{d}x$
$y = \operatorname{arccot} x$	$y' = -\dfrac{1}{1+x^2}$	$\mathrm{d}y = -\dfrac{1}{1+x^2}\mathrm{d}x$

2. 函数和、差、积、商的微分法则 由函数求导数的四则运算法则,可以得出求微分的四则运算法则:

笔记栏

$$d(\mu \pm v) = d\mu \pm dv$$
$$d(\mu v) = v d\mu + \mu dv$$
$$d(C\mu) = C d\mu$$
$$d\left(\frac{\mu}{v}\right) = \frac{v d\mu - \mu dv}{v^2}(v \neq 0)$$

3. 复合函数的微分法则 设 $y = f(u)$，根据微分定义有
$$dy = f'(u) du$$
这里 u 是自变量. 如果 $u = \varphi(x)$，即 u 又是 x 的函数，则由复合函数的求导法则，得
$$y'_x = y'_u \cdot u'_x$$
由微分法则，得
$$dy = y'_u du = y_u' \cdot u_x' dx = f'(u) u_x' dx$$
$$\boxed{dy = f'(u) u_x' dx}$$
这就是复合函数的微分法则.

例 4 求下列函数的微分：

（1）$y = x^3 + 4\sin 3x$；

（2）$y = \ln(1 - x^2)$.

解 （1）$y' = 3x^2 + 12\cos 3x$

所以 $dy = (3x^2 + 12\cos 3x) dx$.

（2）$y' = \dfrac{-2x}{1 - x^2} = \dfrac{2x}{x^2 - 1}$

所以 $dy = \dfrac{2x}{x^2 - 1} dx$.

> **微分形式的不变性**
>
> 把 $dy = f'(u) du$ 与 x 为自变量的公式 $dy = f'(x) dx$ 相比较，可以发现它们的形式完全相同. 这表明无论是自变量还是另一个变量的中间变量，微分的形式 $dy = f'(u) du$ 保持不变，微分的这种性质称为微分形式的不变性. 利用这一性质，可以较方便地求复合函数的微分.

例 5 求下列函数的微分：

（1）$y = e^{x^2 + 2x}$；　（2）$y = \sin[\ln(x^2 + 1)]$.

解 （1）$y' = (e^{x^2 + 2x})' \cdot (x^2 + 2x)' = e^{x^2 + 2x} \cdot (2x + 2) = 2(x + 1) \cdot e^{x^2 + 2x}$

所以 $dy = 2(x + 1) e^{x^2 + 2x} dx$.

（2）$dy = d\sin[\ln(x^2 + 1)]$

$= \cos[\ln(x^2 + 1)] d[\ln(x^2 + 1)]$

$= \cos[\ln(x^2 + 1)] \cdot \dfrac{1}{x^2 + 1} d(x^2 + 1)$

$= \dfrac{2x}{x^2 + 1} \cos[\ln(x^2 + 1)] dx$.

例 6 求下列函数的微分：

（1）$xy - e^x + e^y = 0$；　（2）$y = \ln(\arctan x) - \arccos 3x$.

解 （1）两边求关于 x 的微分，得
$$y dx + x dy - e^x dx + e^y dy = 0$$
即
$$dy = \frac{e^x - y}{e^y + x} dx.$$

（2）$dy = d[\ln(\arctan x) - \arccos 3x] = d[\ln(\arctan x)] - d(\arccos 3x)$

$= \dfrac{1}{\arctan x} d(\arctan x) - \left[-\dfrac{1}{\sqrt{1 - (3x)^2}} d(3x) \right]$

$= \left(\dfrac{1}{\arctan x} \cdot \dfrac{1}{1 + x^2} \right) dx + \dfrac{3}{\sqrt{1 - 9x^2}} dx$

$$= \left[\frac{1}{(1 + x^2)\arctan x} + \frac{3}{\sqrt{1 - 9x^2}} \right] dx.$$

练　习

1. 求下列函数的微分:

(1) $y = x^3 e^{2x}$;

(2) $y = x\ln x - x$;

(3) $y = x\sin 2x$.

2. 在下列括号中,填入适当的函数,使等式成立:

(1) $\sin x dx = d(\quad)$;

(2) $\sec x \tan x dx = d(\quad)$;

(3) $\cos 5x dx = d(\quad)$;

(4) $x^2 dx = d(\quad)$.

四、微分在近似计算上的应用

1. 利用微分近似替代函数增量　从图 9-4 中容易看出,当 $|\Delta x|$ 很小的时候,$\Delta y \approx dy$, 即 $\Delta y \approx f'(x)\Delta x(|\Delta x|$ 很小$)$.

例 7　球壳外径为 $20cm$, 厚度为 $2mm$, 求球壳体积的近似值.

解　球的体积公式为 $V = \frac{4}{3}\pi r^3$, 因而 $dV = 4\pi r^2 dr$. 由题设, $r = 10, \Delta r = -0.2$, 则

$$|\Delta v| \approx |dv| = |4\pi \cdot 10^2 \cdot (-0.2)| = 251.2(cm^3)$$

即球壳体积的近似值约为 $251.2cm^3$.

2. 用微分计算函数的近似值　当 $|\Delta x|$ 很小的时候, 由 $\Delta y = f(x_0 + \Delta x) - f(x_0) \approx dy = f'(x_0)\Delta x$, 得

$$\boxed{f(x_0 + \Delta x) \approx f(x_0) + f'(x_0)\Delta x(|\Delta x| \text{ 很小时})}$$

用上式, 当 $|\Delta x|$ 很小时, 可以求 x_0 附近的 $x_0 + \Delta x$ 处的函数值的近似值.

例 8　求 $\arctan 0.98$ 的近似值.

解　取 $f(x) = \arctan x$, 此时有 $f'(x) = \frac{1}{1 + x^2}$. 取 $x_0 = 1$, 则: $\Delta x = 0.98 - 1 = -0.02$, 且 $f(x_0) = f(1) = \frac{\pi}{4}, f'(x_0) = f'(1) = \frac{1}{2}$. 利用近似公式得

$$\arctan 0.98 \approx \frac{\pi}{4} + \frac{1}{2}(-0.02) = \frac{\pi}{4} - 0.01 \approx 44°26'$$

假如 $x_0 = 0$, 令 $\Delta x = x$, 当 $|x|$ 很小时, 上面近似公式为

$$f(x) \approx f(0) + f'(0)x$$

利用上式, 当 $|x|$ 很小时, 可以建立以下实际中很有用的近似公式:

(1) $\sqrt[n]{1 + x} \approx 1 + \frac{1}{n}x$;

(2) $\sin x \approx x(x$ 为弧度$)$;

(3) $\tan x \approx x(x$ 为弧度$)$;

(4) $e^x \approx 1 + x$;

(5) $\ln(1 + x) \approx x$.

例 9　计算 $\sqrt[3]{998.5}$ 的近似值.

笔记栏

解　因为 $\sqrt[3]{998.5} = \sqrt[3]{1000 - 1.5} = \sqrt[3]{1000(1 - 0.0015)}$

所以由公式 $\sqrt[n]{1+x} \approx 1 + \dfrac{1}{n}x$ 可得

$$\sqrt[3]{998.5} \approx 10\left(1 - \dfrac{1}{3} \times 0.0015\right) = 9.995$$

例 10 求 $e^{-0.005}$ 的近似值.

解 因为 $|x| = 0.005$ 很小,根据 $e^x \approx 1 + x$ 得

$$e^{-0.005} \approx 1 + (-0.005) = 0.995$$

练　习

求下列近似值:

(1) $\sqrt[3]{1.02}$;　　(2) $\sin 1°$.

习题 9-3

1. 在下列括号中,填入适当的函数式,使等式成立:

(1) $\cos x \, dx = d(\qquad)$;

(2) $(2x+1)dx = d(\qquad)$;

(3) $-\csc x \cot x \, dx = d(\qquad)$;

(4) $\sin 3x \, dx = d(\qquad)$;

(5) $\dfrac{1}{\sqrt{x}}dx = d(\qquad)$;

(6) $\dfrac{1}{1+4x^2}dx = d(\qquad)$.

2. 求下列函数的微分:

(1) $y = \dfrac{1}{0.5x^2}$;　　　　　　　　(2) $y = \dfrac{\sqrt[3]{x}}{0.2}$;

(3) $y = (1+x-x^2)^3$;　　　　　　　(4) $y = \cos(x^2)$;

(5) $y = e^x \sin^2 x$;　　　　　　　　(6) $y = \dfrac{x^3-1}{x^3+1}$.

3. 求下列函数的微分:

(1) $y = x^2 + 3\cos 2x$;　　　　　　(2) $y = e^x \ln x$;

(3) $y = \sqrt{x} + x$;　　　　　　　　(4) $y = x\lg x$;

(5) $y = (x-1)(2-3x)(2x+3)$;　　(6) $y = \sqrt{(x^2+1)(x^2-2)}$.

4. 利用微分求以下函数值的近似值:

(1) $\cos 59°$;　　　　　　　　　　(2) $\arctan 1.05$;

(3) $\dfrac{1}{\sqrt{99.9}}$;　　　　　　　　　(4) $\ln 1.0021$.

5. 已知单摆的运动周期 $T = 2\pi\sqrt{\dfrac{l}{g}}$(其中 $g = 980\,\text{cm/s}^2$),若摆长由 20cm 增加到 20.1cm,问周期大约变化

多大?

第 4 节　导数的应用

一、中 值 定 理

1. 拉格朗日(Lagrange)中值定理

定理 1 如果函数 $y = f(x)$ 在闭区间 $[a,b]$ 上连续,在开区间 (a,b) 内可导,则在开区间 (a,b) 内至少存在一点 ξ,使得

$$f'(\xi) = \frac{f(b) - f(a)}{b - a}$$

或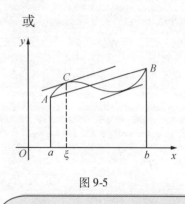

$$f(b) - f(a) = f'(\xi)(b - a)$$

下面从几何意义上,看它的正确性.

作函数 $y = f(x)$ 在 $[a, b]$ 上的图像,如图 9-5 所示.

注意到 $\frac{f(b) - f(a)}{b - a}$ 是弦 AB 的斜率,而 $f'(\xi)$ 为曲线在

点 C 处的切线的斜率,等式 $f'(\xi) = \frac{f(b) - f(a)}{b - a}$ 正说明了在

(a, b) 内至少存在一点 ξ,使曲线在相应点 C 的切线与弦 AB 平行.

图 9-5

拉格朗日中值定理又称微分中值定理

拉格朗日中值定理具有很重要的理论价值.应用定理时必须注意定理的条件,有一个不满足,结论就可能不成立.拉格朗日公式建立了函数在区间上的改变量与导数之间的关系.从而使我们有可能用导数去研究函数在区间上的性态.

从拉格朗日中值定理可以得到下面的推论:

推论1　如果函数 $y = f(x)$ 在开区间 (a, b) 内恒有 $f'(\xi) = 0$,则 $f(x)$ 在 (a, b) 内是一个常数.

此结论由 $f(x_2) - f(x_1) = f'(\xi)(x_2 - x_1)$ 可以直接得出.

推论2　设两函数 $f(x)$ 和 $g(x)$ 在 (a, b) 内有 $f'(x) = g'(x)$,那么在 (a, b) 内

$$f(x) = g(x) + c(c \text{ 为常数})$$

例1　函数 $f(x) = x^3 - 3x$ 在区间 $[0, 2]$ 上是否满足拉格朗日中值定理的条件? 若满足,求出定理中的 ξ 值.

解　显然函数 $f(x) = x^3 - 3x$ 在 $[0, 2]$ 上连续,在 $(0, 2)$ 内可导,从而满足定理的条件.

而 $f'(x) = 3x^2 - 3$,则由 $f'(\xi) = \frac{f(2) - f(0)}{2 - 0}$ 可得 $3\xi^2 - 3 = \frac{2 - 0}{2 - 0}$.

解方程 $3\xi^2 = 4$,得

$$\xi = \frac{2\sqrt{3}}{3} \in (0, 2).$$

例2　设 $0 < a \leq b$,证明:$\frac{b - a}{b} \leq \ln\frac{b}{a} \leq \frac{b - a}{a}$.

证明　(1)当 $a = b$ 时,上式显然成立.

(2)当 $0 < a < b$ 时,设 $f(x) = \ln x$,那么 $y = f(x)$ 在 $[a, b]$ 上满足拉格朗日中值定理的条件,由于 $f'(x) = \frac{1}{x}$,有

$$\ln b - \ln a = \frac{1}{\xi}(b - a)\ (a < \xi < b),$$

即

$$\ln\frac{b}{a} = \frac{1}{\xi}(b - a),$$

又由于 $a < \xi < b$,所以

$$\frac{1}{b} < \frac{1}{\xi} < \frac{1}{a},$$

笔记栏　于是

$$\frac{b - a}{b} < \ln\frac{b}{a} < \frac{b - a}{a},$$

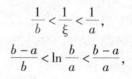

故当 $0 < a \leqslant b$, 有
$$\frac{b-a}{b} \leqslant \ln\frac{b}{a} \leqslant \frac{b-a}{a}.$$

例 3　证明 $\arcsin x + \arccos x = \frac{\pi}{2}\ (-1 \leqslant x \leqslant 1)$.

证明　设 $f(x) = \arcsin x + \arccos x, x \in [-1,1]$, 因为
$$f'(x) = \frac{1}{\sqrt{1-x^2}} + \left(-\frac{1}{\sqrt{1-x^2}}\right) = 0,$$

所以 $f(x) \equiv C, x \in [-1,1]$, 又
$$f(0) = \arcsin 0 + \arccos 0 = 0 + \frac{\pi}{2} = \frac{\pi}{2},$$

从而 $\arcsin x + \arccos x = \frac{\pi}{2}$.

2. 柯西(Cauchy)中值定理

定理 2　如果函数 $f(x)$ 与 $g(x)$ 在闭区间 $[a,b]$ 上连续, 在开区间 (a,b) 内可导, 且 $g'(x) \neq 0$, 则在开区间 (a,b) 内至少存在一点 ξ, 使得
$$\frac{f(b) - f(a)}{g(b) - g(a)} = \frac{f'(\xi)}{g'(\xi)}.$$

在柯西中值定理中, 当 $g(x) = x$ 时, $g'(x) = 1, g(a) = a, g(b) = b$, 则上式就成为
$$\frac{f(b) - f(a)}{b - a} = f'(\xi).$$

即柯西中值定理成为拉格朗日中值定理, 因此柯西中值定理又是拉格朗日中值定理的推广.

练　习

1. 函数 $f(x) = \ln x$ 在区间 $[1, e]$ 上是否满足拉格朗日中值定理的条件? 若满足, 求出定理中的 ξ 值.

2. 证明恒等式: $\arctan x + \mathrm{arccot}\, x = \frac{\pi}{2}\ (x \in \mathbf{R})$.

二、洛必达法则

如果当 $x \to a$ (或 $x \to \infty$) 时, 函数 $f(x)$ 与 $g(x)$ 同时趋于无穷大或同比趋于 0, 那么极限 $\lim\limits_{\substack{x \to a \\ (x \to \infty)}} \frac{f(x)}{g(x)}$ 可能存在, 也可能不存在, 通常称这种极限为未定式极限, 并简记为 $\frac{0}{0}$ 和 $\frac{\infty}{\infty}$.

下面我们根据柯西中值定理来建立一个求 $\frac{0}{0}$ 和 $\frac{\infty}{\infty}$ 未定式极限的法则——洛必达法则.

1. $\dfrac{0}{0}$ 型未定式的极限

定理 3　如果函数 $f(x)$ 与 $g(x)$ 在 $x = a$ 的某空心邻域内有定义, 且满足如下条件:

(1) $\lim\limits_{x \to a} f(x) = \lim\limits_{x \to a} g(x) = 0$;

(2) $f'(x), g'(x)$ 在该邻域内都存在, 且 $g'(x) \neq 0$;

(3) $\lim\limits_{x \to a} \dfrac{f'(x)}{g'(x)}$ 存在(或为 ∞), 则
$$\lim_{x \to a} \frac{f(x)}{g(x)} = \lim_{x \to a} \frac{f'(x)}{g'(x)}$$

例 4　求 $\lim\limits_{x \to 2} \dfrac{x^4 - 16}{x - 2}$.

解　$\lim\limits_{x \to 2} \dfrac{x^4 - 16}{x - 2} = \lim\limits_{x \to 2} \dfrac{4x^3}{1} = 32.$

例5 求 $\lim\limits_{x\to 0}\dfrac{(1+x)^a-1}{x}$ (a 为任意实数).

解 $\lim\limits_{x\to 0}\dfrac{(1+x)^a-1}{x}=\lim\limits_{x\to 0}\dfrac{a(1+x)^{a-1}}{1}=a.$

洛必达法则可连续使用

如果 $\lim\limits_{x\to a}\dfrac{f'(x)}{g'(x)}$ 还是 $\dfrac{0}{0}$ 型未定式,且 $f'(x)$ 与 $g'(x)$ 能满足定理中 $f(x)$ 与 $g(x)$ 应满足的条件,则可继续使用洛必达法则. 则有

$$\lim\limits_{x\to a}\dfrac{f(x)}{g(x)}=\lim\limits_{x\to a}\dfrac{f'(x)}{g'(x)}=\lim=\dfrac{f''(x)}{g''(x)}$$

且可依次类推,直到求出所要求的极限. 另外,此定理的结论对于 $x\to\infty$ 时的 $\dfrac{0}{0}$ 型未定式同样适用.

例6 求 $\lim\limits_{x\to\infty}\dfrac{\sin\dfrac{2}{x}}{\sin\dfrac{3}{x}}$.

解 $\lim\limits_{x\to\infty}\dfrac{\sin\dfrac{2}{x}}{\sin\dfrac{3}{x}}=\lim\limits_{x\to\infty}\dfrac{-\dfrac{2}{x^2}\cos\dfrac{2}{x}}{-\dfrac{3}{x^2}\cos\dfrac{3}{x}}$

$$=\lim\limits_{x\to\infty}\dfrac{2\cos\dfrac{2}{x}}{3\cos\dfrac{3}{x}}=\dfrac{2}{3}.$$

如果反复使用洛必达法则也无法确定 $\dfrac{f(x)}{g(x)}$ 的极限,或能判定 $\dfrac{f'(x)}{g'(x)}$ 无极限,则洛必达法则失效,此时需用别的办法判断未定式 $\dfrac{f(x)}{g(x)}$ 的极限.

例7 求 $\lim\limits_{x\to 0}\dfrac{x^2\sin\dfrac{1}{x}}{\sin x}$.

解 这个问题是属于 $\dfrac{0}{0}$ 型未定式,但分子分母分别求导后得

$$\dfrac{2x\sin\dfrac{1}{x}-\cos\dfrac{1}{x}}{\cos x},$$

此式振荡无极限,故洛必达法则失效,不能使用. 但原极限是存在的,可用下法求得

$$\lim\limits_{x\to 0}\dfrac{x^2\sin\dfrac{1}{x}}{\sin x}=\lim\limits_{x\to 0}\left(\dfrac{x}{\sin x}x\sin\dfrac{1}{x}\right)=\dfrac{\lim\limits_{x\to 0}x\sin\dfrac{1}{x}}{\lim\limits_{x\to 0}\dfrac{\sin x}{x}}=\dfrac{0}{1}=0.$$

2. $\dfrac{\infty}{\infty}$ 型未定式的极限

定理4 如果函数 $f(x)$ 与 $g(x)$ 在 $x=a$ 的某空心邻域内有定义,且满足如下条件:

(1) $\lim\limits_{x\to a}f(x)=\lim\limits_{x\to a}g(x)=\infty$;

(2) $f'(x),g'(x)$ 在该邻域内都存在,且 $g'(x)\neq 0$;

(3) $\lim\limits_{x\to a}\dfrac{f'(x)}{g'(x)}=A$ (或 ∞),则

$$\lim\limits_{x\to a}\dfrac{f(x)}{g(x)}=\lim\limits_{x\to a}\dfrac{f'(x)}{g'(x)}=A\text{(或 }\infty\text{)}.$$

证明略.

例8 求 $\lim\limits_{x\to\frac{\pi}{2}}\dfrac{\tan x}{\tan 3x}$.

笔记栏

解 $\lim\limits_{x\to\frac{\pi}{2}}\dfrac{\tan x}{\tan 3x}=\lim\limits_{x\to\frac{\pi}{2}}\dfrac{\dfrac{1}{\cos^2 x}}{\dfrac{3}{\cos^2 3x}}=\dfrac{1}{3}\lim\limits_{x\to\frac{\pi}{2}}\dfrac{\cos^2 3x}{\cos^2 x}=\dfrac{1}{3}\lim\limits_{x\to\frac{\pi}{2}}\dfrac{2\cos 3x(-3\sin 3x)}{2\cos x(-\sin x)}$

$$= \lim_{x \to \frac{\pi}{2}} \frac{\sin 6x}{\sin 2x} = \lim_{x \to \frac{\pi}{2}} \frac{6\cos 6x}{2\cos 2x} = 3.$$

定理 4 的结论对于 $x \to \infty$ 时的 $\frac{\infty}{\infty}$ 型未定式的极限问题同样适用.

例 9　求 $\lim\limits_{x \to +\infty} \dfrac{\ln x}{x^n} (n > 0)$.

解　$\lim\limits_{x \to +\infty} \dfrac{\ln x}{x^n} = \lim\limits_{x \to +\infty} \dfrac{\frac{1}{x}}{nx^{n-1}} = \lim\limits_{x \to +\infty} \dfrac{1}{nx^n} = 0.$

3. 其他未定式的极限

（1）$0 \cdot \infty$ 型未定式.

设在自变量的某一变化过程中 $f(x) \to 0$ 与 $g(x) \to \infty$，则 $f(x) g(x)$ 可变形为 $\dfrac{f(x)}{\frac{1}{g(x)}}$ $\left(\dfrac{0}{0} 型\right)$ 或 $\dfrac{g(x)}{\frac{1}{f(x)}}$ $\left(\dfrac{\infty}{\infty} 型\right)$.

> **其他未定式的极限**
>
> 未定式除 $\frac{0}{0}$ 型或 $\frac{\infty}{\infty}$ 型外，还有 $0 \cdot \infty$ 型，$\infty - \infty$ 型，$1^{\infty}, 0^0, \infty^0$ 型等五种类型，这些未定式都可以化为 $\frac{0}{0}$ 型或 $\frac{\infty}{\infty}$ 型未定式，再利用洛必达法则求其极限.

例 10　$\lim\limits_{x \to +\infty} x\left(\dfrac{\pi}{2} - \arctan x\right) (0 \cdot \infty 型).$

解　$\lim\limits_{x \to +\infty} x\left(\dfrac{\pi}{2} - \arctan x\right) = \lim\limits_{x \to +\infty} \dfrac{\left(\frac{\pi}{2} - \arctan x\right)}{\frac{1}{x}} = \lim\limits_{x \to +\infty} \dfrac{-\frac{1}{1+x^2}}{-\frac{1}{x^2}} = \lim\limits_{x \to +\infty} \dfrac{x^2}{1+x^2} = 1.$

（2）$\infty - \infty$ 型未定式.

例 11　求 $\lim\limits_{x \to 1}\left(\dfrac{x}{x-1} - \dfrac{1}{\ln x}\right) (\infty - \infty 型).$

解　$\lim\limits_{x \to 1}\left(\dfrac{x}{x-1} - \dfrac{1}{\ln x}\right) = \lim\limits_{x \to 1} \dfrac{x\ln x - x + 1}{(x-1)\ln x}$ $\left(\dfrac{0}{0} 型\right) = \lim\limits_{x \to 1} \dfrac{\ln x + 1 - 1}{\frac{x-1}{x} + \ln x}$

$= \lim\limits_{x \to 1} \dfrac{\ln x}{1 - \frac{1}{x} + \ln x}$ $\left(\dfrac{0}{0} 型\right) = \lim\limits_{x \to 1} \dfrac{\frac{1}{x}}{\frac{1}{x^2} + \frac{1}{x}} = \dfrac{1}{2}.$

（3）$1^{\infty}, 0^0, \infty^0$ 型未定式.

由于它们是来源于幂指函数 $[f(x)]^{g(x)}$ 的极限，因此通常可用取对数的方法或利用 $[f(x)]^{g(x)} = e^{\ln[f(x)]^{g(x)}} = e^{g(x)\ln[f(x)]}$ 即可化为 $0 \cdot \infty$ 型未定式，再化为 $\dfrac{0}{0}$ 型或 $\dfrac{\infty}{\infty}$ 型求解.

例 12　求 $\lim\limits_{x \to 0^+} x^x (0^0 型).$

解　设 $y = x^x$，两边取对数得 $\ln y = x\ln x$，即 $y = e^{x\ln x}$，于是

$$\lim_{x \to 0^+} \ln y = \lim_{x \to 0^+} x\ln x = \lim_{x \to 0^+} \dfrac{\ln x}{\frac{1}{x}} = \lim_{x \to 0^+} \dfrac{\frac{1}{x}}{-\frac{1}{x^2}} = \lim_{x \to 0^+}(-x) = 0,$$

所以

$$\lim_{x \to 0^+} y = e^{\lim\limits_{x \to 0^+} x\ln x} = e^0 = 1.$$

例 13　求 $\lim\limits_{x \to 0}(\cot x)^{\sin x} (\infty^0 型).$

解　设 $y = (\cot x)^{\sin x}$，则 $\ln y = \sin x \ln \cot x$，即 $y = \mathrm{e}^{\sin x \ln \cot x}$.

$$\lim_{x \to 0} \ln y = \lim_{x \to 0} \sin x \ln \cot x = \lim_{x \to 0} \frac{\ln \cot x}{\dfrac{1}{\sin x}} = \lim_{x \to 0} \frac{\dfrac{1}{\cot x}\left(-\dfrac{1}{\sin^2 x}\right)}{-\dfrac{1}{\sin^2 x}\cos x} = \lim_{x \to 0} \frac{\sin x}{\cos^2 x} = 0,$$

所以

$$\lim_{x \to 0} (\cot x)^{\sin x} = \lim_{x \to 0} y = \lim_{x \to 0} \mathrm{e}^{\ln y} = \mathrm{e}^{\lim_{x \to 0} \sin x \ln \cot x} = \mathrm{e}^0 = 1$$

例 14　求 $\lim\limits_{x \to e} (\ln x)^{\frac{1}{1 - \ln x}}$（$1^\infty$ 型）.

解　设 $y = (\ln x)^{\frac{1}{1 - \ln x}}$，则 $\ln y = \dfrac{1}{1 - \ln x} \ln(\ln x)$，即 $y = \mathrm{e}^{\frac{1}{1 - \ln x}\ln(\ln x)}$.

$$\lim_{x \to e} \ln y = \lim_{x \to e} \frac{1}{1 - \ln x} \ln(\ln x) = \lim_{x \to e} \frac{\dfrac{1}{\ln x} \cdot \dfrac{1}{x}}{-\dfrac{1}{x}} = \lim_{x \to e} \left(-\frac{1}{\ln x}\right) = -1$$

所以

$$\lim_{x \to e} (\ln x)^{\frac{1}{1 - \ln x}} = \mathrm{e}^{-1}$$

练　习

用洛必达法则求下列极限：

(1) $\lim\limits_{x \to 1} \dfrac{x^3 - 3x + 2}{x^3 - x^2 - x + 1}$；

(2) $\lim\limits_{x \to 0} \dfrac{(1 + x)^a - 1}{x}$；

(3) $\lim\limits_{x \to +\infty} \dfrac{x}{\mathrm{e}^x}$；

(4) $\lim\limits_{x \to 0^+} x^{\tan x}$.

三、函数的单调性与函数的极值

1. 函数单调性的判别法　在前面已给出函数单调性的定义，用定义来判别函数的单调性很不方便，现介绍利用导数来判定函数的单调性的方法.

定理 5　设函数 $y = f(x)$ 在闭区间 $[a, b]$ 上连续，在开区间 (a, b) 内可导.

(1) 如果在 (a, b) 内 $f'(x) > 0$，那么函数 $y = f(x)$ 在 $[a, b]$ 上单调增加；

(2) 如果在 (a, b) 内 $f'(x) < 0$，那么函数 $y = f(x)$ 在 $[a, b]$ 上单调减少.

证明　(1) 由于函数 $f(x)$ 满足拉格朗日中值定理条件，故在 $[a, b]$ 上任意取两点 x_1, x_2（不妨设 $x_1 < x_2$），必有 $\xi \in (x_1, x_2)$，使

$$f(x_2) - f(x_1) = f'(\xi)(x_2 - x_1)$$

如果 $f'(x) > 0$，必有 $f'(\xi) > 0$，于是

$$f(x_2) - f(x_1) > 0$$

即

$$f(x_1) < f(x_2)$$

这表明函数 $y = f(x)$ 在 $[a, b]$ 上单调增加.

(2) 同理可证，如果 $f'(x) < 0$，函数 $y = f(x)$ 在 $[a, b]$ 上单调减少.

例 15　如图 9-6 确定函数 $y = x^2 - 2x - 1$ 在哪个区间是增函数，在哪个区间是减函数.

注意

(1) 定理 5 中的闭区间换成其他区间，结论仍成立；(2) 导数大于 0（$f'(x) > 0$）只是函数单调增加的充分条件，而非必要条件.

解　将 y 对 x 求导，得 $y' = 2x - 2$. 解不等式 $y' = 2x - 2 > 0$，得 $x > 1$，因此 y 在 $(1, +\infty)$ 内是增函数；解不等式 $y' = 2x - 2 < 0$，得 $x < 1$. 因此 y 在 $(-\infty, 1)$ 内是减函数.

例16 确定函数 $f(x) = x^3 - 3x$ 的单调区间.

解 因 $f'(x) = 3x^2 - 3 = 3(x+1)(x-1)$

故 $x_1 = -1, x_2 = 1$ 时, $f'(x) = 0$.

此两点把定义域 $(-\infty, +\infty)$ 分成区间 $(-\infty, -1)$, $(-1, 1)$, $(1, +\infty)$.

列表 9-2 如下, 表中 ↗ 和 ↘ 分别表示函数单调增加和单调减少.

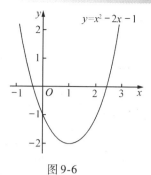

图 9-6

表 9-2

x	$(-\infty, -1)$	$(-1, 1)$	$(1, +\infty)$
$f'(x)$	+	−	+
$f(x)$	↗	↘	↗

所以, 函数在 $(-\infty, -1), (1, +\infty)$ 单调增加, 在 $(-1, 1)$ 内单调减少.

练 习

讨论下列函数的单调性:

(1) $y = \sqrt[3]{x^2}$;　　　　　　　(2) $y = 2x^2 - \ln x$.

2. 函数的极值及求法

(1) 函数极值的定义.

定义 设函数 $f(x)$ 在点 x_0 的某个邻域内有定义.

若对 x_0 的邻域内任意一点 $x(x \neq x_0)$, 恒有 $f(x) < f(x_0)$, 则称 $f(x_0)$ 为函数的一个极大值, x_0 称为一个极大值点;

若对 x_0 的邻域内任意一点 $x(x \neq x_0)$, 恒有 $f(x) > f(x_0)$, 则称 $f(x_0)$ 为函数的一个极小值, x_0 称为一个极小值点.

极大值与极小值统称为极值, 极大值点与极小值点统称为极值点.

(2) 函数极值的判定及求法.

定理6 (必要条件) 如果函数 $f(x)$ 在点 x_0 处有极值 $f(x_0)$, 且 $f'(x_0)$ 存在, 则 $f'(x_0) = 0$.

使一阶导数 $f'(x_0) = 0$ 的点叫函数的驻点.

注意 (1) 定理6表明 $f'(x_0) = 0$ 是点 x_0 为极值点的必要条件, 但不是充分条件. 例如 $f(x) = x^3, f'(0) = 0$, 但在 $x = 0$ 处并没有极值. 驻点可能是函数的极值点, 也可能不是函数的极值点.

(2) 定理6是对函数在点 x_0 处可导而言的, 在导数不存在的点, 函数也可能有极值. 例如 $f(x) = |x|, f'(0)$ 不存在, 但 $f(0) = 0$ 为其极小值.

由(1), (2)可知, 函数的极值点必是函数的驻点或导数不存在的点; 但函数的驻点或导数不存在的点不一定是函数的极值点.

下面再给出判断函数的极值点的充分条件:

> **注意**
>
> (1)极值是一个局部性的概念, 它只是与极值点临近点的函数值相比较而言, 并不意味着它在整个定义域内最大或最小; (2)一个定义在区间 $[a, b]$ 上的函数, 它在 $[a, b]$ 上可以有许多极大值和极小值, 但其中的极大值并不一定都大于每一个极小值. 如图 9-7, $f(x_2) < f(x_6)$.
>
>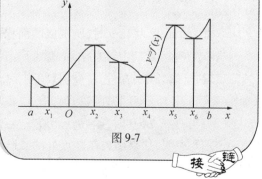
>
> 图 9-7

定理 7（第一充分条件） 设函数 $f(x)$ 在点 x_0 的一个邻域内连续,且 x_0 为 $f(x)$ 的驻点或不可导点.

如果当 $x < x_0$ 时,$f'(x) > 0$,当 $x > x_0$ 时,$f'(x) < 0$,则 $f(x)$ 在 x_0 取得极大值;

如果当 $x < x_0$ 时,$f'(x) < 0$,当 $x > x_0$ 时,$f'(x) > 0$,则 $f(x)$ 在 x_0 取得极小值.

如果 $f'(x)$ 在 x_0 的左右不变号,则函数 $f(x)$ 在 x_0 处无极值.

定理 7 指出了筛选极值点的办法——看 x_0 的左、右邻域内 $f'(x)$ 是否改变符号,符号由正变负为极大值点,由负变正为极小值点.

根据上面两个定理,求函数 $f(x)$ 的极值可按如下的步骤进行:

(1) 求出导数 $f'(x)$;

(2) 求出 $f(x)$ 的驻点或不可导点;

(3) 以上述各点为分点,由小到大将定义域分成若干个子区间,讨论每个子区间 $f'(x)$ 的符号,运用定理 7,给出结论;

(4) 求出各极值点的函数值,从而得函数 $f(x)$ 的全部极值.

例 17 求函数 $f(x) = x^3 - 3x^2 - 9x + 5$ 的极值.

解 $f(x)$ 的定义域为 $(-\infty, +\infty)$.

$f'(x) = 3x^2 - 6x - 9 = 3(x^2 - 2x - 3) = 3(x+1)(x-3)$

令 $f'(x) = 0$,得驻点 $x_1 = -1, x_2 = 3$,没有不可导点.

列表 9-3 如下:

表 9-3

x	$(-\infty, -1)$	-1	$(-1, 3)$	3	$(3, +\infty)$
$f'(x)$	+	0	−	0	+
$f(x)$	↗	极大值	↘	极小值	↗

所以 $x = -1$ 为极大值点,极大值 $f(-1) = 10$. $x = 3$ 为极小值点,极小值 $f(3) = -22$.

例 18 如图 9-8 所示,在墙旁的一块空地上,靠墙用 36m 长的篱笆围成一块矩形空地,问怎样围法,才能使所围成的面积最大? 这时面积是多少平方米?

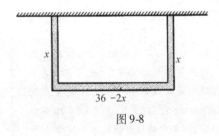
图 9-8

解 设矩形面积为 y,宽为 x,则长为 $36 - 2x$. 所围面积 $y = (36 - 2x)x = -2x^2 + 36x$. $y' = -4x + 36$,令 $y' = 0$,即 $-4x + 36 = 0$,故 $x = 9$(m). 将 $x = 9$ 代入原来的函数式,得最大面积为 $y = 9(36 - 2 \times 9) = 162$(m²).

取宽为 9m,长为 18m 时,所围成的面积最大,这时面积是 162m².

当函数在驻点处二阶导数存在时,有如下定理:

定理 8（第二充分条件） 设函数在驻点 x_0 处具有二阶导数且 $f'(x_0) = 0, f''(x_0) \neq 0$,则

(1) 当 $f''(x_0) < 0$ 时,函数 $f(x)$ 在 x_0 点取得极大值;

(2) 当 $f''(x_0) > 0$ 时,函数 $f(x)$ 在 x_0 点取得极小值.

定理 8 表明,如果函数在驻点处的二阶导数不等于 0,则一定是极值点,并且可以用在该点的二阶导数值的正负来判断函数的极值.

例 19 求函数 $f(x) = x^3 - 3x$ 的极值.

解 因 $f'(x) = 3x^2 - 3 = 3(x+1)(x-1), f''(x) = 6x$.

令 $f'(x) = 0$,得 $x_1 = -1, x_2 = 1$.

由于 $f''(-1) = -6 < 0, f''(1) = 6 > 0$,

所以 $f(-1) = 2$ 为极大值,$f(1) = -2$ 为极小值.

笔记栏

练　习

求下列函数的极值:

(1) $y = x^3 + 3x^2 - 24x - 20$;　　　　　　　　(2) $y = \dfrac{1}{3}x^3 - x$.

---

3. 函数的最大值和最小值　在日常生活和科学技术中,常常会遇到解决优质、高产、低耗等问题,这些问题就是最大值、最小值问题.

连续函数在闭区间上的最大值与最小值可通过比较如下几类点的函数值得到:

(1) 区间 $[a, b]$ 的端点处的函数值 $f(a)$, $f(b)$;

(2) 区间 $[a, b]$ 内,使 $f'(x) = 0$ 的点处的函数值;

(3) 区间 $[a, b]$ 内,使 $f'(x)$ 不存在的点处的函数值.

> **最大(小)值与极大(小)值是两个完全不同的概念**
>
> 首先函数在闭区间上的最大值(最小值)指在整个区间上所有函数值当中的最大者(最小者),因此最大(小)值是全局性的概念. 而极值是函数在一点的某个邻域内的最大或最小值,显然是一个局部性的概念. 其次函数的最大(小)值可以在闭区间的端点达到,也可以在区间的内部达到,而极值只能在区间的内部达到.

这些值中最大的就是函数在 $[a, b]$ 上的最大值,最小的就是函数在 $[a, b]$ 上的最小值.

例 20　求函数 $y = x^4 - 2x^2 + 5$ 在区间 $[-2, 2]$ 上的最大值与最小值.

解　$y' = 4x^3 - 4x$,令 $y' = 0$,即 $4x^3 - 4x = 0$,求得驻点为 $x_1 = -1, x_2 = 0, x_3 = 1$. 这些驻点的函数值为 $y|_{x=0} = 5, y|_{x=\pm1} = 4$.

区间端点的函数值为　$y|_{x=\pm2} = 13$.

将这些求出的函数值加以比较,知道最大值是 13,最小值是 4(如图 9-9 所示).

在用导数研究应用问题的最值时,如果所建立的函数 $f(x)$ 在区间 (a, b) 内是可导的,并且 $f(x)$ 在 (a, b) 内只有一个驻点 x_0 时,又根据问题本身的实际意义,可判定在 $[a, b]$ 上必有最大(小)值,则 $f(x_0)$ 就是所求的最大(小)值,而不必再进行数学判断.

例 21　如图 9-10 所示,用边长为 60cm 的正方形铁皮做一个无盖水箱,先在四角分别截去一个小正方形,然后把四边翻转 90°,再焊接而成. 问水箱底边的长应取多少,才能使水箱容积最大? 最大容积是多少?

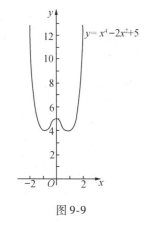

图 9-9

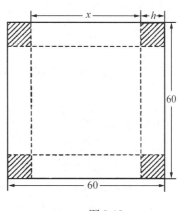

图 9-10

解　设水箱底边的长为 $x$cm,则水箱高为 $h = \dfrac{60-x}{2}$,水箱体积 $V = x^2 h = \dfrac{60x^2 - x^3}{2}$ ($0 < x < 60$).

由问题的实际情况来看,如果 x 过小,水箱的底面积就很小,体积 V 也就很小;如果 x 过大,

水箱的高就很小,体积 V 也就很小. 因此,其中必有一适当的 x 值,使体积 V 取得最大值.

令　$V' = 60x - \dfrac{3}{2}x^2 = 0$

得两个解　$x_1 = 0$(不合题意,舍去),　$x_2 = 40\,\text{cm}$.

水箱最大容积 $V = \dfrac{60 \cdot 40^2 - 40^3}{2} = 16\,000(\text{cm}^3)$.

水箱底边长取 40cm 时,容积最大,最大容积为 $16\,000\,\text{cm}^3$.

例 22　房地产公司有 50 套公寓要出租,当租金定为每月 180 元时,公寓可全部租出去. 当租金每月增加 10 元时,就有一套公寓租不出去,而租出去的房子每月需花费 20 元的整修维护费. 试问房租定为多少可获得最大收入?

解　设房租为每月 x 元,则租出去的房子为 $50 - \left(\dfrac{x-180}{10}\right)$ 套,每月的总收入为

$$R(x) = (x-20)\left(50 - \frac{x-180}{10}\right) = (x-20)\left(68 - \frac{x}{10}\right)$$

由　$R'(x) = 70 - \dfrac{x}{5}$

解方程 $R'(x) = 0$,得惟一驻点 $x = 350$. 所以每月每套租金为 350 元时收入最大,其最大收入为 $R(350) = 10\,890(\text{元})$.

练　习

求下列函数的最值:

(1) $y = \sin x + \cos x,\ [0, 2\pi]$;

(2) $y = x + \sqrt{1-x},\ [-5, 1]$.

四、导数在医学中的应用

导数(变化率)在医学中的应用极为广泛,举例如下.

例 23　按 1mg/kg 体重的比率给小白鼠注射磺胺药物后,在不同时间内血液中磺胺药物的浓度,可用方程

$$y = -1.06 + 2.59x - 0.77x^2$$

计算. 这里 x 表示注射后经历的时间(min)取常用对数,y 表示血液中磺胺浓度(mg/100ml)值的常用对数,求 y 的极大值.

解　$\dfrac{\mathrm{d}y}{\mathrm{d}x} = 2.59 - 1.54x$,令 $\dfrac{\mathrm{d}y}{\mathrm{d}x} = 0$,得惟一驻点 $x = 1.682$. 当 $x < 1.682$ 时,$\dfrac{\mathrm{d}y}{\mathrm{d}x} > 0$;$x > 1.682$ 时,$\dfrac{\mathrm{d}y}{\mathrm{d}x} < 0$. 因此,$x = 1.682$ 时,y 有极大值,这个极大值就是最大值:

$$y_{\max} = -1.06 + 2.59 \times 1.682 - 0.77 \times (1.682)^2 \approx 1.118$$

即血液中磺胺的最高浓度为 $1.118(\text{mg/100ml})$.

由于任何生物群体的总数都是按整数变化的,不可能是时间的可微函数,然而当给定的群体总数非常大,并且个体突然增加或减少一个所引起的变化与群体的总数相比很小时,可近似地认为群体总数是时间的连续、可微函数.

例 24　设细菌的繁殖个数 N 与时间 t 有如下关系:

$$N(t) = N_0 \cdot 2^{\frac{t}{T_c}}$$

其中,N_0(繁殖开始时细菌数),T_c(生长周期)均为正的常数,求在时刻 t 的细菌生长速度.

解　细菌生长速度就是细菌生长函数对时间 t 的变化率,即导数

$$\frac{\mathrm{d}N}{\mathrm{d}t} = \frac{\mathrm{d}}{\mathrm{d}t}\left(N_0 \cdot 2^{\frac{t}{T_c}}\right) = \frac{N_0}{T_c} \cdot 2^{\frac{t}{T_c}} \cdot \ln 2 = 0.693\,\frac{N_0}{T_c} \cdot 2^{\frac{t}{T_c}}$$

其相对生长速度为

$$\frac{1}{N} \cdot \frac{dN}{dt} = \frac{0.693}{T_c} (\text{常数})$$

例 25 动物或植物的重量 W 是时间 t 的函数 $W = f(t)$，Page 于 1970 年在实验室饲养雌小鼠，收集了大量资料，得到雌小鼠的生长曲线为

$$W = \frac{36}{1 + 30e^{-\frac{2}{3}t}}$$

求雌小鼠的相对生长速度.

解 生长率为

$$f'(t) = \frac{dW}{dt} = -\frac{36}{(1 + 30e^{-\frac{2}{3}t})^2} \cdot \left(-\frac{2}{3}\right) \cdot 30e^{-\frac{2}{3}t} = \frac{720}{(1 + 30e^{-\frac{2}{3}t})^2} e^{-\frac{2}{3}t}.$$

相对生长率为

$$\frac{f'(t)}{f(t)} = \frac{1}{W} \cdot \frac{dW}{dt} = \frac{20e^{-\frac{2}{3}t}}{1 + 30e^{-\frac{2}{3}t}}.$$

例 26 $1 \sim 9$ 个月婴儿的体重 $W(g)$ 的增长与月龄 t 的关系有经验公式

$$\ln W - \ln(341.5 - W) = K(t - 1.66)$$

问 t 为何值时婴儿的体重增长率 v 最快.

解 设 $v = \frac{dW}{dt}$，将经验公式两边对 t 求导，得

$$\frac{1}{W} \cdot \frac{dW}{dt} + \frac{1}{341.5 - W} \cdot \frac{dW}{dt} = K$$

解出 $\quad \dfrac{dW}{dt} = \dfrac{KW(341.5 - W)}{341.5}$

即 $\quad v = \dfrac{K}{341.5}(341.5W - W^2)$，再对 t 求导得

$$\frac{dv}{dt} = \frac{K}{341.5}\left(341.5\frac{dW}{dt} - 2W\frac{dW}{dt}\right)$$

要求体重增长率 v 最快，必须 $\dfrac{dv}{dt} = 0$，解之得 $W = 170.75$，因 $\dfrac{dW}{dt} \neq 0$，将 $W = 170.75$ 代入经验公式，得 $t = 1.66$(月)，故婴儿在 1.66 个月时体重的增长率最快.

习题 9-4

1. 下列函数在给定区间上是否满足拉格朗日中值定理的条件？如满足，求出定理中的 ξ 值：

(1) $y = \dfrac{1}{3}x^3 - x, x \in [-\sqrt{3}, \sqrt{3}]$；

(2) $y = 2x^2 - x - 3, x \in [-1, 1.5]$.

2. 利用洛必达法则求极限：

(1) $\lim\limits_{x \to 0} \dfrac{\sin 5x}{x}$；

(2) $\lim\limits_{x \to a} \dfrac{x^m - a^m}{x^n - a^n}$；

(3) $\lim\limits_{x \to \frac{\pi}{2}} \dfrac{\tan 6x}{\tan 2x}$；

(4) $\lim\limits_{x \to \infty} \dfrac{xe^{2x}}{x + e^x}$；

(5) $\lim\limits_{x \to 0^+} x^{\sin x}$；

(6) $\lim\limits_{x \to 0}\left(\dfrac{1}{x} - \dfrac{1}{e^x - 1}\right)$.

3. 求下列二次函数的极值：

(1) $y = x^2 - 3x + 10$；

(2) $y = 6x^2 - x - 2$；

(3) $y = -x^2 - 2x + 3$；

(4) $y = \dfrac{1}{2}x^2 - 3x$.

4. 讨论下列函数的单调性：

(1) $y = 2x^3 - 6x^2 - 18x - 7$；

(2) $y = 2x + \dfrac{8}{x}(x > 0)$；

(3) $y = x - \sin x (0 \leqslant x \leqslant 2\pi)$；

笔记栏

(4) $y = e^x - x - 1$.

5. 求下列函数的极值:

(1) $f(x) = x^3 - 9x^2 + 15x + 1$;　　　　　(2) $f(x) = x - \ln(1+x)$.

6. 用二阶导数求下列函数的极值:

(1) $y = x^3 - 3x^2 - 9x + 5$;　　　　　(2) $y = 2e^x + e^{-x}$.

7. 求下列函数的最大值与最小值:

(1) $y = 2x^3 + 3x^2 - 12x + 14, x \in [-3, 4]$;　　　　　(2) $y = x^4 - 8x^2 + 2, x \in [-1, 3]$.

8. 校园内要围一个矩形花台,一边可以利用原来的石条沿,其他三边需要砌新的石条沿共 72m. 问新石条沿的长和宽各为多少米时,花台面积最大?

9. 将 70 分成两个数,使它们的平方和达到最小,这个最小值是多少?

10. 某公司在市场上推出一产品时发现需求量由方程 $x = \dfrac{2500}{p^2}$ 确定,收益为 $R = xp$,且生产 x 单位的成本 $C = 0.5x + 500$,求获得最大利润的单价 p.

---

1. 导数的定义:
$$f'(x) = \lim_{\Delta x \to 0} \frac{f(x + \Delta x) - f(x)}{\Delta x}$$

函数在 x 点的导数存在,则函数在这点一定连续,而在这点连续却不一定存在导数.

2. 如果两函数 $\mu(x)$ 和 $v(x)$ 在点 x 的导数存在则有
$$[\mu(x) \pm v(x)]' = \mu'(x) \pm v'(x)$$
$$[\mu(x) \cdot v(x)]' = \mu'(x)v(x) + \mu(x)v'(x)$$
$$\left[\frac{\mu(x)}{v(x)}\right]' = \frac{\mu'(x)v(x) - \mu(x)v'(x)}{v^2(x)}$$

3. 如果函数 $f[g(x)]$ 是由函数 $y = f(\mu)$ 和 $\mu = g(x)$ 复合而成的. 且 $f(\mu)$ 和 $g(x)$ 的导数都存在,那么
$$\frac{df[g(x)]}{dx} = \frac{dy}{du} \cdot \frac{du}{dx}$$

4. 微分的定义: $dy = f'(x)dx$.

5. 微商: $\dfrac{dy}{dx} = f'(x)$.

6. 微分的几何意义:当 Δy 是曲线的纵坐标的改变量时,dy 就是切线的纵坐标的改变量.

7. 微分的计算:

(1) 基本初等函数的微分公式.

(2) 函数和、差、积、商的微分法.

(3) 复合函数的微分法则: $dy = f'(\mu)d\mu = f'(u)u'_x dx$.

8. 导数的应用主要是研究函数的性态:单调性、极值、最值.

(1) 单调性:在研究函数增减区间时,一定要找出所有一阶导数 $y' = 0$ 和 y' 不存在的点以及 $f(x)$ 的间断点. 再将函数定义域分成若干区间,确定 y' 在这些区间上的符号,进而决定函数在各区间上的单调性.

(2) 函数的极值和最值:首先极值是局部性质,最值是整体性质. 其次极值点一定是驻点(对可导函数而言),驻点可能是极值点,也可能不是极值点. 这样,求极值点就有了"线索",就可以利用极值的充分条件求极值了. 对第一充分条件,要抓住函数一阶导数在 x_0 左右附近是否变号,若一阶导数由正变负,则 $f(x)$ 在 x_0 取得极大值,若一阶导数由负变正,则 $f(x)$ 在 x_0 取得极小值. 对第二充分条件要抓住函数的二阶导数在 x_0 点的符号,若 $f''(x_0) < 0$,则取极大值,若 $f''(x_0) > 0$,则取极小值.

需要特别引起注意的是上面提到的增减性的分界点、函数的极值点,它们都是对可导函数而言的,如果函数有不可导点,这些不可导点也可能是单增或单减区间的分界点,也可能是极值点.

小结

笔记栏

1. 判断题

(1) $(5)' = 5$;　　　　　　　　　　　　　　　　　　　　　　　　　(　)

(2) $(e^{2x})' = 2e^{2x}$;   ( )

(3) $(e^x + \sin x)' = e^x - \cos x$;   ( )

(4) 若函数 $f(x)$ 在闭区间 $[a,b]$ 上连续,且 $f(a) = f(b)$,则至少存在一点 $\xi \in (a,b)$,使 $f'(\xi) = 0$;   ( )

(5) 函数 $f(x)$ 在区间 $[a,b]$ 上的极大值必大于它的极小值;   ( )

(6) 若 $f'(x_0) = 0$ 或不存在,则 $f(x_0)$ 必为极值.   ( )

2. 填空题

(1) $\left. \dfrac{d(3x+5)}{dx} \right|_{x=5} = $ _____.

(2) $\left. \left[\dfrac{\sin x}{3x} \right]' \right|_{x=\frac{\pi}{2}} = $ _____.

(3) 若函数 $f(x) = 4x^3$ 在区间 $[0,1]$ 上满足拉格朗日中值定理条件,则 $\xi = $ _____.

(4) 若对任意的 $x \in (a,b)$,有 $f'(x) > 0$,则函数 $f(x)$ 在 (a,b) 内_____.

3. 选择题

(1) 函数 $y = \ln(1+x^2)$ 的单调增加区间是( ).

  A. $(-\infty, +\infty)$;   B. $(-\infty, 0)$;   C. $(0, +\infty)$;   D. 以上都不是.

(2) $f'(x_0) = 0$ 是函数在 x_0 取得极值的( )

  A. 充分条件;   B. 必要条件;   C. 充分必要条件;   D. 无关条件.

(3) $f(x) = \tan x$,则 $f'(x) = $( )

  A. $\sec^2 x$;   B. $\sec x$;   C. $\csc^2 x$;   D. $\sin x$.

(4) 已知函数 $f(x)$ 在点 x_0 处的导数存在,则函数 $f(x)$ 在点 x_0 处( )

  A. 连续;   B. 不连续;   C. 不存在极限;   D. 可能连续也可能不连续.

(5) 函数 $f(x) = \ln\sin x$ 在区间 $\left[\dfrac{\pi}{6}, \dfrac{5\pi}{6} \right]$ 上满足拉格朗日中值定理的条件与结论,这时 ξ 的值为( ).

  A. $\dfrac{\pi}{6}$;   B. $\dfrac{\pi}{4}$;   C. $\dfrac{\pi}{3}$;   D. $\dfrac{\pi}{2}$.

(6) $y = |\sin x|$ 在点 $x = 0$ 处的导数是( ).

  A. 1;   B. ± 1;   C. -1;   D. 不存在.

4. 求下列函数的微分:

(1) $y = x^2 e^{2x}$;   (2) $y = \sin 2x + 3\cos x + 1$;

(3) $y = \dfrac{1 - \sin x}{1 + \sin x}$;   (4) $y = e^{\sin 3x}$.

5. 确定下列函数的单调区间:

(1) $y = x - e^x$;   (2) $y = x - 2\sin x, x \in [0, 2\pi]$;

(3) $y = x^2 + x^3$;   (4) $y = \sqrt{2} - 3(x-1)^{\frac{2}{3}}$.

6. 求下列函数的极值:

(1) $y = 4x^3 - 3x^2 - 6x + 2$;   (2) $y = \dfrac{\ln^2 x}{x}$.

7. 求下列函数的导数:

(1) $f(x) = \tan \dfrac{x}{2}$;   (2) $f(x) = 3x^4 + 2x^2 + 5$;

(3) $f(x) = \ln(4x)$;   (4) $f(x) = \dfrac{2x + 6}{2\sin x}$;

(5) $f(x) = a^x + x^a$;   (6) $f(x) = \ln(\csc x - \cot x)$;

(7) $f(x) = (e^x + e^{-x})^2 \cos 3x$;   (8) $f(x) = \sqrt{x + \sqrt{x}}$;

(9) $f(x) = 4^{\ln x} + (\ln x)^4$;   (10) $f(x) = \arctan \dfrac{1}{1+x}$.

8. 求下列函数的最值:

(1) $y = x^2 + \dfrac{16}{x}, x \in [1, 3]$;   (2) $y = \ln(x^2 + 1), x \in [-1, 2]$.

9. 求由方程 $\sin(x+y)=x\cos y$ 所确定的函数 y 的导数.

10. 用洛必达法则求下列极限:

(1) $\lim\limits_{x\to 0}\dfrac{\ln\tan 7x}{\ln\tan 2x}$;　　　　(2) $\lim\limits_{x\to 0}\dfrac{a^x-b^x}{x}$;

(3) $\lim\limits_{x\to 0}\dfrac{e^x-e^{\sin x}}{x-\sin x}$;　　　　(4) $\lim\limits_{x\to 0}(1+\sin x)^{\frac{1}{x}}$.

11. 某中药厂要围建一个面积为 $512\mathrm{m}^2$ 的矩形晒药材场地,一边可以利用原有的石条沿,其他三边需砌新的石条沿.问晒药材场地的长和宽各为多少时才能使材料用得最省?

笔记栏

第 **10** 章　一元函数积分学

冯·诺伊曼(John von Neumann, 1903—1957, 匈牙利人)说过:"微积分是近代数学中最伟大的成就, 对它的重要性无论作怎样的估计都不过分."在科学、技术、生产、生活、医学中, 经常需要计算平面图形的面积、多边形的面积, 运用初等数学的知识和方法就可以算出. 但在实际中, 有时还需要计算含有曲边的图形或曲边形的面积, 这就需要用积分的知识才能解决. 本章将介绍一元函数积分学的有关知识.

> ## 学 习 目 标
>
> 1. 解释原函数、不定积分、定积分的概念.
> 2. 掌握不定积分的运算法则、熟悉基本积分公式、列出定积分的性质、概述微积分基本公式.
> 3. 说出计算不定积分的换元积分法和分部积分法、写出定积分换元积分公式及分部积分公式. 能用这两个公式计算定积分.
> 4. 能运用定积分理论解决实际问题.
> 5. 简述广义积分收敛与发散的概念.

第 9 章我们学习了怎样求一个函数的导数和微分, 但在科学技术和实际问题中常常需要讨论与它相反的问题, 即要求一个可导函数, 使它的导数等于已知函数, 这是积分学的基本问题之一.

第 **1** 节　不 定 积 分

一、不定积分的概念

1. 原函数与不定积分的概念

定义 1　如果在区间 I 上, 可导函数 $F(x)$ 的导函数为 $f(x)$, 即对任一 $x \in I$, 都有

$$F'(x) = f(x) \quad \text{或} \quad \mathrm{d}F(x) = f(x)\mathrm{d}x$$

那么函数 $F(x)$ 就称为 $f(x)$ 在区间 I 上的一个原函数.

例如, 因 $(\sin x)' = \cos x$, 故 $\sin x$ 是 $\cos x$ 的一个原函数.

又因为 $(\sin x + 1)' = \cos x$, 故 $\sin x + 1$ 也是 $\cos x$ 的一个原函数.

……

由此可见一个函数的原函数不是惟一的.

哪一个函数具备何种条件, 才能保证它的原函数一定存在呢? 简单地说就是, 连续的函数一定有原函数.

> ### 关于原函数说明两点
>
> 第一, 如果有 $F'(x) = f(x)$, 那么, 对任意常数 C, 显然也有 $[F(x) + C]' = f(x)$, 即如果 $F(x)$ 是 $f(x)$ 的原函数, 那 $F(x) + C$ 也是 $f(x)$ 的原函数.
>
> 第二, 当 C 为任意常数时, 表达式 $F(x) + C$ 就可以表示 $f(x)$ 的任意一个原函数. 也就是说, $f(x)$ 的全体原函数所组成的集合, 就是函数族 $\{F(x) + C \mid -\infty < C < \infty\}$.

定义2　如果在区间 I 上函数 $F(x)$ 是函数 $f(x)$ 的一个原函数,则称 $f(x)$ 的全体原函数 $F(x)+C$ 为 $f(x)$ 在区间 I 上的不定积分,记做

$$\int f(x)\,\mathrm{d}x$$

其中记号 $\int$ 称为积分号, $f(x)$ 称为被积函数, $f(x)\mathrm{d}x$ 称为被积表达式, x 称为积分变量,任意常数 C 称为积分常数.

由此定义及前面的说明可知,如果 $F(x)$ 是 $f(x)$ 在区间 I 上的一个原函数,那么 $F(x)+C$ 就是 $f(x)$ 的不定积分,即

$$\boxed{\int f(x)\,\mathrm{d}x = F(x) + C}$$

因而不定积分 $\int f(x)\,\mathrm{d}x$ 可以表示 $f(x)$ 的任意一个原函数.

例1　求 $\int x^2\,\mathrm{d}x$.

解　由于 $\left(\dfrac{x^3}{3}\right)' = x^2$,所以 $\dfrac{x^3}{3}$ 是 x^2 的一个原函数. 因此

$$\int x^2\,\mathrm{d}x = \frac{x^3}{3} + C$$

例2　求 $\int \dfrac{1}{x}\mathrm{d}x$.

解　当 $x>0$ 时,由于 $(\ln x)' = \dfrac{1}{x}$,所以 $\ln x$ 是 $\dfrac{1}{x}$ 在 $(0,+\infty)$ 内的一个原函数,因此,在 $(0,+\infty)$ 内,

$$\int \frac{1}{x}\mathrm{d}x = \ln x + C$$

当 $x<0$ 时,由于 $[\ln(-x)]' = \dfrac{1}{-x}\times(-1) = \dfrac{1}{x}$,由上同理,在 $(-\infty,0)$ 内,

$$\int \frac{1}{x}\mathrm{d}x = \ln(-x) + C$$

将结果合并起来,可写做

$$\int \frac{1}{x}\mathrm{d}x = \ln|x| + C$$

2. 不定积分的性质　由不定积分的定义,容易推出下列性质:

(1)
$$\boxed{\begin{array}{l}\left(\int f(x)\,\mathrm{d}x\right)' = f(x) \text{ 或} \\[2mm] \mathrm{d}\int f(x)\,\mathrm{d}x = f(x)\,\mathrm{d}x\end{array}}$$

(2)
$$\boxed{\begin{array}{l}\int F'(x)\,\mathrm{d}x = F(x) + C \text{ 或} \\[2mm] \int \mathrm{d}F(x) = F(x) + C\end{array}}$$

上面性质表明,先积分后微分,则两者的作用相互抵消;反过来,先微分后积分,则在两者作用抵消后,加上任意常数 C. 它们表达了积分与微分的互逆关系. 另外性质也说明了可以利用微分运算检验积分的结果是否正确.

例3　求 $\int (x\sin x)'\,\mathrm{d}x$.

解　$\int (x\sin x)'\,\mathrm{d}x = x\sin x + C.$

例 4 求 $\dfrac{\mathrm{d}}{\mathrm{d}x}\displaystyle\int x\sin x\,\mathrm{d}x$.

解 $\dfrac{\mathrm{d}}{\mathrm{d}x}\displaystyle\int x\sin x\,\mathrm{d}x = x\sin x$.

练 习

求下列不定积分：

(1) $\displaystyle\int (x^2+1)\,\mathrm{d}x$;　　(2) $\displaystyle\int \mathrm{e}^x\,\mathrm{d}x$;　　(3) $\displaystyle\int (\sin x+1)\,\mathrm{d}x$;　　(4) $\displaystyle\int (x^2\cos x)'\,\mathrm{d}x$.

二、不定积分的基本公式与运算法则

1. 不定积分的基本公式　由于积分是微分的逆运算,故可从导数的基本公式得到相应的基本积分公式:

(1) $\displaystyle\int k\,\mathrm{d}x = kx + C$　（k 是常数）;

(2) $\displaystyle\int x^\mu\,\mathrm{d}x = \dfrac{x^{\mu+1}}{\mu+1} + C$　（$\mu \neq -1$）;

(3) $\displaystyle\int \dfrac{1}{x}\,\mathrm{d}x = \ln|x| + C$;

(4) $\displaystyle\int \dfrac{1}{1+x^2}\,\mathrm{d}x = \arctan x + C$;

(5) $\displaystyle\int \dfrac{1}{\sqrt{1-x^2}}\,\mathrm{d}x = \arcsin x + C$;

(6) $\displaystyle\int \cos x\,\mathrm{d}x = \sin x + C$;

(7) $\displaystyle\int \sin x\,\mathrm{d}x = -\cos x + C$;

(8) $\displaystyle\int \dfrac{1}{\cos^2 x}\,\mathrm{d}x = \int \sec^2 x\,\mathrm{d}x = \tan x + C$;

(9) $\displaystyle\int \dfrac{1}{\sin^2 x}\,\mathrm{d}x = \int \csc^2 x\,\mathrm{d}x = -\cot x + C$;

(10) $\displaystyle\int \sec x\tan x\,\mathrm{d}x = \sec x + C$;

(11) $\displaystyle\int \csc x\cot x\,\mathrm{d}x = -\csc x + C$;

(12) $\displaystyle\int \mathrm{e}^x\,\mathrm{d}x = \mathrm{e}^x + C$;

(13) $\displaystyle\int a^x\,\mathrm{d}x = \dfrac{a^x}{\ln a} + C$;

(14) $\displaystyle\int \mathrm{sh}\,x\,\mathrm{d}x = \mathrm{ch}\,x + C$;

(15) $\displaystyle\int \mathrm{ch}\,x\,\mathrm{d}x = \mathrm{sh}\,x + C$.

规定　$\displaystyle\int 0\,\mathrm{d}x = C$.

2. 不定积分的运算法则

（1）两个函数代数和的不定积分等于各个函数不定积分的代数和,即

$$\int [f(x) \pm g(x)]\,\mathrm{d}x = \int f(x)\,\mathrm{d}x \pm \int g(x)\,\mathrm{d}x$$

（2）求不定积分时,被积函数中不为零的常数因子可以提到积分号外面来,即

$$\int kf(x)\,\mathrm{d}x = k\int f(x)\,\mathrm{d}x \quad （k \text{ 是常数}, k \neq 0）$$

例 5 $\displaystyle\int \sqrt{x}(x^2-5)\,\mathrm{d}x$.

解 $\displaystyle\int \left(x^{\frac{5}{2}} - 5x^{\frac{1}{2}}\right)\mathrm{d}x = \int x^{\frac{5}{2}}\,\mathrm{d}x - \int 5x^{\frac{1}{2}}\,\mathrm{d}x = \int x^{\frac{5}{2}}\,\mathrm{d}x - 5\int x^{\frac{1}{2}}\,\mathrm{d}x = \dfrac{2}{7}x^{\frac{7}{2}} - 5\times\dfrac{2}{3}x^{\frac{3}{2}} + C$

$= \dfrac{2}{7}x^3\sqrt{x} - \dfrac{10}{3}x\sqrt{x} + C$

例6 求 $\int \dfrac{1}{x^4 \sqrt{x}} \mathrm{d}x$.

解 $\int \dfrac{1}{x^4 \sqrt{x}} \mathrm{d}x = \int x^{-\frac{9}{2}} \mathrm{d}x = \dfrac{x^{-\frac{9}{2}+1}}{-\frac{9}{2}+1} + C = -\dfrac{2}{7} x^{-\frac{7}{2}} + C = -\dfrac{2}{7x^3 \sqrt{x}} + C$

例7 求 $\int 2^x \mathrm{e}^x \mathrm{d}x$.

解 $\int 2^x \mathrm{e}^x \mathrm{d}x = \int (2\mathrm{e})^x \mathrm{d}x = \dfrac{(2\mathrm{e})^x}{\ln(2\mathrm{e})} + C = \dfrac{(2\mathrm{e})^x}{1 + \ln 2} + C$

例8 求 $\int \dfrac{x^2}{x^2+1} \mathrm{d}x$.

解 $\int \dfrac{x^2}{x^2+1} \mathrm{d}x = \int \dfrac{x^2+1-1}{x^2+1} \mathrm{d}x = \int \left(1 - \dfrac{1}{x^2+1}\right) \mathrm{d}x = \int \mathrm{d}x - \int \dfrac{1}{x^2+1} \mathrm{d}x$

$\qquad\qquad = x - \arctan x + c$

例9 求 $\int \dfrac{1}{\sin^2 x \cos^2 x} \mathrm{d}x$.

解 由于 $\sin^2 x + \cos^2 x = 1$,则将被积函数变形,得

$\int \dfrac{1}{\sin^2 x \cos^2 x} \mathrm{d}x = \int \dfrac{\sin^2 x + \cos^2 x}{\sin^2 x \cos^2 x} \mathrm{d}x = \int \dfrac{1}{\cos^2 x} \mathrm{d}x + \int \dfrac{1}{\sin^2 x} \mathrm{d}x = \int \sec^2 x \mathrm{d}x + \int \csc^2 x \mathrm{d}x$

$\qquad\qquad = \tan x - \cot x + C$

例10 设曲线通过点$(1,2)$,且其上任一点处的切线斜率等于这点横坐标的两倍,求此曲线的方程.

> **怎样检验积分结果是否正确**
>
> 只要对结果求导,看它的导数是否等于被积函数,相等时结果是正确的,否则结果是错误的.

解 设所求的曲线方程为$y = f(x)$,由题设,曲线上任一点(x,y)处的切线斜率为 $\dfrac{\mathrm{d}y}{\mathrm{d}x} = 2x$,即 $\mathrm{d}y = 2x\mathrm{d}x$.

因为 $\int 2x\mathrm{d}x = x^2 + C$,所以,必有某个常数 C 使 $f(x) = x^2 + C$. 即曲线方程为 $y = x^2 + C$.

又因为所求曲线通过点$(1,2)$,故 $2 = 1 + C, C = 1$. 所以,所求曲线方程为$y = x^2 + 1$.

习题10-1

1. 求下列不定积分:

$(1) \int \dfrac{1}{x^2} \mathrm{d}x$;

$(2) \int x\sqrt{x} \mathrm{d}x$;

$(3) \int \dfrac{1}{\sqrt{x}} \mathrm{d}x$;

$(4) \int 5x^3 \mathrm{d}x$;

$(5) \int (x^2 - 3x + 2) \mathrm{d}x$;

$(6) \int \dfrac{x^2-1}{x^2+1} \mathrm{d}x$;

$(7) \int \cos^2 \dfrac{x}{2} \mathrm{d}x$;

$(8) \int \sec x (\sec x - \tan x) \mathrm{d}x$;

$(9) \int \dfrac{2x^2+1}{(1+x^2)x^2} \mathrm{d}x$;

$(10) \int \dfrac{\cos 2x}{\sin x + \cos x} \mathrm{d}x$.

2. 一曲线通过点$(\mathrm{e}^2, 3)$,且在任一点处的切线的斜率等于该点横坐标的倒数,求该曲线的方程.

第 2 节 不定积分的计算

一、换元积分法

两类换元法 利用基本积分表与积分的运算法则,所能计算的不定积分是非常有限的. 因

此,有必要进一步来研究不定积分的求法.把复合函数的微分法反过来求不定积分,利用中间变量的代换,得到复合函数的积分法,称为换元积分法,简称换元法.

换元法通常分成两类.

1. 第一类换元法(凑微分法)

定理 1　设 $f(u)$ 具有原函数 $G(u)$,$u=\varphi(x)$ 可导,则有换元公式

$$\int f[\varphi(x)]\varphi'(x)\mathrm{d}x = \left[\int f(u)\mathrm{d}u\right]_{u=\varphi(x)} = G(u)+C = G[\varphi(x)]+C$$

例 1　求 $\int 2\cos2x\mathrm{d}x$.

解　作变换 $u=2x$,便有

$$\begin{aligned}
\int 2\cos2x\mathrm{d}x &= \int\cos2x\cdot2\mathrm{d}x\\
&= \int\cos2x\cdot(2x)'\mathrm{d}x\\
&= \int\cos u\mathrm{d}u\\
&= \sin u + C
\end{aligned}$$

再以 $u=2x$ 代入,即得

$$\int 2\cos2x\mathrm{d}x = \sin2x + C$$

例 2　求 $\int\tan x\mathrm{d}x$.

解　$\displaystyle\int\tan x\mathrm{d}x = \int\frac{\sin x}{\cos x}\mathrm{d}x$

因为 $-\sin x\mathrm{d}x = \mathrm{d}\cos x$,所以如果设 $u=\cos x$,那么 $\mathrm{d}u = -\sin x\mathrm{d}x$,即 $-\mathrm{d}u = \sin x\mathrm{d}x$,

因此 $\displaystyle\int\tan x\mathrm{d}x = \int\frac{\sin x}{\cos x}\mathrm{d}x = -\int\frac{\mathrm{d}u}{u} = -\ln|u| + C = -\ln|\cos x| + C$

类似地可得 $\displaystyle\int\cot\mathrm{d}x = \ln|\sin x| + C$.

在对变量代换比较熟练以后,就不一定写出中间变量 u.

例 3　求 $\displaystyle\int\mathrm{ch}\frac{x}{a}\mathrm{d}x$.

解　$\displaystyle\int\mathrm{ch}\frac{x}{a}\mathrm{d}x = a\int\mathrm{ch}\frac{x}{a}\mathrm{d}\frac{x}{a} = a\,\mathrm{sh}\frac{x}{a} + C$

例 4　求 $\displaystyle\int\frac{\mathrm{d}x}{\sqrt{a^2-x^2}}(a>0)$.

解　$\displaystyle\int\frac{\mathrm{d}x}{\sqrt{a^2-x^2}} = \int\frac{1}{a}\frac{\mathrm{d}x}{\sqrt{1-\left(\frac{x}{a}\right)^2}} = \int\frac{\mathrm{d}\left(\frac{x}{a}\right)}{\sqrt{1-\left(\frac{x}{a}\right)^2}} = \arcsin\frac{x}{a} + C$

例 5　求 $\int\mathrm{e}^{5x}\mathrm{d}x$.

解　$\displaystyle\int\mathrm{e}^{5x}\mathrm{d}x = \frac{1}{5}\int\mathrm{e}^{5x}\mathrm{d}(5x) = \frac{1}{5}\mathrm{e}^{5x} + C$

下面的一些求积分的例子,它们的被积函数中含有三角函数,在计算这种积分的过程中,往往要用到一些三角恒等式.

例 6　求 $\int\sin^3x\mathrm{d}x$.

解　$\displaystyle\int\sin^3x\mathrm{d}x = \int\sin^2x\sin x\mathrm{d}x$

$$= -\int (1 - \cos^2 x) \mathrm{d}(\cos x)$$

$$= -\int \mathrm{d}(\cos x) + \int \cos^2 x \mathrm{d}(\cos x)$$

$$= -\cos x + \frac{1}{3}\cos^3 x + C$$

例 7　求 $\int \cos^2 x \mathrm{d}x$.

解　$\displaystyle\int \cos^2 x \mathrm{d}x = \int \frac{1 + \cos 2x}{2}\mathrm{d}x$

$$= \frac{1}{2}\left(\int \mathrm{d}x + \int \cos 2x \mathrm{d}x\right)$$

$$= \frac{1}{2}\int \mathrm{d}x + \frac{1}{4}\int \cos 2x \mathrm{d}(2x)$$

$$= \frac{x}{2} + \frac{\sin 2x}{4} + C$$

类似地可得 $\displaystyle\int \sin^2 x \mathrm{d}x = \frac{x}{2} - \frac{\sin 2x}{4} + C$.

如何才能掌握换元法

利用定理 1 来求不定积分,一般比利用复合函数的求导法则求函数的导数要来的困难,因为其中需要一定的技巧,而且如何适当的选择变量代换 $u = \varphi(x)$ 没有一般途径可循,因此要掌握换元法,除了熟悉一些典型的例子外,还要做较多的练习才行.

例 8　求 $\int \sec x \mathrm{d}x$.

解　$\displaystyle\int \sec x \mathrm{d}x = \int \sec x \cdot \frac{\tan x + \sec x}{\tan x + \sec x}\mathrm{d}x$

$$= \int \frac{\sec x \tan x + \sec^2 x}{\sec x + \tan x}\mathrm{d}x$$

$$= \int \frac{\mathrm{d}(\sec x + \tan x)}{\sec x + \tan x}$$

$$= \ln|\sec x + \tan x| + C$$

类似地可得 $\displaystyle\int \csc x \mathrm{d}x = \ln|\csc x - \cot x| + C$.

练　习

求下列不定积分:

(1) $\displaystyle\int x e^{x^2} \mathrm{d}x$;

(2) $\displaystyle\int \frac{1}{x(1 + 2\ln x)}\mathrm{d}x$;

(3) $\displaystyle\int x \cos(x^2) \mathrm{d}x$;

(4) $\displaystyle\int \frac{\sin(\sqrt{x} + 1)}{\sqrt{x}}\mathrm{d}x$.

---

2. 第二类换元法　第一类换元积分法是在求 $\int f(x)\mathrm{d}x$ 时引进了新的中间变量 $u = \varphi(x)$,从而使 $\int f[\varphi(x)]\varphi'(x)\mathrm{d}x$ 化成 $\int f(u)\mathrm{d}u$,然后利用积分公式求出原不定积分. 但有些积分,例如 $\displaystyle\int \frac{\mathrm{d}x}{1 + \sqrt{x+1}}$,$\int \sqrt{a^2 - x^2}\,\mathrm{d}x$ 等,却需要作相反方式的换元,即令 $x = \varphi(t)$,才能比较顺利地求出结果.

定理 2　设 $x = \varphi(t)$ 是单调、可导的函数,并且 $\varphi'(t) \neq 0$. 又设 $f[\varphi(t)]\varphi'(t)$ 具有原函数 $G(t)$,则有换元公式

$$\boxed{\int f(x)\mathrm{d}x = \left[\int f[\varphi(t)]\varphi'(t)\mathrm{d}t\right]_{t = \varphi^{-1}(x)} = G[\varphi^{-1}(x)] + C}$$

其中 $t = \varphi^{-1}(x)$ 是 $x = \varphi(t)$ 的反函数.

应当注意,使用第二换元法时,应满足以下条件:

（1）$x = \varphi(t)$ 可导，$\varphi'(t)$ 连续且 $\varphi'(t) \neq 0$；

（2）$x = \varphi(t)$ 存在反函数 $t = \varphi^{-1}(x)$。

例 9　求 $\displaystyle\int \frac{\mathrm{d}x}{1 + \sqrt{x + 1}}$。

解　为了去根号，令 $x = t^2 - 1 \, (t > 0)$ 则 $\mathrm{d}x = \mathrm{d}(t^2 - 1) = 2t\mathrm{d}t$，于是

$$\int \frac{\mathrm{d}x}{1 + \sqrt{x + 1}} = \int \frac{2t\mathrm{d}t}{1 + t}$$

$$= 2\int \frac{1 + t - 1}{1 + t}\mathrm{d}t$$

$$= 2\int \left(1 - \frac{1}{1 + t}\right)\mathrm{d}t$$

$$= 2[t - \ln(1 + t)] + C$$

因为 $x = t^2 - 1 \quad (t > 0)$

所以 $t = \sqrt{x + 1}$

于是所求积分为

$$\int \frac{\mathrm{d}x}{1 + \sqrt{x + 1}} = 2[\sqrt{x + 1} - \ln(1 + \sqrt{x + 1})] + C.$$

例 10　求 $\displaystyle\int \sqrt{a^2 - x^2}\mathrm{d}x \quad (a > 0)$。

解　求这个积分的困难在于有根式 $\sqrt{a^2 - x^2}$，但我们可以利用三角公式 $\sin^2 t + \cos^2 t = 1$ 来消去根式。设 $x = a\sin t, -\dfrac{\pi}{2} < t < \dfrac{\pi}{2}$，则

$t = \arcsin\dfrac{x}{a}, \mathrm{d}x = a\cos t\mathrm{d}t$，于是

$$\int \sqrt{a^2 - x^2}\mathrm{d}x = a^2 \int \cos^2 t\mathrm{d}t = \frac{a^2}{2} \int (1 + \cos 2t)\mathrm{d}t$$

$$= \frac{a^2}{2}\left(t + \frac{1}{2}\sin 2t\right) + C$$

$$= \frac{a^2}{2}(t + \sin t\cos t) + C$$

$$= \frac{a^2}{2}\arcsin\frac{x}{a} + \frac{a^2}{2}\frac{x}{a}\frac{\sqrt{a^2 - x^2}}{a} + C$$

$$= \frac{a^2}{2}\arcsin\frac{x}{a} + \frac{1}{2}x\sqrt{a^2 - x^2} + C$$

例 11　求 $\displaystyle\int \frac{\mathrm{d}x}{\sqrt{x^2 + a^2}} \quad (a > 0)$。

解　由于被积函数 $\dfrac{1}{\sqrt{x^2 + a^2}}$ 的定义域为 $(-\infty, +\infty)$，因此可设 $x = a\tan t \, (-\dfrac{\pi}{2} < t < \dfrac{\pi}{2})$，

则 $\mathrm{d}x = a\sec^2 t\mathrm{d}t, \sqrt{x^2 + a^2} = a\sec t$，于是

$$\int \frac{\mathrm{d}x}{\sqrt{x^2 + a^2}} = \int \frac{a\sec^2 t}{a\sec t}\mathrm{d}t = \int \sec t\mathrm{d}t = \ln|\sec t + \tan t| + C$$

而 $\tan t = \dfrac{x}{a}, \sec t = \dfrac{\sqrt{x^2 + a^2}}{a}$，故原积分为

$$\int \frac{\mathrm{d}x}{\sqrt{x^2 + a^2}} = \ln\left|\frac{\sqrt{x^2 + a^2}}{a} + \frac{x}{a}\right| + C_1 = \ln\left|\frac{x + \sqrt{x^2 + a^2}}{a}\right| + C_1 = \ln|x + \sqrt{x^2 + a^2}| + C$$

类似地可求得 $\int \dfrac{\mathrm{d}x}{\sqrt{x^2-a^2}} = \ln\mid x+\sqrt{x^2-a^2}\mid + C$

注意：具体解题时要分析被积函数的具体情况,选取尽可能简捷的代换.

练　习

求下列不定积分:

(1) $\displaystyle\int \dfrac{\mathrm{d}x}{\sqrt{x}+\sqrt[3]{x}}$;

(2) $\displaystyle\int \dfrac{\mathrm{d}x}{\sqrt{4x^2+9}}$.

二、分部积分法

设函数 $u=u(x)$ 及 $v=v(x)$ 具有连续的导数,那么,两个函数乘积的导数公式为

$$(uv)' = u'v + uv'$$

移项得

$$uv' = (uv)' - u'v$$

对这个等式两边求不定积分,得

$$\boxed{\int uv'\mathrm{d}x = uv - \int u'v\mathrm{d}x} \qquad (10\text{-}1)$$

公式(10-1)称为分部积分公式.

如果求 $\displaystyle\int uv'\mathrm{d}x$ 有困难,而求 $\displaystyle\int u'v\mathrm{d}x$ 比较容易时,分部积分公式就可以发挥作用了.

为简便起见,也可把公式(10-1)写成下面的形式:

$$\boxed{\int u\mathrm{d}v = uv - \int v\mathrm{d}u} \qquad (10\text{-}2)$$

例 12　求 $\displaystyle\int x\cos x\mathrm{d}x$.

解　设 $u=x,\mathrm{d}v=\cos x\mathrm{d}x$,那么 $\mathrm{d}u=\mathrm{d}x,v=\sin x$,代入公式(10-2)得

$$\int x\cos x\mathrm{d}x = x\sin x - \int \sin x\mathrm{d}x$$

而 $\displaystyle\int v\mathrm{d}u = \int \sin x\mathrm{d}x$ 容易积出,所以

$$\int x\cos x\mathrm{d}x = x\sin x + \cos x + C$$

思考　上例若改设 $u=\cos x,\mathrm{d}v=x\mathrm{d}x=\mathrm{d}\left(\dfrac{1}{2}x^2\right)$,情况怎样?

例 13　求 $\displaystyle\int x\ln x\mathrm{d}x$.

解　设 $u=\ln x,\mathrm{d}v=x\mathrm{d}x$,那么 $\mathrm{d}u=\dfrac{1}{x}\mathrm{d}x,v=\dfrac{x^2}{2}$,利用分部积分公式得

$$\int x\ln x\mathrm{d}x = \dfrac{x^2}{2}\ln x - \dfrac{1}{2}\int x\mathrm{d}x = \dfrac{x^2}{2}\ln x - \dfrac{x^2}{4} + C$$

思考　上例若改设 $\mathrm{d}v=\ln x\mathrm{d}x,u=x$,情况怎样?

由上两例可见,正确运用分部积分法,关键在于如何恰当选择 u 与 $\mathrm{d}v$,选择 u 与 $\mathrm{d}v$ 时,一般要考虑到两点:

(1) v 易求得;　(2) 要使 $\displaystyle\int v\mathrm{d}u$ 比 $\displaystyle\int u\mathrm{d}v$ 易积出.

而实际上,在解题熟练后,可不必写出 u 与 $\mathrm{d}v$,而直接写成公式的形式后再积分.

笔记栏

例 14 求 $\int x e^x dx$.

解 $\int x e^x dx = \int x d(e^x) = x e^x - \int e^x dx = x e^x - e^x + C = e^x(x-1) + C$

例 15 求 $\int \arccos x dx$.

解 $\int \arccos x dx = x \arccos x - \int x d(\arccos x)$

$$= x \arccos x - \int -\frac{x}{\sqrt{1-x^2}} dx$$

$$= x \arccos x - \frac{1}{2} \int \frac{1}{\sqrt{1-x^2}} d(1-x^2)$$

$$= x \arccos x - \sqrt{1-x^2} + C$$

例 16 求 $\int e^x \sin x dx$.

解 $\int e^x \sin x dx = \int \sin x d(e^x) = e^x \sin x - \int e^x d(\sin x)$

$$= e^x \sin x - \int e^x \cos x dx$$

$$= e^x \sin x - \int \cos x d(e^x)$$

$$= e^x \sin x - (e^x \cos x + \int e^x \sin x dx)$$

$$= e^x(\sin x - \cos x) - \int e^x \sin x dx$$

移项,解得

$$\int e^x \sin x dx = \frac{e^x}{2}(\sin x - \cos x) + C$$

在计算不定积分时,有时还需要综合运用换元积分法和分部积分法才能求出其结果.

例 17 求 $\int \arctan \sqrt{x} dx$.

解 先换元,再使用分部积分法,令 $\sqrt{x} = t(t>0)$,则 $x = t^2, dx = 2t dt$,于是有

$\int \arctan \sqrt{x} dx = \int \arctan t d(t^2) = t^2 \arctan t - \int t^2 d(\arctan t)$

$$= t^2 \arctan t - \int \frac{t^2}{1+t^2} dt$$

$$= t^2 \arctan t - \int \left(1 - \frac{1}{1+t^2}\right) dt$$

$$= t^2 \arctan t - t + \arctan t + C$$

$$= (x+1) \arctan \sqrt{x} - \sqrt{x} + C$$

> **什么情况下可考虑使用分部积分法**
>
> 如果被积函数是幂函数和对数函数或幂函数和反三角函数的乘积,就可以考虑用分部积分法,并设对数函数或反三角函数为 u.

接链

练 习

求下列不定积分:

(1) $\int x \arctan x dx$;　　(2) $\int x^2 e^x dx$;　　(3) $\int \frac{\ln x}{x^2} dx$;　　(4) $\int e^x \cos 2x dx$.

三、有理函数积分简介

有理函数是指由两个多项式的商所表示的函数,即具有如下形式的函数:

$$\frac{P(x)}{Q(x)} = \frac{a_0 x^n + a_1 x^{n-1} + \cdots + a_{n-1} x + a_n}{b_0 x^m + b_1 x^{m-1} + \cdots + b_{m-1} x + b_m} \tag{10-3}$$

其中 m 和 n 都是非负整数,$a_0, a_1, a_2, \cdots, a_n$ 及 $b_0, b_1, b_2, \cdots, b_m$ 都是实数,并且 $a_0 \neq 0$,$b_0 \neq 0$. 我们假定在分子多项式 $P(x)$ 与分母多项式 $Q(x)$ 之间是没有公因式的. 当有理函数式 (10-3) 的分子多项式的次数 n 小于其分母多项式的次数 m,即 $n < m$ 时,称这有理函数是真分式,当 $n \geq m$ 时,称这有理函数是假分式.

如果 $\frac{P(x)}{Q(x)}$ 是假分式,我们可以利用多项式的除法,把它化为一个多项式与真分式之和,而多项式的不定积分是容易求得的,于是我们只讨论有理真分式的不定积分.

一般的,有理真分式 $\frac{P(x)}{Q(x)}$ 的不定积分可按下列三个步骤进行:

(1) 将 $Q(x)$ 在实数范围内分解为一次因式 $(x-a)^k$ 与二次因式 $(x^2 + px + q)^l$ 的乘积,其中 $p^2 - 4q < 0$,k, l 为正整数.

(2) 根据 $Q(x)$ 的分解结果,将所给有理分式拆成若干个部分分式之和(这里所指部分分式是分母为一次或二次质因式的正整数次幂),具体做法:

若分母 $Q(x)$ 中含有因式 $(x-a)^k$,则分解后含有下列 k 个部分分式之和:

$$\frac{A_1}{(x-a)} + \frac{A_2}{(x-a)^2} + \cdots + \frac{A_k}{(x-a)^k}$$

若分母 $Q(x)$ 中含有因式 $(x^2 + px + q)^l$,则分解后含有下列 l 个部分分式之和:

$$\frac{A_1 x + B_1}{x^2 + px + q} + \frac{A_2 x + B_2}{(x^2 + px + q)^2} + \cdots + \frac{A_l x + B_l}{(x^2 + px + q)^l}$$

其中上面两式中的 A_i, B_i 均为待定常数,可通过待定系数法求得.

(3) 求出各部分分式的原函数.

例 18 求 $\int \frac{x+3}{x^2 - 5x + 6} \mathrm{d}x$.

解 因为 $x^2 - 5x + 6 = (x-2)(x-3)$,所以可设

$$\frac{x+3}{x^2 - 5x + 6} = \frac{A}{x-2} + \frac{B}{x-3}$$

根据多项式相等的原则,可得

$$\frac{x+3}{x^2 - 5x + 6} = \frac{-5}{x-2} + \frac{6}{x-3}$$

所以

$$\begin{aligned}
\int \frac{x+3}{x^2 - 5x + 6} \mathrm{d}x &= \int \left(\frac{-5}{x-2} + \frac{6}{x-3} \right) \mathrm{d}x \\
&= -5 \int \frac{1}{x-2} \mathrm{d}x + 6 \int \frac{1}{x-3} \mathrm{d}x \\
&= -5 \ln|x-2| + 6 \ln|x-3| + C
\end{aligned}$$

例 19 求 $\int \frac{1}{x(x-1)^2} \mathrm{d}x$.

解 设被积函数可拆成

$$\frac{1}{x(x-1)^2} = \frac{A}{x} + \frac{B}{x-1} + \frac{C}{(x-1)^2}$$

根据多项式相等的原则,可得

$$\frac{1}{x(x-1)^2} = \frac{1}{x} - \frac{1}{x-1} + \frac{1}{(x-1)^2}$$

所以

$$\int \frac{1}{x(x-1)^2}dx = \int \left[\frac{1}{x} - \frac{1}{x-1} + \frac{1}{(x-1)^2}\right]dx$$

$$= \int \frac{1}{x}dx - \int \frac{1}{x-1}dx + \int \frac{1}{(x-1)^2}dx$$

$$= \ln|x| - \ln|x-1| - \frac{1}{x-1} + C$$

练　习

求下列不定积分:

(1) $\displaystyle\int \frac{x-1}{x(x+2)}dx$;

(2) $\displaystyle\int \frac{x^2}{x^3+x^2+x+1}dx$.

习题 10-2

1. 在下列各式等号空白处填入适当的系数,使等式成立(如: $dx = \frac{1}{4}d(4x+7)$):

(1) $dx = \quad d(ax)$;

(2) $dx = \quad d(7x-3)$;

(3) $xdx = \quad d(1-x^2)$;

(4) $e^{2x}dx = \quad d(e^{2x})$.

2. 求下列不定积分:

(1) $\displaystyle\int e^{5t}dt$;

(2) $\displaystyle\int (3-2x)^3 dx$;

(3) $\displaystyle\int \frac{1}{1-2x}dx$;

(4) $\displaystyle\int \frac{x}{\sqrt{2-3x^2}}dx$;

(5) $\displaystyle\int \sin2x\cos3x dx$;

(6) $\displaystyle\int x\sin x dx$;

(7) $\displaystyle\int \ln x dx$;

(8) $\displaystyle\int xe^{-x}dx$;

(9) $\displaystyle\int \frac{3x^3}{1-x^4}dx$;

(10) $\displaystyle\int \frac{\sin x}{\cos^3 x}dx$;

(11) $\displaystyle\int \arcsin x dx$;

(12) $\displaystyle\int \frac{1}{(x+1)(x-2)}dx$;

(13) $\displaystyle\int x\ln(x-1) dx$;

(14) $\displaystyle\int x^2\cos x dx$;

(15) $\displaystyle\int (\arcsin x)^2 dx$;

(16) $\displaystyle\int x^2\ln x dx$;

(17) $\displaystyle\int \frac{x^3}{x+3}dx$;

(18) $\displaystyle\int \frac{2x+3}{x^2+3x-10}dx$;

(19) $\displaystyle\int \frac{x^2+1}{(x+1)^2(x-1)}dx$;

(20) $\displaystyle\int \frac{1}{(x^2+1)(x^2+x+1)}dx$.

第③节　定　积　分

一、定积分的概念

在现代医药学的一些实际问题中,例如生物组织的形态计量问题,血药浓度数据的分析问题,医学统计学及卫生统计学中的概率分布问题等,都需要应用定积分,通过计算平面图形的面积,才能得到解决.下面,以求曲边梯形的面积为例,说明定积分的概念.

关于面积的问题

在初等数学中我们定义了长方形面积，进而任何多边形面积也可以求得. 对于边界由曲线围成的图形，只讨论了圆的面积，那是用一系列边数无限增加的圆内接正多边形来逼近圆，从而圆的面积就是这一系列内接正多边形面积的极限，求曲边梯形的面积就采用了这种办法.

链 接

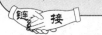

1. 求曲边梯形的面积

设曲边梯形是由连续曲线$y=f(x)$ $(f(x)>0)$及Ox轴和直线$x=a, x=b$所围成的，计算它的面积.

曲边梯形是不规则的图形，先用平行于y轴的直线对它的底边进行分割，将整个曲边梯形分割成n个小曲边梯形如图10-1所示，以小矩形面积近似代替小曲边梯形的面积，把所有这样的小矩形的面积累加起来，就得到曲边梯形面积的近似值. 当然，如果用上述直线将它的底边分得越细，则面积的近似程度越好. 无限细分，即取极限，就得出欲求的曲边梯形面积.

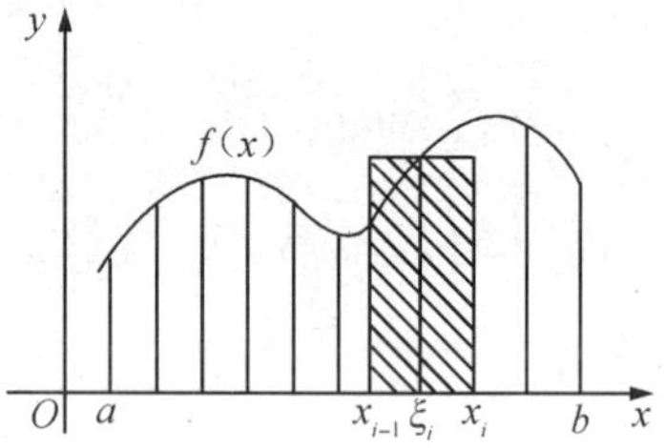

图 10-1

具体步骤如下：

(1) 分割.

在区间$[a,b]$中插入$n-1$个分点：

$$a=x_0<x_1<x_2<\cdots<x_{i-1}<x_i<\cdots<x_{n-1}<x_n=b$$

将区间$[a,b]$分成n个小区间$[x_0,x_1],[x_1,x_2],\cdots,[x_{n-1},x_n]$，其每个小区间的长度为

$$\Delta x_1=x_1-x_0,\Delta x_2=x_2-x_1,\cdots,\Delta x_i=x_i-x_{i-1},\cdots,\Delta x_n=x_n-x_{n-1}$$

这样，将曲边梯形分割成n个小曲边梯形.

(2) 近似代替.

在小区间$[x_{i-1},x_i]$上任取一点ξ_i，用以$f(\xi_i)$为高，小区间$[x_{i-1},x_i]$的长度Δx_i为底的小矩形近似代替小曲边梯形，则每个小矩形的面积

$$\Delta S_i=f(\xi_i)\Delta x_i(i=1,2,\cdots,n)$$

即可近似代替相应的小曲边梯形的面积. 把这n个小曲边梯形面积的近似值累加起来，其和就是曲边梯形面积的近似值.

$$S=\sum_{i=1}^{n}\Delta S_i\approx\sum_{i=1}^{n}f(\xi_i)\Delta x_i$$

(3) 取极限.

记$\lambda=\max\{\Delta x_1,\Delta x_2,\cdots,\Delta x_n\}$，当分点无限增加，同时每个小区间的长度趋于零时，即$\lambda\to 0$，上述和式的极限存在，且与区间分法，与ξ_i的取法无关，这个极限值为曲边梯形的面积

$$\boxed{S=\lim_{\lambda\to 0}\sum_{i=1}^{n}f(\xi_i)\Delta x_i}$$

定积分的由来

在科学技术中有许多问题都归结到求这种和式的极限，从而促使人们对它进行分析、整理、概括，这就产生了定积分.

链 接

2. 定积分的概念

定义 设函数$f(x)$在区间$[a,b]$上有界，在区间$[a,b]$中任意插入$n-1$个分点，即

$$a=x_0<x_1<x_2<\cdots<x_{n-1}<x_n=b$$

将区间$[a,b]$分成n个小区间

$$[x_{i-1},x_i]\quad(i=1,2,\cdots,n)$$

其长度为

$$\Delta x_i=x_i-x_{i-1}\quad(i=1,2,\cdots,n)$$

笔记栏

在每个小区间$[x_{i-1},x_i]$上任意取ξ_i，作积$f(\xi_i)\Delta x_i(i=1,2,\cdots,n)$及和式$S=\sum_{i=1}^{n}f(\xi_i)\Delta x_i$；如果

当 $\Delta x = \max\limits_{1 \le i \le n}\{\Delta x_i\} \to 0$ 时,不论对 $[a,b]$ 怎样分法,也不论 $\xi_i \in [x_{i-1},x_i]$ 怎样选取,和式 S 总趋近一个确定的值,我们将该极限值叫做函数 $f(x)$ 在区间 $[a,b]$ 上的定积分,记做 $\int_a^b f(x)\mathrm{d}x$,

即

$$\int_a^b f(x)\mathrm{d}x = \lim_{\Delta x \to 0}\sum_{i=1}^{n} f(\xi_i)\Delta x_i$$

其中 $f(x)$ 称为被积函数,$f(x)\mathrm{d}x$ 称为被积表达式,x 为积分变量,a 称为积分下限,b 称为积分上限,$[a,b]$ 称为积分区间.

当 $f(x)$ 在区间 $[a,b]$ 上的定积分存在时,我们称 $f(x)$ 在区间 $[a,b]$ 上可积.

由定积分的定义,曲边梯形面积 S 等于曲边所对应函数 $f(x)$ 在区间 $[a,b]$ 上的定积分

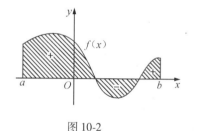

积分符号的来历

实际上,"$\int$"是英文"和"字"sum"的开头字母 s 拉长后的写法,它是由莱布尼兹首先创造并使用的.

$$S = \int_a^b f(x)\mathrm{d}x$$

为了以后在计算上方便,作以下两点补充规定.

(1) 定积分上下限互换时,定积分变号,即

$$\int_a^b f(x)\mathrm{d}x = -\int_b^a f(x)\mathrm{d}x$$

(2)

$$\int_a^a f(x)\mathrm{d}x = 0$$

3. 定积分的几何意义　当 $f(x) \ge 0$,定积分 $\int_a^b f(x)\mathrm{d}x$ 在几何上表示由曲线 $y=f(x)$,直线 $x=a$,$x=b$ 及 Ox 轴所围成的曲边梯形的面积;当 $f(x) \le 0$ 时,曲线在 Ox 轴的下方,定积分 $\int_a^b f(x)\mathrm{d}x \le 0$,表示曲边梯形面积的相反数;当 $f(x)$ 在区间 $[a,b]$ 上有正有负时,它的图形,有部分在 Ox 轴的上方,也有部分在 Ox 轴的下方(如图 10-2 所示).定积分 $\int_a^b f(x)\mathrm{d}x$ 表示由曲线 $f(x)$,直线 $x=a$,$x=b$ 及 Ox 轴所围图形各部分面积的代数和.

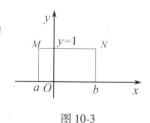

图 10-2

例 1　根据定积分的几何意义计算: $\int_a^b \mathrm{d}x$.

解　设函数 $y=f(x)=1$,并作出函数图像在 $x=a$ 与 $x=b$ 之间的一段,如图 10-3 所示,根据定积分的几何意义,可知

$$\int_a^b f(x)\mathrm{d}x = \int_a^b 1\mathrm{d}x = \int_a^b \mathrm{d}x$$

的值就等于长为 $b-a$,高为 1 的矩形 $MabN$ 的面积,即

$$\int_a^b \mathrm{d}x = (b-a) \times 1 = b-a$$

图 10-3

二、定积分的性质

由定义知,定积分是和式的极限,由极限的运算法则,容易推出定积分的一些简单性质.以下假设所给函数在所给区间上都是可积的.

笔记栏

性质 1　被积函数的常数因子可以提到积分号外面,即

$$\int_a^b kf(x)\,\mathrm{d}x = k\int_a^b f(x)\,\mathrm{d}x \qquad (k\text{ 为常数}).$$

性质 2　两个可积函数代数和的积分等于各个函数积分的代数和,即

$$\int_a^b [f(x)\pm g(x)]\,\mathrm{d}x = \int_a^b f(x)\,\mathrm{d}x \pm \int_a^b g(x)\,\mathrm{d}x$$

性质 2 与性质 1 合称为线性性质,可以合写成

$$\int_a^b [kf(x)\pm hg(x)]\,\mathrm{d}x = k\int_a^b f(x)\,\mathrm{d}x \pm h\int_a^b g(x)\,\mathrm{d}x$$

其中 k,h 为常数.

线性性质可以推广到有限个函数的代数和的积分.

例 2　已知 $\int_0^1 x^2\,\mathrm{d}x = \dfrac{1}{3}$, $\int_0^1 x\,\mathrm{d}x = \dfrac{1}{2}$,计算 $\int_0^1 (3x^2-2x+6)\,\mathrm{d}x$.

解　根据性质 1、性质 2 以及例 1 的结果,有

$$\int_0^1 (3x^2-2x+6)\,\mathrm{d}x = 3\int_0^1 x^2\,\mathrm{d}x - 2\int_0^1 x\,\mathrm{d}x + 6\int_0^1 \mathrm{d}x$$

$$= 3\times\frac{1}{3} - 2\times\frac{1}{2} + 6(1-0)$$

$$= 6$$

性质 3　如果 $a<c<b$,那么

$$\int_a^b f(x)\,\mathrm{d}x = \int_a^c f(x)\,\mathrm{d}x + \int_c^b f(x)\,\mathrm{d}x$$

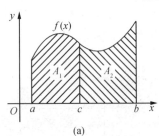

(a)

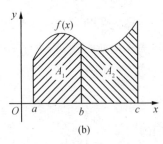

(b)

图 10-4

性质 3 叫做定积分的区间可加性. 从几何上可以看出它的正确性如图 10-4 所示,并且无论 a,b,c 三点的位置如何,该性质总成立.

事实上,当 $a<c<b$ 时 $A = \int_a^b f(x)\,\mathrm{d}x$. 由图 10-4(a),$A_1 = \int_a^c f(x)\,\mathrm{d}x$,$A_2 = \int_c^b f(x)\,\mathrm{d}x$,而 $A = A_1 + A_2$,所以当 $a<c<b$ 时,性质 3 成立. 当 $a<b<c$ 时,由图 10-4(b),

$$\int_a^c f(x)\,\mathrm{d}x = \int_a^b f(x)\,\mathrm{d}x + \int_b^c f(x)\,\mathrm{d}x$$

于是

$$\int_a^b f(x)\,\mathrm{d}x = \int_a^c f(x)\,\mathrm{d}x - \int_b^c f(x)\,\mathrm{d}x = \int_a^c f(x)\,\mathrm{d}x + \int_c^b f(x)\,\mathrm{d}x$$

故性质 3 也成立.

性质 3 也可以推广到区间 $[a,b]$ 上有限个分点的情形.

例 3　已知 $f(x) = \begin{cases} x^2+1, & x\leqslant 1 \\ 2, & x>1, \end{cases}$ 求 $\int_0^3 f(x)\,\mathrm{d}x$.

解　根据性质 3,得

$$\int_0^3 f(x)\,\mathrm{d}x = \int_0^1 (x^2+1)\,\mathrm{d}x + \int_1^3 2\,\mathrm{d}x$$

$$= \int_0^1 x^2\,\mathrm{d}x + \int_0^1 \mathrm{d}x + 2\int_1^3 \mathrm{d}x$$

$$= \frac{1}{3} + 1 + 2(3-1)$$

$$= 5\frac{1}{3}$$

笔记栏

性质 4 如果在区间 $[a,b]$ 上,恒有 $f(x)=1$,那么

$$\int_a^b \mathrm{d}x = b-a$$

性质 5 如果在区间 $[a,b]$ 上有 $f(x)\leqslant g(x)$,那么

$$\int_a^b f(x)\,\mathrm{d}x \leqslant \int_a^b g(x)\,\mathrm{d}x$$

特别地,当 $f(x)\geqslant 0$ 时,则有

$$\int_a^b f(x)\,\mathrm{d}x \geqslant 0$$

性质 6 如果函数 $f(x)$ 在区间 $[a,b]$ 上的最大值为 M,最小值为 m,那么

$$m(b-a)\leqslant \int_a^b f(x)\,\mathrm{d}x \leqslant M(b-a)$$

性质 6 叫做定积分的估值不等式. 利用性质 6 可以由被积函数在区间 $[a,b]$ 上的最大值和最小值来估计定积分值的范围.

性质 7 (积分中值定理) 如果函数 $f(x)$ 在区间 $[a,b]$ 上连续,那么在此区间上至少有一点 ξ,使得

$$\int_a^b f(x)\,\mathrm{d}x = f(\xi)(b-a) \quad (a\leqslant \xi\leqslant b)$$

成立.

性质 7 叫做定积分中值定理. 它的几何意义是在区间 $[a,b]$ 上的连续函数 $f(x)$,在 $[a,b]$ 上至少存在一点 ξ,使得以 $f(x)$ 为顶的曲边梯形的面积等于高为 $f(\xi)$,底为 $b-a$ 的矩形面积,如图 10-5 所示. 最后指出,无论是 $a<b$ 还是 $a>b$,性质 7 均成立.

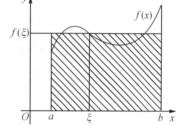

图 10-5

常见的可积函数类:

设 $f(x)$ 是在 $[a,b]$ 上有定义的函数,则:

(1) $f(x)$ 在 $[a,b]$ 上连续,则 $f(x)$ 在 $[a,b]$ 上可积.

(2) $f(x)$ 在 $[a,b]$ 上有界且只有有限个间断点,则 $f(x)$ 在 $[a,b]$ 上可积.

(3) 若 $f(x)$ 在 $[a,b]$ 上单调,则 $f(x)$ 在 $[a,b]$ 上可积.

习题 10-3

1. 用定积分的几何意义,判断定积分值的符号:

(1) $\int_{-1}^2 x^2\,\mathrm{d}x$;

(2) $\int_0^{\frac{\pi}{2}} \sin x\,\mathrm{d}x$;

(3) $\int_{\frac{\pi}{2}}^{\pi} \cos x\,\mathrm{d}x$.

2. 用定积分的几何意义说明下列等式成立 $(a<b)$:

(1) $\int_a^b x\,\mathrm{d}x = \frac{1}{2}(b^2-a^2)$;

(2) $\int_0^a \sqrt{a^2-x^2}\,\mathrm{d}x = \frac{1}{4}\pi a^2\ (a>0)$.

3. 已知 $\int_0^1 x^2\,\mathrm{d}x = \frac{1}{3}$, $\int_0^1 x\,\mathrm{d}x = \frac{1}{2}$; $\int_0^{\frac{\pi}{2}} \cos x\,\mathrm{d}x = 1$, $\int_0^{\frac{\pi}{2}} \sin x\,\mathrm{d}x = 1$,求下列定积分的值:

(1) $\int_0^1 (3x^2+2x+1)\,\mathrm{d}x$;

(2) $\int_0^1 (x+3)^2\,\mathrm{d}x$;

(3) $\int_0^{\frac{\pi}{2}} (3\sin x+2\cos x)\,\mathrm{d}x$.

4. 比较积分值的大小:

(1) $\int_0^1 x\,\mathrm{d}x$ 与 $\int_0^1 \sqrt{x}\,\mathrm{d}x$;

(2) $\int_0^{\frac{\pi}{2}} x\,\mathrm{d}x$ 与 $\int_0^{\frac{\pi}{2}} \sin x\,\mathrm{d}x$.

第4节 定积分的计算

一、微积分基本公式

定义 设函数 $f(x)$ 在 $[a,b]$ 上连续，x 为 $[a,b]$ 上任意一点，则由 $\Phi(x) = \int_a^x f(t)\,\mathrm{d}t$ 所定义的函数称为积分上限函数.

定理1 如果函数 $f(x)$ 在区间 $[a,b]$ 上连续，那么积分上限函数

$$\Phi(x) = \int_a^x f(t)\,\mathrm{d}t$$

是函数 $f(x)$ 在区间 $[a,b]$ 上的一个原函数. 即 $\Phi'(x) = f(x)$（证明从略）.

定理2 如果函数 $F(x)$ 是连续函数 $f(x)$ 在区间 $[a,b]$ 上的一个原函数，那么

$$\boxed{\int_a^b f(x)\,\mathrm{d}x = F(b) - F(a)}$$
(10-4)

证明 由定理1，$\Phi(x) = \int_a^x f(t)\,\mathrm{d}t$ 是函数 $f(x)$ 的一个原函数，于是

$$F(x) - \Phi(x) = C \qquad\qquad (C \text{ 为常数})$$

当 $x = a$ 时，$F(a) = C$，于是

$$F(x) = \int_a^x f(t)\,\mathrm{d}t + F(a)$$

将 $x = b$ 代入上式，得

$$\int_a^b f(x)\,\mathrm{d}x = F(b) - F(a)$$

公式(10-4)有时记做 $\int_a^b f(x)\,\mathrm{d}x = F(x)\Big|_a^b$，或 $\int_a^b f(x)\,\mathrm{d}x = [F(x)]_a^b$.

不定积分与定积分的区别

不定积分是函数族，而定积分是一个确定的值，定积分的值只与积分区间及被积函数有关，而与积分变量无关.

公式(10-4)叫做牛顿-莱布尼兹(Newton-Leibniz)公式. 它揭示了定积分与原函数之间的内在联系，为计算定积分的值提供了简易方法. 我们只需将上、下限的值代入原函数中作差，$F(b) - F(a)$，即可得到定积分的值. 因此，公式(10-4)也叫做微积分基本公式.

例1 计算 $\int_0^1 x^2\,\mathrm{d}x$.

解 $\int_0^1 x^2\,\mathrm{d}x = \dfrac{1}{3}x^3\Big|_0^1$

$\qquad\qquad = \dfrac{1}{3}\cdot 1^3 - \dfrac{1}{3}\cdot 0^3$

$\qquad\qquad = \dfrac{1}{3}$

例2 计算 $\int_0^\pi \sin x\,\mathrm{d}x$.

解 $\int_0^\pi \sin x\,\mathrm{d}x = -\cos x\Big|_0^\pi$

$\qquad\qquad = -\cos\pi - (-\cos 0)$

$\qquad\qquad = 1 + 1$

$\qquad\qquad = 2$

笔记栏

练　习

求下列定积分：

(1) $\int_1^2 \left(2x + \dfrac{1}{x}\right)\mathrm{d}x$;　　　　　　(2) $\int_{-1}^1 \dfrac{x^2-1}{x^2+1}\mathrm{d}x$.

二、定积分的换元积分法

计算函数 $f(x)$ 在区间 $[a,b]$ 上的定积分可以先用不定积分求出 $f(x)$ 的一个原函数,再依据公式(10-4),分别代入上、下限,即求得其值. 但如果被积函数较复杂,不易求原函数,相应地也可以使用定积分的换元积分法.

定理3　设函数 $f(x)$ 在区间 $[a,b]$ 上连续,令 $x = \varphi(t)$,如果:

(1) $\varphi(t)$ 在区间 $[\alpha,\beta]$ 上是具有连续导数的单值函数;

(2) 当 t 在区间 $[\alpha,\beta]$ 上变化时,x 在区间 $[a,b]$ 上变化,且 $\varphi(\alpha)=a$, $\varphi(\beta)=b$,那么有换元积分公式

$$\int_a^b f(x)\,\mathrm{d}x = \int_\alpha^\beta f[\varphi(t)]\varphi'(t)\,\mathrm{d}t \tag{10-5}$$

公式(10-5)从左端到右端应用时,相当于第二类换元积分公式;从右端到左端应用时,相当第一类换元积分公式.

用换元积分法计算定积分时,将积分上、下限和积分变量同时进行代换,因此,计算过程的原函数不必回代原来的变量. 直接应用公式(10-4)求值,这是定积分换元积分法与不定积分的换元积分法的区别.

> **注意**
>
> 在使用定积分的换元积分法时,应注意在换元的同时,一定要换定积分的上、下限,并且新上限与原上限相对应,新下限与原下限相对应.

例3　计算 $\int_0^2 \dfrac{\mathrm{d}x}{1+\sqrt{x}}$.

解　令 $x = t^2$,得 $\mathrm{d}x = 2t\mathrm{d}t$. 当 $x=0$ 时,$t=0$,当 $x=2$ 时,$t=\sqrt{2}$. 于是

$$\int_0^2 \dfrac{\mathrm{d}x}{1+\sqrt{x}} = \int_0^{\sqrt{2}} \dfrac{2t}{1+t}\mathrm{d}t$$

$$= 2\int_0^{\sqrt{2}} \mathrm{d}t - 2\int_0^{\sqrt{2}} \dfrac{\mathrm{d}t}{1+t}$$

$$= 2t \Big|_0^{\sqrt{2}} - 2\ln|1+t| \Big|_0^{\sqrt{2}}$$

$$= 2\sqrt{2} - 2\ln(1+\sqrt{2})$$

例4　计算 $\int_0^{\frac{\pi}{2}} \sin^3 x \cos x \mathrm{d}x$.

解　设 $t = \sin x$,得 $\mathrm{d}t = \cos x \mathrm{d}x$. 当 $x=0$ 时,$t=0$,当 $x=\dfrac{\pi}{2}$ 时,$t=1$. 于是

$$\int_0^{\frac{\pi}{2}} \sin^3 x \cos x \mathrm{d}x = \int_0^1 t^3 \mathrm{d}t = \dfrac{1}{4}t^4 \Big|_0^1 = \dfrac{1}{4}$$

例5　证明:(1) 如果 $f(x)$ 是可积偶函数,则

$$\int_{-a}^a f(x)\mathrm{d}x = 2\int_0^a f(x)\mathrm{d}x$$

(2) 如果 $f(x)$ 是可积奇函数,则

$$\int_{-a}^a f(x)\mathrm{d}x = 0$$

证明 $\displaystyle\int_{-a}^{a}f(x)\mathrm{d}x=\int_{-a}^{0}f(x)\mathrm{d}x+\int_{0}^{a}f(x)\mathrm{d}x$

设 $x=-t$,得 $\mathrm{d}x=-\mathrm{d}t$. 当 $x=-a$ 时,$t=a$,当 $x=0$ 时,$t=0$,于是

$$\int_{-a}^{0}f(x)\mathrm{d}x=-\int_{a}^{0}f(-t)\mathrm{d}t=\int_{0}^{a}f(-x)\mathrm{d}x$$

(1) 当 $f(x)$ 为偶函数时,$f(-x)=f(x)$,于是

$$\int_{-a}^{0}f(x)\mathrm{d}x=\int_{0}^{a}f(-x)\mathrm{d}x=\int_{0}^{a}f(x)\mathrm{d}x$$

所以

$$\int_{-a}^{a}f(x)\mathrm{d}x=2\int_{0}^{a}f(x)\mathrm{d}x$$

(2) 当 $f(x)$ 为奇函数时,$f(-x)=-f(x)$,于是

$$\int_{-a}^{0}f(x)\mathrm{d}x=\int_{0}^{a}f(-x)\mathrm{d}x=-\int_{0}^{a}f(x)\mathrm{d}x$$

所以

$$\int_{-a}^{a}f(x)\mathrm{d}x=-\int_{0}^{a}f(x)\mathrm{d}x+\int_{0}^{a}f(x)\mathrm{d}x=0$$

利用例 5 的结论,可以简化奇函数和偶函数在对称区间上的定积分的计算.

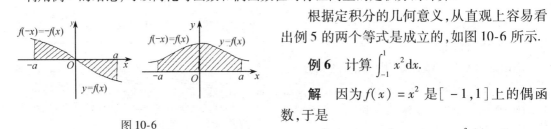

图 10-6

根据定积分的几何意义,从直观上容易看出例 5 的两个等式是成立的,如图 10-6 所示.

例 6 计算 $\displaystyle\int_{-1}^{1}x^{2}\mathrm{d}x$.

解 因为 $f(x)=x^{2}$ 是 $[-1,1]$ 上的偶函数,于是

$$\int_{-1}^{1}x^{2}\mathrm{d}x=2\int_{0}^{1}x^{2}\mathrm{d}x=2\times\frac{x^{3}}{3}\bigg|_{0}^{1}=\frac{2}{3}$$

例 7 计算 $\displaystyle\int_{-\pi}^{\pi}\frac{x}{1+\cos x}\mathrm{d}x$.

解 因为 $f(x)=\dfrac{x}{1+\cos x}$ 是 $[-\pi,\pi]$ 上的奇函数,于是由例 5 的结论知

$$\int_{-\pi}^{\pi}\frac{x}{1+\cos x}\mathrm{d}x=0$$

练　习

求下列定积分:

(1) $\displaystyle\int_{0}^{4}\frac{x+2}{\sqrt{2x+1}}\mathrm{d}x$;

(2) $\displaystyle\int_{\frac{\sqrt{3}}{3}a}^{a}\frac{\mathrm{d}x}{x^{2}\sqrt{x^{2}+a^{2}}}\ (a>0)$;

(3) $\displaystyle\int_{0}^{\ln 2}\sqrt{\mathrm{e}^{x}-1}\mathrm{d}x$;

(4) $\displaystyle\int_{-\frac{\pi}{2}}^{\frac{\pi}{2}}3\cos^{2}x\sin x\mathrm{d}x$.

三、定积分的分部积分法

相应于不定积分,定积分也有分部积分公式.

定理 4 设函数 $u=u(x)$,$v=v(x)$ 在区间 $[a,b]$ 上具有连续导数,则

$$\int_{a}^{b}u\mathrm{d}v=u\cdot v\bigg|_{a}^{b}-\int_{a}^{b}v\mathrm{d}u \tag{10-6}$$

公式(10-6)叫做定积分的分部积分公式,其作用及 u 和 $\mathrm{d}v$ 的选取原则、使用范围与不定积分的分部积分法相同.

例8 计算 $\int_0^\pi x\cos x\mathrm{d}x$ 的值.

解 设 $u=x,\mathrm{d}v=\cos x\mathrm{d}x$,则 $\mathrm{d}u=\mathrm{d}x,v=\sin x$,于是

$$\int_0^\pi x\cos x\mathrm{d}x = x\cdot\sin x\Big|_0^\pi - \int_0^\pi \sin x\mathrm{d}x$$
$$= 0 + \cos x\Big|_0^\pi = -2$$

例9 求 $\int_0^1 x\mathrm{e}^{-x}\mathrm{d}x$ 的值.

解
$$\int_0^1 x\mathrm{e}^{-x}\mathrm{d}x = -x\mathrm{e}^{-x}\Big|_0^1 + \int_0^1 \mathrm{e}^{-x}\mathrm{d}x$$
$$= -\mathrm{e}^{-1} - \mathrm{e}^{-x}\Big|_0^1$$
$$= 1 - \frac{2}{\mathrm{e}}$$

例10 求 $\int_0^{\frac{\sqrt3}{2}} \arccos x\mathrm{d}x$.

解
$$\int_0^{\frac{\sqrt3}{2}} \arccos x\mathrm{d}x = [x\arccos x]_0^{\frac{\sqrt3}{2}} + \int_0^{\frac{\sqrt3}{2}} \frac{x}{\sqrt{1-x^2}}\mathrm{d}x$$
$$= \frac{\sqrt3}{12}\pi - \sqrt{1-x^2}\Big|_0^{\frac{\sqrt3}{2}}$$
$$= \frac{\sqrt3}{12}\pi - \frac{1}{2} + 1$$
$$= \frac{6+\sqrt3\pi}{12}$$

例11 求 $\int_0^{2\pi} \mathrm{e}^x\cos x\mathrm{d}x$.

解 设 $I = \int_0^{2\pi} \mathrm{e}^x\cos x\mathrm{d}x$,则

$$I = \int_0^{2\pi} \mathrm{e}^x\cos x\mathrm{d}x = [\mathrm{e}^x\sin x]_0^{2\pi} - \int_0^{2\pi} \sin x\mathrm{d}(\mathrm{e}^x)$$
$$= -\int_0^{2\pi} \mathrm{e}^x\sin x\mathrm{d}x$$
$$= \int_0^{2\pi} \mathrm{e}^x\mathrm{d}(\cos x)$$
$$= [\mathrm{e}^x\cos x]_0^{2\pi} - \int_0^{2\pi} \mathrm{e}^x\cos x\mathrm{d}x$$
$$= (\mathrm{e}^{2\pi} - 1) - I$$

于是,$I = \frac{1}{2}(\mathrm{e}^{2\pi}-1)$,即原积分为

$$\int_0^{2\pi} \mathrm{e}^x\cos x\mathrm{d}x = \frac{1}{2}(\mathrm{e}^{2\pi} - 1)$$

使用定积分的分部积分法时,不要忘记对函数 $u\cdot v$ 代入上下限作差的计算.

练 习

求下列定积分

(1) $\int_0^1 x\arctan x\mathrm{d}x$;

(2) $\int_0^{\frac{\pi}{2}} \mathrm{e}^{2x}\cos x\mathrm{d}x$;

(3) $\int_0^{\frac{\pi}{2}} x\sin 2x\mathrm{d}x$;

(4) $\int_0^{\frac{1}{2}} \arcsin x\mathrm{d}x$.

笔记栏

四、数值积分法

所谓数值积分法就是利用被积函数在一些点的函数值来近似计算定积分的方法. 数值积分法有两种.

定积分的近似计算问题

到目前为止,我们计算定积分时都是使用牛顿-莱布尼兹公式.但在实际应用中常常遇见被积函数不能用解析式表示,医学上往往用实验测得的图形或数字给出,有些被积函数的原函数不能用初等函数表示,如 $\int e^{-x^2} dx$. 所以就需要考虑定积分的近似计算问题.

1. 梯形法

定理5 设函数 $y = f(x)$,如果把区间 $[a,b]$ n 等分,各分点的坐标依次为 $a = x_0, x_1, x_2, \cdots, x_n = b$,每个小区间的长度 $\Delta x = \dfrac{b-a}{n}$,那么有

$$\int_a^b f(x)\, dx \approx \frac{b-a}{n}\left[\frac{f(a)+f(b)}{2} + f(x_1) + f(x_2) + \cdots + f(x_{n-1})\right]$$

此式称为梯形法求积公式.

例12 在水利工程中,常要计算河床的截面积,如图 10-7 所示的为一狭窄但较深的河的河床面积,每隔 $2m$ 测量一次深度 y,得出如下表中的数据:

$x(m)$	0	2	4	6	8	10	12	14	16	18	20
$y(m)$	0.3	0.9	1.5	2.3	3.2	4.2	4.4	3.6	2.7	1.1	0.5

试计算河床的截面积 S.

解 把河床截面的底线看做曲线 $y = f(x)$,根据梯形法求积公式,得

$$S \approx \frac{20}{10}\left(\frac{0.3+0.5}{2} + 0.9 + 1.5 + 2.3 + 3.2 + 4.2 +\right.$$

$$\left. 4.4 + 3.6 + 2.7 + 1.1\right) = 48.6(\text{m}^2)$$

利用梯形法可近似丈量土地的面积。

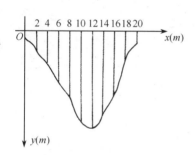

图 10-7

2. 抛物线法

梯形法求积公式的误差

在实际问题中,定积分的准确值往往是未知的,那么用梯形法求积公式进行计算时,所得近似值的误差,如何估计?

设误差为 r_n,当 $x \in [a,b]$ 时,$|f''(x)| \le M$,那么对

$$r_n = \int_a^b f(x)\, dx - \frac{b-a}{n}\left[\frac{f(a)+f(b)}{2} + f(x_1) + f(x_2) + \cdots + f(x_{n-1})\right]$$

有如下估计式:

$$|r_n| \le \frac{(b-a)^3}{12n^2} M.$$

定理6 设函数 $y = f(x)$,将区间 $[a,b]$ 分为 $2n$ 等分,即偶数等分,分点依次为 $a = x_0, x_1, x_2, \cdots, x_{2n-1}, x_{2n} = b$,各分点对应的函数值依次为 $y_0, y_1, y_2, \cdots, y_{2n-1}, y_{2n}$. 在每个小区间 $[x_0, x_2], [x_2, x_4], \cdots, [x_{2i-2}, x_{2i}], \cdots, [x_{2n-2}, x_{2n}]$ 上,都可以根据曲线 $y = f(x)$ 上的对应的三个点 $p_{2i-2}(x_{2i-2}, y_{2i-2}), p_{2i-1}(x_{2i-1}, y_{2i-1}), p_{2i}(x_{2i}, y_{2i})(i = 1, 2, \cdots, n)$ 惟一地确定一条抛物线 $y = A_i x^2 + B_i x + C_i$ 由此推出

$$\int_a^b f(x)\, dx \approx \frac{b-a}{6n}\left[y_0 + y_{2n} + 4(y_1 + y_3 + \cdots + y_{2n-1}) + 2(y_2 + y_4 + \cdots + y_{2n-2})\right]$$

这就是抛物线法求积公式,也称为辛普森公式.

例13 把 $[0,1]$ 10 等分,用抛物线法计算 $\int_0^1 e^{-x^2} dx$,保留六位小数.

解 设 $f(x) = e^{-x^2}$,注意,此时是 $2n = 10, n = 5$,根据抛物线法求积分公式,得

笔记栏

$$\int_0^1 e^{-x^2} dx \approx \frac{1}{6 \times 5} \{f(0) + f(1) + 4[f(0.1) + f(0.3) + f(0.5) + f(0.7) + f(0.9)] +$$
$$2[f(0.2) + f(0.4) + f(0.6) + f(0.8)]\}$$
$$= \frac{1}{30} [e^0 + e^{-1} + 4(e^{-0.01} + e^{-0.09} + e^{-0.25} + e^{-0.49} + e^{-0.81})$$
$$+ 2(e^{-0.04} + e^{-0.16} + e^{-0.36} + e^{-0.64})]$$
$$\approx 0.746\ 825$$

习题 10-4

1. 计算下列定积分：

(1) $\int_0^2 (x^2 - 2x) dx$；

(2) $\int_0^{\frac{\pi}{2}} \cos^2 x \sin x dx$；

(3) $\int_{\frac{\pi}{4}}^{\frac{\pi}{3}} \cot^2 x dx$；

(4) $\int_0^2 \sqrt{4 - x^2} dx$；

(5) $\int_0^1 x e^{2x} dx$；

(6) $\int_0^{\frac{\pi}{2}} e^{2x} \cos x dx$；

(7) $\int_{-\frac{\pi}{2}}^0 \sin x dx$；

(8) $\int_0^{\pi} 2 \cos x dx$；

(9) $\int_1^2 \frac{1 + x^2}{x^3} dx$；

(10) $\int_1^3 x(\frac{2}{x^2} - 3x) dx$；

(11) $\int_0^{\frac{\pi}{4}} \frac{1}{\cos^2 x} dx$；

(12) $\int_1^4 \frac{\ln x}{\sqrt{x}} dx$；

(13) $\int_0^1 \sqrt{(1 - x^2)^3} dx$；

(14) $\int_1^e \frac{1 + \ln x}{x} dx$；

(15) $\int_{-3}^3 f(x) dx$，其中 $f(x) = \begin{cases} 2x^2 - 1, & x \leq 1, \\ 3 - x^2, & x > 1. \end{cases}$

2. 用梯形法计算 $\int_0^1 \frac{\sin x}{x} dx$ 的近似值，取 $n = 10$，结果保留三位小数.

第 5 节　定积分的应用

一、定积分的微元法

定积分是求某种总量的数学模型，它在几何学、物理学、经济学、医学、社会学等方面都有着广泛的应用，显示了它的巨大魅力，也正是这些广泛的应用，推动着积分学的不断发展和完善. 因此在学习的过程中，我们不仅要掌握计算某些实际问题的公式，更重要的还在于深刻领会用定积分解决实际问题的基本思想和方法——微元法，不断积累和提高数学的应用能力.

在定积分的定义中，我们先把整体量进行分割，然后在局部范围内"以直代曲"，求出整体量在局部范围内的近似值；再把所有这些近似值加起来，得到整体量的近似值，最后当分割无限加密时取极限得定积分（即整体量）. 在这四个步骤中，关键是第二步局部量取近似. 事实上，许多几何量与物理量等都可以用这种方法计算. 为应用方便，我们把计算在区间 $[a, b]$ 上的某个总量采用以下三个步骤来解决：

（1）选取积分变量. 根据实际问题，适当选取坐标系，确定积分变量及其变化区间 $[a, b]$.

（2）确定被积表达式. 在区间 $[a, b]$ 内任取一个小区间 $[x, x + dx]$，"以不变代变"求得整体量 A 相应于该区间 $[x, x + dx]$ 上得部分量 ΔA 的近似值：

$$\Delta A \approx f(x) dx$$

其中 $f(x) dx$ 称为量 A 的微元，记为 dA，即 $dA = f(x) dx$.

（3）求定积分. 以所求量 A 的微元 $f(x)\mathrm{d}x$ 为被积表达式, 在区间 $[a,b]$ 上直接取定积分（即把求和与取极限两步合并）, 得

$$A = \int_a^b f(x)\mathrm{d}x$$

这就是所求量 A 的积分表达式, 计算出定积分就得所求量 A 的值.

以上这种方法叫做微元分析法, 简称微元法, 又称元素法.

二、平面图形的面积

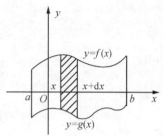

图 10-8

设在直角坐标系里, 由曲线 $y=f(x)$, $y=g(x)$　（$f(x) > g(x)$）和直线 $x=a, x=b$ 围成的平面图形如图 10-8 所示, 求其面积 A.

在 $[a,b]$ 内任取小区间 $[x,x+\mathrm{d}x]$, 它所相应的一小条面积（如图 10-8 中的阴影部分）, 近似等于高为 $[f(x)-g(x)]$, 底为 $\mathrm{d}x$ 的矩形面积, 故面积微元 $\mathrm{d}A = [f(x)-g(x)]\mathrm{d}x$, 因此所求面积

$$A = \int_a^b [f(x) - g(x)]\mathrm{d}x$$

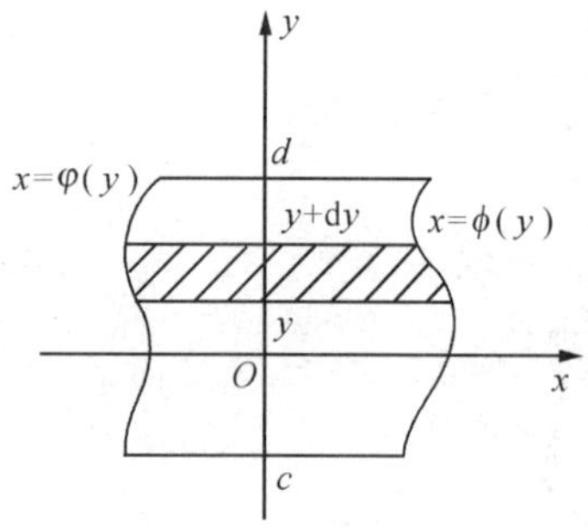

特别地, 当 $g(x)=0$ 时, 便得 $A = \int_a^b f(x)\mathrm{d}x$, 这就是讨论过的曲边梯形的面积.

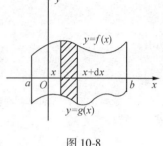

图 10-9

同理, 可得由曲线 $x=\phi(y)$, $x=\varphi(y)$（$\phi(y) > \varphi(y)$）及 $y=c, y=d$ 围成的平面图形, 如图 10-9 所示, 面积为

$$A = \int_c^d [\phi(y) - \varphi(y)]\mathrm{d}y$$

较复杂的图形都可以分别化成以上两种情况来处理.

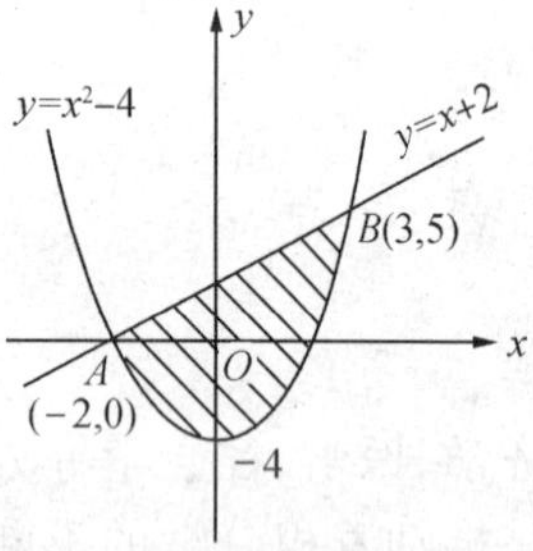

例 1　计算由抛物线 $y=x^2-4$ 与直线 $y=x+2$ 围成的图形面积如图 10-10 所示.

解　为了确定积分的上、下限, 先求出抛物线和直线的交点, 解方程组

$$\begin{cases} y=x^2-4 \\ y=x+2 \end{cases}$$

得交点 $A(-2,0)$, $B(3,5)$, 取横坐标 x 为积分变量, 便得所求面积为

图 10-10

$$A = \int_{-2}^3 [(x+2) - (x^2-4)]\mathrm{d}x = \int_{-2}^3 (-x^2+x+6)\mathrm{d}x = \left(-\frac{x^3}{3} + \frac{x^2}{2} + 6x\right)\bigg|_{-2}^3 = 20\frac{5}{6}$$

例 2　计算由抛物线 $y^2=x+1$ 及直线 $x-y=5$ 围成的图形面积如图 10-11 所示.

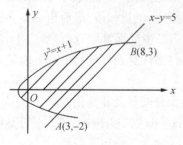

图 10-11

解　解方程组 $\begin{cases} y^2=x+1, \\ x-y=5, \end{cases}$ 得交点 $A(3,-2)$, $B(8,3)$, 取纵坐标 y 为积分变量, 曲线方程分别表示为 $x=y^2-1$ 和 $x=y+5$, 于是有

$$A = \int_{-2}^3 [(y+5) - (y^2-1)]\mathrm{d}y = \int_{-2}^3 (-y^2+y+6)\mathrm{d}y$$

$$= \left(-\frac{y^3}{3} + \frac{y^2}{2} + 6y\right)\bigg|_{-2}^3 = 20\frac{5}{6}$$

笔记栏

本例若取 x 为积分变量,计算就比较麻烦,因此,在具体解题过程中,要注意适当选择积分变量.

若曲边梯形的曲边由参数方程 $x=\varphi(t)$,$y=\phi(t)$ 给出时,容易推出其面积 A 为

$$A = \int_{t_1}^{t_2} \phi(t)\varphi'(t)\mathrm{d}t$$

其中 t_1,t_2 分别是对应于曲线的起点和终点的参数值.

三、旋转体的体积

由一个平面图形绕此平面内一条直线旋转一周而形成的立体称为旋转体.这直线叫做旋转轴.例如,直角三角形绕它的一直角边旋转一周便得到圆锥体,矩形绕它的一条边旋转一周可得到圆柱,而球体可视为半圆绕它的直径旋转一周而成的立体.

现在,来计算由曲线 $y=f(x)$ 和直线 $x=a$,$x=b$ 及 x 轴围成的曲边梯形绕 x 轴旋转一周而成的旋转体的体积 V,如图 10-12 所示.以横坐标 x 为积分变量,并在区间 $[a,b]$ 内任取一个小区间 $(x,x+\mathrm{d}x)$ 来分析,与这个区间相应的旋转体的体积,可近似地用 $y=f(x)$ 为底半径,$\mathrm{d}x$ 为高的小圆柱体的体积来代替,从而体积微元为 $\mathrm{d}V=\pi[f(x)]^2\mathrm{d}x$,于是所求旋转体的体积为

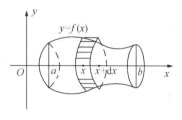

图 10-12

$$V = \int_a^b \pi[f(x)]^2\,\mathrm{d}x$$

类似地,可导出由平面曲线 $x=\varphi(y)$,直线 $y=c$,$y=\mathrm{d}$ 及 y 轴围成的图形绕 y 轴旋转一周而成的旋转体体积

$$V = \int_c^{\mathrm{d}} \pi[\varphi(y)]^2\mathrm{d}y$$

例 3　求由曲线 $y=\sin x$,直线 $x=0$,$x=\dfrac{\pi}{2}$ 及 x 轴围成的图形绕 x 轴旋转而成的旋转体的体积,如图 10-13 所示.

解　以 x 为积分变量,积分区间为 $\left[0,\dfrac{\pi}{2}\right]$,所求体积为

$$V = \int_0^{\frac{\pi}{2}} \pi(\sin x)^2\mathrm{d}x = \pi\int_0^{\frac{\pi}{2}}\sin^2 x\mathrm{d}x = \pi\left(\frac{x}{2}-\frac{\sin 2x}{4}\right)\Big|_0^{\frac{\pi}{2}}$$

$$= \pi\cdot\frac{1}{2}\cdot\frac{\pi}{2} = \frac{\pi^2}{4}$$

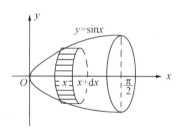

图 10-13

例 4　求由椭圆 $\dfrac{x^2}{a^2}+\dfrac{y^2}{b^2}=1$ 绕 x 轴旋转而成的旋转体的体积,如图 10-14 所示.

解　这个旋转体叫做旋转椭球.它可看成由上半(或下半)椭圆及 x 轴围成的平面图形绕 x 轴旋转而成的立体.

以 x 为积分变量,积分区间为 $[-a,a]$,所求体积为

$$V = \int_{-a}^a \pi y^2\mathrm{d}x = \int_{-a}^a \pi\frac{b^2}{a^2}(a^2-x^2)\mathrm{d}x$$

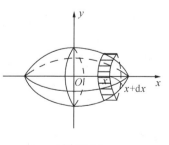

图 10-14

$$= \frac{2\pi b^2}{a^2}\int_0^a(a^2-x^2)\mathrm{d}x = \frac{2\pi b^2}{a^2}\left(a^2 x-\frac{x^3}{3}\right)\Big|_0^a = \frac{4}{3}\pi ab^2$$

若以 y 为积分变量,绕 y 轴旋转,则可算得旋转体的体积为

$$V = \frac{4}{3}\pi a^2 b$$

当 $a = b = R$ 时,旋转椭球变成半径为 R 的球,其体积为 $V = \frac{4}{3}\pi R^3$.

练　习

(1) 求由曲线 $y = 3 - x^2$ 与直线 $y = 2x$ 所围图形的面积.

(2) 求由曲线 $x^2 + y^2 = 2$ 和 $y = x^2$ 所围成的图形绕 x 轴旋转所得的旋转体的体积.

四、医学上的应用

例5 基础代谢.

基础代谢是描述非应激状态下有机体内正常化学活动的术语. 所谓非应激状态对植物而言是指在理想条件下的发育,对动物而言是指静止休息一段时间.

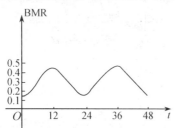

(1)0,24,48,…相应于下午 4 点;

(2)12,36,…相应于清晨 4 点

图 10-15

动物(包括人)的代谢速度随着外界环境变化(温度、湿度、空气质量)和生理活动变化而相应地变化,因为在日周期内气温是波动的,所以在日周期内动物的基础代谢率(BMR)也是波动的,在夜间 BMR 增加以补偿温度的降低,而白天则减少. 图 10-15 就是这种周期变化的图形.

在一段时间内的总数的基础代谢可通过对基础代谢率在这段时间内的积分得到

$$BM = \int_{t_1}^{t_2} BMR(t)\,dt$$

对于图 10-15 的 BMR(kcal/h)是由下面的函数给出:

$$BMR(t) = -0.17\cos\left(\frac{\pi t}{12}\right) + 0.35$$

因此,在一昼夜内 BM 的值是

$$BM = \int_0^{24}\left[-0.17\cos\left(\frac{\pi t}{12}\right) + 0.35\right]dt = \left(-0.17\frac{12}{\pi}\sin\left(\frac{\pi t}{12}\right) + 0.35t\right)\Bigg|_0^{24}$$

$$= -\frac{2}{\pi}(\sin 2\pi - \sin 0) + 8.4 - 0 = 8.4(kcal)$$

这个值相当于一只老鼠的基础代谢,而成人的基础代谢约 2326kcal(1kcal = 4.186kJ).

例6 药物的有效度.

病人口服药物后,必须被血液系统吸收,然后才能在人体各部分发生效应,并非口服的全部剂量都能吸收而发挥作用. 为了测量被血液系统利用的药物的总量,就必须监测药物在尿中的排泄速度,临床上已有标准测定法. 如果排泄速度为 $f(t)$,则在时间区间 $[0, T]$ 进入人体各部分的药物总量为

$$D = \int_0^T f(t)\,dt$$

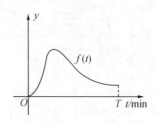

图 10-16

时间上限 T 是直到药物检测不到的时刻,在理论上,T 应该是 $+\infty$,在这里,考虑 T 为有限值. 从图 10-16 可看到,有效剂量就是曲线 $f(t)$ 下的面积. 自变量区间为 $[0, T]$,典型的清除速度函数为 $f(t) = te^{-kt}(k > 0)$.

相应的有效药物利用量为

$$D = \int_0^T te^{-kt}\,dt = -e^{-kt}\left(\frac{t}{k} + \frac{1}{k^2}\right)\Bigg|_0^T$$

笔记栏

$$= -e^{-kT}\left(\frac{T}{k} + \frac{1}{k^2}\right) - \left[-e^{-k\cdot 0}\left(\frac{0}{k} + \frac{1}{k^2}\right)\right]$$

$$= \frac{1}{k^2} - e^{-kT}\left(\frac{T}{k} + \frac{1}{k^2}\right)$$

当 T 很大时,式中的第二项很小,例如当 $k = 0.1$, $T = 1000$ 时

$$e^{-100}\left(\frac{1000}{0.1} + \frac{1}{0.01}\right) \approx 3.7 \times 10^{-40}$$

$T = 1000$,就相当于对药物监测了 16 小时又 40 分钟. 所以,对当 T 取很大的值,药物利用水平为

$$D \approx \frac{1}{k^2}$$

五、物理上的应用

定积分在物理上也有广泛的应用,如变力做功、变速运动、液体的静压力、平均值、静力矩与重心等问题.

1. 功 设质点 m 受力 F 的作用沿 x 轴由点 a 移动至点 b,如图 10-17 所示,并设 F 的方向平行于 x 轴. 如果 F 是常量,则它对质点所做的功为 $W = F \cdot (b - a)$. 现在的问题是,如果力 F 不是常量而是质点所在位置 x 的连续函数,即 $F = f(x)$ $(a \leqslant x \leqslant b)$ 是变力,那么 F 对质点所做的功 W 该如何计算?

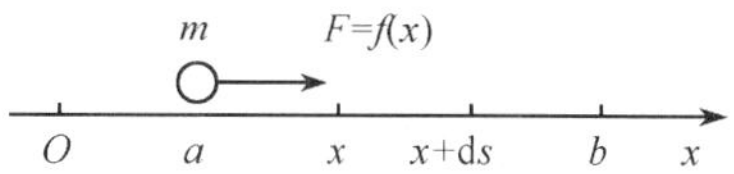

图 10-17

我们用微元法的思想来解决变力做功的问题.

取积分变量为 x,积分区间为 $[a, b]$. 在区间 $[a, b]$ 上,任取一小区间 $[x, x + dx]$,对应于这一小段的距离来说,变力所做的功近似于常力 $f(x)$(即在点 x 处的力)所做的功,于是可得做功微元 $dW = f(x) dx$;

把功微元 dW 从 a 到 b 取定积分,即可得变力所做的功

$$W = \int_a^b dW = \int_a^b f(x) dx$$

例 7 已知弹簧每拉长 0.02m 要用 9.8N 的力,求把弹簧拉长 0.1 米所做的功.

解 如图 10-18 所示,由于在弹性限度内,拉伸(或压缩)弹簧所需的力 F 和弹簧的伸长量(或压缩量)x 成正比,所以 $F = kx$(其中 k 为比例系数).

由题知 $x = 0.02$m 时, $F = 9.8$N,代入得 $k = 4.9 \times 10^2$,于是得到变力函数

$$F = f(x) = 4.9 \times 10^2 x$$

下面来计算所做功.

取积分变量为 x,积分区间为 $[0, 0.1]$;

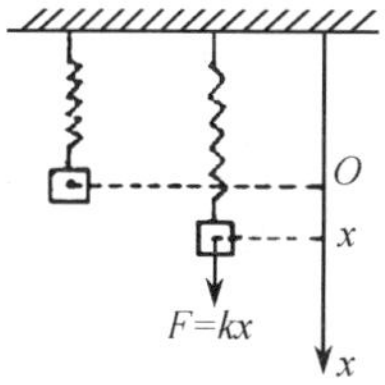

图 10-18

在 $[0, 0.1]$ 上,任取一小区间 $[x, x + dx]$,与它对应的变力 F 所做的功近似于把变力 F 视为常力所做的功,于是得功微元

$$dW = 4.9 \times 10^2 x dx$$

所求功为

$$W = \int_0^{0.1} 4.9 \times 10^2 x dx = 4.9 \times 10^2 \left[\frac{x^2}{2}\right]_0^{0.1} = 2.45 \text{(J)}$$

2. 液体的静压力 由物理学知识可知,一面积为 A 的薄片,水平放置在距离表面深度为 h 的液体中如图 10-19 所示,如果液体的密度为 ρ(单位:kg/m^3),那么该薄片的一面所受的压力为

$$F = \rho \cdot g \cdot h \cdot A$$

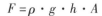

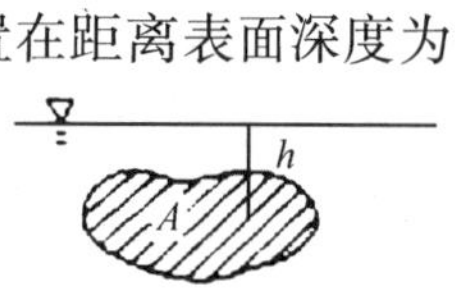

图 10-19

笔记栏

然而,在实际中,常需要计算与液面垂直放置的薄片上一侧所受的压力.由于薄片上各个位置距离液体表面的深度不同,所以,薄片上的压力并不是处处相等.这时不能直接应用上面的公式进行计算,但我们可以用微元法的思想来解决这种压力计算问题.

例8 设有一形状为等腰梯形的闸门,铅直竖立于水中.其上底 8m,下底 4m,高 6m,闸门顶齐水面.求水对闸门的压力.

解 建立直角坐标系,如图 10-20 所示,直线 AB 的方程为

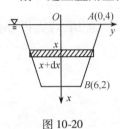

图 10-20

$$y = -\frac{1}{3}x + 4$$

取 x 为积分变量,积分区间为 $[0,6]$. 在积分区间 $[0,6]$ 上任取一小区间 $[x, x+dx]$. 与它对应的小薄片面积近似于长为 $2y = 2\left(-\frac{1}{3}x + 4\right)$,宽为 dx 的小矩形面积. 这个小矩形一侧所受的压力近似于把它放在平行于液体表面,距离液体表面深度为 x 的位置上一面所受的压力. 于是可得闸门所受压力的微元

$$dF = \rho \cdot g \cdot x \cdot 2y dx = 2 \times 9.8 \times 10^3 \left(4 - \frac{x}{3}\right) x dx$$

闸门所受的压力为

$$F = 2 \times 9.8 \times 10^3 \int_0^6 \left(4x - \frac{x^2}{3}\right)dx = 2 \times 9.8 \times 10^3 \times \left(2x^2 - \frac{1}{9}x^3\right)\Big|_0^6 \approx 9.02 \times 10^5 (N)$$

六、平　均　值

给一组有限个数值,很容易计算出它们的平均值,我们只需要把这些数值相加,然后除以数值的个数即可. 然而在实际中,常需要计算一个连续函数在某个区间上一切值的平均值,如在一段时间内的平均气温,平均速度,平均功率等. 我们仍可用微元的思想来推导,本书推导过程从略,直接给出以下结论:

连续函数 $y = f(x)$ 在区间 $[a,b]$ 上的平均值,等于函数 $f(x)$ 在区间 $[a,b]$ 上的定积分除以区间 $[a,b]$ 的长度 $b - a$,即

$$\boxed{\bar{y} = \frac{1}{b-a}\int_a^b f(x)\,dx}$$

例9 已知某化学反应的速度为 $V = ake^{-rt}$,其中 a, k, r 为常数,求在时间区间 $[0, t_1]$ 内反应的平均速度.

解 由平均值公式得

$$\bar{V} = \frac{\int_0^{t_1} ake^{-rt}dt}{t_1 - 0} = \frac{ak}{rt_1}(1 - e^{-rt_1})$$

例10 公司每天要支付仓库的租金、保管费、保证金等都与商品的库存量有关. 现有一公司每 30 天会收到 1200 箱巧克力。随后,每天以一定的比例售给零售商. 已知到货后的 x 天,公司的库存量是 $I(x) = 1200 - 40\sqrt{30x}$ 箱. 一箱巧克力每天的库存保管费是 0.05 元. 问公司平均每天要支付多少保管费?

解 经分析这是平均值问题. 先算出平均每天的库存量

$$\bar{I} = \frac{1}{30}\int_0^{30}(1200 - 40\sqrt{30x})\,dx = \frac{1}{30}\left(1200x - 40\sqrt{30} \cdot \frac{2}{3}x^{\frac{3}{2}}\right)\Big|_0^{30}$$

$$= 400(箱)$$

故公司平均每天要支付保管费 $0.05 \times 400 = 20$(元).

笔记栏

练 习

求函数 $y=2x^2+3x+3$ 在区间 $[1,4]$ 上的平均值.

习题 10-5

1. 求由抛物线 $x^2=y+1$ 与直线 $y=1+x$ 所围成的面积.

2. 求由抛物线 $y^2=2x$ 与直线 $2x+y-2=0$ 所围成的面积.

3. 求由曲线 $y=x^2$，$y=2-x^2$ 所围成的图形分别绕 x 轴和 y 轴旋转而成的旋转体的体积.

4. 口服药物必须先被吸收进入血液循环，然后才能在机体的不同部位发挥作用. 一种典型的吸收率函数具有以下形式：

$$f(t)=kt(t-b)^2, 0 \leqslant t \leqslant b$$

其中 k 和 b 是常数求药物吸收的总量.

5. 求函数 $y=e^{-x}$ 在区间 $[0,1]$ 上的平均值.

6. 一物体以速度 $V=3t^2+2t(\text{m/s})$ 作直线运动，求由 $t=0$ 到 $t=3$ 秒这段时间内的平均速度.

7. 设有一圆锥形储水池，深 15m，口径 20m，盛满水，今以吸筒将水吸尽，问要做多少功?

* 第 ⑥ 节　广 义 积 分

一、广义积分的概念

定义 1　设函数 $f(x)$ 在区间 $[a,+\infty]$ 上连续，取 $b>a$，若极限 $\lim\limits_{b \to +\infty} \int_a^b f(x)\,\mathrm{d}x$ 存在，则称此极限为函数 $f(x)$ 在无穷区间 $[a,+\infty]$ 上的广义积分，记做 $\int_a^{+\infty} f(x)\,\mathrm{d}x$，即

$$\boxed{\int_a^{+\infty} f(x)\,\mathrm{d}x = \lim\limits_{b \to +\infty} \int_a^b f(x)\,\mathrm{d}x}$$

这时也称广义积分 $\int_a^{+\infty} f(x)\,\mathrm{d}x$ 收敛；若上述极限不存在，称广义积分 $\int_a^{+\infty} f(x)\,\mathrm{d}x$ 发散.

类似地，若极限 $\lim\limits_{a \to -\infty} \int_a^b f(x)\,\mathrm{d}x$ 存在，则称广义积分 $\int_{-\infty}^b f(x)\,\mathrm{d}x$ 收敛.

设函数 $f(x)$ 在区间 $(-\infty,+\infty)$ 上连续，如果广义积分 $\int_{-\infty}^a f(x)\,\mathrm{d}x$ 和 $\int_a^{+\infty} f(x)\,\mathrm{d}x$ 都收敛，则称上述两广义积分之和为函数 $f(x)$ 在无穷区间 $(-\infty,+\infty)$ 上的广义积分，记做 $\int_{-\infty}^{+\infty} f(x)\,\mathrm{d}x$，也称广义积分 $\int_{-\infty}^{+\infty} f(x)\,\mathrm{d}x$ 收敛；否则就称广义积分 $\int_{-\infty}^{+\infty} f(x)\,\mathrm{d}x$ 发散.

上述广义积分统称为无穷限的广义积分.

例 1　计算广义积分 $\int_{-\infty}^{+\infty} \dfrac{\mathrm{d}x}{1+x^2}$.

解　$\displaystyle\int_{-\infty}^{+\infty} \frac{\mathrm{d}x}{1+x^2} = \int_{-\infty}^0 \frac{\mathrm{d}x}{1+x^2} + \int_0^{+\infty} \frac{\mathrm{d}x}{1+x^2} = \lim\limits_{a \to -\infty} \int_a^0 \frac{\mathrm{d}x}{1+x^2} + \lim\limits_{b \to +\infty} \int_0^b \frac{\mathrm{d}x}{1+x^2}$

$\qquad = \lim\limits_{a \to -\infty} \left[\arctan x\right]_a^0 + \lim\limits_{b \to +\infty} \left[\arctan x\right]_0^b$

$\qquad = -\lim\limits_{a \to -\infty} \arctan a + \lim\limits_{b \to +\infty} \arctan b$

$\qquad = -\left(-\dfrac{\pi}{2}\right) + \dfrac{\pi}{2} = \pi$

例 2　证明广义积分 $\int_a^{+\infty} \dfrac{1}{x^p}\,\mathrm{d}x\,(a>0)$ 当 $p>1$ 时收敛，当 $p \leqslant 1$ 时发散.

证明　当 $p = 1$ 时，

$$\int_a^{+\infty} \frac{1}{x^p} dx = \int_a^{+\infty} \frac{1}{x} dx = [\ln x]_a^{+\infty} = +\infty$$

当 $p \neq 1$ 时，

$$\int_a^{+\infty} \frac{1}{x^p} dx = \left[\frac{x^{1-p}}{1-p} \right]_a^{+\infty} = \begin{cases} +\infty, & p < 1 \\ \dfrac{a^{1-p}}{p-1}, & p > 1 \end{cases}$$

因此，当 $p > 1$ 时，此广义积分收敛，其值为 $\dfrac{a^{1-p}}{p-1}$；当 $p \leqslant 1$ 时，此广义积分发散.

二、无界函数的广义积分

现在我们把定积分推广到被积函数为无界函数的情形.

定义 2　设函数 $f(x)$ 在 (a,b) 上连续，而在点 a 的右邻域内无界，取 $\varepsilon > 0$，如果极限 $\lim\limits_{\varepsilon \to 0} \int_{a+\varepsilon}^b f(x) dx$ 存在，则称此极限为函数 $f(x)$ 在 $(a,b]$ 上的广义积分，仍然记做 $\int_a^b f(x) dx$，这时也称广义积分 $\int_a^b f(x) dx$ 收敛，否则就称广义积分发散. 其中 a 称为瑕点，此积分也称为瑕积分.

函数 $f(x)$ 在区间右端点的瑕积分

若函数 $f(x)$ 在区间 $[a,b)$ 上连续，且 $\lim\limits_{x \to b^-} f(x) = \infty$ 任取 $\varepsilon > 0$，$\lim\limits_{\varepsilon \to 0} \int_a^{b-\varepsilon} f(x) dx$ 存在，则称此极限值为函数 $f(x)$ 在区间 $[a,b]$ 上的广义积分，记作

$$\int_a^b f(x) dx = \lim_{\varepsilon \to 0} \int_a^{b-\varepsilon} f(x) dx$$ 并称此广义积分收敛，否则就说广义积分发散.

类似地，设函数 $f(x)$ 在 $[a,b]$ 上除点 $c(a < c < b)$ 外连续，而在点 c 的邻域内无界，如果两个广义积分 $\int_a^c f(x) dx$ 与 $\int_c^b f(x) dx$ 都收敛，则定义

$$\int_a^b f(x) dx = \int_a^c f(x) dx + \int_c^b f(x) dx = \lim_{\varepsilon \to 0^+} \int_a^{c-\varepsilon} f(x) dx + \lim_{\varepsilon' \to 0^+} \int_{c+\varepsilon}^b f(x) dx$$

否则，就称广义积分 $\int_a^b f(x) dx$ 发散.

例 3　计算广义积分 $\int_0^a \dfrac{dx}{\sqrt{a^2 - x^2}} (a > 0)$.

解　因为 $\lim\limits_{x \to a^-} \dfrac{1}{\sqrt{a^2 - x^2}} = +\infty$，所以被积函数在点 a 的左邻域内无界，于是有

$$\int_0^a \frac{dx}{\sqrt{a^2 - x^2}} = \lim_{\varepsilon \to 0^+} \int_0^{a-\varepsilon} \frac{dx}{\sqrt{a^2 - x^2}} = \lim_{\varepsilon \to 0^+} \left[\arcsin \frac{x}{a} \right]_0^{a-\varepsilon}$$

$$= \lim_{\varepsilon \to 0^+} \left(\arcsin \frac{a-\varepsilon}{a} - 0 \right) = \arcsin 1 = \frac{\pi}{2}$$

例 4　证明广义积分 $\int_a^b \dfrac{1}{(x-a)^q} dx$ 当 $q < 1$ 时收敛，当 $q \geqslant 1$ 时发散.

证明　当 $q = 1$ 时，

$$\int_a^b \frac{1}{(x-a)^q} dx = \int_a^b \frac{1}{x-a} dx = \lim_{\varepsilon \to 0^+} \int_{a+\varepsilon}^b \frac{1}{x-a} dx = \lim_{\varepsilon \to 0^+} [\ln(x-a)]_{a+\varepsilon}^b$$

笔记栏

$$= \lim_{\varepsilon \to 0^+} \left[\ln(b-a) - \ln\varepsilon \right] = +\infty$$

当 $q \neq 1$ 时,

$$\int_a^b \frac{1}{(x-a)^q} dx = \left[\frac{(x-a)^{1-q}}{1-q} \right]_a^b = \begin{cases} \dfrac{(b-a)^{1-q}}{1-q}, & q < 1 \\ +\infty, & q > 1 \end{cases}$$

因此,当 $q < 1$ 时,此广义积分收敛,其值为 $\dfrac{(b-a)^{1-q}}{1-q}$;当 $q \geq 1$ 时,此广义积分发散.

习题 10-6

1. 判别下列各广义积分的收敛性,如果收敛,计算广义积分的值:

(1) $\displaystyle\int_1^{+\infty} \frac{dx}{x^4}$;

(2) $\displaystyle\int_0^{+\infty} e^{-ax} dx$;

(3) $\displaystyle\int_0^{+\infty} e^{-pt} \sin wt\, dt\ (p > 0, w > 0)$;

(4) $\displaystyle\int_0^1 \frac{x\, dx}{\sqrt{1-x^2}}$.

2. 判断 $\displaystyle\int_{-1}^1 \frac{1}{x^2} dx$ 收敛还是发散.

---

1. 如果 $F(x)$ 是 $f(x)$ 在区间 I 上的一个原函数,那么 $F(x) + C$ 就是 $f(x)$ 的不定积分,即

$$\int f(x)\, dx = F(x) + C$$

2. 积分运算法则:

(1) $\displaystyle\int [f(x) \pm g(x)]\, dx = \int f(x)\, dx \pm \int g(x)\, dx$

(2) $\displaystyle\int kf(x)\, dx = k \int f(x)\, dx$　(k 是常数,$k \neq 0$)

3. 第一类换元法:设 $f(u)$ 具有原函数,$u = \varphi(x)$ 可导,则有换元公式

$$\int f(x)\, dx = \left[\int f(u)\, du \right]_{u = \varphi(x)}$$

4. 第二类换元法:设 $x = \varphi(t)$ 是单调、可导的函数,并且 $\varphi'(t) \neq 0$. 又设 $f[\varphi(t)]\varphi'(t)$ 具有原函数,则有换元公式

$$\int f(x)\, dx = \left\{ \int f[\varphi(t)]\varphi'(t)\, dt \right\}_{t = \varphi^{-1}(x)}$$

5. 分部积分法:

$$\int uv'\, dx = uv - \int u'v\, dx$$

6. 定积分是和式的极限:

$$\int_a^b f(x)\, dx = \lim_{\Delta x \to 0} \sum_{i=1}^n f(\xi_i) \Delta x_i \quad \left(\Delta x = \max_{1 \leq i \leq n} \{\Delta x_i\} \right)$$

定积分 $\displaystyle\int_a^b f(x)\, dx$ 表示由曲线 $f(x)$,直线 $x = a, x = b$ 及 Ox 轴所围图形各部分面积的代数和.

7. 定积分基本公式:如果函数 $F(x)$ 是连续函数 $f(x)$ 在区间 $[a,b]$ 上的一个原函数,那么

$$\int_a^b f(x)\, dx = F(b) - F(a)$$

会用定积分换元积分公式和分部积分公式解题.

能运用定积分的理论解答一些实际问题,特别是医学中的一些问题.

8. 广义积分:无穷限的广义积分,无界函数的广义积分.

小　结

笔记栏

1. 在下列各式等号空白处填入适当的系数,使等式成立:

(1) $x\mathrm{d}x = \quad \mathrm{d}(5x^2)$;

(2) $x^3\mathrm{d}x = \quad \mathrm{d}(3x^4 - 2)$;

(3) $\mathrm{e}^{-\frac{x}{2}}\mathrm{d}x = \quad \mathrm{d}(1 + \mathrm{e}^{-\frac{x}{2}})$;

(4) $\dfrac{\mathrm{d}x}{x} = \quad \mathrm{d}(5\ln|x|)$;

(5) $\dfrac{\mathrm{d}x}{1 + 9x^2} = \quad \mathrm{d}(\arctan 3x)$;

(6) $\dfrac{x\mathrm{d}x}{\sqrt{1 - x^2}} = \quad \mathrm{d}(\sqrt{1 - x^2})$.

2. 求下列不定积分:

(1) $\displaystyle\int \dfrac{\mathrm{d}x}{\mathrm{e}^x + \mathrm{e}^{-x}}$;

(2) $\displaystyle\int \dfrac{x}{(1 - x)^3}\mathrm{d}x$;

(3) $\displaystyle\int \dfrac{1 + \cos x}{x + \sin x}\mathrm{d}x$;

(4) $\displaystyle\int \dfrac{\ln \ln x}{x}\mathrm{d}x$;

(5) $\dfrac{\ln(1 + x)\mathrm{d}x}{\sqrt{x}}$;

(6) $\displaystyle\int x\cos^2 x\mathrm{d}x$;

(7) $\displaystyle\int \sqrt{x}\sin\sqrt{x}\mathrm{d}x$;

(8) $\displaystyle\int \dfrac{\mathrm{d}x}{x(x^2 + 1)}$.

3. 判断题

(1) 若 $f(x) \geqslant 0$,则有 $\displaystyle\int_a^b f(x)\mathrm{d}x \geqslant 0$.　　　　　　　　　　　　　　　　　(　)

(2) 定积分的值只与积分区间及被积函数有关,而与积分变量无关.　　　　(　)

(3) 广义积分 $\displaystyle\int_a^b \dfrac{1}{(x - a)^k}\mathrm{d}x$ 收敛.　　　　　　　　　　　　　　　　　(　)

4. 填空题

(1) 如果在区间 $[a, b]$ 上有 $f(x) \leqslant g(x)$,那么 $\displaystyle\int_a^b f(x)\mathrm{d}x \underline{\quad\quad} \int_a^b g(x)\mathrm{d}x$.

(2) 在定积分 $\displaystyle\int_1^4 \dfrac{1}{1 + \sqrt{x}}\mathrm{d}x$ 中,做换元 $x = t^2$,则新的积分上限应取 $\underline{\quad\quad}$,下限应取 $\underline{\quad\quad}$.

(3) 如果 $f(x)$ 是可积偶函数,则 $\displaystyle\int_{-a}^a f(x)\mathrm{d}x = \underline{\quad\quad}$;如果 $f(x)$ 是可积奇函数,则 $\displaystyle\int_{-a}^a f(x)\mathrm{d}x = \underline{\quad\quad}$.

5. 选择题

(1) 由定积分的几何意义知,定积分 $\displaystyle\int_{-1}^1 \sqrt{1 - x^2}\mathrm{d}x$ 的值是(　).

A. 0　　　　　　　B. π　　　　　　　C. 1　　　　　　　D. $\dfrac{\pi}{2}$

(2) 由抛物线 $y = x^2 - 4$ 与直线 $y = x + 2$ 所围成的平面图形的面积为(　).

A. 20　　　　　B. $20\dfrac{5}{6}$　　　　　C. 21　　　　　D. $21\dfrac{5}{6}$

(3) 定积分 $\displaystyle\int_{\frac{1}{e}}^e |\ln x|\mathrm{d}x$ 的值是(　).

A. 1　　　　　B. e　　　　　C. $2 - \dfrac{2}{\mathrm{e}}$　　　　　D. $\dfrac{1}{\mathrm{e}}$

6. 计算下列定积分:

(1) $\displaystyle\int_0^\pi \cos x\mathrm{d}x$;

(2) $\displaystyle\int_1^2 \left(\mathrm{e}^x + \dfrac{1}{x}\right)\mathrm{d}x$;

(3) $\displaystyle\int_0^1 \dfrac{2x}{1 + x^2}\mathrm{d}x$;

(4) $\displaystyle\int_0^2 \dfrac{\mathrm{d}x}{4 + x^2}$;

(5) $\displaystyle\int_0^1 \dfrac{\sqrt{x}}{1 + \sqrt{x}}\mathrm{d}x$;

(6) $\displaystyle\int_0^\pi (1 - 2x)\sin x\mathrm{d}x$;

(7) $\displaystyle\int_1^e x\ln x\mathrm{d}x$.

笔记栏

7. 求由曲线 $y = \ln x$,直线 $y = a$,$y = b$ 及 y 轴$(b > a > 0)$ 所围成的平面图形的面积.

8. 求直线段 $y = \dfrac{R}{h} x, x \in [o, h]$ 绕 x 轴旋转一周所得的锥体体积.

9. 求由曲线 $y = x^2$ 与直线 $y = x$ 所围成的图形绕 y 轴旋转一周而成的旋转体的体积.

10. 判别下列各广义积分的收敛性,如果收敛,计算广义积分的值:

(1) $\displaystyle\int_1^{+\infty} \dfrac{\mathrm{d}x}{\sqrt{x}}$;

(2) $\displaystyle\int_e^{+\infty} \dfrac{1}{x} \ln x \mathrm{d}x$;

(3) $\displaystyle\int_{-\infty}^{+\infty} \dfrac{\mathrm{d}x}{x^2 + 2x + 2}$;

(4) $\displaystyle\int_0^2 \dfrac{\mathrm{d}x}{(1 - x)^2}$.

11. 当 k 为何值时,广义积分 $\displaystyle\int_2^{+\infty} \dfrac{\mathrm{d}x}{x (\ln x)^k}$ 收敛? 当 k 为何值时,此广义积分发散?

主要参考文献

曹汝成. 2000. 组合数学. 广州:华南理工大学出版社

邓俊谦. 2001. 应用数学基础. 上海:华东师范大学出版社

丁百平. 2001. 数学. 北京:高等教育出版社

杜吉佩. 2001. 应用数学基础. 北京:高等教育出版社

方明一. 2001. 代数. 北京:人民教育出版社

高汝熹. 1992. 高等数学(一). 武汉:武汉大学出版社

李俊秀. 1989. 数学教育学概论. 北京:地震出版社

李文林. 2001. 数学. 北京:人民教育出版社

李以渝. 1998. 数学. 重庆:重庆大学出版社

卢介景. 1988. 数学史海揽胜. 北京:煤炭工业出版社

马建忠. 2002. 医学高等数学. 北京:科学出版社

毛宗秀. 1992. 高等数学. 北京:人民卫生出版社

秦兆里. 2001. 数学. 北京:人民卫生出版社

丘维声. 2002. 数学. 北京:高等教育出版社

饶汉昌. 2002. 数学. 北京:人民教育出版社

人民教育出版社中学数学室. 2004. 数学. 北京:人民教育出版社

孙兴运. 1998. 数学符号史话. 济南:山东教育出版社

同济大学数学教研室・2002. 高等数学. 北京:高等教育出版社

王庆成. 2002. 新概念数学. 北京:中国人民大学出版社

吴振奎. 2002. 数学中的美. 天津:天津教育出版社

曾照芳. 1994. 医学应用生物数学. 重庆:重庆大学出版社

翟秀娜. 1999. 高等数学. 北京:海潮出版社

张德舜. 2001. 高等数学. 北京:中国医药科技出版社

附　表

一、常用对数表

真数 N	0	1	2	3	4	5	6	7	8	9	1	2	3	4	5	6	7	8	9
10	0000	0043	0086	0128	0170	0212	0253	0294	0334	0374	4	8	12	17	21	25	29	33	37
11	0414	0453	0492	0531	0569	0607	0645	0682	0719	0755	4	8	11	15	19	23	26	30	34
12	0792	0828	0864	0899	0934	0969	1004	1038	1072	1106	3	7	10	14	17	21	24	28	31
13	1139	1173	1206	1239	1271	1303	1335	1367	1399	1430	3	6	10	13	16	19	23	26	29
14	1461	1492	1523	1553	1584	1614	1644	1673	1703	1732	3	6	9	12	15	18	21	24	27
15	1761	1790	1818	1847	1875	1903	1931	1959	1987	2014	3	6	8	11	14	17	20	22	25
16	2041	2068	2095	2122	2148	2175	2201	2227	2253	2279	3	5	8	11	13	16	18	21	24
17	2304	2330	2355	2380	2405	2430	2455	2480	2504	2529	2	5	7	10	12	15	17	20	22
18	2553	2577	2601	2625	2648	2672	2695	2718	2742	2765	2	5	7	9	12	14	16	19	21
19	2788	2810	2833	2856	2878	2900	2923	2945	2967	2989	2	4	7	9	11	13	16	18	20
20	3010	3032	3054	3075	3096	3118	3139	3160	3181	3201	2	4	6	8	11	13	15	17	19
21	3222	3243	3263	3284	3304	3324	3345	3365	3385	3404	2	4	6	8	10	12	14	16	18
22	3424	3444	3464	3483	3502	3522	3541	3560	3579	3598	2	4	6	8	10	12	14	15	17
23	3617	3636	3655	3674	3692	3711	3729	3747	3766	3784	2	4	6	7	9	11	13	15	17
24	3802	3820	3838	3856	3874	3892	3909	3927	3945	3962	2	4	5	7	9	11	12	14	16
25	3979	3997	4014	4031	4048	4065	4082	4099	4116	4133	2	3	5	7	9	10	12	14	15
26	4150	4166	4183	4200	4216	4232	4249	4265	4281	4298	2	3	5	7	8	10	11	13	15
27	4314	4330	4346	4362	4378	4393	4409	4425	4440	4456	2	3	5	6	8	9	11	13	14
28	4472	4487	4502	4518	4533	4548	4564	4579	4594	4609	2	3	5	6	8	9	11	12	14
29	4624	4639	4654	4669	4683	4698	4713	4728	4742	4757	1	3	4	6	7	9	10	12	13
30	4771	4786	4800	4814	4829	4843	4857	4871	4886	4900	1	3	4	6	7	9	10	11	13
31	4914	4928	4942	4955	4969	4983	4997	5011	5024	5038	1	3	4	6	7	8	10	11	12
32	5051	5065	5079	5092	5105	5119	5132	5145	5159	5172	1	3	4	5	7	8	9	11	12
33	5185	5198	5211	5224	5237	5250	5263	5276	5289	5302	1	3	4	5	6	8	9	10	12
34	5315	5328	5340	5353	5366	5378	5391	5403	5416	5428	1	3	4	5	6	8	9	10	11
35	5441	5453	5465	5478	5490	5502	5514	5527	5539	5551	1	2	4	5	6	7	9	10	11
36	5563	5575	5587	5599	5611	5623	5635	5647	5658	5670	1	2	4	5	6	7	8	10	11
37	5682	5694	5705	5717	5729	5740	5752	5763	5775	5786	1	2	3	5	6	7	8	9	10
38	5798	5809	5821	5832	5843	5855	5866	5877	5888	5899	1	2	3	5	6	7	8	9	10
39	5911	5922	5933	5944	5955	5966	5977	5988	5999	6010	1	2	3	4	5	7	8	9	10
真数 N	0	1	2	3	4	5	6	7	8	9	1	2	3	4	5	6	7	8	9

对数真数 N	0	1	2	3	4	5	6	7	8	9	1	2	3	4	5	6	7	8	9
40	6021	6031	6042	6053	6064	6075	6085	6096	6107	6117	1	2	3	4	5	6	8	9	10
41	6128	6138	6149	6160	6170	6180	6191	6201	6212	6222	1	2	3	4	5	6	7	8	9
42	6232	6243	6253	6263	6274	6284	6294	6304	6314	6325	1	2	3	4	5	6	7	8	9
43	6335	6345	6355	6365	6375	6385	6395	6405	6415	6425	1	2	3	4	5	6	7	8	9
44	6435	6444	6454	6464	6474	6484	6493	6503	6513	6522	1	2	3	4	5	6	7	8	9
45	6532	6542	6551	6561	6571	6580	6590	6599	6609	6618	1	2	3	4	5	6	7	8	9
46	6628	6637	6646	6656	6665	6675	6684	6693	6702	6712	1	2	3	4	5	6	7	7	8
47	6721	6730	6739	6749	6758	6767	6776	6785	6794	6803	1	2	3	4	5	5	6	7	8
48	6812	6821	6830	6839	6848	6857	6866	6875	6884	6893	1	2	3	4	4	5	6	7	8
49	6902	6911	6920	6928	6937	6946	6955	6964	6972	6981	1	2	3	4	4	5	6	7	8
50	6990	6998	7007	7016	7024	7033	7042	7050	7059	7067	1	2	3	3	4	5	6	7	8
51	7076	7084	7093	7101	7110	7118	7126	7135	7143	7152	1	2	3	3	4	5	6	7	8
52	7160	7168	7177	7185	7193	7202	7210	7218	7226	7235	1	2	2	3	4	5	6	7	7
53	7243	7251	7259	7267	7275	7284	7292	7300	7308	7316	1	2	2	3	4	5	6	6	7
54	7324	7332	7340	7348	7356	7364	7372	7380	7388	7396	1	2	2	3	4	5	6	6	7
55	7404	7412	7419	7427	7435	7443	7451	7459	7466	7474	1	2	2	3	4	5	5	6	7
56	7482	7490	7497	7505	7513	7520	7528	7536	7543	7551	1	2	2	3	4	5	5	6	7
57	7559	7566	7574	7582	7589	7597	7604	7612	7619	7627	1	2	2	3	4	5	5	6	7
58	7634	7642	7649	7657	7664	7672	7679	7686	7694	7701	1	1	2	3	4	4	5	6	7
59	7709	7716	7723	7731	7738	7745	7752	7760	7767	7774	1	1	2	3	4	4	5	6	7
60	7782	7789	7796	7803	7810	7818	7825	7832	7839	7846	1	1	2	3	4	4	5	6	6
61	7853	7860	7868	7875	7882	7889	7896	7903	7910	7917	1	1	2	3	4	4	5	6	6
62	7924	7931	7938	7945	7952	7959	7966	7973	7980	7987	1	1	2	3	3	4	5	6	6
63	7993	8000	8007	8014	8021	8028	8035	8041	8048	8055	1	1	2	3	3	4	5	5	6
64	8062	8069	8075	8082	8089	8096	8102	8109	8116	8122	1	1	2	3	3	4	5	5	6
65	8129	8136	8142	8149	8156	8162	8169	8176	8182	8189	1	1	2	3	3	4	5	5	6
66	8195	8202	8209	8215	8222	8228	8235	8241	8248	8254	1	1	2	3	3	4	5	5	6
67	8261	8267	8274	8280	8287	8293	8299	8306	8312	8319	1	1	2	3	3	4	5	5	6
68	8325	8331	8338	8344	8351	8357	8363	8370	8376	8382	1	1	2	3	3	4	4	5	6
69	8388	8395	8401	8407	8414	8420	8426	8432	8439	8445	1	1	2	2	3	4	4	5	6
70	8451	8457	8463	8470	8476	8482	8488	8494	8500	8506	1	1	2	2	3	4	4	5	6
71	8513	8519	8525	8531	8537	8543	8549	8555	8561	8567	1	1	2	2	3	4	4	5	5
72	8573	8579	8585	8591	8597	8603	8609	8615	8621	8627	1	1	2	2	3	4	4	5	5
73	8633	8639	8645	8651	8657	8663	8669	8675	8681	8686	1	1	2	2	3	4	4	5	5
74	8692	8698	8704	8710	8716	8722	8727	8733	8739	8745	1	1	2	2	3	4	4	5	5
75	8751	8756	8762	8768	8774	8779	8785	8791	9797	8802	1	1	2	2	3	3	4	5	5
76	8808	8814	8820	8825	8831	8837	8842	8848	8854	8859	1	1	2	2	3	3	4	5	5
77	8865	8871	8876	8882	8887	8893	8899	8904	8910	8915	1	1	2	2	3	3	4	4	5
78	8921	8927	8932	8938	8943	8949	8954	8960	8965	8971	1	1	2	2	3	3	4	4	5
79	8976	8982	8987	8993	8998	9004	9009	9015	9020	9025	1	1	2	2	3	3	4	4	5
对数真数 N	0	1	2	3	4	5	6	7	8	9	1	2	3	4	5	6	7	8	9

对数 真数 N	0	1	2	3	4	5	6	7	8	9	1	2	3	4	5	6	7	8	9
80	9031	9036	9042	9047	9053	9058	9063	9069	9074	9079	1	1	2	2	3	3	4	4	5
81	9085	9090	9096	9101	9106	9112	9117	9122	9128	9133	1	1	2	2	3	3	4	4	5
82	9138	9143	9149	9154	9159	9165	9170	9175	9180	9186	1	1	2	2	3	3	4	4	5
83	9196	9194	9201	9206	9212	9217	9222	9227	9232	9238	1	1	2	2	3	3	4	4	5
84	9243	9248	9253	9258	9263	9269	9274	9279	9284	9289	1	1	2	2	3	3	4	4	5
85	9294	9299	9304	9309	9315	9320	9325	9330	9335	9340	1	1	2	2	3	3	4	4	5
86	9345	9350	9355	9360	9365	9370	9375	9380	9385	9390	1	1	2	2	3	3	4	4	5
87	9395	9400	9405	9410	9415	9420	9425	9430	9435	9440	0	1	1	2	2	3	3	4	4
88	9445	9450	9455	9460	9465	9469	9474	9479	9484	9489	0	1	1	2	2	3	3	4	4
89	9494	9499	9504	9509	9513	9518	9523	9528	9533	9538	0	1	1	2	2	3	3	4	4
90	9542	9547	9552	9557	9562	9566	9571	9576	9581	9586	0	1	1	2	2	3	3	4	4
91	9590	9595	9600	9605	9609	9614	9619	9624	9628	9633	0	1	1	2	2	3	3	4	4
92	9638	9643	9647	9652	9657	9661	9666	9671	9675	9680	0	1	1	2	2	3	3	4	4
93	9685	9689	9694	9699	9703	9708	9713	9717	9722	9727	0	1	1	2	2	3	3	4	4
94	9731	9736	9741	9745	9750	9754	9759	9763	9768	9773	0	1	1	2	2	3	3	4	4
95	9777	9782	9786	9791	9795	9800	9805	9809	9814	9818	0	1	1	2	2	3	3	4	4
96	9823	9827	9832	9836	9841	9845	9850	9854	9859	9863	0	1	1	2	2	3	3	4	4
97	9868	9872	9877	9881	9886	9890	9894	9899	9903	9908	0	1	1	2	2	3	3	4	4
98	9912	9917	9921	9926	9930	9934	9939	9943	9948	9952	0	1	1	2	2	3	3	4	4
99	9956	9961	9965	9969	9974	9978	9983	9987	9991	9996	0	1	1	2	2	3	3	3	4
对数 真数 N	0	1	2	3	4	5	6	7	8	9	1	2	3	4	5	6	7	8	9

说明:

1. 由《常用对数表》可以查出任意一个四位数的对数尾数.

2. 表中标有 N 的左边一直列是真数的前两位数字,顶上和底下两横行是真数的第三位数字,三位数的对数尾数可由表上直接查出.

例 1　查 lg765.

解　查表得 lg765 的尾数是 0.8837,而 lg765 的首数是 2.

所以　lg765 = 2.8837.

例 2　查 lg0.384.

解　查表得 lg0.384 的尾数是 0.5843,而 lg0.384 的首数是 $\bar{1}$.

所以　lg0.384 = $\bar{1}$.5843.

3. 右边顶上一横行是真数的第四位数字,当真数是四位数时,就需要用到它所对的修正值.

例　查 lg3174.

解　查表得 lg3174 的尾数是 5011 + 6 = 5017,而 lg3174 的首数是 3,

所以　lg3174 = 3.5017.

4. 几个常数的对数:

$\sqrt{2} = 1.414\ 213\ 5\cdots$;　lg$\sqrt{2} = 0.1505$;　$\sqrt{3} = 1.732\ 050\ 8\cdots$;　lg$\sqrt{3} = 0.2386$;

$\pi = 3.141\ 592\ 6\cdots$;　lg$\pi = 0.4971$;　$\dfrac{1}{\pi} = 0.318\ 309\ 8\cdots$;　lg$\dfrac{1}{\pi} = \bar{1}.5028$.

二、反对数表

对数尾数 m	0	1	2	3	4	5	6	7	8	9	1	2	3	4	5	6	7	8	9
.00	1000	1002	1005	1007	1009	1012	1014	1016	1019	1021	0	0	1	1	1	1	2	2	2
.01	1023	1026	1028	1030	1033	1035	1038	1040	1042	1045	0	0	1	1	1	1	2	2	2
.02	1047	1050	1052	1054	1057	1059	1062	1064	1067	1069	0	0	1	1	1	1	2	2	2
.03	1072	1074	1076	1079	1081	1084	1086	1089	1091	1094	0	0	1	1	1	1	2	2	2
.04	1096	1099	1102	1104	1107	1109	1112	1114	1117	1119	0	1	1	1	2	2	2	2
.05	1122	1125	1127	1130	1132	1135	1138	1140	1143	1146	0	1	1	1	1	2	2	2	2
.06	1148	1151	1153	1156	1159	1161	1164	1167	1169	1172	0	1	1	1	1	2	2	2	2
.07	1175	1178	1180	1183	1186	1189	1191	1194	1197	1199	0	1	1	1	1	2	2	2	2
.08	1202	1205	1208	1211	1213	1216	1219	1222	1225	1227	0	1	1	1	1	2	2	2	3
.09	1230	1233	1236	1239	1242	1245	1247	1250	1253	1256	0	1	1	1	1	2	2	2	3
.10	1259	1262	1265	1268	1271	1274	1276	1279	1282	1285	0	1	1	1	1	2	2	2	3
.11	1288	1291	1294	1297	1300	1303	1306	1309	1312	1315	0	1	1	1	2	2	2	2	3
.12	1318	1321	1324	1327	1330	1334	1337	1340	1343	1346	0	1	1	1	2	2	2	2	3
.13	1349	1352	1355	1358	1361	1365	1368	1371	1374	1377	0	1	1	1	2	2	2	3	3
.14	1380	1384	1387	1390	1393	1396	1400	1403	1406	1409	0	1	1	1	2	2	2	3	3
.15	1413	1416	1419	1422	1426	1429	1432	1435	1439	1442	0	1	1	1	2	2	2	3	3
.16	1445	1449	1452	1455	1459	1462	1466	1469	1472	1476	0	1	1	1	2	2	2	3	3
.17	1479	1483	1486	1489	1493	1496	1500	1503	1507	1510	0	1	1	1	2	2	2	3	3
.18	1514	1517	1521	1524	1528	1531	1535	1538	1542	1545	0	1	1	1	2	2	2	3	3
.19	1549	1552	1556	1560	1563	1567	1570	1574	1578	1581	0	1	1	1	2	2	3	3	3
.20	1585	1589	1592	1596	1600	1603	1607	1611	1614	1618	0	1	1	1	2	2	3	3	3
.21	1622	1626	1629	1633	1637	1641	1644	1648	1652	1656	0	1	1	2	2	2	3	3	3
.22	1660	1663	1667	1671	1675	1679	1683	1687	1690	1694	0	1	1	2	2	2	3	3	3
.23	1698	1702	1706	1710	1714	1718	1722	1726	1730	1734	0	1	1	2	2	2	3	3	4
.24	1738	1742	1746	1750	1754	1758	1762	1766	1770	1774	0	1	1	2	2	2	3	3	4
.25	1778	1782	1786	1791	1795	1799	1803	1807	1811	1816	0	1	1	2	2	2	3	3	4
.26	1820	1824	1828	1832	1837	1841	1845	1849	1854	1858	0	1	1	2	2	3	3	3	4
.27	1862	1866	1871	1875	1879	1884	1888	1892	1897	1901	0	1	1	2	2	3	3	3	4
.28	1905	1910	1914	1919	1923	1928	1932	1936	1941	1945	0	1	1	2	2	3	3	4	4
.29	1950	1954	1959	1963	1968	1972	1977	1982	1986	1991	0	1	1	2	2	3	3	4	4
.30	1995	2000	2004	2009	2014	2018	2023	2028	2032	2037	0	1	1	2	2	3	3	4	4
.31	2042	2046	2051	2056	2061	2065	2070	2075	2080	2084	0	1	1	2	2	3	3	4	4
.32	2089	2094	2099	2104	2109	2113	2118	2123	2128	2133	0	1	1	2	2	3	3	4	4
.33	2138	2143	2148	2153	2158	2163	2168	2173	2178	2183	0	1	1	2	2	3	3	4	4
.34	2188	2193	2198	2203	2208	2213	2218	2223	2228	2234	1	1	2	2	3	3	4	4	5
对数尾数 m	0	1	2	3	4	5	6	7	8	9	1	2	3	4	5	6	7	8	9

对数尾数 m	0	1	2	3	4	5	6	7	8	9	1	2	3	4	5	6	7	8	9
.35	2239	2244	2249	2254	2259	2265	2270	2275	2280	2286	1	1	2	2	3	3	4	4	5
.36	2291	2296	2301	2307	2312	2317	2323	2328	2333	2339	1	1	2	2	3	3	4	4	5
.37	2344	2350	2355	2360	2366	2371	2377	2382	2388	2393	1	1	2	2	3	3	4	4	5
.38	2399	2404	2410	2415	2421	2427	2432	2438	2443	2449	1	1	2	2	3	3	4	4	5
.39	2455	2460	2466	2472	2477	2483	2489	2495	2500	2506	1	1	2	2	3	3	4	5	5
.40	2512	2518	2523	2529	2535	2541	2547	2553	2559	2564	1	1	2	2	3	4	4	5	5
.41	2570	2576	2582	2588	2594	2600	2606	2612	2618	2624	1	1	2	2	3	4	4	5	5
.42	2630	2636	2642	2649	2655	2661	2667	2673	2679	2685	1	1	2	2	3	4	4	5	6
.43	2692	2698	2704	2710	2716	2723	2729	2735	2742	2748	1	1	2	3	3	4	4	5	6
.44	2754	2761	2767	2773	2780	2786	2793	2799	2805	2812	1	1	2	3	3	4	4	5	6
.45	2818	2825	2831	2838	2844	2851	2858	2864	2871	2877	1	1	2	3	3	4	5	5	6
.46	2884	2891	2897	2904	2911	2917	2924	2931	2938	2944	1	1	2	3	3	4	5	5	6
.47	2951	2958	2965	2972	2979	2985	2992	2999	3006	3013	1	1	2	3	3	4	5	5	6
.48	3020	3027	3034	3041	3048	3055	3062	3069	3076	3083	1	1	2	3	4	4	5	6	6
.49	3090	3097	3105	3112	3119	3126	3133	3141	3148	3155	1	1	2	3	4	4	5	6	6
.50	3162	3170	3177	3184	3192	3199	3206	3214	3221	3228	1	1	2	3	4	4	5	6	7
.51	3236	3243	3251	3258	3266	3273	3281	3289	3296	3304	1	2	2	3	4	5	5	6	7
.52	3311	3319	3327	3334	3342	3350	3357	3365	3373	3381	1	2	2	3	4	5	5	6	7
.53	3388	3396	3404	3412	3420	3428	3436	3443	3451	3459	1	2	2	3	4	5	6	6	7
.54	3467	3475	3483	3491	3499	3508	3516	3524	3532	3540	1	2	2	3	4	5	6	6	7
.55	3548	3556	3565	3573	3581	3589	3597	3606	3614	3622	1	2	2	3	4	5	6	7	7
.56	3613	3639	3648	3656	3664	3673	3681	3690	3698	3707	1	2	3	3	4	5	6	7	8
.57	3715	3724	3733	3741	3750	3758	3767	3776	3784	3793	1	2	3	3	4	5	6	7	8
.58	3802	3811	3819	3828	3837	3846	3855	3864	3873	3882	1	2	3	4	4	5	6	7	8
.59	3890	3899	3908	3917	3926	3936	3945	3954	3963	3972	1	2	3	4	5	5	6	7	8
.60	3981	3990	3999	4009	4018	4027	4036	4046	4055	4064	1	2	3	4	5	6	6	7	8
.61	4074	4083	4093	4102	4111	4121	4130	4140	4150	4159	1	2	3	4	5	6	7	8	9
.62	4169	4178	4188	4198	4207	4217	4227	4236	4246	4256	1	2	3	4	5	6	7	8	9
.63	4266	4276	4285	4295	4305	4315	4325	4335	4345	4355	1	2	3	4	5	6	7	8	9
.64	4365	4375	4385	4395	4406	4416	4426	4436	4446	4457	1	2	3	4	5	6	7	8	9
.65	4467	4477	4487	4498	4508	4519	4529	4539	4550	4560	1	2	3	4	5	6	7	8	9
.66	4571	4581	4592	4603	4613	4624	4634	4645	4656	4667	1	2	3	4	5	6	7	9	10
.67	4677	4688	4699	4710	4721	4732	4742	4753	4764	4775	1	2	3	4	5	7	8	9	10
.68	4786	4797	4808	4819	4831	4842	4853	4864	4875	4887	1	2	3	4	6	7	8	9	10
.69	4898	4909	4920	4932	4943	4955	4966	4977	4989	5000	1	2	3	5	6	7	8	9	10
.70	5012	5023	5035	5047	5058	5070	5082	5093	5105	5117	1	2	4	5	6	7	8	9	11
.71	5129	5140	5152	5164	5176	5188	5200	5212	5224	5236	1	2	4	5	6	7	9	10	11
.72	5248	5260	5272	5284	5297	5309	5321	5333	5346	5358	1	2	4	5	6	7	9	10	11
.73	5370	5383	5395	5408	5420	5433	5445	5458	5470	5483	1	3	4	5	6	8	9	10	11
.74	5495	5508	5521	5534	5546	5559	5572	5585	5598	5610	1	3	4	5	6	8	9	10	12
对数尾数 m	0	1	2	3	4	5	6	7	8	9	1	2	3	4	5	6	7	8	9

续表

对数尾数 m	0	1	2	3	4	5	6	7	8	9	1	2	3	4	5	6	7	8	9
.75	5623	5636	5649	5662	5675	5689	5702	5715	5728	5741	1	3	4	5	7	8	9	10	12
.76	5754	5768	5781	5794	5808	5821	5834	5848	5861	5875	1	3	4	5	7	8	9	11	12
.77	5888	5902	5916	5929	5943	5957	5970	5984	5998	6012	1	3	4	5	7	8	10	11	12
.78	6026	6039	6053	6067	6081	6095	6109	6124	6138	6152	1	3	4	6	7	8	10	11	13
.79	6166	6180	6194	6209	6223	6237	6252	6266	6281	6295	1	3	4	6	7	9	10	11	13
.80	6310	6324	6339	6353	6368	6383	6397	6412	6427	6442	1	3	4	6	7	9	10	12	13
.81	6457	6471	6486	6501	6516	6531	6546	6561	6577	6592	2	3	5	6	8	9	11	12	14
.82	6607	6622	6637	6653	6668	6683	6699	6714	6730	6745	2	3	5	6	8	9	11	12	14
.83	6761	6776	6792	6808	6823	6839	6855	6871	6887	6902	2	3	5	6	8	9	11	13	14
.84	6918	6934	6950	6966	6982	6998	7015	7031	7047	7063	2	3	5	6	8	10	11	13	15
.85	7079	7096	7112	7129	7145	7161	7178	7194	7211	7228	2	3	5	7	8	10	12	13	15
.86	7244	7261	7278	7295	7311	7328	7345	7362	7379	7396	2	3	5	7	8	10	12	13	15
.87	7413	7430	7447	7464	7482	7499	7516	7534	7551	7568	2	3	5	7	9	10	12	14	16
.88	7586	7603	7621	7638	7656	7674	7691	7709	7727	7745	2	4	5	7	9	11	12	14	16
.89	7762	7780	7798	7816	7834	7852	7870	7889	7907	7925	2	4	5	7	9	11	13	14	16
.90	7943	7962	7980	7998	8017	8035	8054	8072	8091	8110	2	4	6	7	9	11	13	15	17
.91	8128	8147	8166	8185	8204	8222	8241	8260	8279	8299	2	4	6	8	9	11	13	15	17
.92	8318	8337	8356	8375	8395	8414	8433	8453	8472	8492	2	4	6	8	10	12	14	15	17
.93	8511	8531	8551	8570	8590	8610	8630	8650	8670	8690	2	4	6	8	10	12	14	16	18
.94	8710	8730	8750	8770	8790	8810	8831	8851	8872	8892	2	4	6	8	10	12	14	16	18
.95	8913	8933	8954	8974	8995	9016	9036	9057	9078	9099	2	4	6	8	10	12	15	17	19
.96	9120	9141	9162	9183	9204	9226	9247	9268	9290	9311	2	4	6	8	11	13	15	17	19
.97	9333	9354	9376	9397	9419	9441	9462	9484	9506	9528	2	4	7	9	11	13	15	17	20
.98	9550	9572	9594	9616	9638	9661	9683	9705	9727	9750	2	4	7	9	11	13	16	18	20
.99	9772	9795	9817	9840	9863	9886	9908	9931	9954	9977	2	4	7	9	11	14	16	18	20
对数尾数 m	0	1	2	3	4	5	6	7	8	9	1	2	3	4	5	6	7	8	9

说明：

1. 由《反对数表》可查出对数尾数所对应的对数真数的有效数字.

2. 表中标有 m 的左边一直列是对数尾数的前两位小数, 顶上和底下一横行是对数尾数的第三位小数.

例　已知: $\lg N = 1.234$, 查 N.

解　查表中尾数 $m = 0.234$ 的真数的有效数字是 1714,

又因为对数首数是 1, 所以真数的第一个有效数字在小数点前两位, 即

$$N = 17.14$$

3. 表的右边顶上一横行是对数尾数的第四位小数, 当对数尾数是四位小数时, 就需要用到它所对应的修正值.

例　已知: $\lg N = \bar{2}.8352$, 查 N.

解　对数尾数 0.8352 所对应的真数有效数字是 $6839 + 3 = 6842$, 又因为对数首数是 $\bar{2}$.

所以真数的第一个有效数字在小数点后面二位, 即

$$N = 0.068\,42$$

三、三角函数表

(一) 正弦和余弦表

正　弦

A	0′	6′	12′	18′	24′	30′	36′	42′	48′	54′	60′		1′	2′	3′
											0.0000	90°			
0°	0.0000	0017	0035	0052	0070	0087	0105	0122	0140	0157	0175	89°	3	6	9
1°	0175	0192	0209	0227	0244	0262	0279	0297	0314	0332	0349	88°	3	6	9
2°	0349	0366	0384	0401	0419	0436	0454	0471	0488	0506	0523	87°	3	6	9
3°	0523	0541	0558	0576	0593	0610	0628	0645	0663	0680	0698	86°	3	6	9
4°	0698	0715	0732	0750	0767	0785	0802	0819	0837	0854	0.0872	85°	3	6	9
5°	0.0872	0889	0906	0924	0941	0958	0976	0993	1011	1028	1045	84°	3	6	9
6°	1045	1063	1080	1097	1115	1132	1149	1167	1184	1201	1219	83°	3	6	9
7°	1219	1236	1253	1271	1288	1305	1323	1340	1357	1374	1392	82°	3	6	9
8°	1392	1409	1426	1444	1461	1478	1495	1513	1530	1547	1564	81°	3	6	9
9°	1564	1582	1599	1616	1633	1650	1668	1685	1702	1719	0.1736	80°	3	6	9
10°	0.1736	1754	1771	1788	1805	1822	1840	1857	1874	1891	1908	79°	3	6	9
11°	1908	1925	1942	1959	1977	1994	2011	2028	2045	2062	2079	78°	3	6	9
12°	2079	2096	2113	2130	2147	2164	2181	2198	2215	2233	2250	77°	3	6	9
13°	2250	2267	2284	2300	2317	2334	2351	2368	2385	2402	2419	76°	3	6	8
14°	2419	2436	2453	2470	2487	2504	2521	2538	2554	2571	0.2588	75°	3	6	8
15°	0.2588	2605	2622	2639	2656	2672	2689	2706	2723	2740	2756	74°	3	6	8
16°	2756	2773	2790	2807	2823	2840	2857	2874	2890	2907	2924	73°	3	6	8
17°	2924	2940	2957	2974	2990	3007	3024	3040	3057	3074	3090	72°	3	6	8
18°	3090	3107	3123	3140	3156	3173	3190	3206	3223	3239	3256	71°	3	6	8
19°	3256	3272	3289	3305	3322	3338	3355	3371	3387	3404	0.3420	70°	3	5	8
20°	0.3420	3437	3453	3469	3486	3502	3518	3535	3551	3567	3584	69°	3	5	8
21°	3584	3600	3616	3633	3649	3665	3681	3697	3714	3730	3746	68°	3	5	8
22°	3746	3762	3778	3795	3811	3827	3843	3859	3875	3891	3907	67°	3	5	8
23°	3907	3923	3939	3955	3971	3987	4003	4019	4035	4051	4067	66°	3	5	8
24°	4067	4083	4099	4115	4131	4147	4163	4179	4195	4210	0.4226	65°	3	5	8
25°	0.4226	4242	4258	4274	4289	4305	4321	4337	4352	4368	4384	64°	3	5	8
26°	4384	4399	4415	4431	4446	4462	4478	4493	4509	4524	4540	63°	3	5	8
27°	4540	4555	4571	4586	4602	4617	4633	4648	4664	4679	4695	62°	3	5	8
28°	4695	4710	4726	4741	4756	4772	4787	4802	4818	4833	4848	61°	3	5	8
29°	4848	4863	4879	4894	4909	4924	4939	4955	4970	4985	0.5000	60°	3	5	8
30°	0.5000	5015	5030	5045	5060	5075	5090	5105	5120	5135	5150	59°	3	5	8
31°	5150	5165	5180	5195	5210	5225	5240	5255	5270	5284	5299	58°	2	5	7
32°	5299	5314	5329	5344	5358	5373	5388	5402	5417	5432	5446	57°	2	5	7
33°	5446	5461	5476	5490	5505	5519	5534	5548	5563	5577	5592	56°	2	5	7
34°	5592	5606	5621	5635	5650	5664	5678	5693	5707	5721	0.5736	55°	2	5	7
	60′	54′	48′	42′	36′	30′	24′	18′	12′	6′	0′	A	1′	2′	3′

余　弦

正 弦

续表

A	0′	6′	12′	18′	24′	30′	36′	42′	48′	54′	60′		1′	2′	3′
35°	0.5736	5750	5764	5779	5793	5807	5821	5835	5850	5864	5878	54°	2	5	7
36°	5878	5892	5906	5920	5934	5948	5962	5976	5990	6004	6018	53°	2	5	7
37°	6018	6032	6046	6060	6074	6088	6101	6115	6129	6143	6157	52°	2	5	7
38°	6157	6170	6184	6198	6211	6225	6239	6252	6266	6280	6293	51°	2	5	7
39°	6293	6307	6320	6334	6347	6361	6374	6388	6401	6414	0.6428	50°	2	4	7
40°	0.6428	6441	6455	6468	6481	6494	6508	6521	6534	6547	0.6561	49°	2	4	7
41°	6561	6574	6587	6600	6613	6626	6639	6652	6665	6678	6691	48°	2	4	7
42°	6691	6704	6717	6730	6743	6756	6769	6782	6794	6807	6820	47°	2	4	6
43°	6820	6833	6845	6858	6871	6884	6896	6909	6921	6934	6947	46°	2	4	6
44°	6947	6959	6972	6984	6997	7009	7022	7034	7046	7059	0.7071	45°	2	4	6
45°	0.7071	7083	7096	7108	7120	7133	7145	7157	7169	7181	7193	44°	2	4	6
46°	7193	7206	7218	7230	7242	7254	7266	7278	7290	7302	7314	43°	2	4	6
47°	7314	7325	7337	7349	7361	7373	7385	7396	7408	7420	7431	42°	2	4	6
48°	7431	7443	7455	7466	7478	7490	7501	7513	7524	7536	7547	41°	2	4	6
49°	7547	7559	7570	7581	7593	7604	7615	7627	7638	7649	0.7660	40°	2	4	6
50°	0.7660	7672	7683	7694	7705	7716	7727	7738	7749	7760	7771	39°	2	4	6
51°	7771	7782	7793	7804	7815	7826	7837	7848	7859	7869	7880	38°	2	4	5
52°	7880	7891	7902	7912	7923	7934	7944	7955	7965	7976	7986	37°	2	4	5
53°	7986	7997	8007	8018	8028	8039	8049	8059	8070	8080	8090	36°	2	3	5
54°	8090	8100	8111	8121	8131	8141	8151	8161	8171	8181	0.8192	35°	2	3	5
55°	0.8192	8202	8211	8221	8231	8241	8251	8261	8271	8281	8290	34°	2	3	5
56°	8290	8300	8310	8320	8329	8339	8348	8358	8368	8377	8387	33°	2	3	5
57°	8387	8396	8406	8415	8425	8434	8443	8453	8462	8471	8480	32°	2	3	5
58°	8480	8490	8499	8508	8517	8526	8536	8545	8554	8563	8572	31°	2	3	5
59°	8572	8581	8590	8599	8607	8616	8625	8634	8643	8652	0.8660	30°	1	3	4
60°	0.8660	8669	8678	8686	8695	8704	8712	8721	8729	8738	8746	29°	1	3	4
61°	8746	8755	8763	8771	8780	8788	8796	8805	8813	8821	8829	28°	1	3	4
62°	8829	8838	8846	8854	8862	8870	8878	8886	8894	8902	8910	27°	1	3	4
63°	8910	8918	8926	8934	8942	8949	8957	8965	8973	8980	8988	26°	1	3	4
64°	8988	8996	9003	9011	9018	9026	9033	9041	9048	9056	0.9063	25°	1	3	4
65°	0.9063	9070	9078	9085	9092	9100	9107	9114	9121	9128	9135	24°	1	2	4
66°	9135	9143	9150	9157	9164	9171	9178	9184	9191	9198	9205	23°	1	2	3
67°	9205	9212	9219	9225	9232	9239	9245	9252	9259	9265	9272	22°	1	2	3
68°	9272	9278	9285	9291	9298	9304	9311	9317	9323	9330	9336	21°	1	2	3
69°	9336	9342	9348	9354	9361	9367	9373	9379	9385	9391	0.9397	20°	1	2	3
	60′	54′	48′	42′	36′	30′	24′	18′	12′	6′	0′	A	1′	2′	3′

余 弦

正　弦　　　　　　　　　　　　　　　　　　　　　　　　　续表

A	0′	6′	12′	18′	24′	30′	36′	42′	48′	54′	60′		1′	2′	3′
70°	0.9397	9403	9409	9415	9421	9426	9432	9438	9444	9449	9455	19°	1	2	3
71°	9455	9461	9466	9472	9478	9483	9489	9494	9500	9505	9511	18°	1	2	3
72°	9511	9516	9521	9527	9532	9537	9542	9548	9553	9558	9563	17°	1	2	3
73°	9563	9568	9573	9578	9583	9588	9593	9598	9603	9608	9613	16°	1	2	2
74°	9613	9617	9622	9627	9632	9636	9641	9646	9650	9655	9659	15°	1	2	2
75°	0.9659	9664	9668	9673	9677	9681	9686	9690	9694	9699	9703	14°	1	1	2
76°	9703	9707	9711	9715	9720	9724	9728	9732	9736	9740	9744	13°	1	1	2
77°	9744	9748	9751	9755	9759	9763	9767	9770	9774	9778	9781	12°	1	1	2
78°	9781	9785	9789	9792	9796	9799	9803	9806	9810	9813	9816	11°	1	1	2
79°	9816	9820	9823	9826	9829	9833	9836	9839	9842	9845	0.9848	10°	1	1	2
80°	0.9848	9851	9854	9857	9860	9863	9866	9869	9871	9874	0.9877	9°	0	1	1
81°	9877	9880	9882	9885	9888	9890	9893	9895	9898	9900	9903	8°	0	1	1
82°	9903	9905	9907	9910	9912	9914	9917	9919	9921	9923	9925	7°	0	1	1
83°	9925	9928	9930	9932	9934	9936	9938	9940	9942	9943	9945	6°	0	1	1
84°	9945	9947	9949	9951	9952	9954	9656	9957	9959	9960	0.9962	5°	0	1	1
85°	0.9962	9963	9965	9966	9968	9969	9971	9972	9973	9974	9976	4°	0	0	1
86°	9976	9977	9978	9979	9980	9981	9982	9983	9984	9985	9986	3°	0	0	0
87°	9986	9987	9988	9989	9990	9990	9991	9992	9993	9993	9994	2°	0	0	0
88°	9994	9995	9995	9996	9996	9997	9997	9997	9998	9998	0.9998	1°	0	0	0
89°	9998	9999	9999	9999	9999	0000	0000	0000	0000	0000	1.0000	0°	0	0	0
90°	1.0000														
	60′	54′	48′	42′	36′	30′	24′	18′	12′	6′	0′	A	1′	2′	3′

余　弦

说明：

1. 由《正弦和余弦表》可以查出 0° 到 90° 每差 1′ 的各角的正弦和余弦.

例　查 (1) $\sin 21°54′$；(2) $\sin 69°34′$；(3) $\cos 25°39′$.

解　(1) $\sin 21°54′ = 0.3730$.

（2）因为 $\sin 69°36′ = 0.9373$，且 2′ 所对应的修正值是 0.0002，所以 $\sin 69°34′ = 0.9373 - 0.0002 = 0.9371$.

（3）因为 $\cos 25°36′ = 0.9018$，且 3′ 所对应的修正值是 0.0004，所以 $\cos 25°39′ = 0.9018 - 0.0004 = 0.9014$.

或因为 $\cos 25°42′ = 0.9011$，且 3′ 所对应的修正值是 0.0004，所以 $\cos 25°39′ = 0.9011 + 0.0004 = 0.9015$.

因查表所得的值是近似值，两个结果都可采用.

2. 已知一个角的正弦、余弦，也可以用此表查出这个角的度数来.

例　$\sin A = 0.6446$，求 A.

解　表中正弦值与 0.6446 最接近的值是 0.6441，它对应的角是 40°6′. $0.6446 - 0.6441 = 0.0005$，这个修正值所对应的是 2′. 所以 $A = 40°6′ + 2′ = 40°8′$.

3. 下面《正切和余切表》的查法，与《正弦和余弦表》的查法相同.

（二）正切和余切表

正 切

A	0′	6′	12′	18′	24′	30′	36′	42′	48′	54′	60′		1′	2′	3′
											0.0000	90°			
0°	0.0000	0017	0035	0052	0070	0087	0105	0122	0140	0157	0175	89°	3	6	9
1°	0175	0192	0209	0227	0244	0262	0279	0297	0314	0332	0349	88°	3	6	9
2°	0349	0367	0384	0402	0419	0437	0454	0472	0489	0507	0524	87°	3	6	9
3°	0524	0542	0559	0577	0594	0612	0629	0647	0664	0682	0699	86°	3	6	9
4°	0699	0717	0734	0752	0769	0787	0805	0822	0840	0857	0.0875	85°	3	6	9
5°	0.0875	0892	0910	0928	0945	0963	0981	0998	1016	1033	1051	84°	3	6	9
6°	1051	1069	1086	1104	1122	1139	1157	1175	1192	1210	1228	83°	3	6	9
7°	1228	1246	1263	1281	1299	1317	1334	1352	1370	1388	1405	82°	3	6	9
8°	1405	1423	1441	1459	1477	1495	1512	1530	1548	1566	1584	81°	3	6	9
9°	1584	1602	1620	1638	1655	1673	1691	1709	1727	1745	0.1763	80°	3	6	9
10°	0.1763	1781	1799	1817	1835	1853	1871	1890	1908	1926	1944	79°	3	6	9
11°	1944	1962	1980	1998	2016	2035	2053	2071	2089	2107	2126	78°	3	6	9
12°	2126	2144	2162	2180	2199	2217	2235	2254	2272	2290	2309	77°	3	6	9
13°	2309	2327	2345	2364	2382	2401	2419	2438	2456	2475	2493	76°	3	6	9
14°	2493	2512	2530	2549	2568	2586	2605	2623	2642	2661	0.2679	75°	3	6	9
15°	0.2679	2698	2717	2736	2754	2773	2792	2811	2830	2849	2867	74°	3	6	9
16°	2867	2886	2905	2924	2943	2962	2981	3000	3019	3038	3057	73°	3	6	9
17°	3057	3076	3096	3115	3134	3153	3172	3191	3211	3230	3249	72°	3	6	10
18°	3249	3269	3288	3307	3327	3346	3365	3385	3404	3424	3443	71°	3	6	10
19°	3443	3463	3482	3502	3522	3541	3561	3581	3600	3620	0.3640	70°	3	7	10
20°	0.3640	3659	3679	3699	3719	3739	3759	3779	3799	3819	3839	69°	3	7	10
21°	3839	3859	3879	3899	3919	3939	3959	3979	4000	4020	4040	68°	3	7	10
22°	4040	4061	4081	4101	4122	4142	4163	4183	4204	4224	4245	67°	3	7	10
23°	4245	4265	4286	4307	4327	4348	4369	4390	4411	4431	4452	66°	3	7	10
24°	4452	4473	4494	4515	4536	4557	4578	4599	4621	4642	0.4663	65°	4	7	11
25°	0.4663	4684	4706	4727	4748	4770	4791	4813	4834	4856	4877	64°	4	7	11
26°	4877	4899	4921	4942	4964	4986	5008	5029	5051	5073	5095	63°	4	7	11
27°	5095	5117	5139	5161	5184	5206	5228	5250	5272	5295	5317	62°	4	7	11
28°	5317	5340	5362	5384	5407	5430	5452	5475	5498	5520	5543	61°	4	8	11
29°	5543	5566	5589	5612	5635	5658	5681	5704	5727	5750	0.5774	60°	4	8	12
30°	0.5774	5797	5820	5844	5867	5890	5914	5938	5961	5985	6009	59°	4	8	12
31°	6009	6032	6056	6080	6104	6128	6152	6176	6200	6224	6249	58°	4	8	12
32°	6249	6273	6297	6322	6346	6371	6395	6420	6445	6469	6494	57°	4	8	12
33°	6494	6519	6544	6569	6594	6619	6644	6669	6694	6720	6745	56°	4	8	13
34°	6745	6771	6796	6822	6847	6873	6899	6924	6950	6976	0.7002	55°	4	9	13
	60′	54′	48′	42′	36′	30′	24′	18′	12′	6′	0′	A	1′	2′	3′

余 切

正　切　　　　　　　　续表

A	0′	6′	12′	18′	24′	30′	36′	42′	48′	54′	60′		1′	2′	3′
35°	0.7002	7028	7054	7080	7107	7133	7159	7186	7212	7239	7265	54°	4	9	13
36°	7265	7292	7319	7346	7373	7400	7427	7454	7481	7508	7536	53°	5	9	14
37°	7536	7563	7590	7618	7646	7673	7701	7729	7757	7785	7813	52°	5	9	14
38°	7813	7841	7869	7898	7926	7954	7983	8012	8040	8069	8098	51°	5	9	14
39°	8098	8127	8156	8185	8214	8243	8273	8302	8332	8361	0.8391	50°	5	10	15
40°	0.8391	8421	8451	8481	8511	8541	8571	8601	8632	8662	0.8693	49°	5	10	15
41°	8693	8724	8754	8785	8816	8847	8878	8910	8941	8972	9004	48°	5	10	16
42°	9004	9036	9067	9099	9131	9163	9195	9228	9260	9293	9325	47°	6	11	16
43°	9325	9358	9391	9424	9457	9490	9523	9556	9590	9623	0.9657	46°	6	11	17
44°	9657	9691	9725	9759	9793	9827	9861	9896	9930	9965	1.0000	45°	6	11	17
45°	1.0000	0035	0070	0105	0141	0176	0212	0247	0283	0319	0355	44°	6	12	18
46°	0355	0392	0428	0464	0501	0538	0575	0612	0649	0686	0724	43°	6	12	18
47°	0724	0761	0799	0837	0875	0913	0951	0990	1028	1067	1106	42°	6	13	19
48°	1106	1145	1184	1224	1263	1303	1343	1383	1423	1463	1504	41°	7	13	20
49°	1504	1544	1585	1626	1667	1708	1750	1792	1833	1875	1.1918	40°	7	14	21
50°	1.1918	1960	2002	2045	2088	2131	2174	2218	2261	2305	2349	39°	7	14	22
51°	2349	2393	2437	2482	2527	2572	2617	2662	2708	2753	2799	38°	8	15	23
52°	2799	2846	2892	2938	2985	3032	3079	3127	3175	3222	3270	37°	8	16	24
53°	3270	3319	3367	3416	3465	3514	3564	3613	3663	3713	3764	36°	8	16	25
54°	3764	3814	3865	3916	3968	4019	4071	4124	4176	4229	1.4281	35°	9	17	26
55°	1.4281	4335	4388	4442	4496	4550	4605	4659	4715	4770	4826	34°	9	18	27
56°	4826	4882	4938	4994	5051	5108	5166	5224	5282	5340	5599	33°	10	19	29
57°	5399	5458	5517	5577	5637	5697	5757	8518	5880	5941	6003	32°	10	20	30
58°	6003	6066	6128	6191	6255	6319	6383	6447	6512	6577	6643	31°	11	21	32
59°	6643	6709	6775	6842	6909	6977	7045	7113	7182	7251	1.7321	30°	11	23	34
60°	1.732	1.739	1.746	1.753	1.760	1.767	1.775	1.782	1.789	1.797	1.804	29°	1	2	4
61°	1.804	1.811	1.819	1.827	1.834	1.842	1.849	1.857	1.865	1.873	1.881	28°	1	3	4
62°	1.881	1.889	1.897	1.905	1.913	1.921	1.929	1.937	1.946	1.954	1.963	27°	1	3	4
63°	1.963	1.971	1.980	1.988	1.997	2.006	2.014	2.023	2.032	2.041	2.050	26°	1	3	4
64°	2.050	2.059	2.069	2.078	2.087	2.097	2.106	2.116	2.125	2.135	2.145	25°	2	3	5
65°	2.145	2.154	2.164	2.174	2.184	2.194	2.204	2.215	2.225	2.236	2.246	24°	2	3	5
66°	2.246	2.257	2.267	2.278	2.289	2.300	2.311	2.322	2.333	2.344	2.356	23°	2	4	5
67°	2.356	2.367	2.379	2.391	2.402	2.414	2.426	2.438	2.450	2.463	2.475	22°	2	4	6
68°	2.475	2.488	2.500	2.513	2.526	2.539	2.552	2.565	2.578	2.592	2.605	21°	2	4	6
69°	2.605	2.619	2.633	2.646	2.660	2.675	2.689	2.703	2.718	2.733	2.747	20°	2	5	7
70°	2.747	2.762	2.778	2.793	2.808	2.824	2.840	2.856	2.872	2.888	2.904	19°	3	5	8
71°	2.904	2.921	2.937	2.954	2.971	2.989	3.006	3.024	3.042	3.060	3.078	18°	3	6	9
72°	3.078	3.096	3.115	3.133	3.152	3.172	3.191	3.211	3.230	3.251	3.271	17°	3	6	10
73°	3.271	3.291	3.312	3.333	3.354	3.376							3	7	10
							3.398	3.420	3.442	3.465	3.487	16°	4	7	11
74°	3.487	3.511	3.534	3.558	3.582	3.606							4	8	12
							3.630	3.655	3.681	3.706	3.732	15°	4	8	13
75°	3.732	3.758	3.785	3.812	3.839	3.867							4	9	13
							3.895	3.923	3.952	3.981	4.011	14°	5	10	14
	60′	54′	48′	42′	36′	30′	24′	18′	12′	6′	0′	A	1′	2′	3′

余　切

正　切 续表

A	0′	1′	2′	3′	4′	5′	6′	7′	8′	9′	10′	
76°00′	4.011	4.016	4.021	4.026	4.031	4.036	4.041	4.046	4.051	4.056	4.061	50′
10′	4.061	4.066	4.071	4.076	4.082	4.087	4.092	4.097	4.102	4.107	4.113	40′
20′	4.113	4.118	4.123	4.128	4.134	4.139	4.144	4.149	4.155	4.160	4.165	30′
30′	4.165	4.171	4.176	4.181	4.187	4.192	4.198	4.203	4.208	4.214	4.219	20′
40′	4.219	4.225	4.230	4.236	4.241	4.247	4.252	4.258	4.264	4.269	4.275	10′
50′	4.275	4.280	4.286	4.292	4.297	4.303	4.309	4.314	4.320	4.326	4.331	13°00′
77°00′	4.331	4.337	4.343	4.349	4.355	4.360	4.366	4.372	4.378	4.384	4.390	50′
10′	4.390	4.396	4.402	4.407	4.413	4.419	4.425	4.431	4.437	4.443	4.449	40′
20′	4.449	4.455	4.462	4.468	4.474	4.480	4.486	4.492	4.498	4.505	4.511	30′
30′	4.511	4.517	4.523	4.529	4.536	4.542	4.548	4.555	4.561	4.567	4.574	20′
40′	4.574	4.580	4.586	4.593	4.599	4.606	4.612	4.619	4.625	4.632	4.638	10′
50′	4.638	4.645	4.651	4.658	4.665	4.671	4.678	4.685	4.691	4.698	4.705	12°00′
78°00′	4.705	4.711	4.718	4.725	4.732	4.739	4.745	4.752	4.759	4.766	4.773	50′
10′	4.773	4.780	4.787	4.794	4.801	4.808	4.815	4.822	4.829	4.836	4.843	40′
20′	4.843	4.850	4.857	4.864	4.872	4.879	4.886	4.893	4.901	4.908	4.915	30′
30′	4.915	4.922	4.930	4.937	4.945	4.952	4.959	4.967	4.974	4.982	4.989	20′
40′	4.989	4.997	5.005	5.012	5.020	5.027	5.035	5.043	5.050	5.058	5.066	10′
50′	5.066	5.074	5.081	5.089	5.097	5.105	5.113	5.121	5.129	5.137	5.145	11°00′
79°00′	5.145	5.153	5.161	5.169	5.177	5.185	5.193	5.201	5.209	5.217	5.226	50′
10′	5.226	5.234	5.242	5.250	5.259	5.267	5.276	5.284	5.292	5.301	5.309	40′
20′	5.309	5.318	5.326	5.335	5.343	5.352	5.361	5.369	5.378	5.387	5.396	30′
30′	5.396	5.404	5.413	5.422	5.431	5.440	5.449	5.458	5.466	5.475	5.485	20′
40′	5.485	5.494	5.503	5.512	5.521	5.530	5.539	5.549	5.558	5.567	5.576	10′
50′	5.576	5.586	5.595	5.605	5.614	5.623	5.633	5.642	5.652	5.662	5.671	10°00′
80°00′	5.671	5.681	5.961	5.700	5.710	5.720	5.730	5.740	5.749	5.759	5.769	50′
10′	5.769	5.779	5.789	5.799	5.810	5.820	5.830	5.840	5.850	5.861	5.871	40′
20′	5.871	5.881	5.892	5.902	5.912	5.923	5.933	5.944	5.954	5.965	5.976	30′
30′	5.976	5.986	5.997	6.008	6.019	6.030	6.041	6.051	6.062	6.073	6.084	20′
40′	6.084	6.096	6.107	6.118	6.129	6.140	6.152	6.163	6.174	6.186	6.197	10′
50′	6.197	6.209	6.220	6.232	6.243	6.255	6.267	6.278	6.290	6.302	6.314	9°00′
81°00′	6.314	6.326	6.338	6.350	6.362	6.374	6.386	6.398	6.410	6.423	6.435	50′
10′	6.435	6.447	6.460	6.472	6.485	6.497	6.510	6.522	6.535	6.548	6.561	40′
20′	6.561	6.573	6.586	6.599	6.612	6.625	6.638	6.651	6.665	6.678	6.691	30′
30′	6.691	6.704	6.718	6.731	6.745	6.758	6.772	6.786	6.799	6.813	6.827	20′
40′	6.827	6.841	6.855	6.869	6.883	6.897	6.911	6.925	6.940	6.954	6.968	10′
50′	6.968	6.983	6.997	7.012	7.026	7.041	7.056	7.071	7.085	7.100	7.115	8°00′
82°00′	7.115	7.130	7.146	7.161	7.176	7.191	7.207	7.222	7.238	7.253	7.269	50′
10′	7.269	7.284	7.300	7.316	7.332	7.348	7.364	7.380	7.396	7.412	7.429	40′
20′	7.429	7.445	7.462	7.478	7.495	7.511	7.528	7.545	7.562	7.579	7.596	30′
30′	7.596	7.613	7.630	7.647	7.665	7.682	7.700	7.717	7.735	7.753	7.770	20′
40′	7.770	7.788	7.806	7.824	7.842	7.861	7.879	7.897	7.916	7.934	7.953	10′
50′	7.953	7.972	7.991	8.009	8.028	8.048	8.067	8.086	8.105	8.125	8.144	7°00′
	10′	9′	8′	7′	6′	5′	4′	3′	2′	1′	0′	A

余　切

正　切　　　　　　　　　　　　　　　　　续表

A	0′	1′	2′	3′	4′	5′	6′	7′	8′	9′	10′	
83°00′	8.144	8.164	8.184	8.204	8.223	8.243	8.264	8.284	8.304	8.324	8.345	50′
10′	8.345	8.366	8.386	8.407	8.428	8.449	8.470	8.491	8.513	8.534	8.556	40′
20′	8.556	8.577	8.599	8.621	8.643	8.665	8.687	8.709	8.732	8.754	8.777	30′
30′	8.777	8.800	8.823	8.846	8.869	8.892	8.915	8.939	8.962	8.986	9.010	20′
40′	9.010	9.034	9.058	9.082	9.106	9.131	9.156	9.180	9.205	9.230	9.255	10′
50′	9.255	9.281	9.306	9.332	9.357	9.383	9.409	9.435	9.461	9.488	9.514	6°00′
84°00′	9.514	9.541	9.568	9.595	9.622	9.649	9.677	9.704	9.732	9.760	9.788	50′
10′	9.788	9.816	9.845	9.873	9.902	9.931	9.960	9.989	10.02	10.05	10.08	40′
20′	10.08	10.11	10.14	10.17	10.20	10.23	10.26	10.29	10.32	10.35	10.39	30′
30′	10.39	10.42	10.45	10.48	10.51	10.55	10.58	10.61	10.64	10.68	10.71	20′
40′	10.71	10.75	10.78	10.81	10.85	10.88	10.92	10.95	10.99	11.02	11.06	10′
50′	11.06	11.10	11.13	11.17	11.20	11.24	11.28	11.32	11.35	11.39	11.43	5°00′
85°00′	11.43	11.47	11.51	11.55	11.59	11.62	11.66	11.70	11.74	11.79	11.83	50′
10′	11.83	11.87	11.91	11.95	11.99	12.03	12.08	12.12	12.16	12.21	12.25	40′
20′	12.25	12.29	12.34	12.38	12.43	12.47	12.52	12.57	12.61	12.66	12.71	30′
30′	12.71	12.75	12.80	12.85	12.90	12.95	13.00	13.05	13.10	13.15	13.20	20′
40′	13.20	13.25	13.30	13.35	13.40	13.46	13.51	13.56	13.62	13.67	13.73	10′
50′	13.73	13.78	13.84	13.89	13.95	14.01	14.07	14.12	14.18	14.24	14.30	4°00′
86°00′	14.30	14.36	14.42	14.48	14.54	14.61	14.67	14.73	14.80	14.86	14.92	50′
10′	14.92	14.99	15.06	15.12	15.19	15.26	15.33	15.39	15.46	15.53	15.60	40′
20′	15.60	15.68	15.75	15.82	15.89	15.97	16.04	16.12	16.20	16.27	16.35	30′
30′	16.35	16.43	16.51	16.59	16.67	16.75	16.83	16.92	17.00	17.08	17.17	20′
40′	17.17	17.26	17.34	17.43	17.52	17.61	17.70	17.79	17.89	17.98	18.07	10′
50′	18.07	18.17	18.27	18.37	18.46	18.56	18.67	18.77	18.87	18.98	19.08	3°00′
87°00′	19.08	19.19	19.30	19.41	19.52	19.63	19.74	19.85	19.97	20.09	20.21	50′
10′	20.21	20.33	20.45	20.57	20.69	20.82	20.95	21.07	21.20	21.34	21.47	40′
20′	21.47	21.51	21.74	21.88	22.02	22.16	22.31	22.45	22.60	22.75	22.90	30′
30′	22.90	23.06	23.21	23.37	23.53	23.69	23.86	24.03	24.20	24.37	24.54	20′
40′	24.54	24.72	24.90	25.08	25.26	25.45	25.64	25.83	26.03	26.23	26.43	10′
50′	26.43	26.64	26.84	27.06	27.27	27.49	27.71	27.94	28.17	28.40	28.64	2°00′
88°00′	28.64	28.88	29.12	29.37	29.62	29.88	30.14	30.41	30.68	30.96	31.24	50′
10′	31.24	31.53	31.82	32.12	32.42	32.73	33.05	33.37	33.69	34.03	34.37	40′
20′	34.37	34.72	35.07	35.43	35.80	36.18	36.56	36.96	37.36	37.77	38.19	30′
30′	38.19	38.62	39.06	39.51	39.97	40.44	40.92	41.41	41.92	42.43	42.96	20′
40′	42.96	43.51	44.07	44.64	45.23	45.83	46.45	47.09	47.74	48.41	49.10	10′
50′	49.10	49.82	50.55	51.30	52.08	52.88	53.71	54.56	55.44	56.35	57.29	1°00′
89°00′	57.29	58.26	59.27	60.31	61.38	62.50	63.66	64.86	66.11	67.40	68.75	50′
10′	68.75	70.15	71.62	73.14	74.73	76.39	78.13	79.94	81.85	83.84	85.94	40′
20′	85.94	88.14	90.46	92.91	95.49	98.22	101.1	104.2	107.4	110.9	114.6	30′
30′	114.6	118.5	122.8	127.3	132.2	137.5	143.2	149.5	156.3	163.7	171.9	20′
40′	171.9	180.9	191.0	202.2	214.9	229.2	245.6	264.4	286.5	312.5	343.8	10′
50′	343.8	382.0	429.7	491.1	573.0	687.5	859.4	1146	1719	3438		0°00′
	10′	9′	8′	7′	6′	5′	4′	3′	2′	1′	0′	A

余　切

四、简易积分表

(一) 含有 $a + bx$ 的积分

1. $\int \dfrac{dx}{a + bx} = \dfrac{1}{b}\ln |a + bx| + C$

2. $\int (a + bx)^n dx = \dfrac{(a + bx)^{n+1}}{b(n + 1)} + C \, (n \neq -1)$

3. $\int \dfrac{x dx}{a + bx} = \dfrac{1}{b^2}[a + bx - a\ln |a + bx|] + C$

4. $\int \dfrac{x^2 dx}{a + bx} = \dfrac{1}{b^3}\left[\dfrac{1}{2}(a + bx)^2 - 2a(a + bx) + a^2\ln |a + bx|\right] + C$

5. $\int \dfrac{dx}{x(a + bx)} = -\dfrac{1}{a}\ln \left|\dfrac{a + bx}{x}\right| + C$

6. $\int \dfrac{dx}{x^2(a + bx)} = -\dfrac{1}{ax} + \dfrac{b}{a^2}\ln \left|\dfrac{a + bx}{x}\right| + C$

7. $\int \dfrac{x dx}{(a + bx)^2} = \dfrac{1}{b^2}\left[\ln |a + bx| + \dfrac{a}{a + bx}\right] + C$

8. $\int \dfrac{x^2 dx}{(a + bx)^2} = \dfrac{1}{b^3}\left[a + bx - 2a\ln |a + bx| - \dfrac{a^2}{a + bx}\right] + C$

9. $\int \dfrac{dx}{x(a + bx)^2} = \dfrac{1}{a(a + bx)} - \dfrac{1}{a^2}\ln \left|\dfrac{a + bx}{x}\right| + C$

(二) 含有 $\sqrt{a + bx}$ 的积分

10. $\int \sqrt{a + bx}\, dx = \dfrac{2}{3b}\sqrt{(a + bx)^3} + C$

11. $\int x\sqrt{a + bx}\, dx = -\dfrac{2(2a - 3bx)\sqrt{(a + bx)^3}}{15b^2} + C$

12. $\int x^2 \sqrt{a + bx}\, dx = \dfrac{2(8a^2 - 12abx + 15b^2x^2)\sqrt{(a + bx)^3}}{105b^3} + C$

13. $\int \dfrac{x dx}{\sqrt{a + bx}} = -\dfrac{2(2a - bx)}{3b^2}\sqrt{a + bx} + C$

14. $\int \dfrac{x^2 dx}{\sqrt{a + bx}} = \dfrac{2(8a^2 - 4abx + 3b^2x^2)}{15b^3}\sqrt{a + bx} + C$

15. $\int \dfrac{dx}{x\sqrt{a + bx}} = \begin{cases} \dfrac{1}{\sqrt{a}}\ln \left|\dfrac{\sqrt{a + bx} - \sqrt{a}}{\sqrt{a + bx} + \sqrt{a}}\right| + C & (a > 0) \\[3mm] \dfrac{2}{\sqrt{-a}}\arctan \sqrt{\dfrac{a + bx}{-a}} + C & (a < 0) \end{cases}$

16. $\int \dfrac{dx}{x^2\sqrt{a + bx}} = -\dfrac{\sqrt{a + bx}}{ax} - \dfrac{b}{2a}\int \dfrac{dx}{x\sqrt{a + bx}}$

17. $\int \dfrac{\sqrt{a + bx}\, dx}{x} = 2\sqrt{a + bx} + a\int \dfrac{dx}{x\sqrt{a + bx}}$

(三) 含有 $a^2 \pm x^2$ 的积分

18. $\int \dfrac{dx}{a^2 + x^2} = \dfrac{1}{a}\arctan \dfrac{x}{a} + C$

19. $\int \dfrac{dx}{(x^2 + a^2)^n} = \dfrac{x}{2(n-1)a^2(x^2+a^2)^{n-1}} + \dfrac{2n-3}{2(n-1)a^2}\int \dfrac{dx}{(x^2+a^2)^{n-1}}$

20. $\int \dfrac{dx}{a^2 - x^2} = \dfrac{1}{2a}\ln\left|\dfrac{a+x}{a-x}\right| + C$

21. $\int \dfrac{dx}{x^2 - a^2} = \dfrac{1}{2a}\ln\left|\dfrac{x-a}{x+a}\right| + C$

（四）含有 $a \pm bx^2$ 的积分

22. $\int \dfrac{dx}{a+bx^2} = \dfrac{1}{\sqrt{ab}}\arctan\sqrt{\dfrac{b}{a}}x + C \quad (a>0, b>0)$

23. $\int \dfrac{dx}{a-bx^2} = \dfrac{1}{2\sqrt{ab}}\ln\left|\dfrac{\sqrt{a}+\sqrt{b}x}{\sqrt{a}-\sqrt{b}x}\right| + C$
$(a>0, b>0)$

24. $\int \dfrac{xdx}{a+bx^2} = \dfrac{1}{2b}\ln|a+bx^2| + C$

25. $\int \dfrac{x^2dx}{a+bx^2} = \dfrac{x}{b} - \dfrac{a}{b}\int \dfrac{dx}{a+bx^2}$

26. $\int \dfrac{dx}{x(a+bx^2)} = \dfrac{1}{2a}\ln\left|\dfrac{x^2}{a+bx^2}\right| + C$

27. $\int \dfrac{dx}{x^2(a+bx^2)} = -\dfrac{1}{ax} - \dfrac{b}{a}\int \dfrac{dx}{a+bx^2}$

28. $\int \dfrac{dx}{(a+bx^2)^2} = \dfrac{x}{2a(a+bx^2)} + \dfrac{1}{2a}\int \dfrac{dx}{a+bx^2}$

（五）含有 $\sqrt{x^2 + a^2}$ 的积分

29. $\int \sqrt{x^2+a^2}\,dx = \dfrac{x}{2}\sqrt{x^2+a^2} + \dfrac{a^2}{2}\ln(x+\sqrt{x^2+a^2}) + C$

30. $\int \sqrt{(x^2+a^2)^3}\,dx = \dfrac{x}{8}(2x^2+5a^2)\sqrt{x^2+a^2} + \dfrac{3a^4}{8}\ln(x+\sqrt{x^2+a^2}) + C$

31. $\int x\sqrt{x^2+a^2}\,dx = \dfrac{\sqrt{(x^2+a^2)^3}}{3} + C$

32. $\int x^2\sqrt{x^2+a^2}\,dx = \dfrac{x}{8}(2x^2+a^2)\sqrt{x^2+a^2} - \dfrac{a^4}{8}\ln(x+\sqrt{x^2+a^2}) + C$

33. $\int \dfrac{dx}{\sqrt{x^2+a^2}} = \ln(x+\sqrt{x^2+a^2}) + C$

34. $\int \dfrac{dx}{\sqrt{(x^2+a^2)^3}} = \dfrac{x}{a^2\sqrt{x^2+a^2}} + C$

35. $\int \dfrac{xdx}{\sqrt{x^2+a^2}} = \sqrt{x^2+a^2} + C$

36. $\int \dfrac{x^2dx}{\sqrt{x^2+a^2}} = \dfrac{x}{2}\sqrt{x^2+a^2} - \dfrac{a^2}{2}\ln(x+\sqrt{x^2+a^2}) + C$

37. $\int \dfrac{x^2dx}{\sqrt{(x^2+a^2)^3}} = -\dfrac{x}{\sqrt{x^2+a^2}} + \ln(x+\sqrt{x^2+a^2}) + C$

38. $\int \dfrac{dx}{x\sqrt{x^2+a^2}} = \dfrac{1}{a}\ln\dfrac{|x|}{a+\sqrt{x^2+a^2}} + C$

39. $\int \dfrac{\mathrm{d}x}{x^2 \sqrt{x^2 + a^2}} = -\dfrac{\sqrt{x^2 + a^2}}{a^2 x} + C$

40. $\int \dfrac{\sqrt{x^2 + a^2}\mathrm{d}x}{x} = \sqrt{x^2 + a^2} - a\ln\dfrac{a + \sqrt{x^2 + a^2}}{|x|} + C$

41. $\int \dfrac{\sqrt{x^2 + a^2}\mathrm{d}x}{x^2} = -\dfrac{\sqrt{x^2 + a^2}}{x} + \ln(x + \sqrt{x^2 + a^2}) + C$

（六）含有 $\sqrt{x^2 - a^2}$ 的积分

42. $\int \dfrac{\mathrm{d}x}{\sqrt{x^2 - a^2}} = \ln|x + \sqrt{x^2 - a^2}| + C$

43. $\int \dfrac{\mathrm{d}x}{\sqrt{(x^2 - a^2)^3}} = -\dfrac{x}{a^2 \sqrt{x^2 - a^2}} + C$

44. $\int \dfrac{x\mathrm{d}x}{\sqrt{x^2 - a^2}} = \sqrt{x^2 - a^2} + C$

45. $\int \sqrt{x^2 - a^2}\mathrm{d}x = \dfrac{x}{2}\sqrt{x^2 - a^2} - \dfrac{a^2}{2}\ln|x + \sqrt{x^2 - a^2}| + C$

46. $\int \sqrt{(x^2 - a^2)^3}\mathrm{d}x = \dfrac{x}{8}(2x^2 - 5a^2)\sqrt{x^2 - a^2} + \dfrac{3a^4}{8}\ln|x + \sqrt{x^2 - a^2}| + C$

47. $\int x\sqrt{x^2 - a^2}\mathrm{d}x = \dfrac{\sqrt{(x^2 - a^2)^3}}{3} + C$

48. $\int x\sqrt{(x^2 - a^2)^3}\mathrm{d}x = \dfrac{\sqrt{(x^2 - a^2)^5}}{5} + C$

49. $\int x^2\sqrt{x^2 - a^2}\mathrm{d}x = \dfrac{x}{8}(2x^2 - a^2)\sqrt{x^2 - a^2} - \dfrac{a^4}{8}\ln|x + \sqrt{x^2 - a^2}| + C$

50. $\int \dfrac{x^2\mathrm{d}x}{\sqrt{x^2 - a^2}} = \dfrac{x}{2}\sqrt{x^2 - a^2} + \dfrac{a^2}{2}\ln|x + \sqrt{x^2 - a^2}| + C$

51. $\int \dfrac{x^2\mathrm{d}x}{\sqrt{(x^2 - a^2)^3}} = -\dfrac{x}{\sqrt{x^2 - a^2}} + \ln|x + \sqrt{x^2 - a^2}| + C$

52. $\int \dfrac{\mathrm{d}x}{x\sqrt{x^2 - a^2}} = \dfrac{1}{a}\arccos\dfrac{a}{x} + C$

53. $\int \dfrac{\mathrm{d}x}{x^2 \sqrt{x^2 - a^2}} = \dfrac{\sqrt{x^2 - a^2}}{a^2 x} + C$

54. $\int \dfrac{\sqrt{x^2 - a^2}}{x}\mathrm{d}x = \sqrt{x^2 - a^2} - a\arccos\dfrac{a}{x} + C$

55. $\int \dfrac{\sqrt{x^2 - a^2}}{x^2}\mathrm{d}x = -\dfrac{\sqrt{x^2 - a^2}}{x} + \ln|x + \sqrt{x^2 - a^2}| + C$

（七）含有 $\sqrt{a^2 - x^2}$ 的积分

56. $\int \dfrac{\mathrm{d}x}{\sqrt{a^2 - x^2}} = \arcsin\dfrac{x}{a} + C$

57. $\int \dfrac{\mathrm{d}x}{\sqrt{(a^2 - x^2)^3}} = \dfrac{x}{a^2 \sqrt{a^2 - x^2}} + C$

58. $\int \dfrac{x\mathrm{d}x}{\sqrt{a^2 - x^2}} = -\sqrt{a^2 - x^2} + C$

59. $\displaystyle\int \frac{x\,\mathrm{d}x}{\sqrt{(a^2-x^2)^3}} = \frac{1}{\sqrt{a^2-x^2}} + C$

60. $\displaystyle\int \frac{x^2\,\mathrm{d}x}{\sqrt{a^2-x^2}} = -\frac{x}{2}\sqrt{a^2-x^2} + \frac{a^2}{2}\arcsin\frac{x}{a} + C$

61. $\displaystyle\int \sqrt{a^2-x^2}\,\mathrm{d}x = \frac{x}{2}\sqrt{a^2-x^2} + \frac{a^2}{2}\arcsin\frac{x}{a} + C$

62. $\displaystyle\int \sqrt{(a^2-x^2)^3}\,\mathrm{d}x = \frac{x}{8}(5a^2-2x^2)\sqrt{a^2-x^2} + \frac{3a^4}{8}\arcsin\frac{x}{a} + C$

63. $\displaystyle\int x\sqrt{a^2-x^2}\,\mathrm{d}x = -\frac{\sqrt{(a^2-x^2)^3}}{3} + C$

64. $\displaystyle\int x\sqrt{(a^2-x^2)^3}\,\mathrm{d}x = -\frac{\sqrt{(a^2-x^2)^5}}{5} + C$

65. $\displaystyle\int x^2\sqrt{a^2-x^2}\,\mathrm{d}x = \frac{x}{8}(2x^2-a^2)\sqrt{a^2-x^2} + \frac{a^4}{8}\arcsin\frac{x}{a} + C$

66. $\displaystyle\int \frac{x^2\,\mathrm{d}x}{\sqrt{(a^2-x^2)^3}} = \frac{x}{\sqrt{a^2-x^2}} - \arcsin\frac{x}{a} + C$

67. $\displaystyle\int \frac{\mathrm{d}x}{x\sqrt{a^2-x^2}} = \frac{1}{a}\ln\left|\frac{x}{a+\sqrt{a^2-x^2}}\right| + C$

68. $\displaystyle\int \frac{\mathrm{d}x}{x^2\sqrt{a^2-x^2}} = -\frac{\sqrt{a^2-x^2}}{a^2 x} + C$

69. $\displaystyle\int \frac{\sqrt{a^2-x^2}}{x}\,\mathrm{d}x = \sqrt{a^2-x^2} - a\ln\left|\frac{a+\sqrt{a^2-x^2}}{x}\right| + C$

70. $\displaystyle\int \frac{\sqrt{a^2-x^2}}{x^2}\,\mathrm{d}x = -\frac{\sqrt{a^2-x^2}}{x} - \arcsin\frac{x}{a} + C$

（八）含有 $a+bx\pm cx^2\,(c>0)$ 的积分

71. $\displaystyle\int \frac{\mathrm{d}x}{a+bx-cx^2} =$

$$\frac{1}{\sqrt{b^2+4ac}}\ln\left|\frac{\sqrt{b^4+4ac}+2cx-b}{\sqrt{b^2+4ac}-2cx+b}\right| + C$$

72. $\displaystyle\int \frac{\mathrm{d}x}{a+bx+cx^2} = \begin{cases} \dfrac{2}{\sqrt{4ac-b^2}}\arctan\dfrac{2cx+b}{\sqrt{4ac-b^2}} + C & (b^2<4ac) \\[4mm] \dfrac{1}{\sqrt{b^2-4ac}}\ln\left|\dfrac{2cx+b-\sqrt{b^2-4ac}}{2cx+b+\sqrt{b^2-4ac}}\right| + C & (b^2>4ac) \end{cases}$

（九）含有 $\sqrt{a+bx\pm cx^2}\,(c>0)$ 的积分

73. $\displaystyle\int \frac{\mathrm{d}x}{\sqrt{a+bx+cx^2}} = \frac{1}{\sqrt{c}}\ln\,|\,2cx+b+$

$$2\sqrt{c}\sqrt{a+bx+cx^2}\,| + C$$

74. $\displaystyle\int \sqrt{a+bx+cx^2}\,\mathrm{d}x = \frac{2cx+b}{4c}\sqrt{a+bx+cx^2} - \frac{b^2-4ac}{8\sqrt{c^3}}\ln\,|\,2cx+b+2\sqrt{c}\sqrt{a+bx+cx^2}\,| + C$

75. $\displaystyle\int \frac{x\,\mathrm{d}x}{\sqrt{a+bx+cx^2}} = \frac{\sqrt{a+bx+cx^2}}{c} - \frac{b}{2\sqrt{c^3}}\ln\,|\,2cx+b+2\sqrt{c}\sqrt{a+bx+cx^2}\,| + C$

76. $\int \dfrac{\mathrm{d}x}{\sqrt{a+bx-cx^2}} = \dfrac{1}{\sqrt{c}}\arcsin\dfrac{2cx-b}{\sqrt{b^2+4ac}} + C$

77. $\int \sqrt{a+bx-cx^2}\,\mathrm{d}x = \dfrac{2cx-b}{4c}\sqrt{a+bx-cx^2} + \dfrac{b^2+4ac}{8\sqrt{c^3}}\arcsin\dfrac{2cx-b}{\sqrt{b^2+4ac}} + C$

78. $\int \dfrac{x\mathrm{d}x}{\sqrt{a+bx-cx^2}} = -\dfrac{\sqrt{a+bx-cx^2}}{c} + \dfrac{b}{2\sqrt{c^3}}\arcsin\dfrac{2cx-b}{\sqrt{b^2+4ac}} + C$

（十）含有 $\sqrt{\dfrac{a\pm x}{b\pm x}}$ 的积分和含有 $\sqrt{(x-a)(b-x)}$ 的积分

79. $\int \sqrt{\dfrac{a+x}{b+x}}\,\mathrm{d}x = \sqrt{(a+x)(b+x)} + (a-b)\ln(\sqrt{a+x}+\sqrt{b+x}) + C$

80. $\int \sqrt{\dfrac{a-x}{b+x}}\,\mathrm{d}x = \sqrt{(a-x)(b+x)} + (a+b)\arcsin\sqrt{\dfrac{x+b}{a+b}} + C$

81. $\int \sqrt{\dfrac{a+x}{b-x}}\,\mathrm{d}x = -\sqrt{(a+x)(b-x)} - (a+b)\arcsin\sqrt{\dfrac{b-x}{a+b}} + C$

82. $\int \dfrac{\mathrm{d}x}{\sqrt{(x-a)(b-x)}} = 2\arcsin\sqrt{\dfrac{x-a}{b-a}} + C$

（十一）含有三角函数的积分

83. $\int \sin x\,\mathrm{d}x = -\cos x + C$

84. $\int \cos x\,\mathrm{d}x = \sin x + C$

85. $\int \tan x\,\mathrm{d}x = -\ln|\cos x| + C$

86. $\int \cot x\,\mathrm{d}x = \ln|\sin x| + C$

87. $\int \sec x\,\mathrm{d}x = \ln|\sec x + \tan x| + C = \ln\left|\tan\left(\dfrac{\pi}{4}+\dfrac{x}{2}\right)\right| + C$

88. $\int \csc x\,\mathrm{d}x = \ln|\csc x - \cot x| + C = \ln\left|\tan\dfrac{x}{2}\right| + C$

89. $\int \sec^2 x\,\mathrm{d}x = \tan x + C$

90. $\int \csc^2 x\,\mathrm{d}x = -\cot x + C$

91. $\int \sec x\tan x\,\mathrm{d}x = \sec x + C$

92. $\int \csc x\cot x\,\mathrm{d}x = -\csc x + C$

93. $\int \sin^2 x\,\mathrm{d}x = \dfrac{x}{2} - \dfrac{1}{4}\sin 2x + C$

94. $\int \cos^2 x\,\mathrm{d}x = \dfrac{x}{2} + \dfrac{1}{4}\sin 2x + C$

95. $\int \sin^n x\,\mathrm{d}x = -\dfrac{\sin^{n-1}x\cos x}{n} + \dfrac{n-1}{n}\int \sin^{n-2}x\,\mathrm{d}x$

96. $\int \cos^n x\,\mathrm{d}x = \dfrac{\cos^{n-1}x\sin x}{n} + \dfrac{n-1}{n}\int \cos^{n-2}x\,\mathrm{d}x$

97. $\displaystyle\int \frac{\mathrm{d}x}{\sin^n x} = -\frac{\cos x}{(n-1)\sin^{n-1} x} + \frac{n-2}{n-1}\int \frac{\mathrm{d}x}{\sin^{n-2} x}$

98. $\displaystyle\int \frac{\mathrm{d}x}{\cos^n x} = \frac{\sin x}{(n-1)\cos^{n-1} x} + \frac{n-2}{n-1}\int \frac{\mathrm{d}x}{\cos^{n-2} x}$

99. $\displaystyle\int \cos^m x \sin^n x \,\mathrm{d}x = \frac{\cos^{m-1} x \sin^{n+1} x}{m+n} + \frac{m-1}{m+n}\int \cos^{m-2} x \sin^n x \,\mathrm{d}x$

$\displaystyle\qquad\qquad\qquad = -\frac{\sin^{n-1} x \cos^{m+1} x}{m+n} + \frac{n-1}{m+n}\int \cos^m x \sin^{n-2} x \,\mathrm{d}x$

100. $\displaystyle\int \sin mx \cos nx \,\mathrm{d}x = -\frac{\cos(m+n)x}{2(m+n)} - \frac{\cos(m-n)x}{2(m-n)} + C$

101. $\displaystyle\int \sin mx \sin nx \,\mathrm{d}x = -\frac{\sin(m+n)x}{2(m+n)} + \frac{\sin(m-n)x}{2(m-n)} + C \Bigg\} (m \neq n)$

102. $\displaystyle\int \cos mx \cos nx \,\mathrm{d}x = \frac{\sin(m+n)x}{2(m+n)} + \frac{\sin(m-n)x}{2(m-n)} + C$

103. $\displaystyle\int \frac{\mathrm{d}x}{a + b\sin x} = \frac{2}{\sqrt{a^2 - b^2}}\arctan\frac{a\tan\frac{x}{2} + b}{\sqrt{a^2 - b^2}} + C \quad (a^2 > b^2)$

104. $\displaystyle\int \frac{\mathrm{d}x}{a + b\sin x} = \frac{1}{\sqrt{b^2 - a^2}}\ln\left|\frac{a\tan\frac{x}{2} + b - \sqrt{b^2 - a^2}}{a\tan\frac{x}{2} + b + \sqrt{b^2 - a^2}}\right| + C \quad (a^2 < b^2)$

105. $\displaystyle\int \frac{\mathrm{d}x}{a + b\cos x} = \frac{2}{\sqrt{a^2 - b^2}}\arctan\left(\sqrt{\frac{a-b}{a+b}}\tan\frac{x}{2}\right) + C$

$(a^2 > b^2)$

106. $\displaystyle\int \frac{\mathrm{d}x}{a + b\cos x} = \frac{1}{\sqrt{b^2 - a^2}}\ln\left|\frac{\tan\frac{x}{2} + \sqrt{\frac{b+a}{b-a}}}{\tan\frac{x}{2} - \sqrt{\frac{b+a}{b-a}}}\right| + C \quad (a^2 < b^2)$

107. $\displaystyle\int \frac{\mathrm{d}x}{a^2\cos^2 x + b^2\sin^2 x} = \frac{1}{ab}\arctan\left(\frac{b\tan x}{a}\right) + C$

108. $\displaystyle\int \frac{\mathrm{d}x}{a^2\cos^2 x - b^2\sin^2 x} = \frac{1}{2ab}\ln\left|\frac{b\tan x + a}{b\tan x - a}\right| + C$

109. $\displaystyle\int x\sin ax \,\mathrm{d}x = \frac{1}{a^2}\sin ax - \frac{1}{a}x\cos ax + C$

110. $\displaystyle\int x^2\sin ax \,\mathrm{d}x = \frac{-1}{a}x^2\cos ax + \frac{2}{a^2}x\sin ax + \frac{2}{a^3}\cos ax + C$

111. $\displaystyle\int x\cos ax \,\mathrm{d}x = \frac{1}{a^2}\cos ax + \frac{1}{a}x\sin ax + C$

112. $\displaystyle\int x^2\cos ax \,\mathrm{d}x = \frac{1}{a}x^2\sin ax + \frac{2}{a^2}x\cos ax - \frac{2}{a^3}\sin ax + C$

(十二) 含有反三角函数的积分

113. $\displaystyle\int \arcsin\frac{x}{a} \,\mathrm{d}x = x\arcsin\frac{x}{a} + \sqrt{a^2 - x^2} + C$

114. $\displaystyle\int x\arcsin\frac{x}{a} \,\mathrm{d}x = \left(\frac{x^2}{2} - \frac{a^2}{4}\right)\arcsin\frac{x}{a} + \frac{x}{4}\sqrt{a^2 - x^2} + C$

115. $\displaystyle\int x^2\arcsin\frac{x}{a} \,\mathrm{d}x = \frac{x^3}{3}\arcsin\frac{x}{a} + \frac{1}{9}(x^2 + 2a^2)\sqrt{a^2 - x^2} + C$

116. $\int \arccos \dfrac{x}{a} \mathrm{d}x = x\arccos \dfrac{x}{a} - \sqrt{a^2 - x^2} + C$

117. $\int x\arccos \dfrac{x}{a} \mathrm{d}x = \left(\dfrac{x^2}{2} - \dfrac{a^2}{4} \right)\arccos \dfrac{x}{a} - \dfrac{x}{4}\sqrt{a^2 - x^2} + C$

118. $\int x^2 \arccos \dfrac{x}{a} \mathrm{d}x = \dfrac{x^3}{3}\arccos \dfrac{x}{a} - \dfrac{1}{9}(x^2 + 2a^2)\sqrt{a^2 - x^2} + C$

119. $\int \arctan \dfrac{x}{a} \mathrm{d}x = x\arctan \dfrac{x}{a} - \dfrac{a}{2}\ln(a^2 + x^2) + C$

120. $\int x\arctan \dfrac{x}{a} \mathrm{d}x = \dfrac{1}{2}(x^2 + a^2)\arctan \dfrac{x}{2} - \dfrac{ax}{2} + C$

121. $\int x^2 \arctan \dfrac{x}{a} \mathrm{d}x = \dfrac{x^3}{3}\arctan \dfrac{x}{a} - \dfrac{ax^2}{6} + \dfrac{a^3}{6}\ln(a^2 + x^2) + C$

（十三）含有指数函数的积分

122. $\int a^x \mathrm{d}x = \dfrac{a^x}{\ln a} + C$

123. $\int \mathrm{e}^{ax} \mathrm{d}x = \dfrac{\mathrm{e}^{ax}}{a} + C$

124. $\int \mathrm{e}^{ax}\sin bx \mathrm{d}x = \dfrac{\mathrm{e}^{ax}(a\sin bx - b\cos bx)}{a^2 + b^2} + C$

125. $\int \mathrm{e}^{ax}\cos bx \mathrm{d}x = \dfrac{\mathrm{e}^{ax}(b\sin bx + a\cos bx)}{a^2 + b^2} + C$

126. $\int x\mathrm{e}^{ax} \mathrm{d}x = \dfrac{\mathrm{e}^{ax}}{a^2}(ax - 1) + C$

127. $\int x^n \mathrm{e}^{ax} \mathrm{d}x = \dfrac{x^n \mathrm{e}^{ax}}{a} - \dfrac{n}{a}\int x^{n-1} \mathrm{e}^{ax} \mathrm{d}x$

128. $\int xa^{mx} \mathrm{d}x = \dfrac{xa^{mx}}{m\ln a} - \dfrac{a^{mx}}{(m\ln a)^2} + C$

129. $\int x^n a^{mx} \mathrm{d}x = \dfrac{a^{mx}x^n}{m\ln a} - \dfrac{n}{m\ln a}\int x^{n-1}a^{mx} \mathrm{d}x$

130. $\int \mathrm{e}^{ax}\sin^n bx \mathrm{d}x = \dfrac{\mathrm{e}^{ax}\sin^{n-1}bx}{a^2 + b^2 n^2}(a\sin bx - nb\cos bx) + \dfrac{n(n-1)}{a^2 + b^2 n^2}b^2 \int \mathrm{e}^{ax}\sin^{n-2}bx \mathrm{d}x$

131. $\int \mathrm{e}^{ax}\cos^n bx \mathrm{d}x = \dfrac{\mathrm{e}^{ax}\cos^{n-1}bx}{a^2 + b^2 n^2}(a\cos bx + nb\sin bx) + \dfrac{n(n-1)}{a^2 + b^2 n^2}b^2 \int \mathrm{e}^{ax}\cos^{n-2}bx \mathrm{d}x$

（十四）含有对数函数的积分

132. $\int \ln x \mathrm{d}x = x\ln x - x + C$

133. $\int \dfrac{\mathrm{d}x}{x\ln x} = \ln |\ln x| + C$

134. $\int x^n \ln x \mathrm{d}x = x^{n+1}\left[\dfrac{\ln x}{n + 1} - \dfrac{1}{(n + 1)^2} \right] + C$

135. $\int \ln^n x \mathrm{d}x = x\ln^n x - n\int \ln^{n-1} x \mathrm{d}x$

136. $\int x^m \ln^n x \mathrm{d}x = \dfrac{x^{m+1}}{m + 1}\ln^n x - \dfrac{n}{m + 1}\int x^m \ln^{n-1} x \mathrm{d}x$

（十五）定积分

137. $\int_{-\pi}^{\pi} \cos nx \mathrm{d}x = \int_{-\pi}^{\pi} \sin nx \mathrm{d}x = 0$

138. $\int_{-\pi}^{\pi} \cos mx \sin nx \, dx = 0$

139. $\int_{-\pi}^{\pi} \cos mx \cos nx \, dx = \begin{cases} 0, & m \neq n, \\ \pi, & m = n \end{cases}$

140. $\int_{-\pi}^{\pi} \sin mx \sin nx \, dx = \begin{cases} 0, & m \neq n, \\ \pi, & m = n \end{cases}$

141. $\int_{0}^{\pi} \sin mx \sin nx \, dx = \int_{0}^{\pi} \cos mx \cos nx \, dx = \begin{cases} 0, & m \neq n, \\ \dfrac{\pi}{2}, & m = n \end{cases}$

142. $I_n = \int_{0}^{\frac{\pi}{2}} \sin^n x \, dx = \int_{0}^{\frac{\pi}{2}} \cos^n x \, dx, I_0 = \dfrac{\pi}{2}, I_1 = 1, I_n = \dfrac{n-1}{n} I_{n-2},$

$$\begin{cases} I_n = \dfrac{n-1}{n} \cdot \dfrac{n-3}{n-2} \cdot \cdots \cdot \dfrac{4}{5} \cdot \dfrac{2}{3} & (n \text{ 为大于 } 1 \text{ 的奇数}), \\ I_n = \dfrac{n-1}{n} \cdot \dfrac{n-3}{n-2} \cdot \cdots \cdot \dfrac{3}{4} \cdot \dfrac{1}{2} \cdot \dfrac{\pi}{2} & (n \text{ 为正偶数}). \end{cases}$$

数学（五年制）教学基本要求

一、课程性质和任务

数学是卫生职业学校的一门基础课程,主要任务是在初中数学的基础上,进一步巩固数学的基本知识,提高学生的数学素养,培养学生的基本运算、基本计算工具的使用和空间想象、数形结合、思维和简单的实际应用能力,为学习专业课打下坚实的基础.

二、课程教学目标

(一) 知识教学目标

1. 掌握基本的公式、定理、法则.
2. 了解一般概念.
3. 理解重要概念.
4. 了解数学在医学上的应用.

(二) 能力培养目标

1. 能利用数学原理解决相关的实际问题.
2. 会将数学知识迁移到医学领域进行应用.
3. 培养学生的逻辑思维和空间想象能力.

(三) 思想教育目标

1. 通过学习,培养学生勤奋的学习精神和严谨的科学态度.
2. 培养良好的思维风格.

三、教学内容和要求

本课程教学内容分为初等数学模块、高等数学模块和选学模块.初等数学模块和高等数学模块是必学内容(共计144学时),选学模块供各校根据实际情况选择使用,共36学时.

初等数学模块

教学内容	教学要求			教学内容	教学要求		
	了解	理解	掌握		了解	理解	掌握
一、集合与简易逻辑				(2) 含绝对值不等式的解法	√		
1. 集合				(3) 一元二次不等式的解法			√
(1) 集合及其表示法	√			3. 简易逻辑			
(2) 集合的关系		√		(1) 命题与逻辑联结词	√		
(3) 集合的运算			√	(2) 假言命题的4种形式	√		
(4) 集合在疾病诊断中的应用	√			(3) 充分条件与必要条件		√	
2. 几种不等式的解法				二、函数			
(1) 区间	√			1. 函数			

续表

教学内容	了解	理解	掌握	教学内容	了解	理解	掌握
(1) 映射	√			3. 两角和与差的正弦、余弦公式			
(2) 函数的概念	√			(1) 两角和与差的余弦公式		√	
(3) 函数的表示法及其在医学上的应用	√			(2) 两角和与差的正弦公式			√
(4) 函数的性质		√		(3) 二倍角公式、半角公式		√	
(5) 反函数	√			(4) 三角函数的积化和差	√		
2. 幂函数				(5) 三角函数的和差化积	√		
(1) 分数指数幂	√			四、排列、组合与二项式定理			
(2) 幂函数	√			1. 两个基本原理			
3. 指数函数				(1) 加法原理			√
(1) 概念	√			(2) 乘法原理			√
(2) 图像及性质		√		2. 排列			
4. 对数				(1) 排列	√		
(1) 对数的概念	√			(2) 排列数公式			√
(2) 对数的运算法则		√		3. 组合			
(3) 常用对数	√			(1) 组合	√		
(4) 换底公式	√			(2) 组合数公式		√	
5. 对数函数				(3) 组合数的两个性质	√		
(1) 概念	√			五、数列			
(2) 图像与性质			√	1. 数列的概念	√		
(3) 指数函数、对数函数在医学上的应用	√			2. 等差数列		√	
三、三角函数				3. 等比数列		√	
1. 任意角的三角函数				六、平面解析几何			
(1) 角的概念的推广	√			1. 直线方程			
(2) 角的弧度制	√			(1) 直线方程的概念		√	
(3) 任意角的三角函数		√		(2) 直线方程的几种形式		√	
(4) 同角三角函数的基本关系式		√		2. 两条直线的位置关系			
(5) 诱导公式	√			(1) 两条直线的位置关系		√	
2. 正弦函数的图像和性质				(2) 两条直线垂直的条件	√		
(1) 函数 $y=\sin x$ 的图像	√			(3) 两条直线的夹角		√	
(2) 正弦函数的主要性质	√			(4) 两条直线的交点			√
(3) 函数 $y=A\sin(\omega x+\varphi)$ 的图像	√			(5) 点到直线的距离		√	

高等数学模块

教学内容	了解	理解	掌握	教学内容	了解	理解	掌握
七、概率初步				3. 概率的加法公式		√	
1. 事件与概率				(1) 事件的并及互不相容事件	√		
(1) 事件		√		(2) 互不相容事件的概率加法公式		√	
(2) 概率			√	4. 概率的乘法公式	√		
2. 概率的古典定义		√		5. n 次独立重复试验的概率	√		

续表

教学内容	教学要求			教学内容	教学要求		
	了解	理解	掌握		了解	理解	掌握
6. 概率在医学上的应用	√			（3）微分的运算			√
八、极限与连续				（4）微分在近似计算中的应用	√		
1. 数列的极限				4. 导数的应用			
（1）数列极限的定义	√			（1）中值定理		√	
（2）数列极限的性质			√	（2）洛必达法则	√		
（3）数列极限的运算		√		（3）函数的单调性与函数的极值		√	
2. 函数的极限				（4）导数在医学中的应用	√		
（1）初等函数		√		十、一元函数积分学			
（2）函数极限的定义	√			1. 不定积分			
（3）无穷小量与无穷大量	√			（1）不定积分的概念	√		
（4）函数极限的运算		√		（2）不定积分的基本公式与运算法则			√
（5）两个重要极限及其应用			√				
3. 函数的连续性				2. 不定积分的计算			
（1）连续函数的概念	√			（1）换元积分法		√	
（2）函数的间断点		√		（2）分部积分法		√	
（3）初等函数的连续性	√			（3）有理函数积分简介	√		
（4）区间上连续函数的性质		√		3. 定积分			
九、一元函数微分学				（1）定积分的概念	√		
1. 导数的概念				（2）定积分的性质		√	
（1）导数概念的引入	√			4. 定积分的计算			
（2）导数的定义		√		（1）微积分基本公式		√	
（3）函数的连续性与可导性的关系		√		（2）定积分的换元积分法		√	
2. 导数的运算				（3）定积分的分部积分法		√	
（1）几个基本初等函数的导数			√	5. 定积分的应用			
（2）导数的四则运算法则		√		（1）定积分的微元法			√
（3）复合函数与隐函数的导数	√			（2）平面图形的面积		√	
3. 微分				（3）旋转体的体积	√		
（1）微分的定义	√			（4）医学上的应用		√	
（2）微分的几何意义	√			（5）物理上的应用	√		

选 学 模 块

教学内容	教学要求		
	了解	理解	掌握
三、三角函数			
4. 反三角函数			
（1）反正弦函数	√		
（2）反余弦函数	√		
（3）反正切函数	√		
四、排列、组合与二项式定理			
4. 二项式定理	√		

教学内容	教学要求		
	了解	理解	掌握
五、数列			
4. 数学归纳法	√		
六、平面解析几何			
3. 圆锥曲线			
(1) 曲线与方程		√	
(2) 圆	√		
(3) 椭圆	√		
(4) 双曲线	√		
(5) 抛物线	√		
4. 坐标变换			
(1) 坐标轴的平移	√		
(2) 利用坐标轴的平移化简二元二次方程	√		
十、一元函数积分学			
6. 广义积分			
(1) 广义积分的概念	√		
(2) 无界函数的广义积分	√		

四、说　　明

1. 教学过程中应因材施教,多采用启发式、讨论式等教学方法.坚持教育与培养、学知与学能、主体与主导、教法与学法、苦学与乐学、课内与课外相结合,让学生感受、理解知识产生和发展的过程,培养学生的科学精神和创新思维习惯.

2. 可通过课堂提问、练习、讨论、作业及考试等对学生的认知能力及态度进行综合考核.

3. 对在学习和应用上有创新的学生应特别给予鼓励,提高学生的学习兴趣.

五、学时分配建议(180 学时)

序　号	教　学　内　容	学　时　数
1	集合与简易逻辑	14
2	函　数	18
3	三角函数	22
4	排列、组合与二项式定理	10
5	数　列	10
6	平面解析几何	18
7	概率初步	16
8	极限与连续	22
9	一元函数微分学	20
10	一元函数积分学	24
	机　动	6
	总　计	180

习题与目标检测参考答案

第1章 集合与简易逻辑

习题 1-1

1. (1) $A=\{1,3,5,7,\cdots,19\}$,有限集;
   (2) $B=\{1,2,3,4,6,12\}$,有限集;
   (3) $C=\{-5\}$,有限集;
   (4) $D=\{(x,y)\mid x+y+1=0\}$,无限集;
   (5) $E=\{春,夏,秋,冬\}$,有限集.

2. (1) $\subseteq$;(2) $\in$;(3) $\notin$;(4) $\in$;(5) $\notin$;(6) $\in$;(7) $\supseteq$;(8) $\subseteq$.

3. (1) $\times$;(2) $\vee$;(3) $\times$;(4) $\times$.

4. $A\cap B=\{$既参加百米赛跑又参加跳高的同学$\}$

5. $A\cup B=\{x\mid -3<x<4\}$;$A\cap B=\{x\mid -2<x\leqslant 3\}$.

6. (1) 因为 $A\cup B=\{1,2,3,4,5\}$,$(A\cup B)\cup C=\{0,1,2,3,4,5\}$,$B\cup C=\{0,1,2,3,4,5\}$,
   $A\cup(B\cup C)=\{0,1,2,3,4,5\}$. 所以 $(A\cup B)\cup C=A\cup(B\cup C)$.
   (2) 略.

7. $a=\dfrac{1}{3}$或-1.

8. $\complement_u A=B,\complement_u B=A$.

习题 1-2

1. (1) $\{x\mid -\dfrac{1}{2}\leqslant x<\dfrac{1}{2}\}$;(2) $\{x\mid \dfrac{5}{2}\leqslant x$或$x\leqslant -2\}$;(3) $\{x\mid -\dfrac{5}{3}<x<7\}$;(4) $\{x\mid x\leqslant \dfrac{4}{3}$或$x\geqslant 4\}$;(5) $\{x\mid x>\dfrac{10}{3}$
   或$x<-\dfrac{14}{3}\}$;(6) $\{x\mid -\dfrac{7}{20}\leqslant x\leqslant \dfrac{3}{20}\}$.

2. (1) $\{x\mid x<-\dfrac{3}{2}$或$x>\dfrac{5}{2}\}$;(2) $\{x\mid -\dfrac{2}{3}<x<\dfrac{1}{2}\}$;(3) $\{x\mid \dfrac{1}{3}<x<2\}$;(4) $\varnothing$;(5) $\{x\mid \dfrac{-1-\sqrt{33}}{2}<x<$
   $\dfrac{-1+\sqrt{33}}{2}\}$;(6) $\{x\mid -2\leqslant x\leqslant \dfrac{7}{4}\}$.

3. (1) $\{x\mid -5<x<3\}$;(2) $\{x\mid x<-\dfrac{3}{2}$或$x>4\}$;(3) $\{x\mid -\dfrac{2}{3}<x<\dfrac{1}{2}\}$;(4) $\{x\mid 2\leqslant x$或$x\leqslant -\dfrac{3}{5}\}$;
   (5) $\{x\mid x<-4$或$x>5\}$;(6) $\{x\mid -7<x<2\}$.

4. (1) $\{x\mid -5<x<3\}$;(2) $\{x\mid x>1$或$x<-\dfrac{1}{2}\}$;(3) $\{x\mid x>3\}$;(4) $\{x\mid -7<x<4\}$;(5) $\{x\mid x<-\dfrac{5}{2}$或$x>$
   $\dfrac{4}{3}\}$;(6) $\{x\mid -\dfrac{2}{5}<x\leqslant \dfrac{15}{2}\}$.

5. 解将 $ax^2+bx+c=0$ 两边同乘 -1,得 $-ax^2-bx-c=0$,且 $-ax^2-bx-c=0$ 的解仍是 3.

6. 所以 $-ax^2-bx-c=0$ 的解集为 $\{x\mid x\leqslant 3$或$x\geqslant 4\}$. 所以 $ax^2+bx+c\leqslant 0(a<0)$ 的解集为 $\{x\mid x\leqslant 3$或$x\geqslant 4\}$.

习题 1-3

1. B.

2. C.

3. (1) $A\vee B$:$3+3=5$或$5>2$,真值为 T;

$A \wedge B$:$3+3=5$ 且 $5>2$,真值为 F;

$\overline{A}$:$3+3 \neq 5$,真值为 T.

(2)$A \vee B$:8 是质数或 8 是 12 的约数,真值为 F;

$A \wedge B$:8 是质数且是 12 的约数,真值为 F;

$\overline{A}$:8 不是质数,真值为 T.

(3) $A \vee B$:$\varnothing \subset \{0\}$ 或 $\varnothing = \{0\}$,真值为 T;

$A \wedge B$:$\varnothing \subset \{0\}$ 且 $\varnothing = \{0\}$,真值为 F;

$\overline{A}$:$\varnothing \not\subset \{0\}$,真值为 F.

(4) $A \vee B$:$1 \in \{1,2\}$ 或 $\{1\} \subset \{1,2\}$,真值为 T;

$A \wedge B$:$1 \in \{1,2\}$ 且 $\{1\} \subset \{1,2\}$,真值为 T;

$\overline{A}$:$1 \notin \{1,2\}$,真值为 F.

4. (1) 若 $a<0$,则 $a^3<0$;

(2) 若 $\triangle ABC$ 是等边三角形,则 $\triangle ABC$ 的三内角相等.

5. (1) 逆命题:若 $x^2+x-m=0$ 有实数根,则 $m>0$;

否命题:若 $m \leq 0$,则 $x^2+x-m=0$ 无实数根;

逆否命题:若 $x^2+x-m=0$ 无实数根,则 $m \leq 0$.

(2) 逆命题:对角线相等的四边形是矩形;

否命题:若四边形不是矩形,则其对角线不等;

逆否命题:对角线不等的四边形不是矩形.

6. (1) 若四边形的内对角不互补,则该四边形不内接于圆.

(2) 若 $a+c \leq b+c$,则 $a \leq b$.

7. (1) A,B 互为充分必要条件;

(2) A 是 B 的充分条件,B 是 A 的必要条件;

(3) A 是 B 的必要条件,B 是 A 的充分条件;

(4) A 是 B 的充分条件,B 是 A 的必要条件.

8. (1) F;(2) F;(3) F;(4) T.

目标检测

1. (1) ×;(2) ×;(3) ×;(4) ×;(5) ×.

2. (1) 3 或 -1;(2)若 $\triangle ABC$ 的任何两个内角不相等,则 $\triangle ABC$ 不是等腰三角形;若 $\triangle ABC$ 是等腰三角形,则 $\triangle ABC$ 有两个内角相等;若 $\triangle ABC$ 有两个内角相等,则 $\triangle ABC$ 是等腰三角形;(3) $A \wedge B, \overline{B}; \overline{A}, A \vee B$;(4) 假言命题;如果……,那么…….

3. (1) D;(2) D;(3) B;(4) B;(5)B;(6)A.

4. (1) $\{x|x \leq \frac{4}{3} \text{或} x \geq 4\}$;(2) $\{x|x \neq \frac{1}{2}\}$;(3) $\{x|x-\frac{9}{2}<x<6\}$;(4) $\{-\frac{3}{4} \leq x \leq -\frac{1}{2}\}$.

5. $A \cup B = \mathbf{R}, A \cap B = \{x| -1 < x \leq 0 \text{ 或 } 2 \leq x < 3\}$;

$CUA = \{x|x \leq -1 \text{ 或 } x \geq 3\}, CUB = \{x|0 < x < 2\}$.

6. 略

第 2 章　函　　数

习题 2-1

1. (1) f 是 A 到 B 的映射;(2) f 是 A 到 B 的映射;(3) f 不是 A 到 B 的映射.

2. $f(0)=1, f(3)=16$,值域为 $\mathbf{R}$.

3. (1) $\{1\}$;(2) $\{x| -1<x<0 \text{ 或 } 0 \leq x < +\infty\} = (-1,0) \cup (0,+\infty)$;(3) $\{x|x \neq 1,2\}$.

4. $y=0.5x+10, x \in [0,+\infty)$.

5. $(-\infty,0)$ 是单调增区间,$(0,+\infty)$ 是单调减区间. 证明从略.

6. (1) 偶函数;(2) 奇函数;(3) 偶函数;(4) 非奇非偶函数.

7. 略.

8. (1) $y = \dfrac{x+2}{3}$　$x \in \mathbf{R}$;(2) $y = \dfrac{3}{x+20}, x \in (-\infty, 20) \cup (-20, +\infty)$.

9. $a = -3, b = 7$.

习题 2-2

1. (1) 9;(2) 8;(3) $\dfrac{81}{16}$.

2. (1) $\dfrac{2}{3y}$;(2) $a - b$.

3. (1) $<$;(2) $>$;(3) $<$;(4) $>$.

4. (1) $\left[0, \dfrac{1}{2}\right) \cup \left(\dfrac{1}{2}, +\infty\right)$;(2) $\left\{x \mid x \ne \dfrac{3}{2}\right\}$;(3) $\left(\dfrac{2}{5}, +\infty\right)$;(4) $(-\infty, -1) \cup (3, +\infty)$.

习题 2-3

1. (1) $>$;(2) $>$;(3) $>$;(4) $>$.

2. (1) $x > 0$;(2) $x < 0$.

3. (1) $m < n$;(2) $m > n$.

4. (1) $\{x \mid x \ne 1\}$;(2) $\mathbf{R}$;(3) $[0, +\infty)$;(4) $(-\infty, -3)$.

习题 2-4

1. (1) $\log_6 36 = 2$;(2) $\log_2 \dfrac{1}{32} = -5$;(3) $\log_{3.7} 3.7 = 1$;(4) $\log_{5.5} 1 = 0$;(5) $8^{\frac{4}{3}} = 16$;(6) $2^{-3} = \dfrac{1}{8}$;(7) $\left(\dfrac{4}{3}\right)^{-3} = \dfrac{27}{64}$;(8) $10^y = x$.

2. (1) 0;(2) 7;(3) 2;(4) -3;(5) 0.2;(6) 3;(7) $\dfrac{2}{3}$;(8) -2.

3. (1) 0;(2) 2;(3) 7;(4) $-\dfrac{1}{2}$.

习题 2-5

1. (1) $\log_3 0.8 < 0 < \log_3 2.7$;(2) $<$;(3) $\log_{\frac{1}{5}} 2.7 < 0 < \log_{\frac{1}{5}} 0.8$;(4) $>$.

2. (1) $a > 1$;(2) $0 < a < 1$.

3. (1) $(-2, +\infty)$;(2) $\{x \mid x \ne 0\}$;(3) $\left(-\infty, \dfrac{1}{2}\right)$;(4) $[1, +\infty)$.

4. (1) $M = 11.34(\mu\text{g/ml})$;(2) 4.5 小时.

5. (1) $[\text{H}^+] = 0.001$;(2) $[\text{H}^+] = 0.5754$.

6. 5.6021.

目标检测

1. (1) $\surd$;(2) $\surd$;(3) $\times$;(4) $\surd$.

2. (1) $[-1, 1) \cup (1, 5]$,3;(2) $y = (x-5)^2 (x \ge 5)$;(3) y 轴;(4) $\{x \mid x \ne 0\}$,奇;

   (5) $[100, +\infty)$;(6) $\dfrac{e^{-x} - e^x}{2}, \dfrac{e^x + e^{-x}}{2}, 1$.

3. (1) C;(2) D;(3) B;(4) D.

4. (1) $(-1, +\infty)$;(2) $(0, +\infty)$;(3) $\{x \mid x \ne 0\}$;(4) $(0, +\infty)$.

5. (1) 奇函数;(2) 偶函数;(3) 非奇非偶函数;(4) 偶函数.

6. (1) $<$;(2) $>$;(3) $<$;(4) $>$;(5) $>$;(6) $=$.

7. (1) $x > 0$;(2) $x < 0$;(3) $x > 0$;(4) $x < 0$.

8. (1) $x > 1$;(2) $x < 3$;(3) $x > 3$;(4) $x < \dfrac{4}{3}$.

9. (1) 12;(2) 0.6532.

10. 53.63 万单位.

11. 3.981×10^{-2}.

第 3 章　三 角 函 数

习题 3-1

1. $(1)305°48'$，Ⅳ；$(2)35°8'$，Ⅰ；$(3)249°30'$，Ⅲ；$(4)143°$，Ⅱ.

2. $(1)\{\beta|\beta = k \cdot 360° + 60°, k \in \mathbf{Z}\}$，$-300°, 60°$；

　　$(2)\{\beta|\beta = k \cdot 360° - 75°, k \in \mathbf{Z}\}$，$-75°, 285°$；

　　$(3)\{\beta|\beta = k \cdot 360° - 824°30', k \in \mathbf{Z}\}$，$-104°30', 255°30'$；

　　$(4)\{\beta|\beta = k \cdot 360°, k \in \mathbf{Z}\}$，$0°$.

3. $\{\beta|\beta = k\pi + \dfrac{\pi}{2}, k \in \mathbf{Z}\}$.

4. $\{\beta|2k\pi < \beta < 2k\pi + \dfrac{\pi}{2}, k \in \mathbf{Z}\}$，$\{\beta|2k\pi + \dfrac{\pi}{2} < \beta < 2k\pi + \pi, k \in \mathbf{Z}\}$，$\{\beta|(2k+1)\pi < \beta < 2k\pi + \dfrac{3\pi}{2}, k \in \mathbf{Z}\}$，

　　$\{\beta|(2k+1)\pi + \dfrac{\pi}{2} < \beta < (2k+2)\pi, k \in \mathbf{Z}\}$.

5. $(1)\dfrac{\pi}{10}$；$(2)-\dfrac{2\pi}{3}$；$(3)-\dfrac{5\pi}{72}$；$(4)\dfrac{11\pi}{100}$；$(5)5\pi$；$(6)\dfrac{7\pi}{135}$；$(7)6\pi$；$(8)\dfrac{7\pi}{4}$.

6. $(1)15°$；$(2)-135°$；$(3)-210°$；$(4)12°$；$(5)-286°30'$；$(6)80°13'12''$.

7. $(1)-6\pi + \dfrac{11}{6}\pi$；$(2)-6\pi + \pi$；$(3)-2\pi + \dfrac{19}{12}\pi$；$(4)2\pi + \dfrac{7}{6}\pi$.

8. $\dfrac{25}{12}$，$114°36'$.

9. $(1)10\pi$；$(2)6\pi$.

10. $64°$.

11. $(1)\sin\alpha = -\dfrac{\sqrt{10}}{10}, \cos\alpha = -\dfrac{3\sqrt{10}}{10}, \tan\alpha = \dfrac{1}{3}, \cot\alpha = 3, \sec\alpha = -\dfrac{\sqrt{10}}{3}, \csc\alpha = -\sqrt{10}$；

　　$(2)-\dfrac{\sqrt{5}}{5}, \dfrac{\sqrt{15}}{5} - \dfrac{\sqrt{3}}{3}, -\sqrt{3}, \dfrac{\sqrt{15}}{3}, \csc\alpha = -\sqrt{5}$.

12. $(1)<0$；$(2)<0$；$(3)>0$；$(4)<0$；$(5)<0$；$(6)>$.

13. (1)Ⅳ；(2)Ⅱ；(3)Ⅱ 或 Ⅳ；(4)Ⅰ 或 Ⅳ.

14. $(1)\dfrac{\sqrt{3}}{2}$；$(2)3.431$；$(3)\dfrac{1}{2}$；$(4)0.7002$.

15. $(1)0$；$(2)-0.5$.

16. $\sin\alpha = -0.6; \tan\alpha = \dfrac{3}{4}; \cot\alpha = \dfrac{4}{3}; \sec\alpha = -\dfrac{5}{4}; \csc\alpha = -\dfrac{5}{3}$.

17. $\omega \in$ Ⅱ，$\tan\omega = -\sqrt{3}, \sin\omega = \dfrac{\sqrt{3}}{2}, \cos\omega = -\dfrac{1}{2}, \sec\omega = -2, \csc\omega = \dfrac{2\sqrt{3}}{3}$；

　　$\omega \in$ Ⅳ，$\tan\omega = -\sqrt{3}, \sin\omega = -\dfrac{\sqrt{3}}{2}, \cos\omega = \dfrac{1}{2}, \sec\omega = 2, \csc\omega = -\dfrac{2\sqrt{3}}{3}$.

18. $(1)-2\tan a$；$(2)4$.

19. (1)左边 $= \dfrac{1}{\cos^2\alpha} + \dfrac{1}{\sin^2\alpha} = \dfrac{\sin^2\alpha + \cos^2\alpha}{\sin^2\alpha\cos^2\alpha} = \sec^2\alpha\csc^2\alpha = $ 右边；

　　(2)左边 $= (\sin^2\theta + \cos^2\theta)(\sin^2\theta - \cos^2\theta) = \sin^2\theta - (1 - \sin^2\theta) = 2\sin^2\theta - 1 = $ 右边.

20. $(1)-0.7193$；$(2)0.6494$；$(3)0.6682$；$(4)0.2679$.

21. $(1)0$；$(2)-2$.

22. 略.

23. $(1)79°4', 280°56'$；$(2)82°2'30'', 262°2'30''$.

24. $(1)\{x|x = 2k\pi, k \in \mathbf{Z}\}$；$(2)\{x|x = k\pi - \dfrac{\pi}{4}, k \in \mathbf{Z}\}$.

习题 3-2

1. 略.

2. (1) 当 $x \in \{x | x = 2k\pi - \frac{\pi}{2}, k \in \mathbf{Z}\}$ 时, $y_{\max} = 5$; 当 $x \in \{x | x = 2k\pi + \frac{\pi}{2}, k \in \mathbf{Z}\}$ 时, $y_{\min} = -5$;

(2) 当 $x \in \{x | x = k\pi + \frac{\pi}{12}, k \in \mathbf{Z}\}$ 时, $y_{\max} = 3$; 当 $x \in \{x | x = k\pi - \frac{5\pi}{12}, k \in \mathbf{Z}\}$ 时, $y_{\min} = -3$.

3. (1) $\frac{8}{3}\pi$; (2) $\frac{\pi}{2}$; (3) $\frac{2\pi}{5}$; (4) 4π.

4. (1) $>$; (2) $>$; (3) $<$; (4) $>$.

5. (1) $\{x | x \neq 2k\pi + \frac{3\pi}{2}, k \in \mathbf{Z}\}$; (2) $\{x | (2k+1)\pi \leqslant x \leqslant (2k+2)\pi, k \in \mathbf{Z}\}$.

6. 略.

7. (1) $A = 1, T = \frac{2\pi}{5}, \varphi = \frac{\pi}{6}$; (2) $A = 2, T = 12\pi, \varphi = 0$.

习题 3-3

1. (1) $-\frac{\sqrt{2} + \sqrt{6}}{4}$; (2) $-\frac{\sqrt{2} + \sqrt{6}}{4}$; (3) 0; (4) $\frac{\sqrt{2}}{2}$.

2. (1) $\cos\alpha$; (2) $\frac{\sqrt{3}}{2}$.

3. 略.

4. (1) $\frac{\sqrt{2}}{2}$; (2) $\frac{1}{2}$.

5. $\cos 2\alpha = \frac{119}{169}, \sin 2\alpha = -\frac{120}{169}$.

6. $\sin \frac{\theta}{2} = \frac{\sqrt{3}}{3}$; $\cos \frac{\theta}{2} = \frac{\sqrt{6}}{3}$.

7. 略.

8. (1) $\frac{2 + \sqrt{3}}{4}$; (2) $\frac{2 + \sqrt{2} + \sqrt{6}}{4}$; (3) 0.

9. (1) $\frac{3}{8}$; (2) $\frac{1}{8}$.

10. $-\frac{3}{4}$.

11. 略.

12. 略.

13. (1) $2\sin\left(\frac{\pi}{4} - \alpha\right)$; (2) $\sin(\alpha + \beta)\sin(\alpha - \beta)$.

习题 3-4

1. (1) $\frac{\pi}{6}$; (2) $-\frac{\pi}{3}$; (3) $44°21'$; (4) $\frac{\pi}{4}$; (5) $\frac{3}{4}\pi$; (6) $-\frac{\pi}{6}$.

2. (1) $-\frac{\sqrt{2}}{2}$; (2) $-\frac{1}{2}$; (3) $\frac{3}{4}$; (4) $\frac{3}{5}$; (5) $-\sqrt{3}$; (6) -1.

3. (1) $x = \arccos \frac{2}{5}$; (2) $x = \arcsin\left(-\frac{4}{5}\right)$; (3) $x = \arctan \sqrt{5}$.

目标检测

1. (1) $\times$; (2) $\times$; (3) $\times$; (4) $\vee$; (5) $\times$; (6) $\times$.

2. (1) $\{x | x = k \cdot 360° - 112°, k \in \mathbf{Z}\}$, $-112°$, $248°$.

   (2) $>$, $<$.

$(3)\sin\alpha=\dfrac{2\sqrt{5}}{5},\cos\alpha=\dfrac{\sqrt{5}}{5},\cot\alpha=\dfrac{1}{2},\sec\alpha=\sqrt{5},\csc\alpha=\dfrac{\sqrt{5}}{2}.$

$(4)\ \pm\dfrac{\sqrt{3}}{2},\pm\dfrac{\sqrt{3}}{3}.$

$(5)\ -0.6;$

$(6)\dfrac{\pi}{2}.$

3. (1) D;(2) C;(3) C;(4) C;(5) D.

4. $(1)\dfrac{\sqrt{3}}{2};(2)\dfrac{1}{2};(3)1;(4)0.5375;(5)0.9731;(6)1.2799.$

5. $(1)y_{max}=5,y_{min}=1,T=2\pi;(2)y_{max}=2,y_{min}=-2,T=\pi.$

第4章 排列、组合与二项式定理

习题 4-1

1. 11 种不同的选法.

2. 12 种不同剂型.

3. 240 种不同的选法.

4. $(1)216;(2)120;(3)75;(4)60.$

习题 4-2

1. $(1)120;(2)1568;(3)5;(4)36.$

2. $n=15.$

3. 右边 $=\dfrac{(n+1)!}{n+1}=\dfrac{(n+1)n!}{n+1}=n!\ =$ 左边.

4. $P_2^8=8\times7=56.$

5. $P_6^6=720,P_5^5=120.$

6. $P_5^1P_6^6=3600,P_6^6=720.$

7. $P_5^4=120,P_4^3=24.$

习题 4-3

1. $ab,ac,ad,bc,bd,cd.$

2. $(1)840;(2)250;(3)161\ 700;(4)35.$

3. $(1)\ P_{10}^2=90;(2)\ C_{10}^2=45;(3)\ P_{10}^2=90;(4)C_{10}^2=45;(5)\ P_{10}^2=90;(6)C_{10}^2=45.$

4. $C_6^2C_9^3=1260.$

5. $C_6^1+C_6^2+C_6^3+C_6^4+C_6^5+C_6^6=63.$

6. $(1)C_7^3=35;(2)C_4^1C_3^2=4\times3=12;(3)C_4^1C_3^2+C_4^2C_3^1+C_4^3=C_7^3-C_3^3=34.$

习题 4-4

1. $(1)p^6+6p^5q+15p^4q^2+20p^3q^3+15p^2q^4+6pq^5+q^6;(2)4x^4-8\sqrt{2}x^{\frac{5}{2}}+12x-4\sqrt{2}x^{-\frac{1}{2}}+x^{-2}.$

2. 70.

3. 5005.

4. 0.994.

5. 略.

目标检测

1. $(1)\surd;(2)\times;(3)\times.$

2. $(1)9,20;(2)90,45;(3)C_{28}^{12}2^4;(4)C_n^0a^n+C_n^1a^{n-1}b+\cdots+C_n^nb^n.$

3. (1) C;(2) D;(3) B;(4) C.

4. $(1)\dfrac{5}{12};(2)\dfrac{13}{3};(3)\dfrac{n(n^2-1)}{2}.$

5. 略.

6. $(1)P_6^6=720;(2)2!\ 5!\ =240;(3)2!\ 6!\ =1440;(4)5!\ P_6^2=3600.$

7. $(1)P_6^5=720;(2)P_5^1P_5^4=600;(3)P_5^1+P_5^2+P_5^3+P_5^4+P_5^5=325;(4)P_5^5-P_3^3=114.$

8. $C_5^0+C_5^1+C_5^2+C_5^3+C_5^4+C_5^5=2^5=32,$其中真子集,31.

9. $(1)C_{12}^2=66;(2)C_{12}^3=220;(3)C_{12}^2-C_3^2+1=64.$

10. $5!\ \times3!\ \times4!\ \times3!\ =103\ 680.$

11. $(1)1.075;(2)0.9965.$

12. $(1)243a^5-1620a^4b+4320a^3b^2-5760a^2b^3+3840ab^4-1024b^5;$

$(2)C_n^0(9x)^n+C_9^1(9x)^{n-1}\left(-\dfrac{1}{3\sqrt{x}}\right)+C_9^2(9x)^{n-2}\left(-\dfrac{1}{3\sqrt{x}}\right)^2+\cdots+C_n^n\left(-\dfrac{1}{3\sqrt{x}}\right)^n.$

13. 略.

第5章 数 列

习题 5-1

1. $(1)1,8,27,64,125;(2)5,-5,5,-5,5.$

2. $(1)a_7=\dfrac{1}{49},a_{10}-\dfrac{1}{100};(2)a_7=63,a_{10}=120;(3)a_7=\dfrac{1}{7},a_{10}=-\dfrac{1}{10};(4)a_7=-125,a_{10}=-1021.$

3. $(1)a_n=2n;(2)a_n=(-1)^n\dfrac{1}{2^n}.$

4. $(1)\ 6,12;(2)8,64;(3)1,36.$

5. $(1)\ 1,4,7,10,13;(2)\ 2,4,8,16,32;(3)\ 3,6,3,-3,-6;(4)\ 5,\dfrac{26}{5},\dfrac{701}{130},\dfrac{508\ 301}{91\ 130},\dfrac{508\ 301}{91\ 130}+\dfrac{91\ 130}{508\ 301}.$

习题 5-2

1. $(1)a_4=15,a_7=27,a_{10}=39;(2)a_{20}=-28.$

2. $(1)a_1=10;(2)d=3.$

3. $(1)A=298;(2)A=\dfrac{131}{4}.$

4. $a_n=-5+7n.$

5. $n=10.$

6. $(1)500;(2)2550;(3)-\dfrac{35}{6};(4)604.5.$

7. $(1)500\ 500;(2)250\ 500.$

8. $11,15,19,23,27,31.$

习题 5-3

1. $(1)a_1=2196;(2)a_1=5,a_4=40.$

2. $q=3.$

3. $(1)G=\pm4;(2)G=\pm8.$

4. $a_1=1,a_4=27.$

5. $n=9.$

6. $8\sqrt{5},40,40\sqrt{5};-8\sqrt{5},40,-40\sqrt{5}.$

7. $(1)1008;(2)\dfrac{93}{128}.$

8. $q=\pm\dfrac{1}{2},S_5=\dfrac{279}{4},\dfrac{99}{4}.$

9. $a_1 = 1, q = 2, S_{10} = 1023.$

10. $80, 40, 20, 10.$

习题 5-4

1. (1) 证明 ① 当 $n = 1$ 时, 左边 $= 1 \times 2 = 2 = $ 右边 $= \dfrac{1}{3} \times 1 \times 2 \times 3 = 2$, 等式成立.

   ② 假设当 $n = k$ 时, 原等式成立, 即 $1 \cdot 2 + 2 \cdot 3 + \cdots + k(k+1) = \dfrac{1}{3} k(k+1)(k+2).$

   则当 $n = k + 1$ 时,

   $1 \cdot 2 + 2 \cdot 3 + \cdots + k(k+1) + (k+1)(k+2) = \dfrac{1}{3} k(k+1)(k+2) + (k+1)(k+2)$

   $= \dfrac{1}{3}(k+1)(k+2)(k+3)$

   原式仍成立. 所以对任意自然数: $n \in \mathbf{N}^+$ 等式都成立.

   (2) 略.

   (3) 略.

2. 略.

目标检测

1. (1) $\surd$; (2) $\times$; (3) $\surd$; (4) $\times$; (5) $\surd$; (6) $\times$.

2. (1) 83; (2) 30; (3) $2n$; (4) $n(2n+3)$; (5) $\pm \sqrt{42}$; (6) 3.

3. (1) A; (2) C; (3) B; (4) B; (5) B; (6) B; (7) A; (8) C; (9) B; (10) C; (11) C; (12) C; (13) B; (14) A.

4. 证明　因为 $a_1, a_2, a_3, \cdots$ 是等差数列, C 为常数

   所以 $a_2 - a_1 = a_3 - a_2 = a_4 - a_3 = \cdots = d$ (等差数列的公差)

   又因为 $C^{a_2} \div C^{a_1} = C^{a_2 - a_1} = C^d$

   $C^{a_3} \div C^{a_2} = C^{a_3 - a_2} = C^d$

   $C^{a_4} \div C^{a_3} = C^{a_4 - a_3} = C^d$

   …… ……

   所以 $C^{a_1}, C^{a_2}, C^{a_3}, \cdots$ 是等比数列.

5. $3, 5, 7$ 或 $15, 5, -5.$

6. 解 　　　　　　$\lg x \cdot (1 + 2 + 3 + \cdots + n) = n^2 + n$

   　　　　　　$\lg x = 2 \Rightarrow x = 100$

7. ① 证明 (1) 当 $n = 1$ 时, 左边 $= 1^3 = 1$, 右边 $= \dfrac{1}{4} \times 1^2 \times (1+1)^2 = 1$, 等式成立.

   (2) 假设当 $n = k$ 时, 等式成立, 就是

   　　　　　　$1^3 + 2^3 + 2^3 + \cdots + k^3 = \dfrac{1}{4} k^2 (k+1)^2$

   那么当 $n = k + 1$ 时,

   $1^3 + 2^3 + 2^3 + \cdots + k^3 + (k+1)^3 = \dfrac{1}{4} k^2 (k+1)^2 + (k+1)^3 = \dfrac{1}{4}(k+1)^2(k^2 + 4k + 4) = \dfrac{1}{4}(k+1)^2 [(k+1) + 1]^2$

   等式仍成立.

   根据 (1) 和 (2), 可知等式对任意 $n \in \mathbf{N}^+$ 都成立.

   其余证明略.

8. 略.

9. 证明: (1) 当 $n = 8$ 时, $8 = 5 + 3$ 命题成立.

   (2) 假设当 $n = k$ 时, 命题成立, 即: k 可表示成 n_1 个 5 与 n_2 个 3 连加而得. 那么当 $n = k + 1$ 时: $k + 1$ 就应是 n_1 个 5 与 n_2 个 3 再加上 1 连加而得, 而 $5 + 1 = 6$ 是 2 个 3 的和. 所以 $k + 1$ 是 $n_1 - 1$ 个 5 与 $n_2 + 2$ 个 3 连加而得. 即当 $n = k + 1$ 时命题仍成立.

根据(1)和(2)知对任意大于7的自然数都可以用若干个3和5连加而得.

10. 略.

第6章 平面解析几何

习题 6-1

1. $(1)k<0;(2)\alpha=45°;(3)\sqrt{3}x-y+4\sqrt{3}+6=0;(4)y=3;(5)x$ 轴,$0°;(6)a=1;(7)5.$

2. $(1)k=1,\alpha=45°;(2)k=-1,\alpha=135°;(3)k=-1,\alpha=125°;(4)k=0,\alpha=0°.$

3. 略.

4. (1)x 轴上截距为 0,y 轴上截距为 0,斜率 $k=2.$

   (2)$x=0$ 时,$y=-4.$ $y=0$ 时,$x=6.$ 所以直线在 x 轴、y 轴上截距分别为 6,$-4.$

   $2x-3y-12=0$ 化为 $y=\frac{2}{3}x-4$,所以 $k=\frac{2}{3}.$

5. (1) $-\frac{A}{B}$,$B=0$ 时,斜率不存在.

   (2)$C=0$

6. 因为 $\alpha=45°$ 所以 $k=1$,直线经过点 $(-7,0).$

   交点斜式方程为:$y-0=10(x+7).$

   直线点斜截式方程为:$y=x+7.$

   图略.

习题 6-2

1. $(1)\times;(2)\times;(3)\times;(4)\times;(5)\sqrt{}.$

2. (1)相交;(2)相交;(3)重合;(4)平行

3. 当 $\frac{A}{2}=\frac{6}{3}\neq\frac{-10}{C}$,即 $A=4,C\neq-5$ 时,两直线平行.

   当 $\frac{A}{2}\neq\frac{6}{3}$,即 $A\neq4$ 时,两直线相交.

   当 $\frac{A}{2}=\frac{6}{3}=\frac{-10}{C}$,即 $A=4,C=-5$ 时两直线重合.

4. (1)直线斜率 $k=-\frac{1}{2}.$ 所求直线方程为 $y+3=-\frac{1}{2}(x-2)$,即 $x+2y+4=0.$

   (2)直线 $x-3y+1=0$,斜率 $k=\frac{1}{3}$,所求直线斜率 $k'=-\frac{1}{k}=-3.$ 所求直线方程为 $y+3=-3(x-2)$,即 $3x+y-3=0.$

5. 由 $\begin{cases}2x-3y+1=0\\3x+2y-5=0\end{cases}\Rightarrow x=1,y=1.$ 交点 $(1,1).$

6. 在直线 $2x+3y-8=0$ 上取一点 $p(4,0)$,

$$d=\frac{|4\times4+6\times0+3|}{\sqrt{4^2+6^2}}=\frac{19\sqrt{52}}{52}$$

7. $k_{AB}=\frac{2-0}{1-5}=-\frac{1}{2}$,$AB$ 中点为 $C(3,1)$,AB 垂直平行线 L 斜率 $k=-\frac{1}{k_{AB}}=2$,L 方程:$y-1=2(x-3)$,即 $2x-y-5=0.$

8. $(1)k_1=2,k_2=-3.$ $\text{Tan}\theta=\left|\frac{-3-2}{1+2\times(-3)}\right|=1,\theta=45°.$

   (2) $k_1=\frac{\sqrt{3}}{3},k_2=\frac{\sqrt{3}}{3}$,两线平行,$\theta=0°.$

   (3) $k_1=1,k_2=0,\text{Tan}\theta=\left|\frac{0-1}{1+1\times0}\right|=1,\theta=45°.$

   (4) $x+3=0$ 与 x 轴垂直,$y+3=0$ 与 y 轴垂直. 所以 $\theta=90°.$

9. （1） $d = 3\sqrt{5}$；

　（2） $d = 2$；

　（3） $d = \dfrac{2}{3}$.

习题 6-3

1. 设所求直线 l 斜率为 k.

l_1 斜率 $k_1 = -1$，l_2 斜率为 $k_2 = \dfrac{1}{7}$.

l_1 与 l 夹角 θ_1，l_2 与 l 夹角 θ_2.

$\text{Tan}\theta_1 = \tan\theta_2$，

$$\left| \frac{k+1}{1-k} \right| = \left| \frac{\frac{1}{7} - k}{1 + \frac{1}{7}k} \right|$$

因为 $k > 1$，所以

$$\left| \frac{k+1}{1-k} \right| = \left| \frac{k - \frac{1}{7}}{1 + \frac{1}{7}k} \right|$$

所以 $3k^2 - 8k - 3 = 0$，$k = 3$ 或 $k = -\dfrac{1}{3}$（舍去）. 由

$$\begin{cases} x + y - 3 = 0 \\ x - 7y + 5 = 0 \end{cases} \Rightarrow \begin{cases} x = 2 \\ y = 1 \end{cases}$$

交点为 $(2, 1)$.

l 方程为 $y - 1 = 3(x - 2)$；即 $3x - y - 5 = 0$.

2. 因为 $k_{PA} \cdot k_{PB} = -1$ 所以

$$\frac{y+2}{x-4} = \frac{y-6}{x+2} = -1$$

$\Rightarrow x^2 + y^2 - 2x - 4y - 4 = 0$

3. 解两方程得交点：$A(0, 0)$，$B\left(-\dfrac{4}{13}, -\dfrac{7}{13} \right)$，$k_{AB} = \dfrac{7}{4}$.

直线 AB 方程为 $y = \dfrac{7}{4}x$，即 $7x - 4y = 0$.

4. 由题意设圆方程为 $(x - r)^2 + (y - r)^2 = r^2$，将点 $(8, 1)$ 坐标代入得：$(8 - r)^2 + (1 - 5)^2 = r^2$，$r^2 - 18r + 64 = 0$，

$r_1 = 13$，$r_2 = 5$. 所以圆的方程为 $(x - 13)^2 + (y - 13)^2 = 169$，或 $(x - 5)^2 + (y - 5)^2 = 25$

5. 圆心 $C(0, 0)$，半径 $r = 1$. C 到直线 $kx - y + 2 = 0$，距离 $d = \dfrac{2}{\sqrt{k^2 + 1}}$.

当 $d < r$ 时：$\dfrac{2}{\sqrt{k^2 + 1}} < 1$，$k^2 > 3$，$k > \sqrt{3}$ 或 $k < -\sqrt{3}$，直线与圆相交.

$d = r$ 时：$k^2 = 3$，$k = \pm\sqrt{3}$，直线与圆相切.

$d = r$ 时：$k^2 < 3$，$-\sqrt{3} < k < \sqrt{3}$，直线与圆相离.

6. 设 AB 中点为 $M(x, y)$，则 $A(2x, 0)$，$B(0, 2y)$，因为 $|AB| = 2a$ 所以 $\sqrt{(0 - 2x)^2 + (2y - 0)^2} = 2a$，$x^2 + y^2 = a^2$ 所以 M 轨迹方程为 $x^2 + y^2 = a^2$.

7. （1）由 $x^2 + y^2 = 8$ 得 $\dfrac{x^2}{8} + \dfrac{y^2}{\frac{8}{9}} = 1$，$a = 2\sqrt{2}$，$b = \dfrac{2\sqrt{2}}{3}$. $S = \dfrac{8}{3}\pi$.

（2）由原方程得 $\dfrac{x^2}{\frac{100}{9}} + \dfrac{y^2}{4} = 1$，$a = \dfrac{10}{3}$，

$b = 2$. $S = \dfrac{20}{3}\pi$.

8. 联解两方程得 $x^2 = \dfrac{a^2 b^2}{a^2 + b^2}, y^2 = \dfrac{a^2 b^2}{a^2 + b^2}$. 两椭圆交点为

$$A\left(\frac{ab}{\sqrt{a^2+b^2}}, \frac{ab}{\sqrt{a^2+b^2}}\right), B\left(-\frac{ab}{\sqrt{a^2+b}}, \frac{ab}{\sqrt{a^2+b}}\right)$$

$$C\left(\frac{ab}{\sqrt{a^2+b}}, -\frac{ab}{\sqrt{a^2+b}}\right), D\left(-\frac{ab}{\sqrt{a^2+b}}, -\frac{ab}{\sqrt{a^2+b}}\right)$$

所以 $|AO| = |BO| = |CO| = |DO|$,

$$|AO| = \frac{\sqrt{2}ab}{\sqrt{a^2+b^2}}$$

所以这四个交点在以原点为中心的圆周上, 圆半径 $r = \dfrac{\sqrt{2}ab}{\sqrt{a^2+b^2}}$

所以圆方程为

$$x^2 + y^2 = \frac{2a^2 b^2}{a^2 + b^2}$$

9. 设 M 为 (x, y). $a = 13, b = 12, c = 5$, 左焦点 $F_1(-5, 0)$, 右焦点 $F_2(5, 0)$. $\dfrac{|MF_1|}{|MF_2|} = \dfrac{2}{3}$.

所以

$$\frac{\sqrt{(x+5)^2 + y^2}}{\sqrt{(x-5)^2 + y^2}} = \frac{2}{3}$$
$$x^2 + y^2 + 26x + 25 = 0$$

所以 M 的轨迹方程为 $(x+13)^2 + y^2 = 144$. 轨迹为圆, 圆心 $(13, 0)$, 半径 $r = 12$.

10. (1) $k < 4$ 时, $9 - k > 0, 4 - k > 0$, 方程表示椭圆.

　　(2) $4 < k < 9$ 时, $9 - k > 0, 4 - k < 0$, 方程表示双曲线.

11. 双曲线 $\dfrac{x^2}{9} - \dfrac{y^2}{16} = 1, a = 3, b = 4$. 中心 $(0, 0)$, 左顶点 $(-3, 0)$.

　　抛物线: 焦点 $(-3, 0)$, $\dfrac{P}{2} = 3, p = 6$ 所以抛物线方程为 $y^2 = -12x$.

12. 联解两方程得交点为 $A(4, 1), B(4, -1), C(-4, -1), D(-4, 1)$.
　　故 AB, CD 同垂直于 X 轴 $|AB| = |CD| = 2$. 所以四边形 $ABCD$ 为矩形. 所以两曲线交点是一矩形的顶点.

13. 设 M 为 (x, y), $\sqrt{(x-4)^2 + y^2} = |x+5| - 1$. 当 $x > -5$ 时, $\sqrt{(x-4)^2 + y^2} = x + 4 \Rightarrow y^2 = 16x$, 轨迹为抛物线.
　　当 $x < -5$ 时, $\sqrt{(x-4)^2 + y^2} = -x - 6$
　　$\Rightarrow y^2 = 20(x+1)$, 轨迹为抛物线.

14. (1) 设 $M(x, y)$ 为抛物线上任一点, M 到 X 轴垂线段中点为 $M'(x', y')$. 则 $x = x', y = 2y'$ 代入 $y^2 = 2px$ 得. $(2y')^2 = 2px'$, 即 $y'^2 = \dfrac{1}{2}px'$.

　　所以线段的中心轨迹为抛物线, 中点 $(0, 0)$, 焦点 $F(\dfrac{1}{8}p, 0)$.

　　(2) 设抛物线上任一点 $M(x, y)$ 与焦点 $F(\dfrac{P}{2}, 0)$ 连线中点为 $M_1(x_1, y_1)$ 则: $x_1 = \dfrac{x + \dfrac{P}{2}}{2}, y_1 = \dfrac{y}{2}$,

　　$x = 2x_1 - \dfrac{P}{2}$. $y = 2y_1$ 代入 $y^2 = 2px$ 得 $y_1^2 = p(x_1 - \dfrac{P}{4})$ 轨迹为抛物线.

15. 设双曲线方程为 $\dfrac{x^2}{a^2} - \dfrac{y^2}{b^2} = 1, e = \dfrac{c}{a} = 2$, 所以 $c = 2a, c^2 = 4a^2$. 所以 $a^2 + b^2 = 4a^2$. 所以 $b^2 = 3a^2, b = \sqrt{3}a$. 渐近线为 $L_1: y = \dfrac{b}{a}x, L_2 = -\dfrac{b}{a}x, k_1 = \dfrac{b}{a}, k_2 = -\dfrac{b}{a}$.

L_1, L_2 夹角为 $\theta, \tan\theta = \left|\dfrac{2 \cdot \dfrac{b}{a}}{1 - \dfrac{b^2}{a^2}}\right| = \left|\dfrac{2ab}{a^2 - b^2}\right|$. 所以 $\tan\theta = \left|\dfrac{2a \cdot \sqrt{3}a}{-2a^2}\right| = \sqrt{3}, \theta = 60°$.

习题 6-4

1. 原坐标分别为 $(0,-1),(1,-4),(4,0),(3,-2)$.

2. (1) 原方程化为 $\dfrac{\left(x+\dfrac{3}{2}\right)^2}{\dfrac{1}{4}}=\dfrac{(y-1)^2}{\dfrac{1}{2}}=1$ 平移坐标,使新坐标原点在 $O'\left(-\dfrac{3}{2},1\right).$ $x'=x+\dfrac{3}{2},y'=y-1.$

在新坐标系中方程为 $\dfrac{x'^2}{\dfrac{1}{4}}-\dfrac{y'^2}{\dfrac{1}{2}}=1.$

(2) 原方程化为 $(y-2)^2=4(x-3)$,平移坐标,新坐标原点为 $O'(3,2),x'=x-3,y'=y-2.$

在新坐标系中方程为 $y'^2=4x'.$

(3) 原方程化为 $\dfrac{(x+4)^2}{49}+\dfrac{(y-2)^2}{\dfrac{49}{4}}=1$,平移坐标,新坐标原点 $O'(-4,2).$ $x'=x+4,y'=y-2.$ 在新系中方

程为 $\dfrac{x'^2}{49}+\dfrac{y'^2}{\dfrac{49}{4}}=1.$

(4) 原方程化为 $(x-2)^2+(y-1)^2=5$,平移坐标 $O'(2,1)$,在新系中方程 $x'^2+y'^2=5.$

目标检测

1. (1) C;(2) A;(3) C;(4) A;(5) A;(6) C;(7) B;(8) D;(9) C;(10) B.

2. (1) $3x+8y+15=0,5x+3y-6=0,2x-5y+10=0.$

(2) $k=\dfrac{1}{2},a=\arctan\dfrac{1}{2},3,-6.$

(3) $60°.$

(4) $(x+1)^2+(y-1)^2=25.$

(5) $4\sqrt{3}p.$

(6) $(-\sqrt{5},0),(\sqrt{5},0)$,准线方程:$x=\dfrac{9\sqrt{5}}{5}-1$ 或 $x=-\dfrac{9\sqrt{5}}{5}-1.$

(7) $6,8,5\sqrt{2}.$

(8) $-3.$

(9) $\sqrt{2}.$

(10) $10.$

3. (1) ×;(2) ×;(3) ×;(4) √.

4. (1) 设斜率为 1 的直线方程为 $y=x+b.$ $y=x+b$ 与 $2x+y-1=0$ 的交点为 $A\left(\dfrac{1-b}{3},\dfrac{1+2b}{3}\right).$ $y=x+b$ 与 $x+2$

$y-2=0$ 的交点为 $B\left(\dfrac{2-2b}{3},\dfrac{b+2}{3}\right).$ 设 AB 中点为 $C(x_0,y_0)$,

$$x_0=\dfrac{\dfrac{1-b}{3}+\dfrac{2-2b}{3}}{2}=\dfrac{1-b}{2},y_0=\dfrac{\dfrac{1+2b}{3}+\dfrac{b+2}{3}}{2}=\dfrac{1+b}{2}$$

由 $x_0=\dfrac{1-b}{2}$ 得 $b=1-2x_0$,代入 $y_0=\dfrac{1+b}{2}$ 得 $x_0-y_0+1=0.$ 所以 AB 中点的轨迹方程为 $x-y+1=0.$

(2) 设椭圆:$\dfrac{x^2}{a^2}+\dfrac{y^2}{b^2}=1,\dfrac{c}{a}=\dfrac{\sqrt{3}}{2},c^2=a^2-b^2$,所以 $a^2=4b^2.$ 椭圆为 $\dfrac{x^2}{4a^2}+\dfrac{y^2}{b^2}=1.$

设 P 到 $A(x_0,y_0)$ 距离最远,$\dfrac{x_0^2}{4b^2}+\dfrac{y_0^2}{b^2}=1$ $x_0^2=4b^2-4y_0^2.$ $|PA|^2=x_0^2+\left(y_0+\dfrac{3}{2}\right)^2=4b^2-4y_0^2+\left(y_0-\dfrac{3}{2}\right)^2.$

$=4b^2+3-3\left(y+\dfrac{1}{2}\right)^2\leqslant 4b^2+3.$

当 $y=-\dfrac{1}{2}$ 时 $|PA|$ 取最大值 $4b^2+3.$ 所以 $4b^2+3=\sqrt{7},b^2=\dfrac{\sqrt{7}-3}{4}.$ 椭圆方程为 $\dfrac{x^2}{\sqrt{7}-3}+\dfrac{4y^2}{\sqrt{7}-3}=1.$

（3）由
$$\begin{cases} y=2x+b \\ y^2=4x \end{cases} \Rightarrow 4x^2-4(b+1)+b^3=0.$$

$$x_1+x_2=b+1, x_1x_2=\frac{b^2}{4}$$

$$(x_2+x_1)=(x_1+x_2)^2-4x_1x_2=2b+1$$

$$(y_2+y_1)=[2(x_2+b)-2(x_1+b)]^2=8b+4$$

$$AB^2=45$$

$$AB^2=(x_2-x_1)^2+(y_2-y_1)^2=10b+5$$

所以 $10b+5=45, b=4.$ 直线方程为 $y=2x+4.$

设 p 为 (x_1,y_1)，则 $y_1=4x_1, x_1=\frac{y_1^2}{4}.$

所以 $P(\frac{y_1^2}{4}, y_1).$

P 到 AB 距离为 d，所以 $\frac{1}{2}d\cdot|AB|=30, d=4\sqrt{5}.$ $d=\frac{\left|\frac{y_1^2}{2}-y_1+4\right|}{\sqrt{5}}=4\sqrt{5}, |y_1^2-2y_1+8|=40.$ 所以 $y_1^2-2y_1+8=40$ 或

$y_1^2-2y_1+8=-40$（无解）. $y_1^2-2y_1-32=0, y_1=1\pm\sqrt{33}.$ 所以 P 坐标为 $\left(\frac{17+\sqrt{33}}{2}, 1+\sqrt{33}\right)$ 或

$\left(\frac{17-\sqrt{33}}{2}, 1-\sqrt{33}\right).$

（4）设双曲线方程为 $\frac{x^2}{a^2}-\frac{y^2}{b^2}=1$ 或 $\frac{y^v}{a^2}-\frac{x^2}{b^2}=1.$ $C': \frac{x^2}{9}-\frac{y^2}{16}=1,$ 渐近线：$y=\pm\frac{4}{3}x.$ 当双曲线为 $\frac{x^2}{a^2}-\frac{y^2}{b^2}=1$ 时：

$\frac{b}{a}=\frac{4}{3}, b^2=\frac{4}{3}a.$ 所以同时将 $P(-3,2\sqrt{3})$ 代入方程得：$a^2=\frac{9}{4}, b^2=4.$ 所以双曲线 C 方程为 $16x^2-9\ y^2=$

36. 当双曲线为 $\frac{y^2}{a^2}-\frac{x^2}{b^2}=1$ 时，无解.

第7章 概率初步

习题 7-1

1. （1）不可能事件；（2）（3）必然事件；其余都为随机事件.
2. $\Omega=\{(\text{正正正}),(\text{正正反}),(\text{正反正}),(\text{反正正}),(\text{正反反}),(\text{反正反}),(\text{反反正}),(\text{反反反})\}.$
3. $n=6; \Omega=\{(\text{红黄}),(\text{红白}),(\text{黄白}),(\text{红红}),(\text{黄黄}),(\text{白白})\}.$
4. （1）0.4,0.35,0.28,0.31,0.495,0.306,0.301；（2）0.30.

习题 7-2

1. 错,正确答案为 $\frac{1}{4}.$
2. $\frac{1}{2}.$
3. （1）$\frac{1}{5}$；（2）$\frac{1}{10}.$
4. （1）0.2385；（2）0.2982.
5. 0.1055.
6. 0.0012.

习题 7-3

1. （1）互斥但不独立；（2）不互斥；（3）互斥且独立；（4）不互斥.
2. （1）$A\cup B=\{1,2,3,4,5,6,7,8,9,10,15,20\}$；
   （2）$A\cup C=\{1,3,5,7,9,10,11,13,15,17,19,20\}$；
   （3）$B\cup C=\{1,2,3,4,5,6,7,8,9,11,13,15,17,19\}$；

$(4) A \cup B \cup C = \{1,2,3,4,5,6,7,8,9,10,11,13,15,17,19,20\}$.

3. $(1) 0.11; (2) 0.95; (3) 0.10$.

4. 0.562.

5. 0.244.

习题 7-4

1. 略.

2. $P(A|B) = 0.9; P(B|A) = 0.6$.

3. $(1) A \cap B = \{5\}; (2) A \cap C = \{5,15\}; (3) B \cap C = \{2,4,6,8\}; (4) A \cup (B \cap C) = \{2,4,5,6,8,10,15,20\}$.

4. (1)独立;(2)独立;(3)不独立.

5. $\dfrac{1}{16}$;

6. 0.98;

7. $\dfrac{3}{8}, \dfrac{1}{8}, \dfrac{1}{2}, \dfrac{1}{3}$;

8. $(1) 0.556, (2) 0.4, (3) 0.615$.

9. $(1) 0.902; (2) 0.9025$.

习题 7-5

1. 0.972.

2. 0.8145.

3. $(1) 0.2916; (2) 0.0001$.

4. 略.

目标检测

1. $(1) \times; (2) \times; (3) \sqrt{}$.

2. (1)随机.

$(2) P_{10}(4) = C_{10}^4 \cdot P^4 \cdot (1-P)^6 (0 < P < 1)$.

$(3) P_1 \cdot P_2$

3. $(1) D; (2) A; (3) C$.

4. $0.0006; 0.07059$.

5. A, B 是相互独立事件.

6. 解:两名带菌者都被抽到的概率 $P(A) = \dfrac{C_{98}^3 C_2^2}{C_{100}^5} = 0.002$.

7. 解:(1)设概率为 p_1:则 $p_1 = \dfrac{C_{14}^1 C_6^4}{C_{20}^5} + \dfrac{C_{14}^0 C_6^5}{C_{20}^5} = 0.014$.

(2)设概率为 p_2:则 $p_2 = \dfrac{C_{14}^4 C_6^1}{C_{20}^5} + \dfrac{C_{14}^3 C_6^2}{C_{20}^5} + \dfrac{C_{14}^2 C_6^3}{C_{20}^5} + \dfrac{C_{14}^1 C_6^4}{C_{20}^5} + \dfrac{C_{14}^0 C_6^5}{C_{20}^5} = 0.87$.

8. 解:$(1) p_{10}(8) = C_{10}^8 \cdot 0.75^8 \cdot (1-0.75)^{10-8} = 0.281$;

$(2) p_{10}(10) = C_{10}^{10} \cdot 0.75^{10} \cdot (1-0.75)^{10-10} = 0.056$.

9. 解:治愈率为 0.4,至少有 7 人治愈的概率为 P_1

$$p_1 = p_{10}(7) + p_{10}(8) + p_{10}(9) + p_{10}(10) = 0.414 + 0.010 + 0.0015 + 0.0001 \approx 0.43$$

治愈率提高到 0.9,至少有 7 人治愈的概率 P_2

$$p_2 = p_{10}(7) + p_{10}(8) + p_{10}(9) + p_{10}(10) = 0.057 + 0.193 + 0.387 + 0.348 \approx 0.985$$

治愈率为 0.4 时,结果说明 100 次试验中,大约 43 次使得 10 人中至少有 7 人治愈. 治愈率为 0.9 时,结果说明 100 次试验中,大约 98 次使得 10 人中至少 7 人治愈. 临床上如若不是,则要对治愈率表示怀疑.

10. 解:$(1) p = p_{10}(3) + p_{10}(4) + p_{10}(5) + p_{10}(6) + p_{10}(7) + p_{10}(8) + p_{10}(9) + p_{10}(10) \approx 0.32$.

$(2) p = p_{10}(5) = C_{10}^5 \cdot 0.25 \cdot 0.85 \approx 0.026$.

第8章　极限与连续

习题 8-1

1. (1)1;(2)无极限;(3)无极限;(4)0;(5)0;(6)无极限.

2. (1)2;(2)1;(3)4;(4)$\dfrac{1}{2}$;(5)1;(6)0;(7)0;(8)0;(9)2.

习题 8-2

1. (1)$[2,+\infty)$;(2)$(2,+\infty)$;(3)$\left\{x\mid x\neq\dfrac{k\pi}{2}+\dfrac{3\pi}{8},k\in\mathbf{Z}\right\}$;(4)$[-1,3]$;(5)$[1,+\infty)$;(6)$\left[2k\pi,2k\pi+\dfrac{\pi}{2}\right](k\in\mathbf{Z})$.

2. (1)$y=\dfrac{1}{\sin\sqrt{x}}$;(2)$y=2^{\ln\tan x}$.

3. (1)$y=\sqrt{u},u=\cos v,v=\mathrm{e}^{x}$;

　(2)$y=\dfrac{1}{u},u=\ln v,v=\sin x$;

　(3)$y=2^{u},u=\sin v,v=\ln w,w=x^{2}+1$;

　(4)$y=u^{-\frac{2}{3}},u=\sin v,v=x^{2}$;

　(5)$y=\sqrt{u},u=1+v^{2},v=\sin x$.

4. (1)$\dfrac{3}{2}$;(2)$-\dfrac{2}{5}$;(3)4;(4)$\dfrac{1}{4}$;(5)0;(6)0;(7)0;(8)$-\dfrac{\pi}{2}$;(9)0.

5. (1)3;(2)1;(3)1;(4)0;(5)$\dfrac{1}{2}$;(6)e^{3};(7)$\sqrt{\mathrm{e}}$;(8)e;(9)e;(10)e^{2};(11)$\sqrt{\mathrm{e}}$;(12)e;(13)0.

6. 1;-1;不存在.

7. (1)直线 $y=0$ 为水平渐近线;直线为 $x=0$ 为垂直渐近线.

　(2)直线为 $y=\pm\dfrac{\pi}{2}$ 为水平渐近线,无垂直渐近线.

习题 8-3

1. (1)$f(x_{0})$;(2)连续;(3)1.

2. (1)$(-\infty,+\infty)$;(2)$(-\infty,-1)\cup(-1,1)\cup(1,+\infty)$;(3)$[-2,0]$.

3. (1)0;(2)$\dfrac{\pi}{2}$;(3)1;(4)0.

4. (1)$x=1$ 为可去间断点,$x=2$ 为第二类间断点;

　(2)$x=0$ 为可去间断点;

　(3)$x=0$ 为可去间断点,$x=k\pi+\dfrac{\pi}{2}$ 为第二类间断点;

　(4)$x=0$ 为可去间断点,$x=k\pi(k\neq0)$ 为第二类间断点.

5. 略.

目标检测

1. (1)×;(2)×;(3)√;(4)×;(5)×;(6)×;(7)×;(8)√;(9)√;(10)×;(11)×;(12)√;(13)×;
(14)×.

2. (1)1,1,9;(2)$\dfrac{1}{3}$,$\dfrac{-x-1}{-x+1}$,$\dfrac{1-x}{1+x}$,$-\dfrac{1}{2}$.

3. (1)$\dfrac{1}{2}$;(2)0;(3)8;(4)0;(5)0;(6)$\dfrac{\pi}{2}$;(7)0;(8)1;(9)1;(10)e;(11)e;(12)0;(13)π;(14)0;(15)不存
在;(16)$\ln2$;(17)$\sqrt{\ln2}$.

4. 1.

5. (1)直线 $x=0$ 为垂直渐近线,无水平渐近线;

(2)直线 $y=0$, $y=\pi$ 为水平渐近线,无垂直渐近线;

(3)直线 $x = \pm \dfrac{\pi}{2}$ 为垂直渐近线,无水平渐近线.

6. (1)0.04;(2)0.2x_0 + 0.01;(3)2$x \cdot \Delta x + (\Delta x)^2$.

7. 1.

8. e.

第9章 一元函数微分学

习题 9-1

1. $\dfrac{\sqrt{3}}{6}$.

2. (1) $y' = a$;(2) $y' = 2 - 3x^2$;(3) $y' = -\sin x$;(4) $y' = -\dfrac{c}{x^2}$.

3. $y' = -\dfrac{1}{(1+x)^2}$; $y'|_{x=1} = -\dfrac{1}{4}$.

4. 切线方程:$x - y = 0$;

   法线方程:$x + y - 2 = 0$.

5. 略.

习题 9-2

1. (1)D;(2)B;(3)D;(4)B.

2. (1) $\dfrac{3}{x}\ln^2 x$;(2) $n\cos nx$;(3) $n\sin^{n-1} x \cdot \cos x + \cos x^n \cdot nx^{n-1}$;(4) $\sec x$;(5) $\dfrac{2}{x}\sec^2(\ln x) \cdot \tan(\ln x)$;(6) $(3x+5)^2$

   $(5x+4)^4(120x+16)$;(7) $\dfrac{5(1+x^2)^4(2x-x^2+1)}{(1-x)^6}$;(8) $2x\sin\dfrac{1}{x} - \cos\dfrac{1}{x}$;(9) $\dfrac{a^2-2x^2}{2\sqrt{a^2-x^2}}$;(10) $-\dfrac{1}{\sqrt{x-x^2}}$.

3. (1) $\dfrac{xy-y^2}{xy+x^2}$;(2) $\dfrac{e^{2y}(3-y)}{(2-y)^3}$;

   (3) $\dfrac{1-y\cdot\cos xy}{x\cdot\cos xy}$;(4) $-\dfrac{\sqrt{y}}{\sqrt{x}}$.

习题 9-3

1. (1)$\sin x + C$;(2)$x^2 + x + C$;(3)$\csc x + C$;(4)$\ln x + C$;(5)$e^x + C$;(6)$\arctan x + C$.

2. (1) $-\dfrac{4}{x^3}dx$;(2) $\dfrac{5}{3\sqrt[3]{x^2}}dx$;(3) $3(1+x-x^2)^2(1-2x)dx$;(4) $-2x\sin(x^2)dx$;(5) $e^x(\sin^2 x + \sin 2x)dx$;

   (6) $\dfrac{6x^2}{(x^3+1)^2}dx$.

3. (1) $(2x - 6\sin 2x)dx$;(2) $\left(e^x\ln x + \dfrac{e^x}{x}\right)dx$;(3) $\left(\dfrac{1}{2\sqrt{x}} + 1\right)dx$;(4) $(\lg x + \lg e)dx$;

   (5) $(-18x^2 + 2x + 11)dx$;

   (6) $\dfrac{2x^3 - x}{\sqrt{(x^2+1)(x^2-2)}}dx$.

4. (1)0.51;(2)0.81;(3)0.1;(4)0.0021.

5. 0.0022.

习题 9-4

1. (1)$\xi = \pm 1$;(2)$\xi = \dfrac{1}{4}$.

2. (1)5;(2) $\dfrac{m}{n}a^{m-n}$;(3)3;(4)∞;(5)1;(6)$\dfrac{1}{2}$.

3. (1) 极小值 $f\left(\dfrac{3}{2}\right)=\dfrac{31}{4}$；(2) 极小值 $f\left(\dfrac{1}{12}\right)=-\dfrac{49}{24}$；(3) 极大值 $f(-1)=4$；(4) 极小值 $f(3)=-\dfrac{9}{2}$.

4. (1) 在 $(-\infty,1]$ 与 $[3,+\infty)$ 内单调增加，在 $[-1,3]$ 内单调减少；

   (2) 在 $[2,+\infty)$ 内单调增加，在 $(0,2]$ 内单调减少；

   (3) 在 $[0,2\pi)$ 内单调增加；

   (4) 在 $[0,+\infty)$ 内单调增加，在 $(-\infty,0]$ 内单调减少.

5. (1) 极大值 $f(1)=8$，极小值 $f(5)=-24$；(2) 极小值 $f(0)=0$.

6. (1) 极大值 $f(-1)=10$，极小值 $f(3)=-22$；(2) 极小值 $f\left(-\dfrac{\ln2}{2}\right)=2\sqrt{2}$.

7. (1) 最大值 $f(4)=142$，最小值 $f(1)=7$；(2) 最大值 $f(3)=11$，最小值 $f(2)=-14$.

8. 长为36m，宽为18m时，花台面积最大，最大面积为648m².

9. 2450.

10. 单价 $p=1$.

目标检测

1. (1) ×；(2) ∨；(3) ×；(4) ×；(5) ×；(6) ×.

2. (1) 3；(2) $-\dfrac{4}{3\pi^2}$；(3) $\dfrac{\sqrt{3}}{3}$；(4) 单调增加.

3. (1) C；(2) B；(3) A；(4) A；(5) D；(6) D.

4. (1) $2xe^{2x}(1+x)\mathrm{d}x$；(2) $(2\cos2x-3\sin x)\mathrm{d}x$；(3) $-\dfrac{2\cos x}{1+\sin x}\mathrm{d}x$；(4) $3\cos3xe^{\sin3x}\mathrm{d}x$.

5. (1) 在 $(-\infty,0]$ 内单调增加；在 $[0,+\infty)$ 内单调减少.

   (2) 在 $\left[\dfrac{\pi}{3},\dfrac{5\pi}{3}\right]$ 内单调增加；在 $\left[0,\dfrac{\pi}{3}\right]$ 与 $\left[\dfrac{5\pi}{3},2\pi\right]$ 内单调减少.

   (3) 在 $\left(-\infty,-\dfrac{2}{3}\right]$ 与 $(0,+\infty)$ 内单调增加；在 $\left[-\dfrac{2}{3},0\right]$ 内单调减少.

   (4) 在 $(-\infty,1]$ 内单调增加；在 $[1,+\infty)$ 内单调减少.

6. (1) 极大值 $f\left(-\dfrac{1}{2}\right)=3\dfrac{3}{4}$；极小值 $f(1)=-3$.

   (2) 极大值 $f(e^2)=\dfrac{4}{e^2}$；极小值 $f(1)=0$.

7. (1) $\dfrac{1}{2}\sec^2\dfrac{x}{2}$；(2) $12x^3+4x$；(3) $\dfrac{1}{x}$；(4) $\dfrac{4\sin x+4x\cos x+12\cos x}{4\sin^2 x}$；(5) $a^x\ln a+ax^{a-1}$；(6) $\csc x$；(7) $2(e^{2x}-e^{-2x})\times$

   $2\cos3x-3(e^x-e^{-x})^2\sin3x$；(8) $\dfrac{1}{2\sqrt{x+\sqrt{x}}}\left(1+\dfrac{1}{2\sqrt{x}}\right)$；(9) $\dfrac{1}{x}4^{\ln x}\ln4+\dfrac{4}{x}\ln^3 x$；(10) $-\dfrac{1}{2+2x+x^2}$.

8. (1) 最大值 $f(1)=17$，最小值 $f(2)=12$；(2) 最大值 $f(2)=\ln5$，最小值 $f(0)=0$.

9. $\dfrac{\cos y-\cos(x+y)}{x\sin y+\cos(x+y)}$.

10. (1) 1；(2) $\ln\dfrac{a}{b}$；(3) 1；(4) e.

11. 长为32m，宽为16m时，材料最省.

第 10 章　一元函数积分学

习题 10-1

1. (1) $-\dfrac{1}{x}+C$；(2) $\dfrac{2}{5}x^{\frac{5}{2}}+C$；(3) $2\sqrt{x}+C$；(4) $\dfrac{5}{4}x^4+C$；(5) $\dfrac{1}{3}x^3-\dfrac{3}{2}x^2+2x+C$；(6) $x-2\arctan x+C$；(7) $\dfrac{1}{2}$

   $(x+\sin x)+C$；(8) $\tan x-\sec x+C$；(9) $\arctan x-\dfrac{1}{x}+C$；(10) $\sin x+\cos x+C$.

2. $y=\ln|x|+1$.

习题 10-2

1.（1）$\dfrac{1}{a}$；（2）$\dfrac{1}{7}$；（3）$-\dfrac{1}{2}$；（4）$\dfrac{1}{2}$.

2.（1）$\dfrac{1}{5}\mathrm{e}^{5t}+C$；（2）$-\dfrac{1}{8}(3-2x)^4+C$；

　（3）$-\dfrac{1}{2}\ln|1-2x|+C$；

　（4）$-\dfrac{1}{3}\sqrt{2-3x^2}+C$；

　（5）$-\dfrac{1}{10}\cos5x+\dfrac{1}{2}\cos x+C$；

　（6）$-x\cos x+\sin x+C$；

　（7）$x\ln x-x+C$；

　（8）$-\mathrm{e}^{-x}(x+1)+C$；

　（9）$-\dfrac{3}{4}\ln|1-x^4|+C$；

　（10）$\dfrac{1}{2\cos^2 x}+C$；

　（11）$x\arcsin x+\sqrt{1-x^2}+C$；

　（12）$-\dfrac{1}{3}\ln\left|\dfrac{x+1}{x-2}\right|+C$；

　（13）$\dfrac{1}{2}(x^2-1)\ln(x-1)-\dfrac{1}{4}x^2-\dfrac{1}{2}x+C$；

　（14）$(x^2-2)\sin x+2x\cos x+C$；

　（15）$x(\arcsin x)^2+2(\arcsin x\cdot\sqrt{1-x^2}-x)+C$；

　（16）$\dfrac{1}{3}x^3\ln x-\dfrac{1}{9}x^3+C$；

　（17）$\dfrac{1}{3}x^3-\dfrac{3}{2}x^2+9x-27\ln|x+3|+C$；

　（18）$\ln|x^2+3x-10|+C$；

　（19）$\dfrac{1}{2}\ln|x^2-1|+\dfrac{1}{x+1}+C$；

　（20）$\dfrac{1}{2}\ln\dfrac{x^2+x+1}{1+x^2}+\dfrac{\sqrt{3}}{3}\arctan\dfrac{2\sqrt{3}}{3}\left(x+\dfrac{1}{2}\right)+C$.

习题 10-3

1.（1）$\geqslant0$；（2）$\geqslant0$；（3）$\leqslant0$.

2. 略.

3.（1）3；（2）$\dfrac{37}{3}$；（3）5.

4.（1）$\displaystyle\int_0^1 x\,\mathrm{d}x<\int_0^1\sqrt{x}\,\mathrm{d}x$；（2）$\displaystyle\int_0^{\frac{\pi}{2}}x\,\mathrm{d}x>\int_0^{\frac{\pi}{2}}\sin x\,\mathrm{d}x$.

习题 10-4

1.（1）$-\dfrac{4}{3}$；（2）$\dfrac{1}{3}$；（3）$1-\dfrac{\sqrt{3}}{3}-\dfrac{\pi}{12}$；（4）$\pi$；（5）$\dfrac{\mathrm{e}^2}{4}+\dfrac{1}{4}$；（6）$\dfrac{2+\mathrm{e}^\pi}{5}$；（7）$-1$；（8）0；（9）$\ln2+\dfrac{3}{8}$；（10）$2\ln3$

　-26；（11）1；（12）$8\ln2-4$；（13）$\dfrac{3}{16}\pi$；（14）$\dfrac{3}{2}$；（15）12.

2. 0.946.

习题 10-5

1. $\dfrac{9}{2}$；2. $\dfrac{9}{4}$；3. $V_x=\dfrac{16}{3}\pi$，$V_y=\pi$；4. $\dfrac{k}{12}b^4$；5. $1-\dfrac{1}{\mathrm{e}}$；6. 12 米/秒；7. $1875\pi\mathrm{g}\times10^3(\mathrm{J})\approx5.77\times10^7(\mathrm{J})$.

习题 10-6

1. (1) $\dfrac{1}{3}$;(2) $\dfrac{1}{a}$;(3) 发散;(4) 1.

2. 发散.

目标检测

1. (1) $\dfrac{1}{10}$;(2) $\dfrac{1}{12}$;(3) -2;(4) $\dfrac{1}{5}$;(5) $\dfrac{1}{3}$;(6) -1.

2. (1) $\arctan e^x + C$;(2) $\dfrac{2x-1}{2(1-x)^2} + C$;

   (3) $\ln|x + \sin x| + C$;

   (4) $\ln x[\ln(\ln x)] - \ln x + C$;

   (5) $2\sqrt{x}\ln(1+x) - 4\sqrt{x} + 4\arctan\sqrt{x} + C$;

   (6) $\dfrac{1}{4}x^2 + \dfrac{1}{4}x\sin 2x + \dfrac{1}{8}\cos 2x + C$;

   (7) $2\cos\sqrt{x}(2-x) + 4\sqrt{x}\sin\sqrt{x} + C$;

   (8) $\ln|x| - \dfrac{1}{2}\ln(1+x^2) + C$.

3. (1) √;(2) √;(3) ×.

4. (1) ≤;(2) 2,1;(3) $2\int_0^a f(x)\,dx$,0.

5. (1) D;(2) B;(3) C.

6. (1) 0;(2) $e^2 + \ln 2 - e$;(3) $\ln 2$;(4) $\dfrac{\pi}{8}$;(5) $2\ln 2 - 1$;(6) $2 - 2\pi$;(7) $\dfrac{1}{4}e^2 + \dfrac{1}{4}$.

7. $e^b - e^a$.

8. $\dfrac{1}{3}\pi R^2 h$.

9. $\dfrac{\pi}{6}$.

10. (1) 发散;(2) 发散;(3) π;(4) 发散.

11. $k \geqslant 1$;$k < 1$